Rumänien

Ebba Hagenberg-Miliu

unter Mitarbeit von Cezar Miliu

DUMONT RICHTIG REISEN

Inhalt

Karpatenland im Aufbruch

Reisen in Rumänien

Walachei mit Bukarest

Schwarzmeerküste und Donaudelta

Moldau mit Süd-Bukowina

Maramuresch

Transsilvanien (Siebenbürgen)

Banat mit Timişoara

Verzeichnis der Karten und Stadtpläne

Tips & Adressen

Karpaten-
land im
Aufbruch

Auf dem Weg zurück nach Europa

Seien wir doch mal ehrlich: Über das moderne Rumänien wissen wir normalerweise nicht viel mehr als Horrorgeschichten über angeblich hohe Kriminalität und Kritisches über die Probleme im Umgang mit Minderheiten und Behinderten. Wir lesen über Schlepperorganisationen, die ganze Roma-Sippen zwischen Karpaten und Rhein hin- und herschleusen – nur zu gern stürzt sich die Boulevardpresse auch ein gutes Jahrzehnt nach Rumäniens politischer Wende auf dergleichen Sensationsmeldungen. Und das historische, das kulturelle Rumänien? Da kommen uns unwillkürlich Schreckensbilder von Menschenschändern, Psychopathen und Blutsaugern à la Dracula in den Sinn.

Kein Wunder also, daß uns dieser südosteuropäische Staat, der zwar in nur zwei Flugstunden zu erreichen ist, ferner liegt als manches exotische Langstreckenziel der Welt. Dabei sieht, würden wir uns weiter informieren, die Wirklichkeit im Karpatenland schon längst ganz anders aus. Zum ersten: Die Kriminalitätsrate Rumäniens ist gar nicht höher anzusetzen als die seiner westlichen Nachbarstaaten. Zum zweiten: Ethnische Konflikte schwelen derzeit mehr oder weniger in der gesamten Region, wobei Rumänien als Vielvölkerstaat eigentlich auf eine gute Minderheitenpolitik verweisen kann. Zum dritten: Probleme im Umgang mit Behinderten sind für die ex-kommunistischen Länder leider insgesamt typisch. In Bukarest versucht man aber, auch dank internationaler Hilfe, sie in den Griff zu bekommen. Viertens: In den vergangenen Jahrzehnten gelangten neben Illegalen auch Tausende von bestens ausgebildeten Rumänen asyl- und hilfesuchend in den Westen. Laut Bill Gates sind beispielsweise ganze 20 Prozent der Microsoft-Computerspezialisten rumänischer Abstammung. Und schließlich fünftens: Auch aus der Politik des Landes zwischen Schwarzmeerküste, Donau und Karpatensaum gibt es auf keinen Fall nur Schauerliches zu berichten: Rumänien gehört zu den Ländern in Osteuropa, die demnächst der NATO beitreten. Und auch die EU verhandelt wieder ernsthaft mit Bukarest.

Machen wir uns also ruhig einmal auf in diese Terra incognita innerhalb Europas. Eine Reise nach Rumänien läuft nämlich, da können wir beruhigt sein, heutzutage ganz und gar wie ein Ausflug in die meisten anderen Länder der Welt ab. Und mit jedem Kilometer, mit jeder Begegnung wird uns dieses ferne Nachbarland näher kommen. Denn nach fast 50 Jahren im politisch verordneten Dornröschenschlaf arbeitet man dort längst vehement daran, wieder den Anschluß an Europa zu finden. Seinen gast- und kontaktfreudigen Einwohnern wäre das nach der Periode der Eiszeit und den Wirren der Nach-Wende-Jahre auch wahrlich zu wünschen.

Blick auf den Hafen von Constanţa: Wann wird der Außenhandel auch in Rumäniens zweitgrößter Stadt florieren?

Landeskunde im Schnelldurchgang

Name: România
Fläche: 238 391 km^2 (entspricht etwa der Fläche der alten BR Deutschland)
Lage: zwischen 43°37′ und 48°15′ nördlicher Breite sowie 20°15′ und 29°41′ östlicher Länge
Einwohner: 21,7 Mio. (Volkszählung 2002)
Hauptstadt: Bukarest (Bucureşti)
Amtssprachen: Rumänisch; in Transsilvanien z. T. auch Ungarisch und Deutsch
Währung: Lei (1 Leu = 100 Bani)
Zeit: MEZ plus eine Stunde

Flagge

Die Farben (von links nach rechts) Blau, Gelb und Rot stehen für die Wasserkraft (Blau), den Reichtum der Getreideernte (Gelb) und das in den Jahrhunderten der Unterdrückung geflossene Blut (Rot).

Regionen und Kreise

Rumänien läßt sich in sechs unterschiedliche Regionen aufteilen, und zwar sowohl aus geographischen als auch aus historisch-kulturellen Gründen: der Schwarzmeer-Küstenstreifen Dobrudscha nebst Donaudelta; die Walachei in Nachbarschaft Bulgariens; die nordöstlich an die Republik Moldova bzw. die Ukraine grenzenden Gebiete Moldau und Bukowina; die Maramuresch ganz im Norden; das zentralrumänische Transsilvanien, dem man westlich auch den Landstrich Crişana zuordnen kann, und schließlich das westrumänische Banat im Dreiländereck Rumänien, Serbien und Ungarn. Dieser praktischen Siebenteilung des Karpatenstaats wird hier gefolgt. Nicht unerwähnt soll aber bleiben, daß die administrative Landkarte Rumäniens aus rein verwaltungsbedingten Gründen 41 Kreise *(judeţe)* aufweist (ebenfalls von Osten nach Westen gesehen): Constanţa, Tulcea, Călăraşi, Ialomiţa, Brăila, Giurgiu, Bucureşti, Prahova, Buzău, Teleorman, Dâmboviţa, Argeş, Olt, Vâlcea, Dolj, Gorj, Mehedinţi, Galaţi, Vrancea, Covasna, Harghita, Vaslui, Bacău, Iaşi, Neamţ, Botoşani, Suceava, Braşov, Sibiu, Mureş, Alba, Hunedoara, Bistriţa-Năsăud, Cluj, Sălaj, Maramureş, Satu Mare, Bihor, Arad, Timiş und Caraş-Severin.

Bevölkerung

Im Staat zwischen Karpaten, Donau und Schwarzem Meer bezeichnen sich 85,5 Prozent der Menschen als Rumänen (Zahlenmaterial von 2002: 21,7 Mio. Einwohner, das sind 5 Prozent weniger als 1992). Der Anteil der Rumänen in ihrem Staat steigt permanent an, in dem Maße, in dem Deutschstämmige das Land verlassen, sei es, daß sie im Zweiten Weltkrieg von Hitler ›heimgeholt‹ oder nach 1945 in die UdSSR verschleppt wurden, sei es, daß sie – zunehmend in den letzten Jahren – selbst auswandern. Der Anteil dieser Siebenbürger Sachsen und Banater Schwaben, die durchweg zwei- bzw. mit dem Ungarischen auch dreisprachig sind, beträgt z. Zt. mit 60 000 Menschen nur noch rund 0,3 Prozent. Größte Minderheit sind in Rumänien offiziell derzeit mit 1,4 Mio. die Ungarnstämmigen in Transsilvanien, dem Banat und der Maramu-

Im Donaudelta

resch. Wahrscheinlich sind sie aber schon längst zahlenmäßig von den Roma insbesondere in der Walachei, der Dobrudscha und in Transsilvanien überflügelt worden, wenn auch gesicherte Zahlen über die rumänischen Zigeuner (s. S. 68ff.) bislang in keiner Statistik auftauchen. Bei der Volkszählung 2002 meldeten sich 535 000 Roma bei den Behörden. Man rechnet jedoch mit 2, wahrscheinlich 3 Mio. Menschen. Und dann sind im Karpatenstaat in den östlichen Grenzgebieten rund 64 000 Ukrainer und 30 000 Türken ansässig. Im westlichen Grenzbereich leben demnach 22 000 Serben. Während der Norden und Nordosten Rumäniens 1930 noch von 728 000 Juden besiedelt war, taucht diese Bevölkerungsgruppe in heutigen Minderheitenstatistiken gar nicht mehr auf: Nach der Deportation in transnistrische Vernichtungslager und einer Fluchtwelle während des Zweiten Weltkriegs bzw. wegen der Abtretung nordöstlicher Gebiete an die UdSSR nach 1945 waren kurz nach dem Zweiten Weltkrieg nur noch 138 000 Menschen mosaischen Glaubens in Rumänien zu finden (Stand 1948). Ihre Zahl ist in den 1970er Jahren nach einer neuerlichen Auswanderungsbewegung besonders in Richtung Israel weiter zurückgegangen.

Politik

Entsprechend der neuen, demokratischen Verfassung von 1990 werden alle vier Jahre die Abgeordneten von Parlament und Senat sowie der Staatspräsident in geheimen Wahlen bestimmt. Vollmitglied im Europarat wurde Rumänien 1993. Die Aufnahme in die erste NATO-Erweiterungsrunde scheiterte zwar 1997. Ende 2002 stellte die NATO ihre Weichen aber wieder auf eine Osterweiterung bis Bukarest. Seitdem sind auch die EU-Beitrittsverhandlungen in eine ernstere Phase eingetreten. Im Land selbst galt insbesondere das Jahr 1996 als Zeitenwende. Erstmals konnte sich mit

Emil Constantinescu vom konservativ-liberalen Bündnis Demokratische Konvention (CDR) ein Präsidentschaftskandidat ohne kommunistische Vergangenheit bei den Wahlen durchsetzen. Die Hoffnungsträger scheiterten in den Wahlen 2000 jedoch kläglich: an Mißwirtschaft, Inkompetenz, Korruption und internen Streitigkeiten. Der neue Präsident, der Postkommunist Ion Iliescu von der Partei der Sozialen Demokratie (PDSR), der aus seiner ersten Präsidentschaft von 1990 bis 1996 eher als Reformbremser bekannt ist, fährt seit Ende 2000 jedoch einen erstaunlich erfolgreichen Kurs, der der Stabilisierung des Landes dienen könnte.

Religion

Die Bewohner Rumäniens sind laut Kirchengeschichte schon seit dem 4. Jh. ein christliches Volk. Mit der Besiegelung der Kirchenspaltung 1054 war das Donaugebiet dem Orthodoxen Zweig des Christentums zugehörig, innerhalb dessen es eine selbständige Nationalkirche bildet. Dieser Rumänisch Orthodoxen Kirche gehören heute nahezu 87 Prozent aller Einwohner an – was nicht heißt, daß viele ihre einst allzu staats-, das hieß kommunistenfreundliche Obrigkeit nicht auch mit kritischen Augen betrachten. Rumäniens besonders in den ländlichen Regionen immer tiefgläubige Christen erwarten von ihrer Kirche gerade jetzt wirkungsvolle Orientierungshilfe, zumal in dem demokratischen Land, das Religionsfreiheit garantiert, nun auch Sekten vielerlei Couleur Fuß fassen. Katholische und evangelische Gemeinden verschwinden dagegen immer mehr durch die kontinuierliche Abwanderung der Banater Schwaben und Siebenbürger Sachsen gen Deutschland, ebenso wie jüdische Gemeinden durch Ausreise ihrer Mitglieder gen Israel immer weniger werden. Auch die katholische Kirche Transsilvaniens hat wegen der Ausreise junger Ungarnstämmiger nach Ungarn Mitglieder verloren. Traurig, auf einer Rumänien-Reise heute so viele bildschöne, aber inzwischen von Gott und der Welt verlassene Kirchen und Synagogen zu sehen.

Klima und Reisezeit

In Rumänien herrscht gemäßigt-kontinentales Klima mit mediterranen Einflüssen aus Südwesten und exzessiv kontinentalen aus Nordosten. Im Jahresmittel beträgt die Temperatur 8 °C im Norden und 11 °C im Süden. Das Jahresmittel der Niederschläge übersteigt selten 700 mm. Das heißt: Besonders im Süden und Osten kann man mit trockenen, heißen Sommern (das Temperaturmittel liegt bei 27 °C) und im ganzen Land außer in der Küstenregion Dobrudscha mit ausgeprägt kalten Wintern (im Gebirge bis zu – 7 °C im Schnitt) rechnen. Wer also zwischen Juni und September nach Rumänien kommt, sollte den Sommer möglichst am Schwarzen Meer oder mit Wanderstiefeln in den Bergen verbringen. In der Zeit von Weihnachten bis März ist man am besten in den schneesicheren Wintersportgebieten Transsilvaniens, der Walachei, der Moldau und des Banat aufgehoben. Im milden Frühling und goldenen Herbst lassen sich schließlich all die anderen Sehenswürdigkeiten besuchen: die Bukowina-Kirchen im Nordosten, die Maramuresch-Dörfer im Norden, das Donaudelta im Südosten, aber auch die großen geschichtsträchtigen Städte im Zentrum. Doch letztlich mag jeder Besucher für sich seine eigene ideale Reisezeit wählen. Es muß ja nicht gerade der knochentrockene August in Bukarest, der nasse November bei den Moldau-Klöstern oder der mückenreiche Juni in der Donauniederung sein.

Die Sprache: Rumänisch ist romanisch

Wenn einer eine Reise tut, dann möchte er sich in seinem Gastland möglichst gut verständigen können – ein gerade in Zeiten steigender touristischer Möglichkeiten ganz normaler Wunsch. Aber wie sollte gerade in Rumänien, das im deutschen Sprachraum so unbekannt ist, die Verständigung klappen? Lag es doch mit den Nachbarn Bulgarien, Ex-Jugoslawien, Ungarn, Polen, der Republik Moldova und der Ukraine lange Jahrzehnte hinter dem Eisernen Vorhang im Windschatten des Weltgeschehens. Der Reisende will ja nicht nur mit dem Deutsch, Englisch oder Französisch der jeweiligen Hotelangestellten abgespeist werden, sondern Land und Leute kennenlernen. Doch gerade das muß demjenigen im Karpatenstaat nicht allzu schwer fallen, der sich allgemein für Sprachen interessiert. Denn viele alltägliche Wendungen im Rumänischen kommen uns irgendwie spanisch, französisch, italienisch oder zumindest lateinisch vor. Von Grußworten wie *Bună seara, Noapte bună* oder *La revedere* (Guten Abend, Gute Nacht, Auf Wiedersehen) über Zahlwörter wie *unu, doi, trei, patru* (eins, zwei, drei, vier) bis zu gebräuchlichen Ausdrücken wie *Merci, Scuzaţi* oder *Vă rog* (danke, Entschuldigung, bitte) verstehen wir automatisch einiges. Und auch wenn man dann Rumänisch in geschriebener Form zu Gesicht bekommt, müßte bei uns oft der Groschen fallen. Denn das Rumänische ist eine romanische Sprache, die einzige ostromanische übrigens, die nicht (wie etwa das Aromunische, s. S. 119f.) vom Aussterben bedroht ist.

Vom Grundwortschatz, von der Grammatik, vom Satzbau her ist die rumänische Sprache zum großen Teil dem Lateinischen entwachsen. Das hatten die römischen Eroberer und Siedler ab dem 2. Jh. n. Chr. in die neuen Provinzen gebracht. Das Rumänische nimmt jedoch innerhalb der romanischen Sprachfamilie eine Sonderstellung ein. Erst einmal floß bei der Romanisierung der betreffenden Gebiete das dakische Sprachsubstrat der Alt-Einwohner ins Lateinische mit ein. Dann entwickelte sich das Dako-Romanische über Jahrhunderte in einer absolut nicht-romanischen Umgebung weiter. Die anderen Völker lateinischer Herkunft in Europa bewohnten derweil gemeinsam den Raum zwischen Iberischer Halbinsel und Adriatischem Meer. Nur die Ex-Provinzen am Karpatenbogen sahen sich nach dem Verfall des Römischen Reiches schnell auch sprachlich isoliert. Und besonders nachrückende Slawen, Türken und Griechen hinterließen sprachliche Spuren. Dazu färbten bald auch ungarische und deutsche Neusiedler das Idiom ihres jeweiligen Zuzugsgebiets. Doch besitzt die gesprochene Sprache z. B. der rumänischen Ex-Fürstentümer Moldau und Walachei seit dem Mittelalter einen erstaunlich einheitlichen Charakter.

Die Schriftsprache in Kirche, Verwaltung und Geschäftsverkehr war hingegen bis ins 16. Jh. das Kirchenslawische, und zwar wegen der engen Beziehung zum orthodoxen Patriarchat von Konstantinopel. Analog dazu bestimmte in Europas katholischem Westen in gleicher Zeit ja auch das römische Kirchenlatein jegliches kulturelles Leben. Mit einer aufsehenerregenden Bibelübersetzung in die Sprache des Volkes war dann wie im deutsch- auch im rumänischsprachigen Raum der Bann gebrochen: Wie das Deutsche das Lateinische verdrängte, so ersetzte das Rumänische (im 17. Jh.) endgültig das Kirchenslawische auch als Kultursprache. 1860 wurde dann im heutigen Rumänien auch das kyrillische Alphabet durch das lateinische ersetzt. Und genau in diesem Jahrhundert der rumänischen Staatsbildung wurden die verschiedenen Mundarten vereinheitlicht und bewußt romanisiert, d. h. für Begriffe der modernen Kultur, Wissenschaft und Zivilisation wurden konsequent lateinische und noch mehr französische Ausdrücke übernommen. Im jungen rumänischen Staat pflegte man bis 1939 enge Bindungen an Westeuropa, besonders an Frankreich. Den slawischen Nachbarn hingegen fühlte man sich eher in puncto byzantinisches Kulturerbe und orthodoxer Glaube verbunden.

Über so viele Jahrhunderte hinweg haben also in Rumänien zahlreiche verschiedene Ethnien mehr oder weniger friedlich zusammengelebt und des Nachbarn Sprache gekannt und respektiert. Durch den Exodus der Deutschstämmigen wie der Juden hat aber dieser Vielvölkerstaat bis heute einiges an Farbe, an kultureller Vielfalt verloren.

Gestiegen ist dafür aber im Rumänien nach der Wende sicher die Bereitschaft besonders der jungen Leute, auch sprachlich wieder Anschluß an Europa zu finden. Gerade sie ergreifen jetzt die Chance, verstärkt englische, französische, deutsche oder italienische Sprachkenntnisse zu erwerben. Denn schließlich gilt bei der neuen Bewegungsfreiheit auch für sie: Wenn einer eine Reise tut, dann möchte er sich auch verständigen können.

Landschaft und Natur: Ein reiches Land ist arm dran

Man hat die Oberflächengestaltung Rumäniens mit der Form eines gewaltigen Amphitheaters verglichen – ein guter Vergleich. Im Zentrum befindet sich mit dem Transsilvanischen Hochland eine leicht hügelige, fruchtbare Landschaft, die fast ganz vom großen Karpatenbogen umfangen wird. Der wiederum teilt sich in die mit dem Pietrosu-Berg bis zu 2303 m hohen, steilen **Ostkarpaten,** in die mächtigen **Südkarpaten**, deren schneebedeckte Gipfel im Falle des Moldoveanu bis zu 2544 m in den Himmel ragen, und in die ebenso reizvollen **Westkarpaten**, deren höchster Berg Curcubata aber nur 1849 m mißt.

Parallel zu diesen drei imposanten Bergketten schließt sich ein breiter, fruchtbarer Vorgebirgsbogen, die **Vorkarpaten,** an. Der wird in tiefen Tälern von einer beachtlichen Zahl von Flüssen durchschnitten: u. a. vom Olt, vom Argeş, vom Siret, von der Bistriţa. Diese großen Wasserläufe fließen in einen breiten Gürtel von ebenfalls landwirtschaftlich gut nutzbaren Tafelländern: in die Crişana und die Theiß- (Timiş-)Niederung im Osten, in die Rumänische Tiefebene im Süden, den Bărăgan und die seenreiche Dobrudscha im Südosten sowie in das Moldau-Hochland im Nordosten.

An diese Tafelländer schließt sich im Süden und Südosten die niedrigste Reliefstufe Rumäniens an: das Flußtal der **Donau,** die auf rumänischem Gebiet

Wiesenlandschaft bei Bran/Törzburg in Transsilvanien (Siebenbürgen)

um die 1500 km mißt und in die fast alle anderen Flüsse des Landes direkt oder indirekt münden. Sie durchbricht auf ihrem West-Ost-Weg als rumänisch-serbischer Grenzfluß in vier Talengen (z. B. dem Eisernen Tor/Portile de Fier) das Banater Gebirge, bildet dann über 1000 km die rumänisch-bulgarische Grenze, bevor sie sich bei Călăraşi in zwei (die Balta-Niederung umschließende) und bei Tulcea in drei Hauptarme spaltet. Letztere wiederum umrahmen eine der reizvollsten Landschaften, die Europa überhaupt besitzt: das Naturparadies **Donaudelta.** An das schließen sich im Süden noch die langen, flach abfallenden Sandstrände der **Schwarzmeerküste** an.

Rumänien ist also mit seinem Mosaik aus Gebirge, Hochland, Ebenen, Flußniederungen und Meeresküste schon geographisch gesehen ein Land der Vielfalt, aber auch das **Klima** bietet reichlich Abwechslung. Es ist im allgemeinen vorherrschend gemäßigt kontinental. Im Südwesten bzw. an der Küste sind mildere, fast mediterrane Wettereinflüsse bestimmend. Der gebirgige Norden jedoch wartet mit extremeren Temperaturschwankungen auf.

Schwarzerdeböden bedecken weite Teile des Landes. Auf denen gedeiht, dem meist reichlichen Niederschlag sei Dank, die gesamte in Mitteleuropa bekannte **Flora** sowie im Süden zahlreiche mediterrane Pflanzen wie Perückenstrauch, Blumenesche oder Türkischer Haselstrauch. Im Gebirge findet man – mit ansteigender Höhe – zunächst üppige und recht unberührte Eichen-, dann Rotbuchen- und Nadelholzwälder, die schließlich in Almen, Matten und Schneeregionen übergehen. Zu den reichen Vorkommen an Alpenrosen, Leimkraut, Heidel- und Preiselbeeren gesellen sich Karpaten-Steinbrech und andere nur hier verbreitete Pflanzen.

In den Bergen sind auch einige Vertreter der reichen **Fauna** Rumäniens anzutreffen, die das Land für Naturliebhaber

Storchennest

bzw. Jäger so attraktiv machen. Denn wo sonst in Europas doch so lückenlos erschlossenen Gebirgen kreuzen noch Braunbär, Luchs und Wolf die Wege des Menschen, sind kapitale Hirsche, Auerhähne, Gemsen und Wildkatzen noch zahlreich zu finden? Wo auf dem dichtbevölkerten Alten Kontinent kann man – wie im Donaudelta – noch zahllose Zugvögel auf Zwischenstopp, Störche, Kormorane oder Pelikane in ihrer natürlichen Umgebung beobachten?

Auch mit **Bodenschätzen** ist das Land von jeher gesegnet. Erdöllager mit Schwerpunkten im Karpatenvorland (Ploieşti, Bacău, Piteşti) und in der Walachischen Tiefebene (Craiova) sind inzwischen aber klein geworden – der Große Bruder im Osten verlangte über viele Jahre hinweg zu umfangreiche Lieferungen. Insbesondere Transsilvanien und das Banat verfügen seit alters über Erdgas, Kohle, Eisenerz und zahlreiche andere Metalle. Speziell die Ostkarpatenregion kann dem In- und Ausland gutes Mineralquellwasser liefern (z. B. Borsec). Thermalquellen erlauben in vielen höher gelegenen Landesteilen das Betreiben von Kureinrichtungen (z. B. Băile Felix, Băile Herculane, Vatra Dornei).

Die für deutsche Verhältnisse schier endlos weiten Hochebenen und Senken Rumäniens mit ihren fruchtbaren Böden und den guten klimatischen Bedingungen bieten beste Voraussetzungen für eine ertragreiche Vieh- und Landwirtschaft. Warum kann dann Rumänien, in dem (noch) großenteils augenfällig die Armut regiert, eigentlich nicht Kornkammer und Gemüsegarten Europas sein? Wohl aus dem gleichen Grund nicht, aus dem das Land seine Industrie bislang mehr schlecht als recht nutzen kann, die doch besonders in den letzten Jahrzehnten stark gefördert worden war: Rumänien hat aufgrund seiner speziellen geographischen Lage insbesondere mit Türken und Russen schon immer mächtige und eroberungsfreudige Nachbarn gehabt. Zu keinem Zeitpunkt hat es sich wirtschaftlich unabhängig und ungehindert entwickeln können. Auch heute liegt es mit den benachbarten Staaten Bulgarien, Serbien, Ungarn, Ukraine und Republik Moldova immer noch in relativer Nähe zu Moskau. Wirtschaftliche, und das heißt immer auch politische, Alleingänge wollen da wohl durchdacht sein. Ob deshalb aber ein von Natur aus reiches Land in Zukunft weiter ›arm dran‹ sein muß?

Geschichte und Politik: Man schaut wieder gen Westen

Rumäniens Historie oder besser gesagt die Historie der Gebiete, die erst seit 1877 bzw. 1918 zum unabhängigen Staat Rumänien zusammengefaßt sind – das ist eine Art unendliche Geschichte der Einflußnahme anderer, der Eroberung durch andere. Aber es ist auch eine lange Geschichte des Assimilationsvermögens der jeweiligen einheimischen Bevölkerung.

Vorgeschichte

Angefangen hat im Donau-Karpatenraum wohl alles spätestens in der Altsteinzeit. Denn die Archäologen haben hier die ersten Spuren menschlichen Daseins, z. B. Faustkeile und andere einfache Werkzeuge, aus der Zeit ab 100 000 v. Chr. gefunden. Vor allem in der Region Moldau, in Transsilvanien, dem Banat und Südrumänien allgemein stieß man auf zahlreiche Funde von Jägergemeinschaften und ackerbaubetreibenden Kulturen aus dem 9. bis 6. Jahrtausend v. Chr.: auf Wandmalereien der Mittelsteinzeit mit Tiermotiven etwa oder auf Skelette und Schädel mit dem Neandertaler ähnlichen Zügen. Ab dem 6. Jahrtausend v. Chr. müssen danach, so die Archäologen, eine ganze Reihe neuer indoeuropäischer Völkergruppen in das gesamte Gebiet des heutigen Rumänien eingewandert sein. Deren kulturelle Eigenarten verbanden sich bald mit denen der einheimischen Bevölkerung. Man baute Getreide an, züchtete Vieh, kannte sich schon in der Herstellung von mehrfarbiger Keramik sowie in der Kupfer- und Goldverarbeitung aus und betrieb einen Totenkult mit magisch-religiösem Hintergrund. Die Statuetten z. B. der Hamangia-Kultur aus der Dobrudscha, die bei aller Abstraktion erstaunlich wirklichkeitsnah sind, gehören zum Eindrucksvollsten, was man aus dieser Periode der Frühsteinzeit heute in Museen bewahrt. Ab der Mittleren Bronzezeit, also ab etwa 2000 v. Chr., schälten sich schließlich im Donau-Karpatenraum die Merkmale einer spezifischen Kultur klarer heraus. Besonders die Beziehungen zur ägäischen Welt, zu Mykene und Makedonien ließen in der einheimischen Metallverarbeitung wahre Kunstwerke entstehen. Ab der Späten Bronzezeit erhielt man auch östliche und zentraleuropäische Einflüsse.

Träger dieser metallverarbeitenden Kulturen waren höchstwahrscheinlich insgesamt die indoeuropäischen Thraker. Deren nördlicher Zweig wurde auf dem heutigen Terrain Südrumäniens aus dem Griechischen abgeleitet als **Geten** und innerhalb des Karpatenbeckens als **Daker** (von lateinisch ›Daci‹) bezeichnet. Diese Geto-Daker stellten schon ab dem 8. Jh. v. Chr. Geräte, Schmuck und Waffen aus Eisen her. Herodot als erster ›Weltbürger‹ hat später über ihre hohe Kultur berichtet.

Daker, Griechen, Römer

Die regen Kontakte zum antiken Griechenland hatten insbesondere für das Schwarzmeergebiet des heutigen Rumänien bald Folgen. Ab dem 7. Jh. v. Chr. gründeten speziell die seefahrenden Milesier am Pontos Euxeinos, dem

›Gastfreundlichen Meer‹, ihre ersten Stadtkolonien. In der Hoffnung auf eine enge Zusammenarbeit mit den geto-dakischen Einheimischen entstanden die griechischen Schwarzmeer-Handelsstädte Istros (Histria), Tomis (Constanţa) und Kallatis (Mangalia). Man führte einige Jahrhunderte lang Produkte der Ägäis wie Wein, Öl und Luxusgegenstände ein. Im Gegenzug bediente man Griechenland mit geto-dakischem Getreide, mit Honig, Wachs und Sklaven – ein lukratives Geschäft, wie es z. B. die Münzfunde der damals reichen Städte belegen. Im Laufe des 4. Jh. v. Chr. wurde dann Makedonien mit den Königen Philipp II., Alexander dem Großen und Lysimachos zeitweise entscheidender Machtfaktor an der westlichen Schwarzmeerküste. Jährlich wiederholten sich zudem Überfälle dakischer Stämme, denen die stolzen Stadtstaaten schließlich Tribut leisten mußten. Noch erlebte besonders Kallatis (Mangalia) im 3. Jh. v. Chr. mit dem Wirken der (Literatur-)Historiker Demetrios von Kallatis und Satyros eine kulturelle Blütezeit.

Doch die wirtschaftlichen und politischen Schwierigkeiten waren am ›Gastfreundlichen Meer‹ nicht mehr zu überspielen. Der Fernhandel hatte spürbar an Gewicht verloren. Nach ersten römischen Besetzungen des Gebiets versuchte sich Kallatis zwar noch per Bündnis mit Rom die relative Freiheit zu erhalten. Dakerkönig Burebista gelang es derweil erstmals, die unterschiedlichen geto-dakischen Stämme zu einer einzigen Kraft zu vereinigen, und er eroberte auch die Griechenstädte an der westlichen Schwarzmeerküste. Aber nach seinem Tod waren für die heutige Dobrudscha die Würfel gefallen: Ab 29 v. Chr. gerieten die Schwarzmeerstädte und mit ihnen die gesamte Dobrudscha sowie wenig später auch die dakischen Gebiete nördlich der Donau immer mehr unter direkten römischen Einfluß. Im Jahr 15 nach der Zeitwende machte Römerkaiser Augustus dann ›Nägel mit Köpfen‹: Er gründete die römische Provinz Moesia. Sein von ihm nach Tomis (Constanţa) verbannter berühmter Zeitgenosse Ovid führte sogar Buch über diese ersten Jahre römischer Herrschaft in der Dobrudscha (s. S. 88ff.).

Die Geto-Daker, besonders unter ihrem mutigen König Decebal (86–106), waren jedoch vorerst nicht damit einverstanden, die Fremden auch nördlich der Donau zu akzeptieren. Sie verwickelten die Römerkaiser Domitian und Trajan in die dakisch-römischen Kriege. Szenen daraus zeigt die berühmte Trajanssäule in Rom. Erst 102 bei Adamclisi und 106 in der dakischen Hauptstadt Sarmizegetusa Regia gelangen die entscheidenden römischen Siege gegen das aufmüpfige Volk. Dakien – neben der Dobrudscha auch Transsilvanien, das Banat und Oltenien – wurde endgültig kaiserliche Provinz. Einige Siedlungen relativ freier Daker gab es nun nur noch an Siret und Prut in der heutigen Nordmoldau sowie an Argeş, Crişund Someş in der Walachei und in Transsilvanien bzw. in der Maramuresch. 108–110 legten die Römer ihre Provinzhauptstadt Sarmizegetusa Ulpia Traiana an. Die Romanisierung des Landes begann. Römische Kolonisten bauten Garnisonen, Ansiedlungen und Städte wie Apulum (Alba Iulia) oder Napoca (Cluj) mit Straßen, Brücken, Wasserleitungen, Bädern und Amphitheatern. Und im Laufe der Zeit ersetzte eine dako-römische Sprach- und Kulturgemeinschaft die alten Traditionen. Eine begüterte Schicht von Bürgern gelangte auf den damals höchsten Bildungsstand. In Sachen Religion ›überlebte‹ auch eine ganze Reihe lokaler Gottheiten, wenn

Relief der Trajanssäule mit Szenen aus dem Daker-Feldzug (Kopie)

diese sich geschickt mit griechisch-römischen Göttern identifizieren ließen. Und schon im 3. Jh. waren die ethnischen Unterschiede zwischen Einheimischen und Einwanderern im Donau-Karpatengebiet (wieder einmal) unbedeutend geworden: Der Dako-Römer, der im Laufe des 4. Jh. auch das Christentum annahm, blickte in die Zukunft.

Asiatische Heimsuchungen und erste Fürstentümer

Diese Zukunft sah schon Ende des 3. Jh. für die Provinz nicht gerade rosig aus. Zahlreiche anstürmende Wandervölker machten den Bewohnern das Leben schwer. Erst waren es die Sarmaten, dann die Markomannen, die Kostoboken, die Goten, Heruler und Bastarnen und wie sie alle hießen. Aus strategischen Gründen zog Rom sich 271 auf die Donaugrenze zurück. Eine ganze Reihe Dako-Römer folgte vorsichtshalber. Das 4. Jh. wurde demzufolge in der Karpaten- und Donauregion durch einen eklatanten Niedergang der Wirtschaft und damit des Lebensstandards geprägt. Man versuchte sich insbesondere mit den hartnäckigen Westgoten in Bündnissen zu einigen. Doch der nächste, noch gefährlichere Feind stand schon vor der Haustür: 376 siegten die Hunnen über die Goten und übernahmen 30 Jahre später für viele Jahrzehnte die Herrschaft über den gesamten Karpaten-Donauraum. Die Gepiden setzten sich wenig später im Banat und in den Karpaten fest. Inzwischen war ab 395 die politische und administrative Zweiteilung des Römerreiches vollzogen worden. Das Donaugebiet gehörte zum von Byzanz aus regierten Oströmischen Reich. Und das beschränkte sich eigentlich nur noch darauf, seine Verteidigungslinien an der Unteren Donau zu stärken. Aber als die Awaren und Slawen ab 559 bzw. 580 erfolgreiche Angriffe auch auf diese Region starteten und sich slawische Siedler in der Dobrudscha festsetzten, da fiel der Donau-Limes endgültig Die Herrschaft des Römischen Reiches im Gebiet des heutigen Rumänien war nach gut 600 Jahren praktisch beendet.

Dafür wurden nun zahlreiche Slawen im dako-romanischen Raum seßhaft – und nach und nach erfolgreich integriert. Ab 681 übte das nahe erste Bulgarische Reich Einfluß auf die Region aus, die nun schon von vielen Völkern heimgesucht worden war. Ab ca. 1000 begannen schließlich die Magyaren bzw. Ungarn, Besitz vom Karpatenraum zu nehmen. Und was war mit den Ex-Dako-Romanen geschehen? Die waren inzwi-

Mircea der Alte (1386–1418), Fürst der Walachei, Votivbild in der Siechenkirche von Cozia

schen dem byzantinisch-orthodoxen Christentum verpflichtet, hatten sich mit Slawen verbunden und slawische Elemente in ihre Sprache und Kultur assimiliert. Einige ungarische Historiker haben zwar behauptet, daß nach Roms Rückzug im Jahr 271 auch die gesamte Bevölkerung der Karpatenregion in den Süden gegangen sei, Transsilvanien sei also ein von Romanen über Jahrhunderte gänzlich unbewohntes Gebiet gewesen. Wahrscheinlicher ist jedoch die These, daß auch nördlich der Donau (und damit vor allem in Transsilvanien) immer eine dako-romanische Bevölkerung weitergelebt hat: die Vorgänger der Rumänen.

Bis zur Herausbildung regelrechter Staatswesen auf rumänischem Boden sollte aber noch eine gewisse Zeit vergehen. Denn erst einmal standen dem Gebiet Ex-Dakiens noch ein paar Heimsuchungen mehr ins Haus. Zwischen 1000 und 1241 drangen nämlich immer wieder plündernde und brandschatzende Turkvölker ein: Mal waren es die Petschengen, dann die Kumanen, dann die Tataren. 1241 hatte die Moldau-Region einen verheerenden Mongoleneinfall zu verkraften. Der führte in dem fruchtbaren Gebiet zu einer hundertjährigen Herrschaft der asiatischen Völkergruppe. Angesichts dieser immerwährenden Bedrohung aus dem Osten verpflichtete die Führungsschicht ungarischer Adliger, die sich inzwischen in **Transsilvanien** etabliert hatte, eine besondere Art der Grenzwacht. Man holte sich ab 1150 neben ungarischsprachigen Szeklern auch deutsche Siedler in die besonders gefährdeten Gebiete. Und man stattete sie in ihren bald reichen Städten mit Extra-Privilegien aus – eine Rechnung, die aufging. Denn in relativer Autonomie hielten diese wehrhaften Siebenbürger Sachsen den Ungarnkönigen recht erfolgreich die Feinde vom Leib. Auch südlich und östlich des Karpatenkamms tat sich bald einiges. Zunächst entstand unter Basarab I. (1324–52) das neue **Fürstentum Walachei.** Das konnte sich schon 1330 von der ungarischen Oberhoheit befreien und besonders unter einem der Nachfolgefürsten Basarabs, Mircea cel Batrân, Mircea dem Alten (1386–1418), politisch und wirtschaftlich erstarken. Parallel dazu machte sich nur ein paar Jahrzehnte später Bogdan I. (1359–65) auf, ein von polnischem und ungarischem Einfluß freies **Fürstentum Moldau** zu gründen. Es konnte sich zur Jahrhundertwende unter Fürst Alexandru cel Bun, Alexander dem Guten (1400–32), stabilisieren.

Osmanische Bedrohung und erster Einheitsversuch

Doch der nächste Schicksalsschlag für die Region war schon nah. Seit 1354 sahen die Europäer nämlich die Osmanen schier unaufhaltsam von Kleinasien aus auf sich zukommen. Die Serben mußten schon 1389 eine entscheidende Niederlage einstecken, Bulgarien wurde 1393 osmanisch. Und im Jahr 1453 sollte mit Ostroms Hauptstadt Konstantinopel auch symbolisch gesehen das wichtigste Bollwerk gegen die islamischen Türken fallen. In den beiden geographisch nahe liegenden neuen rumänischen Staatswesen Moldau und Walachei hieß es nun, augenblicklich zu handeln. Denn schon 1419 hatten sich die Dobrudscha und die Donaufestungen den Osmanen bedingungslos geschlagen geben müssen. Ab 1415 entschloß sich die Walachei, einer Eroberung des Landes durch die Osmanen zuvorzukommen: Man schwor ihnen lieber den Lehnseid und leistete vorsorglich jährlichen Tribut. Ab 1456 folgte auch die Moldau diesem Beispiel. Nur zwei Fürsten wagten es in der Folgezeit, dem mächtigen Sultan Mehmed II. (1451–81) wenigstens zeitweise die Stirn zu bieten: einmal Walachenherrscher Vlad III. Ţepeş, Vlad der Pfähler (Regierungsdaten 1448, 1456–62, 1476–77), der als ›Dracula‹-Fürst noch nach Lebzeiten Karriere machen sollte. Er verweigerte den Tribut und verwickelte den Erzfeind in verzwickte Gefechte (s. S. 218ff.). Sein Zeitgenosse, Moldaufürst Ştefan cel Mare, Stefan der Große (1454–1504), sah ebenfalls im Widerstand gegen die Türken die einzige Möglichkeit, das eigene Land und das europäische Christentum gegen die ›heidnische Gefahr‹ zu verteidigen (s. S. 152). Da diesen Einzelkämpfern jedoch keine konsequente Hilfe von Europas anderen Christenherrschern zuteil wurde, blieb nach dem Tod der beiden alles beim alten: Walachei und Moldau bezahlten ihre relative Autonomie mit horrend steigenden Tributen. Und die Osmanen zogen weiter gen Westen. Sogar Ungarn wurde zeitweise osmanische Provinz, die Stephanskrone ging indessen an Habsburg. Transsilvanien dagegen konnte sich gut 150 Jahre als eigenes Fürstentum bezeichnen, ab 1553 war ihm die Maramuresch-Region angeschlossen. Es stand jedoch wie Moldau und Walachei eindeutig unter osmanischem Diktat – eine Situation, die in den nunmehr drei Fürstentümern am Karpatenbogen ständigen Widerstand provozierte.

Mit Walachenfürst Mihai Viteazul, Michael dem Tapferen (1593–1601), trat Ende des 16. Jh. eine weitere charismatische Kämpfernatur auf den Plan. Mihai vollbrachte, mit Habsburger Segen natürlich, ein zeitweiliges Wunder. Nach seinem Sieg über die Osmanen 1595 zog er als Eroberer in die benachbarten Fürstentümer ein. Doch weder Transsilvanien noch die Moldau setzten ihm ernsthaften Widerstand entgegen, so daß er der Türkenmacht drei unter ihm vereinigte Länder präsentieren konnte (s. Abb. S. 23). Aber ein Attentat machte schon 1601 alle Hoffnungen, die zwischen Donau und Karpaten gehegt wurden, mit einem Mal zunichte. Der Status quo war bald wiederhergestellt. Und die Osmanen machten sich auf, nun auch Wien zu erobern.

Weitere Befreiungsversuche

Daß dieser islamische Wunschtraum 1683 spektakulär scheiterte, hatte für die ›rumänischen‹ Fürstentümer Folgen. Transsilvanien wechselte 1699 von der türkischen zur Habsburger Oberhoheit. In der Walachei ließ sich in der Regierungszeit von Constantin Brâncoveanu (1688–1714) ein zeitweiliger wirtschaftlicher und kultureller Aufschwung verzeichnen. In der Moldau war mit dem Kunstförderer Dimitrie Cantemir (Lebensdaten 1673–1723) ein Fürst angetreten, der gleichfalls neue Wege der Befreiung vom osmanischen Joch ausprobierte. Doch Cantemirs Experiment einer Allianz mit Zar Peter I. scheiterte, weil Rußland 1710/11 gegen die Türken unterlag. Cantemir mußte nach Osten fliehen. Und auch sein südwestlicher Fürstennachbar hatte für seine Liberalisierungsversuche bitter zu zahlen: Der Walache Brâncoveanu endete 1714 mit seinen vier Söhnen unter dem Beil eines osmanischen Scharfrichters. Was nun kam, war besonders bitter für beide Fürstentümer. Sowohl in der Moldau als auch in der Walachei setzten die Osmanensultane statt einheimischer Adliger nur noch handverlesene griechische Marionettenfürsten, die Fanarioten, ein. Zwar konnten die Bewohner der Länder auch von den neuen positiven Impulsen dieser fremden Fürsten profitieren, so in Sachen Mathematik, Geographie, Philosophie und Rechtswesen. Mit der griechischen Sprache lebten auch byzantinische Traditionen auf rumänischem Boden wieder auf. Doch die finanzielle Ausbeutung der Moldau und der Walachei durch die Osmanen nahm gerade jetzt erdrückende Formen an. Dazu wüteten auf walachischem und moldauischem Territorium von 1711 bis 1812 allein sechs Kriege zwischen Österreich und Rußland einerseits und den Türken andererseits. Die Ergebnisse: Rußlands Position an den Karpaten war gestärkt und weitete sich ab 1829 zum russischen Protektorat in den Donaufürsten-

Die Standbilder der Moldau-Fürsten Dimitrie Cantemir (1673–1723, rechts) und Vasile Lupu (1634–53, links) in Iaşi

tümern aus. Bessarabien ging an das Zarenreich, die Nord-Bukowina (mit Suceava) an Österreich. Die gebeutelten Völker riefen 1821 unter Alexander Ipsilantis (Moldau) bzw. Tudor Vladimirescu (Walachei) zum Aufstand auf – und unterlagen. Eines hatten die Unruhen aber zumindest gebracht: Auch die Türken sahen nun in der Abschaffung der Fanariotenherrschaft in Moldau und Walachei Vorteile. Sie erkannten den rumänischen Fürstentümern wieder einige Souveränitätsrechte zu.

Was war jedoch in der Zwischenzeit in den anderen Regionen passiert, die dem heutigen Rumänien zugehören? Die Dobrudscha dämmerte immer noch innerhalb des schwächer werdenden Osmanenreiches dahin. Im von Türken geräumten Banat suchten seit 1718 auch deutsche Neusiedler, die Banater Schwaben (s. S. 246ff.), ihre Chance. In Transsilvanien gestaltete sich die ethnische bzw. soziale Problematik seit langem immer schärfer. Denn auch sein zahlenmäßig größter, aber rechtlosester Bevölkerungsteil, die Rumänen, entdeckte sein Nationalbewußtsein. Die Vertreter der Siebenbürgischen Schule *(Şcoala Ardeleană)* verfaßten wissenschaftliche Arbeiten über die römische Abstammung des rumänischen Volkes. Sie schrieben selbstbewußt das bislang kyrillisch festgehaltene Rumänisch in lateinischem Alphabet und beeinflußten damit auch die Intellektuellen der anderen Donaufürstentümer. Einen von rumänischen Bauern getragenen, vergeblichen Aufstand unter den Anführern Horea, Cloşca und Crişan gegen den grundbesitzenden Adel hatte es in Transsilvanien schon 1783 gegeben. So war es nur folgerichtig, daß die von Frankreich ausgehende 1848er Revolutionsbewegung auch in den unruhigen Karpatenfürstentümern Anhänger fand,

Reiterstandbild des ›Vereinigungsfürsten‹ Mihai Viteazul (1593-1601) in Cluj

und zwar unter den symbolischen Farben Blau-Gelb-Rot, der nachmaligen rumänischen Flagge. Die allgemeine Aufbruchstimmung wurde jedoch in der Moldau und der Walachei von Türken und Russen schnell gedämpft. In Transsilvanien erkämpften sich die Revolutionäre von 1848 unter Avram Iancu (1824–72) immerhin ein paar Rechte mehr. Doch die Region wurde 1867 nebst Maramuresch und Banat Ungarn angegliedert und damit einer intensiven Magyarisierungspolitik ausgesetzt.

Rumäniens Unabhängigkeit

Erst das Ergebnis des Krimkriegs (1853–56) brachte auch der Walachei und der Moldau die erwünschte Neuorientierung. Von nun an übernahmen neben den geschwächten Osmanen die erfolgreichen Westmächte die Verantwortung für die Fürstentümer. Sie schritten auch nicht ein, als sich 1859 Moldau und Walachei geschickterweise nur einen Fürsten, nämlich Alexandru Ioan Cuza (1820–73), wählten. Plötzlich bestand die von der rumänischen Bevölkerungsmehrheit schon so lange gewünschte moldauisch-walachische Personalunion. Dann ging es auf dem Weg zum Nationalstaat in Rumänien Schlag auf Schlag. 1861 proklamierte Cuza die Vereinigung der Moldau und der Walachei unter dem Namen Rumänien (România). Als Hauptstadt wurde Bukarest gewählt. Mit einer Reformpolitik nach französischem Vorbild begannen Cuza und sein Ministerpräsident Mihail Kogălniceanu (1817–91), Wirtschaft und Gesellschaft zu modernisieren. Cuza vereinigte aber schließlich nach Ermessen seiner Politikerkollegen zu viel Macht in Händen. 1866 zwang man ihn zum Rücktritt und schickte ihn außer Landes. Als internationalen Prestigeträger holte man sich dafür Karl von Hohenzollern-Sigmaringen ins Land, der 1881 sogar die Königswürde als Carol I. verliehen bekam. Unter ihm konnte Rumänien 1877 seine Unabhängigkeit erklären, die die Großmächte in den Folgejahren auch anerkannten. Bukarest erhielt 1878 die Dobrudscha, die so viele Jahrhunderte unter osmanischem Diktat verblieben war. Im Gegenzug mußte der neue Staat Rumänien aber Süd-Bessarabien zeitweise wieder an Rußland abtreten. Derweil formierten sich besonders in Transsilvanien – damals ungarisch – weiter die nationalrumänischen Kräfte. Sie setzten sich inzwischen für den Anschluß Siebenbürgens und der Bukowina an das Königreich Rumänien ein. Nachdem 1904 im bukowinischen Kloster Putna der 400. Todestag Stefans des Großen bombastisch gefeiert worden war, ging die Vision eines Groß-Rumänien wie ein Lauffeuer durch den Donau-Karpatenraum.

Von Groß-Rumänien zur Königsdiktatur

Im jungen walachisch-moldauischen Staat Rumänien standen aber erst einmal andere Fragen an: die Lösung der wirtschaftlichen Probleme, die 1907 eine mißglückte Bauernrevolution verursachten, und eine vernünftige außenpolitische Neuorientierung. Mißtrauisch mußte man als direkter Nachbar Bulgariens und Rußlands die intensive panslawische Balkanpolitik der Russen im Auge behalten. Notwendigerweise richtete Bukarest den Blick nun stärker nach Westen und versuchte sich ansonsten aus den militärischen Konflikten der Region soweit wie möglich herauszuhalten, was z. B. im Ersten und bis zu einem bestimmten Zeitpunkt auch im Zweiten Balkankrieg 1912 und 1913 gelang. Immerhin war die jahrhundertelange osmanische Herrschaft in Südosteuropa wegen der türkischen Kriegsniederlage 1912 ganz zusammengebrochen. Rumänien hatte dank der plötzlich schwachen Position Bulgariens 1913 sogar die Süd-Dobrudscha zugesprochen bekommen. In den bedrohlichen Ersten Weltkrieg trat Rumänien als Bündnispartner der Entente-Mächte Frankreich, Großbritannien und Rußland erst 1916 ein – und hatte damit, wie man bei Kriegsende sah, eine glückliche Wahl getroffen. Als Dank konnte die blau-gelb-rote Trikolore ab 1918, offiziell ab 1920, auch über Transsilvanien mit der Maramuresch und dem östlichen Banat sowie über der Bukowina und Bessarabien wehen. Groß-Rumänien hatte damit innerhalb kürzester Zeit sein Territorium und seine Einwohnerzahl (im Vergleich zu 1912) verdoppelt. Der Wunschtraum von einem Rumänien, das von den Karpaten bis zu Donau und Schwarzem Meer reichte, war in Erfüllung gegangen.

Die Euphorie ging im jungen Karpatenstaat aber bald in Besorgnis über die immensen politischen, wirtschaftlichen, sozialen und ethnischen Probleme über. Zu plötzlich war dieser Vielvölkerstaat gewachsen. Die Durchführung einer Agrarreform (1917–24) war unumgänglich, da Rumänien grundsätzlich noch von Landwirtschaft geprägt war. Dazu mußte in eine fortschreitende Industrialisierung investiert werden. Die Minderheitenpolitik des Landes, in dem jeder dritte Bewohner nicht-rumänischer Abstammung war, stand tagtäglich auf der Tagesordnung. 1923 war die Verkündigung einer neuen Verfassung für alle Landesteile fällig. An dem Aufbau des Staates als parlamentarische Monarchie mit einem starken König (1914–27 Ferdinand I., 1927–30 Mihai, 1930–40 Carol II.) wurde dabei nicht gerüttelt. In der Praxis jedoch zermürbte man sich in Bukarest durch allzu häufige Regierungswechsel nachhaltig. Da fanden sich auch in Rumänien Rechtsextreme, die Eiserne Garde, die diese Schwäche des Parteienstaates für sich auszunutzen versuchten. Nach der Wahl 1937 waren die Gardisten unter dem Namen ›Totul pentru Ţara‹ (Alles für das Land) der Machtübernahme schon nah. Da kam ihnen König Carol II. als ›Retter des Vaterlandes‹ mit seiner autoritären, aber nicht totalitären ›Königsdiktatur‹ zuvor. Schnell waren eine neue Verfassung verkündet und politische Parteien verboten. Außenpolitisch versuchte sich Carol mit konsequenter Neutralität. Die ließ sich aber isoliert zwischen den Machtblöcken Deutschland und Sowjetunion 1940 nicht mehr durchhalten. Im selben Jahr mußte Bukarest Bessarabien und die Nord-Bukowina an die UdSSR, Nord-Transsilvanien an Ungarn und die Süd-Dobrudscha an Bulgarien abtreten. Schon war der Staat wieder auf zwei Drittel der Fläche Groß-Rumäniens geschrumpft – und die landesweite Enttäuschung über Carols Mißerfolge wuchs.

Faschismus und Zweiter Weltkrieg

Da griff der König nach einem letzten ›Rettungsanker‹. Er berief General Ion Antonescu (1882–1946) zum Regierungschef, der ihn jedoch sofort zugunsten des Prinzen Mihai (König 1927–30, 1940–47) zur Abdankung zwang. 1941 machte sich Antonescu dann mit Hilfe der rechtsextremen Eisernen Garde zum Alleinherrscher, zum Conducator, also ›Führer‹, im ›Nationallegionären Staat‹ – ohne Verfassung, ohne Partei, ohne Parlament. Außenpolitisch verfolgte Antonescu eindeutig einen Pro-Deutschland-Kurs. Denn von dem erhoffte er sich die Rückgewinnung der verlorenen Gebiete. 1941 zogen rumänische Truppen kurzzeitig wieder in die Bukowina und in Bessarabien ein. Einerseits widersetzte sich Rumänien generell einer Deportation seiner Juden nach Auschwitz, die es innerhalb der Grenzen seines Altreichs sogar schützte. Andererseits ließ Antonescu jedoch 1941/42 bessarabische und bukowinische Juden wie z. B. den Dichter Paul Celan in Arbeitslagern einsperren. Über 100 000 Menschen, darunter auch ungezählte Roma, sind in dieser Zeit ums Leben gekommen. 1941 hatten sich die Rumänen an der Seite der Deutschen innerhalb der Offensive gegen die Sowjetarmee mitten im grausamen Treiben des Zweiten Weltkriegs wiedergefunden. Und aus dem kam das Land dann alles andere als ungeschoren hervor – mit deutschen fanden vor Stalingrad 1942 auch zahlreiche rumänische Soldaten den Tod. Zwar versuchte der junge König Mihai 1944 mit der Absetzung Antonescus und dem Kurswechsel pro UdSSR das Ruder herumzureißen. Deren Rote Armee bedrohte nämlich schon längst das Land. Doch auch Mihais Tage in Rumänien sollten gezählt sein. Im Jahr 1947 zwang man ihn zu Abdankung und Emigration. Im Pariser Friedensvertrag waren unter ihm noch die Rückgabe Nord-Transsilvaniens an Rumänien, aber auch der endgültige Verlust Bessarabiens (s. S. 128ff.), der Nord-Bukowina und der Süd-Dobrudscha festgeschrieben worden.

Unter Hammer und Sichel

Für Stalin waren die konsequente Sowjetisierung Rumäniens und die Plünderung durch erdrückend hohe Reparationsforderungen seit Kriegsende beschlossene Sache. Er ließ der in Rumänien zuvor unbedeutenden Kommunistischen Partei alle Hilfe zuteil werden. Auch hier sollte die inzwischen in ganz Osteuropa angepeilte kommunistische Ein-Parteien-Herrschaft totalitärer Prägung durchgesetzt werden. 1947 wurde die Volksrepublik Rumänien (Republica Populară România) ausgerufen, der die Genossen 1948 auch eine passende Verfassung formulierten. Politik, Wirtschaft, Erziehung, Wissenschaft, Kultur etc. hatten sich von nun an am marxistisch-leninistischen Weltbild auszurichten. Rumänien gehörte seit 1949 dem Wirtschaftssystem COMECON und seit 1955 dem Militärbündnis Warschauer Pakt an. Bis 1962 war die Kollektivierung der Landwirtschaft abgeschlossen. Der Eiserne Vorhang hatte sich zugezogen. Mit Gheorghe Gheorghiu-Dej (1901–65) als Parteiführer, Regierungschef bzw. ab 1961 als Staatsrats-Vorsitzender konnte Moskau sich dabei auf einen absolut loyalen rumänischen Politiker verlassen. Erst in seinen letzten Lebensjahren leitete Gheorghiu-Dej eine Distanzierung vom Kreml ein.

Neubauviertel Mânăştur am Rand von Cluj

Und die wurde von seinem Nachfolger in Partei und Staatsämtern, Nicolae Ceauşescu (1918–89), von 1965 an auch erst einmal weitergeführt. Die sowjetischen Truppen hatte man schon – ein Ausnahmefall im Ostblock – abziehen sehen. Eine Strategie der ›nationalen Unabhängigkeit‹ wurde von nun an innen- wie außenpolitisch gefahren. Die Bevölkerung genoß plötzlich wieder ein gewisses Maß an persönlicher Freiheit. Das Land, 1965 von der Volks- in eine Sozialistische Republik Rumänien (Republica Socialistă România) umbenannt, öffnete sich sogar bis zu einem bestimmten Grad dem Westen bzw. westlichen Besuchern. Und Ceauşescu versuchte sich in Sachen blockfreie Politik zu profilieren. Als erster Ostblockstaat nach der UdSSR nahm Rumänien 1967 diplomatische Beziehungen zur Bundesrepublik Deutschland auf. Wiederum solo unter den Warschauer-Pakt-Staaten beließ es seinen Botschafter in Israel. Auch im folgenden Jahr spielte Rumänien eine vom Westen anerkannte Außenseiterrolle: Beim Einmarsch der Ostblocktruppen in die vom Prager Frühling beflügelte Tschechoslowakei waren allein rumänische Soldaten nicht

dabei. Noch 1978 erhob die englische Königin den rumänischen Regierungschef in den Adelsstand: als Auszeichnung für seine angebliche Gratwanderung zwischen den Systemen.

Kommunistische Diktatur

Dabei hatte Ceauşescu innenpolitisch die Schraube längst fest angezogen. Bis 1974 hatte der selbsternannte ›*Conducator*‹ (Führer), dieser alles andere als charismatische ›Titan der Titanen‹, dank Ämterhäufung und unverhohlener Personalpolitik zugunsten des eigenen Clans seine Machtposition extrem ausgebaut und einen lächerlich-absurden Personenkult um sich selbst errichtet. Der perfide Überwachungsapparat *Securitate* klappte perfekt. Die Intellektuellen wurden ausgeschaltet, die Auslandskontakte der Bevölkerung seit 1974 so gut wie verboten. Die Lage der Minderheiten, denen es im Vielvölkerstaat Rumänien vorher erstaunlich gut ging, verschlechterte sich zusehends. Die forcierte Industrialisierung brachte als Ergebnis eigentlich nur eine beängstigende Landfluchtbewegung mit sich. Die zentral gesteuerte Landwirtschaft lahmte seit den späten 70er Jahren. Und die Auswirkungen der Erdbebenkatastrophe von 1977 waren in der an sich schon schlechten Wirtschaftslage noch der Tropfen, der das Faß zum Überlaufen brachte.

Kein Wunder, daß Rumänien ab 1980 weltweit als nicht mehr kreditwürdig angesehen wurde. Und nachdem der ehemalige Chefnachrichtendienstler Ion Pacepa 1978 im Westen über die Praktiken im rumänischen Überwachungsstaat ausgepackt hatte, sah sich Bukarest wegen Menschenrechtsverletzungen vehementer internationaler Kritik ausgesetzt. Da wagte sich Ceauşescu 1982 daran, die hohe Auslandsverschuldung bis 1989 vollständig zu tilgen – indem er sein eigenes Volk bis aufs Blut quälte. Einerseits ließ er bis 1984 reine Prestigeobjekte wie den Donau-Schwarzmeerkanal bauen. Auf Kosten eines großen Teils von Bukarests historischem Stadtkern leistete der Diktator sich ein bombastisches Neubauviertel. Während dessen litten jedoch die meisten seiner Mitbürger an Hunger, Kälte, Verelendung, Angst und Schrecken. Eine große Anzahl junger Akademiker riskierte demotiviert die Flucht in den Westen (s. S. 211f.). Mit Wahnsinnsprojekten wie dem sog. Systematisierungs- oder besser gesagt Dörferzerstörungsgesetz von 1988 stürzte der ›Führer‹ besonders in der Walachei ganze Regionen in den Abgrund. Die rigorose Angleichung von Stadt- und Landsiedlungen bedeutete in der Praxis die Zerstörung jahrhundertelang gewachsener dörflicher Strukturen, mit der Folge, daß die Menschen in seelenlose Vorstädte flüchteten. Ab 1985 trieb Ceauşescu regelrechte Kopfgelder für auswanderungswillige Deutschstämmige und Juden ein. Währenddessen drangsalierte er sein Volk unter anderem mit einer rigorosen Geburtenzuwachspolitik. Dazu glaubte er seit 1985, es sich leisten zu können, Front auch gegen die neue Moskauer Politik Michail Gorbatschows zu machen. Das Land isolierte sich immer mehr vom Weltgeschehen und wurde zu einem der rückständigsten Gebiete Europas.

Nach der politischen Wende

Doch Ende 1989 war es innerhalb des Macht- und Systemwechsels im Osten auch in Rumänien soweit: In Timişoara, Bukarest und anderen Großstädten erzwangen Hunderttausende insbesondere junger Menschen in opferreichen Demonstrationen die Wende und die Verhaftung des Diktatorenpaars. Die Ceauşescus wurden von einem Tribunal mit dem Tod durch Erschießen bestraft. Die ›Front der nationalen Rettung‹ unter den Ex-Kommunisten Ion Iliescu (geb. 1930) und Petre Roman (geb. 1946) stand schnell bereit, eine provisorische Regierung zu bilden – allzu schnell, um glauben zu machen, es handele sich nicht auch um eine vorbereitete Machtübernahme der ›zweiten Kommunisten-Garnitur‹, wie Kritiker im In- und Ausland meinten. Schon 1990, im Jahr der ersten, von der ›Front‹ gewonnenen freien Wahlen, wurden nämlich antikommunistische Demonstranten von bestellten Bergarbeiterhorden brutal zusammengeschlagen – unter offiziellem Beifall des Präsidenten Iliescu. Provozierte ethnische Wirren erschütterten das Land. Iliescu regierte zeitweise sogar mit Ultranationalisten. Und die Aufständischen von 1989 sahen sich als Opfer einer ›unvollendeten‹ oder sogar ›gestohlenen Revolution‹, deren Nutznießer sich bis 1996 noch ungebremst am Ruder befanden.

Zu zersplittert war in den ersten Jahren nach 1989 die Opposition. Auf dem Land war sie den Ex-Kommunisten allein schon organisatorisch hoffnungslos unterlegen. In einem Land, das bis 1989 seinen Bürgern sogar das Recht auf Schreibmaschinen beschnitt und den Besitz von Kopiergeräten verbot, taten sich Liberale schwer, Parteiapparate aufzubauen. Wie einst waren zudem zum geeigneten Zeitpunkt bei der Landbevölkerung soziale Ängste vor einem politischen Wechsel geschürt worden. Auch kehrten in Rumänien, das wie viele seiner Nachbarstaaten die Geheimdienstakten erst einmal geschlossen hielt, bald wieder Ceauşescu-Günstlinge an die Schaltstellen des Verwaltungsapparats zurück. Selbst der mittlerweile verstorbene Sohn des Diktators, Nicu, wurde vor 1996 noch aus der Haft entlassen: aus ›gesundheitlichen Gründen‹. Die Menschen waren erbost, aber nicht mehr ohnmächtig, sondern kampfbereit. Denn seit 1991 verfügt Rumänien über eine neue Verfassung, die seinen Bürgern endlich wieder ein Mehrparteiensystem und den demokratischen Aufbau des Staates garantiert. Der jeweilige Staatspräsident der parlamentarischen Zwei-Kammern-Republik, der sich mit Abgeordneten und Senat alle vier Jahre geheimen Wahlen stellen muß, verfügt dabei über ähnlich weitreichende Rechte wie im französischen Modell. Nun haben die Rumänen endlich alle Bürger- und Minderheitenrechte. Und auch das Tor zur übrigen Welt ist wieder offen.

Nach der Selbstauflösung der wirtschaftlichen und militärischen Ostblockverbunde RGW und Warschauer Pakt (1991) wurde Rumänien als Vollmitglied im Europarat (1993) aufgenommen. Beantragt sind auch die Aufnahme in die Europäische Union – seit 2000 laufen Beitrittsverhandlungen – und in die NATO, in deren erste Erweiterungsrunde man 1997 zwar nicht gelangen konnte. Seit Ende 2002 ist Bukarest aber in der zweiten Kandidatenrunde wieder dabei. Und US-Präsident George W. Bush stattete dem Land einen umjubelten Besuch ab. Im Rahmen einer künftigen europäischen Sicherheitsarchitektur ist Rumänien als Stabilitätsfaktor im Südosten in Zukunft sicher nicht mehr wegzudenken. Wobei in Bukarest letztlich ein Gedanke bis zum gewünschten NATO-Beitritt im Hinterkopf bleiben wird: Moskau ist trotz allem, geographisch gesehen, immer relativ nah, was schon an der politischen Umorientierung in der Republik Moldova, als Bessarabien einst Teil von Groß-Rumänien (s. S. 128ff.), ablesbar ist; von einer Wiedervereinigungseuphorie mit dem Mutterland Rumänien 1991 mußte man dort in nur drei Jahren auf russischen Kurs (Ziel: staatliche Unabhängigkeit) umschwenken – Bukarest wagte keinen ernsthaften Widerstand.

Zeitenwende, zweiter und dritter Teil

Bei den Wahlen 1996 wollte Rumänien endgültig mit seiner kommunistischen Vergangenheit brechen. Ion Iliescu, der ehemalige Vertraute Ceauşescus, wanderte in die Opposition. Endlich begann im Karpatenland die Zeitenwende, zweiter Teil. Als Hoffnungsträger umjubelt, konnte der Universitätsprofessor Emil Constantinescu, Chef des Mehrparteienbündnisses Demokratische Konvention (CDR), als Staatspräsident vereidigt werden. Dabei traten die Konservativen nach vier Jahrzehnten kommunistischer Diktatur und sieben politisch wirren, reformarmen Jahren wahrlich kein leichtes Erbe an. Die Bevölkerung war auf Dauer nicht bereit, die Härten ihres konsequenten Sanierungsprogramms hinzunehmen. Bald erhielten rechtsextreme Provokateure erschreckend offen den Beifall der Unzufriedenen. Constantinescu & Co. zeigten sich unfähig, den sozialen Frieden im Lande zu wahren. Zudem zerstritt man sich im konservativen Bündnis so nachhaltig, daß die Stimmabgabe von 2000 zu einer klaren Protestwahl geriet. Profitieren konnten davon die gewendeten Sozialisten sowie die Ultranationalisten. Nach einer Stichwahl setzte sich schließlich der Ex-Kommunist und PDSR-Chef Ion Iliescu als, wie Kommentatoren schrieben, »das kleinere von zwei Übeln« gegen den ehemaligen ›Hofpoeten‹ Ceauşescus Vadim Tudor von der Partei Großrumänien (PRM) durch. Der hatte mit seinen rassistischen demagogischen Parolen Wähler aus den verarmten Landesteilen blenden können, so daß Rumänien zum Entsetzen der Intellektuellen und der sogenannten jungen Elite innenpolitisches Chaos und außenpolitische Isolation drohten – Zeitenwende dritter Teil.

Unter hohem Erwartungsdruck traten Iliescu und seine Regierung dann Ende 2000 erneut an, das Land zu befrieden und gleichzeitig die hohen Erwartungen des Westens zu erfüllen. Der in seiner ersten Präsidentschaft eher als Bremser hervorgetretene Iliescu macht seither mit seiner Minderheitenregierung politisch gar keine so schlechte Figur. Pragmatisch übt man sich in einer Sowohl-als-auch-Taktik, sucht bewußt gesellschaftlichen Konsens, vollführt sogar Eiertänze im Parlament, um fällige Gesetzesvorlagen notfalls auch mit wechselnden Mehrheiten zu verabschieden – und kann sich inzwischen sogar über Zugewinn durch Überläufer aus der Opposition freuen. Die einst so wichtigen Trennlinien zwischen Kommunisten und Antikommunisten scheinen in der praktischen politischen Arbeit langsam an Relevanz zu verlieren, zumal auch Wirtschaftszahlen Hoffnung machen. »Zum ersten Mal ist in Rumänien eine glaubwürdige und zielgerichtete Politik zu erkennen«, urteilte EU-Erweiterungskommissar Günter Verheugen, wenngleich er Rumäniens EU-Beitritt noch nicht datieren wollte. Immerhin ist Bukarest wieder im EU-Gespräch. Damit hätte der Karpatenstaat politisch endlich wieder Anschluß an Europa gefunden.

Zeittafel

um 100 000 v. Chr.	Erste archäologische Beweise menschlicher Besiedlung im Donau-Karpatenraum
9000–6000 v. Chr.	Funde mittelsteinzeitlicher Jägergemeinschaften bzw. ackerbautreibender Kulturen
ab 6000 v. Chr.	Neue Einwanderungswellen von Indoeuropäern, kulturelle Vielfalt, Getreideanbau, Viehzucht, Kupfer- und Goldverarbeitung, Keramik, Statuen (z. B. Hamangia-Kultur)
ab 2000 v. Chr.	Der nördliche Zweig indoeuropäischer Thraker siedelt auf rumänischem Terrain als Geto-Daker; Metallverarbeitung; Beziehungen zur ägäischen Welt (Mykene, Makedonien)
ab 800 v. Chr.	Die Geto-Daker betreiben Eisenverhüttung und -verarbeitung zu Geräten, Schmuck, Waffen
ca. 700–500 v. Chr.	Gründung der Städte Istros (Histria 657 v. Chr.), Tomis (Constanţa 550 v. Chr.) und Kallatis (Mangalia) als griechische Kolonien am Schwarzen Meer
um 450 v. Chr.	Herodot berichtet über die Kultur der Geto-Daker
80–44 v. Chr.	Dakerkönig Burebista einigt die geto-dakischen Stämme und erobert die Griechenstädte (55–48 v. Chr.)
ab 29 v. Chr.	Schwarzmeerstädte und Dobrudscha geraten unter Herrschaft der Römer, die über die Donau hinweg vordringen
15 n. Chr.	Augustus gründet die römische Provinz Moesia
8–17	Verbannung Ovids in Tomis (Constanţa)
86–106	Dakerkönig Decebal leistet den Römern Widerstand
85–89	Feldzüge des Römerkaisers Domitian gegen die Daker, vorläufiger Friedensschluß
101–106	Feldzüge des Römerkaisers Trajan gegen die Daker, Sieg der Römer, Eroberung der Daker-Hauptstadt Sarmizegetusa Regia, Dakien wird insgesamt kaiserliche Provinz
108–110	Gründung der römischen Provinzhauptstadt Sarmizegetusa Ulpia Traiana
2. und 3. Jh.	Eindringen verschiedener Wandervölker in die dako-römischen Provinzen
271	Rom zieht sich auf die Donaugrenze zurück
332 bzw. 369	Bündnisse Roms mit den Westgoten
376	Sieg der nachgerückten Hunnen über die Goten
ab 395	Durch die politische und administrative Zweiteilung des Römischen Reichs gehört das Donaugebiet zu Ostrom und zum byzantinisch orthodoxen Christentum
5. und 6. Jh.	Hunnen, Slawen u. a. Völker im Donau-Karpatenraum
602	Fall des römischen Donaulimes, Ende der Römerherrschaft nach über 600 Jahren
ab 1000	Beginn magyarisch-ungarischer Landnahme im Karpatenraum, die Rumänen werden eine eigene Volksgruppe

ca. 1000–1241	Turkvölker dringen ein: Petschengen, Kumanen, Tataren
ab ca. 1150	Die ungarischen Könige rufen den Deutschen Ritterorden und deutsche Siedler bzw. ungarischsprachige Szekler zur Stabilisierung ihrer Herrschaft in Transsilvanien ins Land
1241	Verheerender Mongoleneinfall in der Moldau-Region, Beginn der 100jährigen Mongolenherrschaft
ca. 1324	Entstehen des Fürstentums Walachei unter Basarab I.
1359	Entstehen des unabhängigen Fürstentums Moldau unter Bogdan I.
ab 1354	Vordringen der Osmanen von Kleinasien nach Europa
ab 1419	Eroberung der Dobrudscha bzw. der Donaufestungen durch die Osmanen
ab 1415	Die Walachei leistet Tribut und unterwirft sich den Osmanen, Widerstand (Tributverweigerung und Kriege) durch den ›Dracula‹-Fürst Vlad III. Ţepeş
1453	Einnahme Konstantinopels durch die Osmanen, Untergang des Byzantinischen Reiches
ab 1456	Tributzahlungen und Unterwerfung unter die Osmanen im Fürstentum Moldau, zeitweiser Widerstand durch Fürst Ştefan cel Mare
1526–1688	Transsilvanien wird ein eigenes, den Osmanen unterworfenes Fürstentum, 1553 Anschluß der Maramuresch
1593–1601	Walachenfürst Mihai Viteazul siegt mit Habsburger Unterstützung über das Türkenheer, besetzt Siebenbürgen und Moldau, vereinigt die drei Fürstentümer erstmals, fällt aber 1601 einem Anschlag zum Opfer
1683	Scheitern der osmanischen Belagerung Wiens
1699	Transsilvanien untersteht als selbständiges Fürstentum der Oberhoheit Habsburgs
1688–1714	Zeitweiliger wirtschaftlicher und kultureller Aufschwung in der Walachei unter Fürst Constantin Brâncoveanu. 1714 wird er durch die Osmanen hingerichtet
1710/11	Der Moldaufürst und Kunstförderer Dimitrie Cantemir versucht vergeblich die Befreiung von der Osmanenmacht an der Seite von Zar Peter I.
ab 1711 bzw. 1716	Der Osmanensultan setzt in Moldau bzw. Walachei anstelle einheimischer Adliger griechische Marionettenfürsten (Fanarioten) ein
1718–39	Oltenien (Kleine Walachei) wird habsburgisch
ab 1718	Deutsche Siedler erhalten auf Betreiben Habsburgs im Banat Land (Banater Schwaben)
1783	In Transsilvanien wird ein Aufstand rumänischer Bauern unter Horea, Cloşca und Crişan gegen die Leibeigenschaft blutig niedergeschlagen
Wende 18./19. Jh.	Vertreter der Siebenbürgischen Schule stärken das Nationalbewußtsein der Rumänen

1711–1812 Kriege zwischen Habsburg und Rußland einerseits und der Türkei andererseits wüten auf dem Territorium von Moldau und Walachei. Das Ergebnis: Rußlands Position an den Karpaten wird gestärkt, Bessarabien wird russisch, die Nord-Moldau (mit Suceava) österreichisch.

1821 Niederschlagung der von Alexander Ipsilantis und Tudor Vladimirescu geführten moldauischen und walachischen Aufstände gegen die Fanarioten-Regimes, die griechischen werden durch einheimische Fürsten ersetzt

1829–56 Russisches Protektorat über die Donaufürstentümer

1848 Während die Revolutionsbewegung in Moldau und Walachei von Türken und Russen niedergeschlagen wird, erkämpfen die Rumänen unter Avram Iancu in Transsilvanien mehr Rechte

1856 Nach dem Krimkrieg ist die russische Dominanz an Donau und Karpaten gebrochen, die Westmächte übernehmen mit den Osmanen Moldau und Walachei

1859/61 Moldau und Walachei gelingt mit der Wahl von Fürst Alexandru Ioan Cuza, die ersehnte Personalunion und Vereinigung unter dem Namen Rumänien mit der Hauptstadt Bukarest; trotz der westlich orientierten Reformpolitik unter Cuza und Mihail Kogălniceanu wird Cuza 1866 entmachtet und der Hohenzollern-Prinz Karl ins Land geholt.

1867 Transsilvanien wird ›magyarisiert‹

1877 Unabhängigkeitserklärung Rumäniens

1878 Rumänien wird die Dobrudscha zugesprochen, Süd-Bessarabien aber zeitweise wieder abgesprochen

1881 Rumänien wird konstitutionelle Monarchie, der Hohenzollern-Prinz Karl kommt als Carol I. auf den Thron

1904 Die Feiern zum 400. Todestag des Moldaufürsten Stefan der Große im bukowinischen Putna offenbaren den Wunschtraum von Groß-Rumänien

1907 Die rumänische Bauernrevolte wird niedergeschlagen

1913 Als Ergebnis des Zweiten Balkankriegs bekommt Rumänien die Süd-Dobrudscha zugesprochen; Ende der osmanischen Herrschaft in Südosteuropa

1916 Rumänien tritt in das Entente-Siegerbündnis des Ersten Weltkriegs ein

ab 1918 bzw. 1920 Groß-Rumänien umfaßt neben der Walachei, Moldau und Dobrudscha auch Transsilvanien mit Banat und Maramuresch sowie die Bukowina und Bessarabien

1938 Carol II. ruft seine ›Königsdiktatur‹ aus

1940 Rumänien steht außenpolitisch zwischen den Machtblöcken; die Folgen: Landverluste an die Nachbarstaaten. Carol II. beruft General Ion Antonescu zum Regierungschef und wird sofort zugunsten seines Sohnes Mihai abgesetzt

ab 1941	Militärdiktatur unter Antonescu, Anlehnung an Nazi-Deutschland, Eintritt in den Zweiten Weltkrieg
1941/42	Juden- und Roma-Deportationen in bessarabische Konzentrationslager, wo über 100 000 Menschen sterben.
1942	Desaster von Stalingrad
1944	König Mihai setzt Antonescu ab, Kurswechsel pro UdSSR
1947	Nach der erzwungenen Abdankung König Mihais wird die Volksrepublik Rumänien ausgerufen. Nord-Transsilvanien geht an Rumänien, das jedoch Bessarabien, die Nord-Bukowina und die Süd-Dobrudscha verliert
ab 1945	Die Sowjetisierung Rumäniens bringt eine kommunistische Ein-Parteien-Herrschaft totalitärer Prägung. Regierungschef wird Gheorghe Gheorghiu-Dej; sehr hohe Reparationszahlungen an die UdSSR
1949	Mitglied der Wirtschaftsorganisation COMECON
1955	Mitglied der Militärorganisation Warschauer Pakt
1965	Proklamation der ›Sozialistischen Republik Rumänien‹. Die unter Gheorghiu-Dej begonnene Politik der ›nationalen Unabhängigkeit‹ wird vorerst vom Nachfolger Nicolae Ceauşescu fortgeführt, Rumänien öffnet sich zum Westen und profiliert sich in Sachen Blockfreiheit
1967	Als erster Ostblockstaat (außer der UdSSR) Aufnahme diplomatischer Beziehungen zu Bonn
1968	Rumänien beteiligt sich als einziger Warschauer-Pakt-Staat nicht am Einmarsch in die CSSR (›Prager Frühling‹)
1974	Diktatur des ›Conducators‹ (Führers) mit Personenkult, einem perfekten Überwachungssystem, Unterdrückung Intellektueller und der Auslandskontakte, Verschlechterung der Lage der Minderheiten, forcierte Industrialisierung und Landflucht
1977	Eine Erdbebenkatastrophe richtet besonders in Bukarest Zerstörungen an
1980	Internationale Kritik an Menschenrechtsverletzungen in Rumänien, das Land gilt als nicht mehr kreditwürdig
1982–89	Rückzahlung der Auslandsschulden durch rigorose Konsumverzichts- und Sparmaßnahmen, Ceauşescu betreibt die absolute Selbst-Isolierung des Staates mit Gegenkurs zu Gorbatschows Politik
1982	Auswanderungssteuern besonders für Juden und Deutschstämmige
1984	Eröffnung des Prestigeprojekts Donau-Schwarzmeerkanal
ab 1985/1988	Kahlschlag in der Bukarester Altstadt, Systematisierungs- bzw. Dörferzerstörungspolitik
Dezember 1989	Macht- und Systemwechsel im Ostblock: Sturz und Hinrichtung der Ceauşescus (›unvollendete‹ bzw. ›gestohlene‹ rumänische Revolution)

Auf der Promenade in Tulcea

1990	Sieg der ›Front der nationalen Rettung‹ unter den Ex-Kommunisten Iliescu und Roman bei den ersten freien Wahlen
1991	Selbstauflösung von RGW und Warschauer Pakt. Die neue Verfassung garantiert Mehrparteiensystem, die Vormachtstellung des Präsidenten, Bürger- und Minderheitenrechte
1992	Erneuter Wahlsieg von Iliescu, Orientierung nach Westen
1993	Vollmitglied im Europarat, assoziierter Partnerstaat der EU
1994	Beitritt zum NATO-Programm ›Partnerschaft und Frieden‹
1995	Förmlicher Antrag auf Aufnahme in die Europäische Union
Herbst 1996	Wahlsieg der Konservativ-Liberalen unter Emil Constantinescu (neuer Staatspräsident)
1997	Rumänien scheitert enttäuschend in der ersten NATO-Erweiterungsrunde. US-Präsident Clinton in Bukarest
1999	Desolate Wirtschaftslage. In der Kosovo-Krise steht Rumänien auf NATO-Seite. Der rechtsextreme Provokateur Vadim Tudor verzeichnet erschreckenden Zulauf
2000	Die EU stuft Rumänien als Beitrittskandidaten zurück. Die Konservativen verlieren die Wahl. Regierungswechsel
2001	Ion Iliescu wird erneut Präsident. Seine Minderheitenregierung verfolgt einen erstaunlich erfolgreichen Kurs
2002	Rumänien gehört zur zweiten NATO-Osterweiterungsgruppe. Besuch von US-Präsident George W. Bush in Bukarest. Aussicht auf einen EU-Beitritt in den kommenden Jahren.

Wirtschaft und Ökologie: Der steinige Weg zur Marktwirtschaft

Wirtschaft

Auf den ersten Blick klingt es absurd. Da hatte sich Rumänien 1989 glücklich seines stalinistischen Diktators entledigt und stieß damit endlich auch handelspolitisch das Tor zur Welt weit auf. Und dann legte es seine Geschicke zehn Jahre später wieder in die Hand des Mannes, der den Staat schon während seiner ersten Amtszeit immer tiefer in die Misere manövriert hatte: Ion Iliescu. Zugegeben, auch das wirtschaftliche Erbe Ceauşescus war und ist entsetzlich. Absolut isoliert war das Land, ausgeblutet und bar jeder Ressourcen, nachdem ihm fast zehn Jahre lang eine völlige Autarkie verordnet war. Die berüchtigten Industrieriesen hatten nur auf dem Papier schwarze Zahlen geschrieben. Folgerichtig konnte dann ab 1990 kaum eines der angeblichen Paradeunternehmen von damals für marktfähig erklärt werden. Vor einer Schließung oder Privatisierung der Firmen schreckte die Regierungsmannschaft der Partei der Sozialen Demokratie (PDSR) jedoch zurück. Subventionen mußten reichlich fließen. Das Wohlwollen der arg gebeutelten Bevölkerung wurde zudem mit einer Konsumsteigerung erkauft – mit der Folge, daß Iliescu & Co. Mitte der 90er Jahre einen riesigen Schuldenberg angehäuft hatten. Und der stand in keiner Relation zu den wirtschaftspolitischen Leistungen der Postkommunisten.

Die Quittung kam denn auch prompt 1996. Die Last der Ceauşescu-Diktatur schrittweise abbauen zu können, das trauten die kurzzeitig euphorischen Wähler am ehesten Emil Constantinescu und seinem liberal-konservativen Parteienbündnis CDR zu. Ehrgeizig machten sich die neuen Verantwortungsträger an die Arbeit. Insbesondere Premierminister Victor Ciorbea packte zwischen 1996 und 1998 diverse heiße Eisen an, z. B. die Privatisierung, Restrukturierung oder Schließung von Staatsbetrieben, den Abbau von Subventionen in Industrie und Landwirtschaft, die Freigabe der Preise für Grundnahrungsmittel. Dies kostete den auch international als integer geschätzten Ex-Bürgermeister Bukarests jedoch letztlich das Amt. In sich zerstritten und auf rechtsextreme Demagogen schielend, verlor das Parteienbündnis seine ambitionierten Pläne selbst aus den Augen. Kleine und mittlere Unternehmen wurden bei der Existenzgündung viel zu wenig gefördert. Die Außenhandelsdefizite wuchsen. Im Land bereicherten sich derweil dubiose Geschäftemacher. Mehr als ein Drittel der Bevölkerung lebte schließlich unterhalb der Armutsgrenze. Der Kopfsprung in die Marktwirtschaft war in Rumänien wie auch in den ex-sozialistischen Nachbarstaaten gründlich mißlungen.

Da übertrug die enttäuschte Bevölkerung in den 2000-er Wahlen eben wieder dem Polit-Fuchs Iliescu die Regierungsverantwortung. Zu diesem Zeitpunkt lehnten zwei Drittel der Rumänen die Marktwirtschaft generell ab bzw. waren mit deren bisherigen Ergebnissen unzufrieden, was bei einer Arbeitslosenrate von um die 12 Prozent, einer ständig wachsenden Inflation und einem stetig fallenden Bruttosozialprodukt nicht zu verwundern brauchte.

Gemüseverkauf an der Dorfstraße – der Kleinhandel blüht

Doch die Sozialdemokraten schrieben sich ab 2001 bewußt keinen anti-marktwirtschaftlichen Kurs auf die Fahnen. In den eigenen Reihen sorgten zahlreiche Privatunternehmer für frischen Wind. Gestreng schauten die Brüsseler EU-Kontrolleure dem potentiellen Beitrittskandidaten auf die Finger. Hatten sie dessen Wettbewerbsfähigkeit im Februar 2000 noch mit einem uneingeschränkten »Mangelhaft« abgewertet, sollten sich die Einschätzungen bald ändern. Im ersten Halbjahr 2001 waren schon 4,5 Prozent Wachstum des Bruttoinlandprodukts zu verzeichnen. 18 Prozent betrug die Zuwachsrate bei den Ausfuhren. Die Privatisierungsverkäufe wurden spürbar beschleunigt. Und die Arbeitslosenrate konnte von 10,8 Prozent im Dezember 2000 innerhalb eines Jahres auf 8,1 Prozent gedrückt werden, was auch die EU bald lobend registrierte. In der Länderanalyse des F. A. Z.-Instituts von 2002 schnitt Rumänien wegen seiner gut ausgebildeten Fachkräfte bei nach wie vor niedrigen Löhnen und des großen Absatzpotentials für Investitions- und ausländische Konsumgüter als chancenreich auf dem europäischen Markt ab. Negativ wirkten sich noch die geringe Kaufkraft der Bevölkerung, die wechselnde Gesetzgebung, eine ausufernde Bürokratie und die Korruptionsanfälligkeit im Lande aus, so das Institut. Bis zu einem möglichen EU-Eintritt müßte sich die positive ökonomische Entwicklung also noch weiter stabilisieren, meint die deutsche Rumänien-Expertin Anneli-Ute Gabanyi. »Die seit 1989 in Bukarest übliche Stop-and-go-Taktik muß auf Dauer einer beherzten Reformpolitik Platz machen.«

Ökologie

Ob man da auch die vielfältigen ökologischen Probleme bewältigen kann, die nicht nur die Kommunisten dem Land durch ungehemmtes Ausbeuten der Naturressourcen bescherten? Diese Hoffnung scheint mit vielen Fragezeichen behaftet zu sein. Denn Rumänien macht ja gerade einen langwierigen und schwierigen ökonomischen Umbau durch. Die Umweltbilanz wird da wohl in Zukunft nicht gut aussehen, wenngleich das Land doch von der Natur so reich beschenkt wurde. Noch sind große Teile der waldreichen Karpaten unberührte Naturparadiese. Wer bzw. was aber schützt sie vor der grassierenden Umweltverschmutzung katastrophal ungesicherter Industrieanlagen z. B. in Hunedoara oder Baia Mare? Noch ist in Rumänien das Umweltbewußtsein der Bevölkerung eklatant unterentwickelt, die jahrzehntelang zu heftig indoktriniert und entmündigt wurde. Die Gefahr, als internationale Müllkippe benutzt zu werden, wird da im Karpatenland noch von viel zu wenigen erkannt. Wer (außer Greenpeace und einem hoffentlich schlagkräftigen Umweltministerium) greift also ein, wenn kriminelle Müllschieber aus dem Westen mit ihren ebenso gefährlichen rumänischen Geschäftspartnern wieder illegal Giftmüll in abgelegenen Regionen deponieren (wie schon geschehen)?

Noch sind – um nur noch ein drittes Beispiel zu nennen – Schwarzes Meer und Donaudelta Naturlandschaften, die auch bei ›Öko-Touristen‹ hoch im Kurs stehen. Wie wird man sie jedoch vor der massiven Überfischung auch durch Flotten der Nachbarländer schützen können? Wer schreitet gegen unkontrolliertes Einleiten von Schadstoffen aller an Donau und Schwarzem Meer gelegenen Staaten ein? Wer wird der späten Folgen der rücksichtslosen Kanal- und der sogenannten ›Agrarkulturpolitik‹ Herr? Die Umweltkatastrophen des Jahres 2000 an Theiß und Donau, als aus den Goldminen von Baia Mare und Baia Borşa Zyankali floß, haben die Weltöffentlichkeit in dieser Hinsicht aufgerüttelt. Das Wasser kann Rumänien ökologisch schon bald bis zum Hals stehen, kommt man den Gefahren nicht unverzüglich auch mit internationaler Unterstützung bei.

Religion und Kirche: Freie Gedanken – laute Gebete

»Wir waren 45 Jahre Irrenhausinsassen, die nur ausnahmsweise freigelassen wurden … Die Kommunisten zerstörten unsere Zukunft in einer Freiheit, die wir nicht leben können.« Wie Tiere, die zu lange im Käfig waren, »tragen wir nun den Käfig in uns«. So beschrieb der Bukarester Schriftsteller und Journalist Octavian Paler die Bewußtseinslage seiner Landsleute nach der Diktatoren-Hinrichtung. Und das mochte in Rumänien sicher nicht nur für die ersten Jahre nach der Wende gelten. Denn die offene, reinigende Diskussion über die Hinterlassenschaft des Regimes im Land ist noch Jahre nach der Wende peinlich vermieden worden.

Ein riesiges Aufgabengebiet also für die Kirchen, die immerhin einzigen intakten Netzwerke, die überhaupt im-

Die Rumänisch Orthodoxe Kirche vor wichtigen Aufgaben – Begräbnis in Arbore

stande waren, die Gesellschaft nach der politischen Wende zu mobilisieren. Die Menschen mußten die Vergangenheit verarbeiten und den Nachgewachsenen ein neues Wertesystem vermitteln. Die Herausforderung hat die Rumänisch Orthodoxe Kirche, der im Karpatenland fast 87 Prozent aller Einwohner angehören, sofort angenommen. Die in der Einheit des Ostchristentums selbständige Nationalkirche ist nach 1989 aus ihrem Schatten herausgetreten. Unübersehbar strömten die Menschen nun in die Gotteshäuser der fünf rumänischen Metropolien. Die Zahl der Taufen, kirchlichen Trauungen und Beerdigungen nahm zu. Der Bau neuer Kirchen sowie die Ausbildung junger Geistlicher wurden nach Jahrzehnten der Repression mit Feuereifer betrieben. Und das Interesse an, ja das Bedürfnis der Menschen nach christlichen Feiertagsriten wuchs zusehends.

Auch die anderen Kirchen, wie etwa die Evangelische in Siebenbürgen und im Banat, stellten sich der Herausforderung. Zumal gerade die Protestanten ihr Aufgabengebiet nach der Massenauswanderung der Deutschstämmigen neu definieren mußten. Man konzentriere sich auf die Rolle als Brückenfunktion und Vermittler zu Ökumene und Gesellschaft im Blick auf ein gemeinsames Europa, so Christoph Klein, der evangelische Bischof in Sibiu / Hermannstadt.

Wobei diese Neubesinnung nicht bedeutet, daß auch in den schlimmsten Zeiten atheistisch geprägter Politik die tiefe Religiosität besonders der Landbevölkerung Rumäniens größeren Schaden genommen hätte. Ob orthodoxe, ob katholische oder evangelische Christen – man sah im Gebet, im liturgischen Gesang, im Einhalten des Kirchenkalenders, im Kirchgang selbst Möglichkeiten, den Abnormitäten eines Alltags zu entfliehen, der den Kindern sogar Weihnachts- und Osterfest nahm. Wenngleich man auch damit rechnen mußte, daß als Folge gezielter Unterwanderung der Kirchen hier und dort ›falsche Heilige‹ als Popen vor den Gläubigen standen und daß sich auch offene Kollaborateure in die oberen Etagen der Kirche hocharbeiten konnten – und sich zum Teil noch lange Zeit dort befanden.

Durch Abwanderung der Banater Schwaben und Siebenbürger Sachsen nach Deutschland bzw. der Juden gen Israel verschwanden die katholischen, evangelischen und jüdischen Gemeinden zwischen Donau und Karpaten langsam immer mehr. Auch viele Ungarnstämmige haben nun das Land und ihre katholischen Gemeinschaften verlassen. Da stand insbesondere die verbliebene Rumänisch Orthodoxe Kirche vor einer wichtigen Prüfung: Würde sie den verunsicherten Menschen neue Hoffnung geben können? Lange verzettelte man sich in Gefechten mit der griechisch-katholischen Unierten-Schwesterkirche Siebenbürgens. Die ist nach 1989 wieder zugelassen und erhebt längst den Anspruch, ihren rechtmäßigen Besitz von der ›großen Schwester‹ zurückzuerhalten, was mancherorten gelang. Gleichermaßen bekämpft die Orthodoxie Rumäniens vehement diverse Sekten, die nach der Wende im Land auftauchten, sucht aber, wie der Papst-Besuch von 1999 zeigte, als Vorreiterin der Schwesterkirchen den Dialog mit den anderen Konfessionen.

Auf jeden Fall trauen heutzutage erstaunlich viele Rumänen ihrer Kirche wieder zu, ihnen Orientierungshilfe geben zu können. Bei einer Umfrage aaus dem Jahr 2000 etwa gelang es der Kirche mit einem 69-prozentigen Vertrauensbonus u. a. die Armee (19 Prozent) und die Polizei (13 Prozent) weit hinter sich zu lassen – Prozentzahlen zum Politikerimage wurden übrigens nicht vorgelegt ...

Auch das Klosterleben ist für die Menschen spürbar attraktiver geworden. Eine ganze Reihe junger Leute sucht den Eintritt in eines der heute 475 Klöster, und das sicher nicht immer wegen bitterer Armut und Perspektivlosigkeit. Im glaubensfeindlichen Umfeld des *Securitate*-Staates war das klösterliche Leben ja in die Bedeutungslosigkeit gesunken. Erst als die Gedanken freier und die Gebete lauter wurden, erlebten die Stifte eine neue Blüte.

Nun kommt der schwierige Prozeß, die jüngere (Kirchen-)Vergangenheit aufzuarbeiten, langsam in Schwung. Und das bezeichnenderweise durch ›Frauen-Power‹. Da hatten nämlich für den Weltgebetstag 2002 Rumäninnen aller christlichen Konfessionen eine rund um den Erdball verbindliche Liturgie erarbeitet. Aus der verzwickten (Religions-)Geschichte ihres Vielvölkerstaats heraus formulierten diese Frauen eine gemeinsame Erklärung. Was die jeweiligen Verantwortungsträger der Kirchen noch lange nicht geschafft haben. »Keine der rumänischen Kirchen hat bislang ihre Akten der Jahre vor 1989 aufgearbeitet«, stellt die Rumänien-Expertin Anneli-Ute Gabanyi fest. Aber sie unterstreicht auch, daß nach 1989 nur in drei ex-kommunistischen Ländern die Religiosität überhaupt überlebt hat: außer im katholischen Polen und Kroatien eben im orthodoxen Rumänien.

Musik und Tanz: Folklore gehört dazu

Wo treffen mitreißende rumänische Volksmusikrhythmen und streng einstimmiger byzantinischer Kirchengesang auf überzeugende Weise mit typisch spätromantischer symphonischer Musik zusammen? Das ist eine Frage, die auch hierzulande eifrige Besucher klassischer Konzerte beantworten können: in den ›Rumänischen Rhapsodien I und II‹ bzw. dem ›Rumänischen Heldengedicht‹ von **George Enescu** (1881–1955), die weltweit seit Jahrzehnten zum Repertoire großer Orchester gehören. Da leuchten die in Rumänien jedem bekannten Volksmusikmelodien ›Mugur, mugurel‹ oder ›Ciocîrlia‹ mit ihrem mal sehnsuchtsvollen, mal heiterbeschwingten Klang innerhalb des symphonischen Werks hervor. Da sieht man bei der anklingenden ›Hora lui Dobica‹ sich im Kreise wiegende rumänische Bauerntänzerinnen vor dem geistigen Auge. Und da werden plötzlich mit überwältigender Wucht Chorgesänge angestimmt, so daß man sich unwillkürlich vor der bildergeschmückten Ikonostase einer orthodoxen Kirche wähnt.

Zwar hat es auch schon vor Enescu Komponisten gegeben, die die beiden wichtigen Stränge rumänischer Musiktradition, die Volks- und die Kirchenmelodien, erfolgreich in den zeitgenössischen westlichen Musikstil einbrachten, etwa **Ciprian Porumbescu** (1853–83) oder **G. Dima** (1847–1926). Und der Ungar Béla Bartók hatte mit seiner Erforschung und Sammlung rumänischer Bauernlieder im Jahr 1908 Zeichen gesetzt. Aber erst Enescu gelang es, rumänischen Komponisten auf internationalen Bühnen zu Gehör zu verhelfen. Und das nicht zuletzt deshalb, weil der hochbegabte junge Musiker schon frühzeitig als preisgekrönter Violinist, Pianist und Dirigent auf Wiener und Pariser Parkett auf sich aufmerksam machen konnte. Bald schon mehr in internationalen Konzertsälen als in der Heimat zu Hause, stellte Enescu sein kompositorisches Talent schließlich auch in der Kammermusik, im Kunstlied und der Oper unter Beweis. Der nach 1945 wie seine Künstlerkollegen Constantin Brâncuşi, Eugène Ionescu, Mircea Eliade oder Emile Cioran aus politischen Gründen ›verlorene Sohn‹ Rumäniens starb 1955 verarmt in Paris. Nichtsdestotrotz ist dem Aushängeschild rumänischer Musikkunst auch schon in kommunistischen Zeiten seit 1958 in Bukarest alle drei Jahre ein internationales ›George-Enescu-Festival‹ gewidmet worden. Und das hat sicher Höhepunkte des aktuellen Musikgeschehens in einem Land geboten, das sich in den 80er Jahren so hermetisch von der Außenwelt abkapselte. So sind auch nach Enescu nur wenige der herausragenden rumänischen Musiker im Ausland bekannt geworden. Und wenn sie internationale Popularität erlangten, dann haben sie ihr Glück auch meist gleich im Westen gesucht: der Komponist **D. Constantinescu** (geb. 1931) z. B., die Mozart-Pianistin **Clara Haskil** (1896–1960), der Violinist **Ion Voicu** (geb. 1925), die Sänger und Sängerinnen **Maria Cebotari** (1910–49), **Nicolae Herlea** und **Angela Gheorghiu** (geb. 1966) oder der Dirigent **Sergiu Celibidache** (1912–96), der lange Jahre erfolgreich u. a. in München arbeitete.

Wer nach Rumänien reist, kommt jedoch wahrscheinlich in Sachen Musik weniger mit der Arbeit der Konservatorien in Bukarest, Cluj/Klausenburg und Iaşi, mit der Bukarester Philharmonie

Bauernhochzeit bei Braşov/Kronstadt

›George Enescu‹ oder den zahlreichen anderen Orchestern, Operntheatern und Kammermusikvereinigungen in Berührung. In Funk, Fernsehen, auf Musiktheaterbühnen oder auch schon im Hotelfoyer gleich um die Ecke werden fleißig die eingängigen rumänischen Volksmusikmelodien gespielt. Meist gesellt sich zur mit Geige, Baß, Cymbala und Flöte ausgerüsteten (Zigeuner-)Kapelle auch gleich eine vielköpfige Tanzgruppe in Folklorekleidung hinzu. Und zum beliebten Reigen *Hora* drehen sich bald Frauen in buntbestickten Blusen im Kreise. Die weißbehosten Männer werfen beim ausgelassenen *Căluşari,* nicht unähnlich den alpenländischen Brauchtumstänzern, mit neckischem Jauchzen die Beine auf akrobatische Weise in die Luft. Besinnlicher geht es zu, wenn Einzelinterpreten zum melancholischen *Doina*-Gesang anheben, oder der eigenwillige Klang der *Nai,* der Panflöte, die Herzen schmelzen läßt. Dabei kann natürlich der ›normale‹ Rumänien-Tourist noch nicht gleich zwischen qualitativ hochwertiger, der Tradition verpflichteter Volksmusikkunst à la **Maria Tănase** (s. S. 190f.) und einem leicht zu vermarktenden Folklorekitsch unterscheiden. Das braucht er sicher fürs erste auch nicht. Denn ihn werden die überschäumende Lebenslust und die gleichzeitig abgrundtiefe Melancholie, die sich in Rumäniens Volksmusikrhythmen mitteilen, so oder so anstecken. Manch einer wird sich an die Panflötenweisen des im Ausland populären **George Zamfir** erinnern. Es soll sich schon mancher tanzfaule Westeuropäer im Eifer des Gefechts bei speziellen Touristenveranstaltungen spontan einer rumänischen Tanzformation angeschlossen haben ...

Aber natürlich besteht Rumäniens Musikszene bei weitem nicht nur aus klassischen Konzerten und folkloristischen Tanzabenden. Der Liebhaber einstimmiger byzantinischer Vokalmusik kommt schon in einem Gottesdienst in orthodoxen Kirchen auf seine Kosten. Anders als bei der griechischen Orthodoxie stimmen hier auch Frauenchöre christliche Lieder zu Gottes Lob an. Lekkerbissen dieser Vokalkunst, die besonders seit dem 15. Jh. in der Moldau-Klosterschule Putna zur höchsten Blüte reifte, kann man in den alten Klosterkirchen Rumäniens genießen.

Und dann rapt, rockt und hip-hopt es selbstverständlich auch auf Rumäniens zahlreichen Hörfunkkanälen bzw. in Konzerten tagein, tagaus so nachhaltig, daß auch die an moderne internationale Musikkost gewöhnten Touristen an Schwarzmeerstrand oder Karpatenrand mit keinerlei Mangelerscheinungen rechnen müssen.

Umbruch und neue Grenzöffnungen – rumänische Literatur heute

»Der Diktator ist gestürzt! Das Volk hat gesiegt! Rumänien ist unser! Gott hat uns geholfen!« Wer in Rumänien kennt sie nicht, diese vier historischen Sätze der wiedererlangten Freiheit, die der Dichterrebell der letzten Ceauşescu-Jahre, Mircea Dinescu, im Dezember 1989 in die laufenden TV-Kameras sprach. Und auch die westlichen Fernsehzuschauer werden sich erinnern, wie diese befreienden Worte von einem charismatischen jungen Mann in die Mikrofone diktiert wurden: »Gott hat sein Antlitz Rumänien wieder zugewandt.« Der Bürgerrechtler **Mircea Dinescu** (geb. 1950) hatte in seiner Heimat wegen der auch politischen Sprengkraft seiner reichen Lyrik seit 1985 unter Publikationsverbot und dann unter Hausarrest gestanden. Aber er war nur einer der zahlreichen rumänischen Intellektuellen, die während der '89er Revolution als moralische Instanz von der ›Front der Nationalen Rettung‹ gerufen und von den Menschen auch sofort als solche respektiert wurden. Auch die sensible, ebenfalls im Ausland hochgeschätzte Lyrikerin **Ana Blandiana** (geb. 1942) war in der Euphorie der ersten Stunden, Tage, Monate dabei. Ab 1996 war sie PEN-Präsidentin. Der Kulturhistoriker und Philosoph **Andrei Pleşu** (geb. 1948), den die Kommunisten seit 1982 in einem moldauischen Dorf kaltgestellt hatten, machte das Bukarester Kultusministerium 1990–91 zu einer Hochburg demokratischer Erneuerung. Unter den Konservativ-Liberalen war Pleşu ab 1996 Außenminister. Dinescu selbst engagierte sich als Präsident des Rumänischen Schriftstellerverbands 1990–93 in Sachen Rehabilitierung ehemals verfolgter Kollegen und sorgte zudem dafür, daß Rumänien seine weit gefächerte, meist französisch publizierte Exilliteratur und -philosophie ›heimholte‹: die Werke des Religionswissenschaftlers und Schriftstellers **Mircea Eliade** (1907–86), die Dramen von **Eugène Ionesco** (1909–94) und die Stalinismus-kritischen Romane von **Paul Goma** (geb. 1935).

Die Auflösung der politischen Stacheldrahtzäune brachte einerseits die internationale Philosophie und Literatur wieder ins Land. Werke von Schopenhauer, Nietzsche und Solschenizyn ebenso wie die im Westen derzeit gängige Erfolgsromane lagen friedlich vereint auf dem Ladentisch. Andererseits erschienen auch Texte der ausgewanderten Banater Schwaben **Herta Müller** (geb. 1953, s. S. 246ff.) oder **Richard Wagner** (geb. 1952) sowie des Siebenbürger Sachsen **Oskar Pastior** (geb. 1927) bald sogar in rumänischer Übersetzung. Literarische Zeugnisse der kommunistischen Gewaltherrschaft, etwa von **Constantin Noica** (1909–87) ebenso wie Schriften des im Pariser Exil gestorbenen ›rumänischen Schopenhauer‹ **Emile Cioran** (1911–94), des Romanciers **Marin Preda** (1922–80) oder des Lyrikers **Ion Barbu** (1895-1961) werden verschlungen, ebenso die großen Autoren der 60er und 70er Jahre: **Marin Sorescu** (1936–97), der in der Iliescu-Regierung zeitweise Kulturminister war, oder **Grete Tartler,** die nach 1989 als Diplomatin tätig wurde.

Doch die letztlich unvorhergesehene Öffnung löste nach 1989 in der literari-

Richtig Reisen *Tip*

Literarische Reise zu Rumäniens Seele

Wer sich auf dieses osteuropäische Land, dessen Kultur einmal so eng mit der Westeuropas verbunden war, einlassen will, dem sei die Lektüre aktueller rumänischer Literatur nach Art von Jorge Luis Borges empfohlen. Mircea Cărtărescu heißt ein junger Bukarester Vollblutautor, in dessen preisgekrönter Prosa sich die mythische Kraft seiner Heimatliteratur mit dem Erbe eines Edgar Allan Poe, eines Arthur Rimbaud, eines Franz Kafka verbindet. Unter dem programmatischen Titel ›Nostalgia‹ werden ganz und gar nicht sozialistisch-realistisch erzählte, sondern eher phantastische Geschichten über Liebe und Tod, Spiel und Glück, Traum und Wirklichkeit präsentiert, daß es eine wahre Lesefreude ist. Für den Liebhaber phantastischer Literatur sind Titel dieser Art ein Fest, für den Karpatenland-Reisenden aber auch eine gute Einstiegsmöglichkeit in die Tiefen der rumänischen Seele.

schen Szene Rumäniens nicht nur Euphorie über die neue Freiheit aus. Der Wunsch »so viel wie möglich von den Wundern des Universums« aufzunehmen, den **Mircea Cărtărescu** in einem Gedicht feierte, wurde z. B. auch bei demselben Lyriker bald von depressiven Einsichten, ja einer regelrechten ›Westangst‹ überlagert: »Meine Welt gibt es nicht mehr, meine elende Welt, in der ich etwas bedeutet hatte. Ich, Mircea Cărtărescu, bin in der neuen Welt niemand, es gibt hier 1038 Mircea Cărtărescus …«. Ex-Dichterrebell Mircea Dinescu, seit jeher mit einer saloppen und sarkastischen Ader gesegnet, probte auf der Suche nach rumänischer Identität in posttotalitärer Zeit den Befreiungsschlag ins Ironische: »Willkommen, Konsumgesellschaft, entjungfere auch du uns, nimm auch du uns von vorn, drechsle uns aus den Nierensteinen ein paar Glückswürfel. Ab heute reden wir den Arsch nicht mehr mit Genosse sondern mit Herr an.« Schon 1990 hob der Querdenker das überaus erfolgreiche Satireblatt ›Academia Caţavencu‹ aus der Taufe. 2000 gründete er mit der ›mensual‹ erscheinenden Zeitschrift ›Plai cu boi‹ eine Mischung aus politischem Magazin, gehobenem Feuilleton und erotischer Aktfotografie. Wobei der ›Playboy‹-nahe Titel auf Rumänisch so etwas wie ›Landschaft mit Ochsen‹ bedeutet. Die politische Landschaft voller Hornochsen zu kultivieren sei nun sein Ziel, so der Meister des Stilbruchs …

Seine Dichterkollegen, etwa **Ştefan Doru Dancuş** und **Marta Petreu,** suchen seit den späten 1990er Jahren auf ihre Weise den Umbruch und neue Grenzöffnungen. Man probt den Übergang zu neuen poetischen Mitteln. Gattungen werden zum Zusammenfließen gebracht. Die Zukunft in virtuellem Schreiben wird angepeilt – was den

Kontakt zur internationalen Literaturszene auf Dauer sicher enger knüpfen wird – auf daß die rumänische Dichtung nicht weiter als weißer Fleck auf der Landkarte der Poesie angesehen werde.

Schnelldurchgang durch die rumänische Literatur- und Geistesgeschichte

Werfen wir noch einen kurzen Blick in die rumänische Literatur- und Geistesgeschichte. Zuerst gab es da wie in anderen Literaturen auch eine umfangreiche, mündlich überlieferte Volksdichtung aus lyrischen Sehnsuchtsliedern *Doine,* Balladen *Miorițe,* Grabgesängen und Märchen, die erst im 19. Jh. zu Papier gebracht wurden. Die ersten rumänisch geschriebenen Texte des 16. bis zum 18. Jh. waren hauptsächlich Werke religiös-liturgischen Inhalts, Bibelübersetzungen, Volksbücher und Heiligenleben sowie historische Chroniken von **Grigore Ureche** (1590–1647) bis zum Wissenschaftler und Fürsten **Dimitrie Cantemir** (1673–1723). Der Walache **Iancu Văcărescu** (1792–1863) und die Vertreter der sogenannten **Siebenbürger Schule** *(Şcoala Ardeleană),* Samuil Micu (1745–1806), Gheorghe Şincai (1754–1816), Petru Maior (1760–1821) sowie der Epiker **Ion Budai-Deleanu** (1760–1820) gelten schließlich als die Väter der rumänischen Poesie. Die konnte nun endlich frei in lateinischen statt kyrillischen Buchstaben niedergeschrieben und ab den 20er Jahren des 19. Jh. dem Einfluß westlicher Literatur und Ideen geöffnet werden. Der Historiker, Schriftsteller und Politiker **Mihail Kogălniceanu** (1817–91), der ebenfalls politisch aktive Lyriker und Dramatiker **Vasile Alecsandri** (1821–90) sowie der als Dramatiker und Verfasser historischer Novellen bekannte **Costache Negruzzi** (1808–68) waren für diese fruchtbare Periode in der rumänischen Geistesgeschichte die entscheidenden Köpfe. Letztere begründeten übrigens auch von Iaşi aus die reiche rumänischsprachige Theatertradition, die heutzutage z. B. mit der avantgardistischen Schauspieltruppe Teatrul Național Craiova weitergeführt wird.

Einen nächsten Glanzpunkt setzte dann in der Geistesgeschichte Rumäniens die moldauische Künstlergruppe Junimea (Jugend) des damals führenden rumänischen Literaturkritikers **Titu Maiorescu** (1840–1917). Ihre Mitglieder verschafften der rumänischen Dichtung, der Geistesgeschichte des Landes insgesamt, Weltgeltung: darunter Rumäniens Nationaldichter **Mihai Eminescu** (1850–89, s. S. 136ff.), der Autor satirischer Bühnenstücke **Ion Luca Caragi-**

ale (1852–1912), der Erzähler von Märchen und Kindheitserinnerungen **Ion Creangă** (1839–89) und der Novellist **Ioan Slavici** (1848–1925). Besonders Eminescu ist die eigentliche Schöpfung der klassischen rumänischen Literatursprache zu verdanken.

Nachfolgende Generationen Intellektueller profitierten von ihrem Erfolg: der Schriftsteller und Philosoph **Lucian Blaga** (1895–1961) in Gedichten, Theaterstücken und Essays; der Historiker, Publizist und Politiker **Nicolae Iorga** (1871–1940), dessen ›Historie der Rumänen‹ ein Meilenstein der Geistesgeschichte wurde, die Prosaisten **Mihail Sadoveanu** (1880–1961), **Panait Istrati** (1884–1935) und **Liviu Rebreanu** (1885–1944), deren Werke mit denen von Honoré Balzac verglichen wurden, oder der avantgardistische Lyriker **Tudor Arghezi** (1880–1967).

Eine ganze Reihe anderer berühmter Schriftsteller verbrachten in Rumänien ihre Lehrjahre, z. B. der französisch schreibende Dadaist **Tristan Tzara** (1896–1963) oder die in deutscher Sprache dichtenden **Paul Celan** (1920–70), **Alfred Margul-Sperber** (1898–1967) sowie **Rose Ausländer** (1907–88), deren Lyrik aus der jüdischen Kultur der Bukowina schöpft und aus der Erfahrung von Verfolgung und Emigration. Und dann gab es – wir beenden hier unseren Schnelldurchgang durch die rumänische Literatur- und Geistesgeschichte – seit Mitte der 60er bis Mitte der 70er Jahre ja auch unter den Kommunisten noch jene kurze Periode relativer geistiger Liberalität, als man sich an moderne westliche Literatur anschloß. Dichter wie **Nichita Stănescu** (1933–83), **Gellu Naum** (geb. 1915) oder **Ioan Alexandru** (geb. 1941) konnten außerhalb des Korsetts des ›Sozialistischen Realismus‹ neue Formen und Stile erproben. Danach brach für die Intellektuellen Rumäniens schließlich die oben beschriebene Eiszeit bis 1989 aus. Deren Perversität möchte Mircea Dinescu auch den Nachgeborenen folgendermaßen ins Gedächtnis hämmern: »erinnere dich an jene absurde schachpartie / in der der verrückte könig zuerst die pferde opferte / dann die dörfer verlegte / und tausend miese typen lobten alsbald sein spiel« (Exil im Pfefferkorn, 1983, in deutscher Übersetzung 1989 erschienen).

Kunst und Kunstgewerbe: Reichtümer aus 6000 Jahren

Fragt man ein Dutzend Rumänen, was sie als die repräsentative Kunst ihres Landes bezeichnen würden, so erhält man sicher ebenso viele verschiedene Antworten. Denn was dem einen sein Lieblingsmaler, der ›realistische Impressionist‹ Nicolae Grigorescu, bedeutet, das bewundert der andere bei der Architektur (spät-)mittelalterlicher walachischer Klöster, bei den Fresken der berühmten Moldaukirchen, bei den Werken des modernen Bildhauers Constantin Brâncuşi oder den von unbekannten Künstlern stammenden Meisterwerken rumänischer Holzschnitzerei, Stickerei oder Ikonenmalerei. Der folgende kleine Überblick gilt einigen der vielen Repräsentanten rumänischen Kunstschaffens von Anbeginn bis heute, wobei zugegeben sei, daß die Auswahl subjektiv ist.

Kunstschätze der Frühzeit

Das spektakuläre Statuettenpärchen aus Ton, **›Der Denker und seine Frau‹,** das in der Nekropole von Cernavoda in der Dobrudscha gefunden wurde, hat 1994 die glanzvolle Ausstellung ›Goldhelm, Schwert und Silberschätze. Reichtümer aus 6000 Jahren rumänischer Vergangenheit‹ in der Frankfurter Schirn Kunsthalle eröffnet. Eigentlich muten dieser scheinbar schwermütige Mann, der seinen Kopf in die Hände stützt, und die Frau mit dem fast kugelförmigen Leib in ihrer kühn abstrakten Machart eher modern à la Henry Moore an. Doch grübeln die beiden nun schon mindestens seit dem 4. Jahrtausend v. Chr. vor sich hin und mögen als Vertreter einer atemberaubend hohen vorgeschichtlichen Kultur auf dem Gebiet des heutigen Rumänien gelten.

Auch die **römische Isis-Büste** aus dem 1. Jh. ging mit der Ausstellung rumänischer Kunst aus 6000 Jahren 1994 auf Reisen um die ganze Welt: Die gut erhaltene weibliche Büste wurde bei Grabungen im heutigen Constanţa, damals das römische Tomis, gefunden. Mit einem über die Schultern drapierten Mantel, der über der Brust geknotet ist, mit in der Mitte gescheiteltem Haar, das in Korkenzieherlocken auf die Schultern fällt, und einer angedeuteten Mondsichel sowie zwei kleinen Hörnern über dem Scheitel stellt die Marmorbüste die römische, einstmals ägyptische Göttin Isis dar, und zwar in für die damalige Kulturepoche typischer Weise. Und sie ist nur eine der vielen meisterlich gearbeiteten Skulpturen, die um die Zeitenwende in den Werkstätten der dakisch-römischen Provinz entstanden (Archäologisches Museum in Constanţa, s. S. 90f.).

Römische Isis-Büste (1. Jh., Constanţa)

Höhepunkte rumänischer Architektur

Die fünf berühmten **Klosterkirchen** im bukowinischen Norden des Landes, die zwischen 1488 und 1585 vom aufstrebenden Moldau-Fürstentum errichtet wurden, gehören zweifellos zu den verblüffendsten Schätzen rumänischer Kunst. Schon architektonisch bilden die Gotteshäuser von Voroneţ, Arbore, Humor, Moldoviţa und Suceviţa eine harmonische Verschmelzung von spätbyzantinischem mit gotischem Stil. Hoch wachsen ihre imposanten Kuppeln in die idyllische Berglandschaft. Doch in der Welt einmalig in ihrer Art werden sie erst durch ihre farbenprächtig strahlenden **Fresken** an den Außenwänden. Denn die wirken, einer illustrierten Bibel gleich, wie ein Farbfilm voller Heiligenlegenden, religiöser Interpretationen, spätmittelalterlicher Bräuche und großer historischer Ereignisse: wahrlich ein gemalter Triumph der christlichen Idee (Bukowina-Kirchen bei Suceava, s. S. 156ff.).

Auch im damaligen Nachbarfürstentum der Moldau, der Walachei, ließ die Sakralarchitektur seit dem 15. Jh. ein eigenes Gepräge erkennen. Hier wurde der byzantinische Typus der Kreuzkuppelkirche mit Dreikonchenchor und Kuppeltambour weiterentwickelt. Das eigenartigste und einprägsamste Beispiel ist sicher die **Bischofskirche von Curtea de Argeş** (s. S. 80f.) aus dem Jahr 1516 mit ihrer filigranartigen Bauornamentik. Schichten von Blendarkaden sowie rechteckigen und runden Schmuckfeldern, die durch eine Blumenseil-ähnliche Zierleiste getrennt sind, bilden überaus reiche plastische Verzierungen am ganzen Bau. Und das ist ein Effekt, dem der Betrachter auch ähnlich an der moldauischen Drei-Hierarchen-Kirche von Iaşi von 1639 (s. S. 132f.) begegnet.

Für die walachische und auch gesamtrumänische Architektur richtungweisend war der **Brâncoveanu-Stil**, der sich unter dem gleichnamigen Fürsten Ende des 17. Jh. entwickelte. Kennzeichnend ist die Mischung eigenständiger und orientalischer Elemente. Schloß Mogoşoaia bei Bukarest (s. S. 71) oder das oltenische Kloster Horezu (s. S. 76) mit ihren unzähligen verspielt wirkenden Pflanzen- und Tierornamenten sind gute Beispiele für den Brâncoveanu-Fassadenschmuck.

Schloß Mogoşoaia:
Brâncoveanu-Stil in Reinkultur

Die bis heute beeindruckendsten architektonischen Zeugnisse der Siebenbürger Sachsen sind die mehr als sieben bis zu 800 Jahre alten **Kirchenburgen der Region Siebenbürgen** bzw. Transsilvanien. Unter ihnen gilt diejenige von Sighişoara/Schäßburg ganz mit Recht als vollständigster mittelalterlicher Architekturkomplex Rumäniens. Stund-, Zinngießer- und jede Menge andere massive Wehrtürme der alten Handwerkerinnungen umrahmen hier eine von winkligen Gassen und buckligen Häusern bestimmte Oberstadt. Gekrönt wird sie von einer mächtigen gotischen Bergkirche. Es ist also kein Wunder, daß sich der deutsche Besucher in Alt-Schäßburg bzw. in den vielen anderen Kirchenburgen Transsilvaniens fast ›zu Hause‹ fühlt (s. S. 222ff.).

Kunsthandwerk und Volkskunst

Friedlich entspannt wirken die zarten Gesichtszüge der schlafenden Dame unter der kostbaren Krone. Ein feines Gespinst aus wohlfrisiertem Haar, vielgliedrigem Ohrgehänge und kleinmaschigen Prunkgewändern rahmt symmetrisch das ovale Gesicht: Maria von Mangop, die Krim-Prinzessin und zweite Ehefrau des Moldau-Fürsten Stefan der Große, muß nicht nur eine Schönheit, sondern auch eine hochverehrte Herrscherin gewesen sein. Unvergessen bleibt sie der Nachwelt durch ihr Porträt auf einer der wertvollsten **Stickereiarbeiten,** die sich aus der klassischen Zeit des rumänischen Mittelalters erhalten haben: auf der Grabdecke von 1477 aus dem Bukowina-Kloster Putna. Und die mag gleichzeitig als repräsentativ für die reiche Stickerei- und Webereikunst gelten, die von den Anfängen bis heute in Rumänien gepflegt wird (Klostermuseum Putna, s. S.173).

In den vielen Klöstern der walachischen und moldauischen Fürstentümer entstanden schon seit Jahrhunderten prunkvolle **Handschriften.** Aber diese Meisterwerke der **Miniaturmalerei** aus dem beginnenden 17. Jh., die heute im Klostermuseum von Dragomirna im Nordosten Rumäniens ausgestellt werden, sprengen die byzantinische Tradition klassisch eleganter Buchstaben- und Miniaturenzeichnung. Der Klostergründer und Moldau-Metropolit Anastasie Crimca erarbeitete die Evangelien- und Psalmenbücher zum Teil höchstpersönlich. Mit verlängerten, graziös geneigten Hälsen, manchmal eckigen, manchmal kindlich gerundeten Zügen wurden die Figuren in Grün, Orange und Rot fast expressionistisch gezeichnet. Goldene Pinselstriche, die sich oft zu geometrischen Figuren konturieren, geben gekonnt spezielle Lichteffekte wieder – eine Technik, die von den anderen Klosterwerkstätten auf rumänischem Gebiet gerne aufgenommen wurde, bis im 18. Jh. die Buchdruckkunst die Handschriftenmalerei ablöste (Klostermuseum Dragomirna, s. S. 178).

Die Bandbreite der **Holzschnitzkunst,** einer für Rumäniens Kultur äußerst wichtigen Kunstgattung, ist groß: Sie reicht von den ersten Höhepunkten mittelalterlicher Holzskulptur in den be-

Bischofskirche in Curtea de Argeş

rühmten Klöstern der Fürstentümer bis zu den heute noch geschnitzten Alltagsgegenständen in den Dörfern besonders des Nordens. Genannt werden soll hier als Beispiel die ›Königspforte‹, die mittlere Tür der Ikonostase von Voroneţ aus den Jahren um 1570 (s. S. 164). Blütenranken, prächtige Vögel, stilisierte Fische bzw. Architekturdetails sind hier zu den Motiven einer meisterlichen Komposition in Holz geworden. Die rotbraune, leuchtendblaue und grüne Färbung verstärkt dabei den erstaunlichen plastischen Effekt. Und die handgefertigten Holzgegenstände des bäuerlichen Alltags in Rumänien trifft man außer in den ethnographischen Museen auch in jedem etwas abgelegenen Dorf besonders in den waldreichen Gegenden der Maramuresch, Transsilvaniens und der Bukowina an: phantasievoll geschnitzte Tore, Zäune, Balustraden, Brunnen, Löffel und vieles mehr.

Die Zeichnung der Christus-, Heiligen- oder Mariengesichter auf den **Hinterglasikonen** der Maramuresch ist zum Teil rührend einfach. Sie weist nichts mehr von der idolhaft strengen Darstellungsweise älterer Ikonenmalerei rumänischer Fürstentümer auf, die sich eng an die byzantinische Tradition angeschlossen hatte. Und doch ist gerade diesen reinen Volkskunstwerken, den Ikonen der Maramuresch-Region aus dem 18., 19. und 20. Jh., eine ganz besondere Ausdruckskraft inne, die den eher manieristischen Exemplaren klassischer rumänischer Ikonenmalkunst manchmal zu fehlen scheint. Bewundernswert ist auch die Ausführung vieler dieser Ikonen: Die kleinen Hinterglasbilder wurden in umgekehrter Schichtenfolge von den kolorierten Konturen über die Abschattierungen bis zur Grundierfarbenabdeckung angelegt (Bauernmuseum, Bukarest, s. S. 66).

Von der impressionistischen Malerei des 19. Jh. zur Moderne

Man nennt ihn nicht ohne Grund den wichtigsten Begründer der neuen rumänischen Malerei. Gleichzeitig war er eine der zentralen Figuren im Kulturbetrieb seines Landes im 19. Jh., die dem Impressionismus in Rumänien zum Durchbruch verhalf: **Nicolae Grigorescu** (1838–1907). Mit über 3000 Gemälden, Landschafts- und Genrebildern aus dem rumänischen Dorfleben, mit Porträts rumänischer Bauern und Hirten sind der in Frankreich geschulte Künstler und seine Malerschüler bei ihren Landsleuten bis heute unvergessen geblieben. In beinahe keinem Privathaushalt, Hotel oder Restaurant Rumäniens fehlen noch heute Reproduktionen von Werken Grigorescus, seines Schülers **Ioan Andreescu** (1850–82) oder **Ştefan Luchians** (1868–1916), der die rumänische Malerei schließlich in die Moderne führte. Im Original zu bewundern sind die impressionistischen Gemälde in den Kunstmuseen von Bukarest (s. S. 63), Braşov und Cluj sowie im Museum Grigorescu in Câmpina (s. S. 199).

Seine Plastiken sind abstrakt, klar, rein, reduzieren in der Vereinfachung der Form, der Bewegung, das Komplexe auf das Allgemeingültige. Dabei geraten sie in ihrem Streben nach vollkommener Ausgeglichenheit nicht zufällig in die Nähe sogenannter archaischer Kunst. Der weltbekannte Bildhauer **Constantin Brâncuşi** (1876–1957, s. S. 79ff.), der die meiste Zeit seines Lebens in Paris verbrachte, hat seine Herkunft aus einem kleinen walachischen Dorf nie verleugnet. Die entscheidenden Merkmale der bäuerlichen Holzschnitzkunst seiner Heimat sind in seine Werke eingeflossen. Seinen rumänischen ›Enkeln‹ **Costel Badea** (geb.1940), **Vasile Craioveanu** (geb. 1940) oder **Nica Petre** (geb. 1936) sei ebenfalls internationale Anerkennung gewünscht.

Keine Frage, die bildenden Künstler Rumäniens hatten es in den Jahrzehnten der Isolation des Landes schwer, Kontakte zur internationalen Kunstszene aufzubauen und zu pflegen. Nun hat zumindest die junge Generation Anschluß an das Kunstgeschehen der Weltmetropolen gefunden. **Vasile Troian** z. B. ist ein moderner abstrakter Maler, der neben **Sabin Bălasa** und **Florica Prevenda** ständiger Gast in internationalen Galerien ist.

Mit dem weltweiten Transfer von Ideen und Technologien kam auch die Multimediakunst ins Karpatenland. An Bukarests Fassaden, durch Straßen und über Dächer sauste zur Jahrtausendwende die Videokamera der jungen Künstler-Gruppe **›Rostopasca‹,** die die Erfahrungen mit den neuen Medien wieder in die Welt trägt.

Feste und Brauchtum: Feiertags auch mal mit Trachtenbluse

»Das rumänische Volk mußte vielen barbarischen Überfällen standhalten. Immer versuchte es sein nationales Wesen durch die intakte Aufrechterhaltung seines Glaubens und seiner Kultur zu schützen. Nur so konnte es eine Insel der Latinität im slawischen Ozean bleiben. Rumäniens heutige Sitten und Traditionen stammen noch aus den Zeiten seiner Volkswerdung.« So postulierte das rumänische Tourismus-Ministerium noch unlängst das unverminderte Weiterleben des alten Brauchtums auch im modernen Staat. Denn man weiß sehr wohl, daß in den Köpfen potentieller Rumänien-Besucher eine spezielle Erwartung herumgeistert: daß man vor Ort laufend auf in Trachten gekleidete Menschen treffen werde, die bei jeder Gelegenheit die Panflöte anstimmen und sich in buntem Reigen drehen. Dabei wird bewußt auf die Sehnsucht des westeuropäischen Großstadtmenschen nach einer selbst verlorenen Dorfidylle spekuliert. Und die entlarven Zeitgenossen, die sich sowohl in Rumänien als auch im Westen auskennen, wie etwa die Schriftstellerin Herta Müller (s. S. 246ff.), als einen heute schicken Drang nach Ursprünglichkeit. Die sogenannte heile Welt im rumänischen Dorf, so Müller, sei leider oftmals eher mit materieller und geistiger Armut gleichzusetzen. Traditionen unverändert in die Gegenwart zu übernehmen zeuge nicht selten von einer gewissen Rückständigkeit und schaffe Verhältnisse, an denen manch einer kaputtgehe. Die Rumäniendeutsche aus einem kleinen Ort im Banat weiß, wovon sie spricht. Der Kurzzeit-Gast hingegen läuft wohl Gefahr, das in seiner momentanen Begeisterung fürs ›Ursprüngliche‹ zu ignorieren.

Mädchen in Oascher Tracht beim Sâmbra-Oilor-Fest

Sicher wird überliefertes Brauchtum in ländlichen Gegenden Rumäniens auch heute noch sorgfältiger gepflegt als in den meisten anderen europäischen Ländern. Erwarten wir von unseren rumänischen Gastgebern jedoch nicht, daß sie im Alltag permanent unser Klischee von ihnen erfüllen. Auch in abgelegenen Gegenden träumt das Bäuerlein heute, dank wahrscheinlich mindestens eines Satelliten-TV-Apparats im Dorf, vom Lebensstil westlicher Serienhelden. Und man trifft auch die Bäuerin heutzutage im Adidas-T-Shirt auf dem Feld an. Nur an Sonn- und

Richtig Reisen
Thema

Typisch rumänisch. Oder doch nicht?

Das Ethnographische Museum ›Astra‹ von Sibiu/Hermannstadt in Transsilvanien (s. S. 213 f.) schlägt gleich zwei Fliegen mit einer Klappe. Einerseits entführt es den Besucher wie die meisten anderen rumänischen Freilichtmuseen dieser Art auf faszinierende Weise in die Vergangenheit des rumänischen Dorfes: mit strohgedeckten Bauernhäusern, mit kunstvoll geschnitzten Hoftoren und Zäunen, mit himmelstürmenden Holzkirchen und originellen Fischerbauten, mit urigen Ölmühlen und heimeligen Kelterhäuschen. Andererseits holen den, der über dieses mit 96 Hektar größte Ausstellungsgelände Rumäniens spaziert, dann und wann ganz andere Eindrücke wieder in die Gegenwart zurück. Über das Terrain verstreut spiegelt nämlich moderne, oft monumentale Holzbildhauerei den Wertewandel wider, den die dörflichen Traditionen auch in der heutigen Gesellschaft Rumäniens durchlaufen. So ist ›Astra‹ reizvoller Ausstellungsort für jährlich neu ausgewählte zeitgenössische Kunst.

Aber ist wirklich das traditionell Bäuerliche und die Auseinandersetzung mit ihm vorrangig typisch für das Karpatenland – so ein beliebtes Klischee? Sollte man hauptsächlich ländliche Eindrücke von einer Rumänienreise wieder nach Hause nehmen? Die Museumsstadt Sibiu selbst verbietet diese Sichtweise. Denn wieder in den Hermannstädter Straßen angelangt, trifft man sofort auf vieles von dem, was heute gleichermaßen den rumänischen Alltag ausmacht: nämlich auf mittelalterliche Stadtbefestigung wie neuzeitlichen Einheitsblock, auf das schmucke K.k.-Palais und die neue orthodoxe Kathedrale, auf flakkernde Kerzen für die Opfer der 89er Revolution und auf gut besuchte Bingo-Treffs, auf den stets umlagerten Buchverkaufsstand und die nonstop neonbeleuchtete Nepp-Bar. Es ist mitten in Rumänien wie überall auf der Welt die Mischung, die's macht.

Feiertagen, zu Hochzeiten, Taufen und Kirchfesten holt sie ihre bestickte Trachtenbluse, das geschnürte Wams, den bunten Rock und für den Mann lange Hemden, weite, helle Hosen und den Schafspelz aus dem Schrank. Dann aber geht sozusagen die Post ab.

Schier endlos wird z. B. nach einer langen Fastenperiode vor Ostern zur Auferstehung des Herrn getafelt und gefeiert. Die kunstvoll mit geometrischen Mustern gefärbten Eier werden dann, wie bei uns, von den Kindern im Grünen gesucht. Nicht weniger festlich geht's in der Maramuresch beim *Tanjaua* zu, wenn der erste Pflüger des Jahres geehrt werden will. Beim *Sâmbra Oilor,* dem Fest zum Auszug der Schafsherden, finden sich ebenfalls im Norden des Landes viele Dorfgemeinschaften zum üppigen Picknick am Berghang zusammen. Im Sommer werden noch hier und da bei speziellen ländlichen Treffs die Heiratschancen junger Frauen geprüft, z. B. beim Jungfrauenmarkt im transsilvanischen Găina-Gebirge, bevor man im Herbst mehrtägige Hochzeitsfeiern abhält. Wer dabei noch ganz traditionell heiratet, organisiert zum Fest spezielle Redner, Sänger, Musiker und Tänzer. Aufrechterhalten werden besonders in einigen walachischen Dörfern auch bestimmte Ernteriten, die *Drăgaice*, wenn sechs verkleidete Mädchen im Sprechgesang den Ertrag vor Bösem schützen wollen. Und nicht zuletzt erleben einige christliche Bräuche wie z. B. das *Colinde*-Weihnachtssingen der Kinder (s. S. 179f.) auch in den Städten Rumäniens eine gewisse Renaissance.

Noch ein Wort in Sachen Knigge. Touristengruppen werden während ihrer Rumänien-Reisen gerne zu besonders arrangierten Folklore-Festen gefahren, wo neben einem kulinarischen in der Regel auch ein Tanzprogramm geboten wird. Hier braucht sich niemand zu scheuen, die typischen Rumänien-Fotos zu schießen bzw. ins Tanzgeschehen spontan einzugreifen. Auch die Folklore-Show im Hotel wird allabendlich von Musik- und Tanzprofis bestritten, die Touristenwünsche gerne erfüllen. Hat man jedoch als Reisender in Rumäniens Dörfern einmal das Glück, auf eine traditionelle Feier zu treffen, beobachtet man das Festgeschehen fairerweise besser erst einmal von fern. Haben die Dorfbewohner dann nicht schon schlechte Erfahrungen mit Touristen gemacht, kommen sie so oder so bald auf den Fremden zu. Und dann kann es vorkommen, daß er sich bei diesen gastfreundlichen Menschen alsbald am Arm von Braut und Bräutigam mitten im Tanzgeschehen wiederfindet.

Küche und Keller: »Pofta bună« und »Noroc«

Zwischen den Weltkriegen, als die Mangelwirtschaft des Sozialismus noch nicht das Land beherrschte, hat mancher in Bezug auf Rumäniens Küche noch von einer der phantasievollsten Kochkünste Europas gesprochen. Denn hier hatten in langen schicksalhaften Jahrhunderten unzählige Eroberer nicht nur ihre militärischen Spuren, sondern letztlich auch ihre Kochgeheimnisse hinterlassen. Und die haben die Rumänen, Assimilationskünstler, die sie immer waren, flugs mit den einheimischen kulinarischen Traditionen zu reizvollen neuen Essenskompositionen verbunden. Heute profitiert im Karpatenstaat auch die Kochkunst davon, daß wieder fast alle Nahrungsmittel zu kaufen sind. Und so mag es den Besucher nicht verwundern, wenn er in den Kompositionen rumänischer Küche immer wieder einiges auch vom Feinschmeckernachlaß türkischer Großwesire, griechischer Fanariotenfürsten, österreichischer K.-k.-Militärs oder russischer Zarenvertreter zu schmecken glaubt.

Steigen wir also mit einem kräftigen »Pofta bună« (Guten Appetit) ein in die rumänische Speisekarte. Für das **Frühstück** sieht sie in unseren Augen ganz ›normal‹ vor: Kaffee, schwarzen Tee, Obstsäfte, Butter, Marmelade, Honig, pikante Wurst, Schinken, Schnittkäse und Eier. Dazu werden weißes Brot, weiche

Brötchen oder Hörnchen gereicht. Seit nach 1989 endlich wieder mehr Milch für den Eigenverbrauch des Landes produziert wird und die Kühlmöglichkeiten normalisiert wurden, kann man in Restaurants auch Milch oder Kakao erhalten. Der morgendliche Muntermacher erscheint inzwischen als Filter- oder Pulverkaffee *(cafea nes)* auf dem Tisch. Auf besonderen Wunsch braut man dem Gast auch noch den lange Zeit gängigen, dem türkischen Mokka ähnlichen *Cafea naturală* zusammen. Seines besonderen Aromas wegen ist dieser manch fadem Filterkaffee übrigens unbedingt vorzuziehen.

Mittag- und Abendessen werden in rumänischen Haushalten und vielen Restaurants grundsätzlich warm serviert. Man beginnt mit einer herzhaften **Vorspeise,** etwa einer Pastete mit Zwiebeln, Kohl, Kürbis und/oder Schafskäse , gefüllten Eiern, einem Fleisch-Mayonnaise-Salat, mit einem Brotaufstrich aus Auberginen oder Karpfenkaviar bzw. einer der unzähligen Varianten an Gurken-, Tomaten-, Paprika-, Zwiebel- bzw. Kohlsalat, die das Land bieten kann. Letztere schmecken im Vergleich zu unseren Treibhausgemüse-Gerichten besonders aromatisch. In Rumänien treibt noch fast ausschließlich die Sonne den Reifungsprozeß der Pflanzen an. Daraufhin geht die Mahlzeit zu der bei den Rumänen nach wie vor beliebten **Suppe** über. Die leicht säuerliche, doch schmackhafte Variante heißt *Ciorba* oder *Borş* und wird mit allen nur möglichen Fleisch-, Fisch- und Gemüsesorten sowie einem Schuß saurer Sahne gekocht. Wer Kutteln mag, sollte sich an die *Ciorba de burtă* halten. Außerdem werden im Land natürlich auch zahllose Fleisch- und Gemüsevarianten an *Supa* ohne jeden säuerlichen Beigeschmack angeboten.

Beliebt sind in Rumänien **Hauptgerichte,** bei denen verschiedene Gemüsesorten mit gut gewürztem Kalb-, Schweine- und/oder Geflügelfleisch gefüllt werden: z. B. bei *Ardei umpluţi cu carne* die vielen verschiedenen Sorten Paprika des Landes, bei *Roşii umplute cu carne* die fast süßlichen Tomaten und bei *Sarmale în foi de varză acră cu carne* die eingelegten Kohlblätter, die auch in städtischen Haushalten Rumäniens noch in jedem Herbst vorbereitet werden. Gerne essen die Rumänen auch einen herzhaften Auberginenauflauf *Musaca de vinete* mit Schaf-, Kalb- oder Geflügelfleisch. Er kann mit Kartoffeln, Weißkohl oder Paprika variiert werden. Daneben werden auch international gängige Fleischgerichte serviert.

Als Beilagen gibt es Kartoffeln, Reis, Nudeln oder die typisch rumänische Polenta, salziger Maismehlbrei *(mămăliga).* Den nennt man im Diminutiv auch liebevoll *mămăliguţa* und verfeinert ihn mit saurer Sahne, Schafskäse bzw. Eiern. Weißes Brot gehört im übrigen auf jeden rumänischen Essenstisch, schon um auch zwischen den einzelnen Gängen eventuell gereichte Geflügelsülze oder Gänseleberpastete besser zu genießen. Dann kann man sich auch wieder zwei weiteren rumänischen Spezialitäten stellen: den mit Knoblauch scharf gewürzten Rinderhackfleisch-Bällchen *Mititei* oder *Mici* oder dem deftigen Fleischgericht *Tochitura.*

Wir sind inzwischen bei den vielen süßen **Nachtisch**varianten gelandet, die die rumänische Küche außer ihrem schmackhaften Obst – Äpfel, Birnen, Pfirsichen, Trauben, Melonen etc. – und außer guten Speiseeissorten bieten kann. *Clătite,* süße Eierkuchen, gibt es mit allen nur möglichen Beigaben, mit Schafskäse, Molkenkäse *(urda),* mit Marmelade und vielem mehr. Marzipan-

Markttag in Tulcea

rouladen, Biskuitrollen, Schokoladensorbet, Milchreis, Nußkuchen, Berliner oder Blätterteigkuchen mit Sirup *(baclava)* lassen jedes Kalorienprogramm zur Farce werden. Und dann folgt ja noch als Abschluß der selbstgemachte Likör mit Kaffee- oder Nußgeschmack *(lichior de cafea, de nuci verzi)* bzw. ein Espresso-intensiver Kaffee *(cafea)*, so daß der Gast nach einer langen Mahlzeit bald wieder auf die Beine kommt.

Apropos **Getränke:** Es ist ein Vorurteil, daß sich jeder Rumäne während seiner Mittags- bzw. Abendmahlzeit pausenlos den kräftigen einheimischen Pflaumenschnaps *Ţuica* genehmigt. Viel häufiger sieht man auf den Tischen heutzutage das weltweit beliebte Bier, die allgegenwärtigen Cola- oder Limonadensorten oder eine gute Flasche Wein. Der Rumäne verdünnt den Wein zum Essen gerne mit Mineralwasser aus den Karpaten *(Apa minerale ›Borsec‹, ›Harghita‹, ›Tusnad‹)*. Empfehlenswert sind übrigens in Rumänien die trockenen Târnave-Riesling-Weine aus Transsilvanien, die fruchtigen Tropfen aus Murfatlar in der Dobrudscha (Cabernet, Pinot gris, Chardonnay, Muskateller Ottonel) und die moldauischen Weine aus Cotnari.

Man hat also im Weinland Rumänien durchaus Gelegenheit, sich von ganzem Herzen mit »Noroc« (Glück) zuzuprosten. Die deutsche Bezeichnung »Prost« sollte man dabei besser unter den Tisch fallen lassen: Man will seinen Gastgeber bzw. sein Gegenüber ja schließlich nicht peinlicherweise »Schwachkopf« nennen … (Sprachführer s. S. 310ff.).

Reisen in Rumänien

Walachei mit Bukarest

Das ›rumänische Land‹

Der Puls der Tagespolitik schlägt besonders in den Regierungsgebäuden und in den Straßen der Hauptstadt des ganz und gar zentralistisch strukturierten Rumänien: Bukarest (Bucureşti) ist zugleich die größte Stadt und das Verwaltungszentrum, der kulturelle und wirtschaftliche Dreh- und Angelpunkt eines Gebiets, das man als die ›rumänischste‹ Region überhaupt bezeichnet: die Walachei (Ţara Românească), also das ›rumänische Land‹. Im modernen rumänischen Sprachgebrauch wird es allgemein nur auf den (Teilgebiets-)Namen Muntenia reduziert. Geographisch korrekt bezeichnet, besteht diese große historische Landschaft zwischen Südkarpaten und Donau aber aus zwei durch den Fluß Olt getrennten Teilen: aus der östlichen Großen Walachei oder Muntenien (Muntenia) und der westlichen Kleinen Walachei oder Oltenien (Oltenia). Sie setzt sich an der Nordgrenze, zu Transsilvanien hin, aus hohen Bergketten zusammen. Südlich schließt sich ein Gürtel sanfter Hügellandschaft an, der zur Donau, zur rumänisch-bulgarischen Grenze, hin in eine riesige Ebene übergeht. Besonders in und rund um die breiten Flußtäler des Jiu, des Olt, des Argeş und der Donau scheinen die Getreide- und Maisfelder dieses Agrarlandes kein Ende zu nehmen.

Schon vor der Zeitenwende war die Walachei von Geto-Dakern besiedelt. Nach den Siegen von Kaiser Trajan über dieses Volk stießen römische Kolonisten in die neue Provinz vor. Es folgten Perioden oströmischer Herrschaft, slawischer Landnahme, der Zerstörung durch asiatische Reitervölker und magyarisch-ungarischer Einflußnahme. Anfang des 14. Jh. wurde das Gebiet von Basarab I. erstmals zu einem eigenständigen Fürstentum zusammengefaßt. Das sah sich jedoch schnell mit regelmäßigen Angriffen der Osmanen konfrontiert und zahlte bald hohen Tribut an den Sultan, den ›Dracula‹-Fürst Vlad Ţepeş im 15. Jh. zeitweise zu verweigern wagte (s. S. 218ff.). Fürst Michael der Tapfere konnte sein Land 1600 mit der Moldau und Transsilvanien vereinigen. Die kurzzeitig von der Türken-Oberhoheit befreite Walachei sah sich in den Jahrhunderten danach der Fremdherrschaft um so heftiger ausgesetzt: Von 1716 bis 1821 regierten Osmanen-hörige Griechen, sogenannnte Fanarioten-Fürsten, das Land. Oltenien stand zeitweise unter Habsburger Diktat. Erst 1859 wurde mit der Vereinigung der Fürstentümer Moldau und Walachei unter Fürst Alexandru Ioan Cuza der Grundstein zur Bildung des modernen rumänischen Staates gelegt.

Nach einem Besuch in Rumäniens Hauptstadt Bukarest führt die Walachei-Rundreise über die alten Hauptstädte Târgovişte und Curtea de Argeş sowie die großen Städte Piteşti, Craiova und Râmnicu Vâlcea. Wer dazu auf der Durchreise zur rumänisch-ungarischen Grenze bei Arad ist, kann bei Craiova bzw. Strehaia aus der Walachei-Tour aussteigen und die beschriebene Banat-Reise anschließen (s. S. 244ff.). In der Walachei-Pilgerfahrt geht es weiter zu den berühmten Klöstern Horezu und Cozia sowie zu einem Mekka für Freunde moderner Kunst, zum Skulpturen-Ensemble des Constantin Brâncuşi in Târgu Jiu. Denn hier befindet man

◁ *Im Herăstrău-Park, Bukarest*

sich beileibe nicht, wie ein deutsches Sprichwort spottet, nur ›irgendwo in der Walachei‹, sondern passiert kulturgeschichtlich wichtige Orte. Eine Route durch das schöne walachische Prahova-Tal nach Braşov/Kronstadt wird zu Beginn des Transsilvanien-Kapitels beschrieben (s. S. 199ff.).

Bukarest (Bucureşti): Einmal wieder ›Paris des Ostens‹?

■ (S. 266ff.) Kein Zweifel, die derzeit gut zwei Millionen Einwohner zählende Stadt in der Rumänischen Tiefebene ist nicht nur seit 1659 ständige Hauptstadt der Walachei, sondern heute auch unbestrittener wirtschaftlicher, politischer, kultureller und wissenschaftlicher Mittelpunkt des ganzen Landes. Ob die von den Flüssen Dâmboviţa und Colentina durchzogene Großstadt mit ihren vielen Seen und Parkanlagen, mit ihren an das Pariser Vorbild erinnernden Boulevards und der prächtigen alten Bausubstanz, den zahlreichen repräsentativen Kultur- und Sporteinrichtungen auch einmal zum touristischen Zentrum Rumäniens werden kann, das sei dahingestellt. Zu willkürlich hatte Mitte der 80er Jahre die Kahlschlag-Baupolitik des kommunistischen Diktators gerade hier gewütet. Zu kraß sind besonders an Bahnhöfen und in den Straßenschluchten die Folgen seiner erbarmungslosen ›Sozialpolitik‹ bzw. der Konzeptlosigkeit der folgenden Regierungen zu erkennen.

Dabei wäre ja Bukarests Rolle als eindeutiger Verkehrsknotenpunkt des Landes die beste Voraussetzung für ein Ansteigen der Touristenzahlen. Denn allein neun internationale und gut 150 nationale Zugverbindungen gibt es pro Tag im Schnitt allein vom Nordbahnhof (Gara de Nord). Über eine Million Fluggäste aus dem In- und Ausland benutzen jährlich den wichtigsten rumänischen Flughafen (Aeroportul) Otopeni 18 km nördlich der Stadt. Von Bukarest aus führen Rumäniens Autobahnen und Nationalstraßen strahlenförmig ins ganze Land. Und ebenso sternförmig laufen von der Peripherie, den großen modernen Wohnvierteln Titan, Drumul Taberei, Balta Alba u. a., die langen Hauptverkehrsadern auf zwei Punkte im Zentrum zu: auf den Vereinigungsplatz (Piaţa Unirii) und den Universitätsplatz (Piaţa Universităţii).

Stadtrundgang

Der Bukarest-Spaziergang beginnt im Herzen der alten Stadt in der Nähe des Universitätsplatzes an der **Calea Victoriei** (Siegesallee). Hier sind sicher die meisten Besucher in den städtischen Traditionshotels, dem ›Athenee Palace‹, dem ›Bucureşti‹, ›Continental‹ oder wie sie alle heißen, untergekommen. Cafés und Restaurants mit an westlichem Vorbild orientierter Dekoration laden hier zum Verweilen ein. Riesige Spiegel an den Wänden werfen das breite Angebot feinster rumänischer Back- und Eßwaren zurück. Unter großzügigen Grünpflanzen speisen bei bestem Service und für Einheimische hohem Preisniveau schick gekleidete Bukarester.

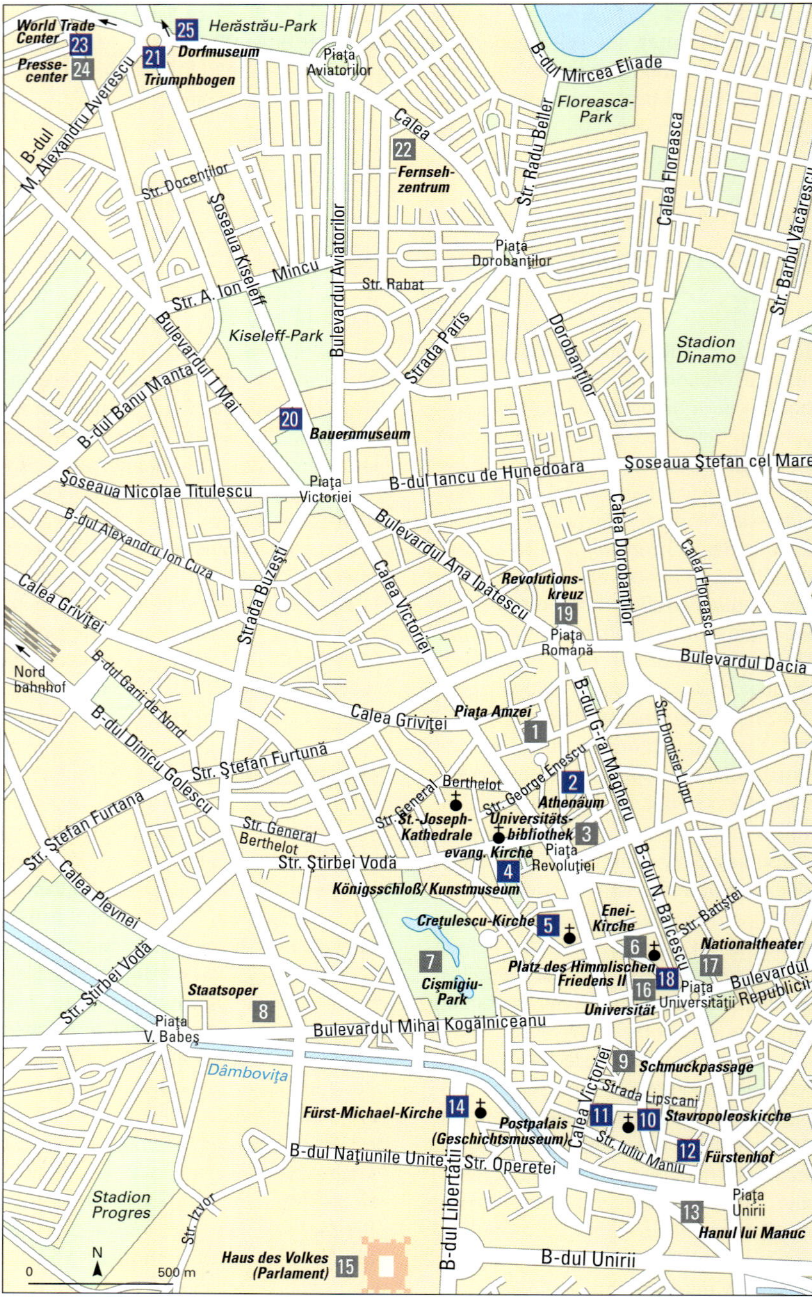

World Trade Center
23
Presse-center
24
25
Herăstrău-Park
21
Dorfmuseum
Triumphbogen
Piaţa Aviatorilor
B-dul Mircea Eliade
Floreasca-Park
B-dul M. Alexandru Averescu
Calea
22
Fernseh-zentrum
Str. Radu Beller
Calea Floreasca
Str. Docenţilor
Şoseaua Kiseleff
Bulevardul Aviatorilor
Str. Barbu Văcărescu
Piaţa Dorobanţilor
Str. A. Ion Mincu
Str. Rabat
Kiseleff-Park
Strada Paris
Dorobanţilor
Stadion Dinamo
Bulevardul I Mai
B-dul Banu Manta
20
Bauernmuseum
Şoseaua Nicolae Titulescu
Piaţa Victoriei
B-dul Iancu de Hunedoara
Şoseaua Ştefan cel Mare
B-dul Alexandru Ion Cuza
Bulevardul Ana Ipătescu
Calea Dorobanţilor
Calea Floreasca
Calea Griviţei
Strada Buzeşti
Calea Victoriei
Revolutions-kreuz
19
Piaţa Romană
Bulevardul Dacia
Nord bahnhof
B-dul Gării de Nord
Calea Griviţei
Piaţa Amzei
1
B-dul G-ral Magheru
Str. Dionisie Lupu
B-dul Dinicu Golescu
Str. Ştefan Furtună
Str. George Enescu
2
Str. General Berthelot
Athenäum
Str. Ştefan Furtana
Str. General Berthelot
St.-Joseph-Kathedrale
Universitäts-bibliothek
3
evang. Kirche
Piaţa Revoluţiei
Str. Ştirbei Vodă
4
Königsschloß/ Kunstmuseum
B-dul N. Bălcescu
Calea Plevnei
Creţulescu-Kirche
5
Enei-Kirche
Str. Batiştei
6
Nationaltheater
17
7
Platz des Himmlischen Friedens II
18
Str. Ştirbei Vodă
Staatsoper
8
Cişmigiu-Park
16
Piaţa Universităţii
Bulevardul Republicii
Universität
Piaţa V. Babeş
Bulevardul Mihai Kogălniceanu
Dâmboviţa
9
Schmuckpassage
Strada Lipscani
Fürst-Michael-Kirche
14
Postpalais (Geschichtsmuseum)
Calea Victoriei
11
10
Stavropoleoskirche
Str. Iuliu Maniu
12
Fürstenhof
B-dul Naţiunile Unite
B-dul Libertăţii
Str. Operetei
Stadion Progres
Str. Izvor
13
Piaţa Unirii
Hanul lui Manuc
N
0
500 m
Haus des Volkes (Parlament)
15
B-dul Unirii

Sehen und gesehen werden ist wie in allen Großstädten der Welt das Prinzip. Und wie überall werden auch in Rumänien die Hauptstädter von der übrigen Bevölkerung beneidet und sind zugleich als arrogant verschrien.

Am **Piaţa Amzei** 1 (Amzei-Platz) taucht man mitten ins bunte Marktleben. Auf den zweiten Blick fallen die armen Kinder, Alten und Behinderten ins Auge, die in zerschlissener Kleidung am Rande auf Abfälle hoffen. Aus den umliegenden Straßen ragen die Türme der römisch-katholischen **St. Joseph-Kathedrale** und der **evangelischen Kirche** in der Strada Luterana hervor.

In einer Seitenstraße erblickt man dann innerhalb einer Grünfläche eines der imposantesten Gebäude des alten Bukarest: das **Rumänische Athenäum** 2 (Ateneul Român) des Architekten Albert Galleron aus den Jahren 1885 bis 1888. Mächtig wachsen die ionischen Säulen der von einem Dreiecksgiebel abgeschlossenen Vorhalle vor dem Betrachter in die Höhe. Dahinter erhebt sich als kuppelgedeckter Rundbau das eigentliche Konzerthaus, das inzwischen Sitz der Staatsphilharmonie ›George Enescu‹ ist. Zwischen den Säulen blinken auf nachträglich hinzugefügten runden Goldmosaiken Porträts bedeutender Fürsten der rumänischen Geschichte hervor. Und vor dem Portal blickt sinnend ein bronzener **Mihai Eminescu** (Statuia lui M. Eminescu), Rumäniens Dichterfürst (s. S. 136ff.), zu den Bänken herunter, wo tagsüber strickende Großmütter ihre Enkel hüten.

Kehrt man wieder zur breiten Calea Victoriei zurück, steht man alsbald vor einem klassizistischen Gebäudeensemble aus der Zeit um 1918. Damals wurde Bukarest Hauptstadt nicht nur Alt-Rumäniens, sondern auch der im neuen rumänischen Staat vereinigten Provinzen Transsilvanien, Banat, Bukowina und Bessarabien. Auf der einen Straßenseite erblickt man die zentrale **Universitätsbibliothek** 3 (Biblioteca Universităţii), die 1910 mit barockisierendem Fassadenschmuck von Ştefan Burcus erbaut wurde. Hier rückten Ende 1989 Panzer auf, und das bedrängte Regime befahl die Verbrennung unzähliger wertvoller Bücher und Handschriften. Lange war man danach mit der Wiederherstellung dieser Kultureinrichtung beschäftigt.

Vis-à-vis beeindruckt auf U-förmigem Grundriß das ehemalige **Königsschloß** 4 (Palatul Regal), das 1927 bis 1937 nach Plänen von N. Nenciulescu im neuklassizistischen Stil errichtet wurde. Der rumänische König Mihai wohnte hier bis 1947. Seit 1950 ist in einem Teil das bedeutendste **Kunstmuseum** (Muzeul de Artă) des Landes untergebracht. Über 70 000 Exponate zeigen die reichste Sammlung rumänischer Malerei von Nicolae Grigorescu bis Camil Ressu, Meisterwerke italienischer, holländischer, spanischer und russischer Künstler sowie spätbyzantinische Ikonen und Plastiken der Moderne (z. B. eine Werkschau von Constantin Brâncuşi, s. S. 79ff.). Im anderen Teil der monumentalen Schloßanlage bezogen nach 1947 die kommunistischen Herrscher Rumäniens Quartier. Im 1960 für 3000 Zuhörer angebauten Palastsaal (Sala Palatului) tagte die politische Elite des Landes. Von einem Balkon des riesigen Komplexes aus versuchten am 21. Dezember 1989 die Ceauşescus noch einmal, das Ruder herumzureißen. Doch sie mußten sich schnell vom Dach aus per Hubschrauber in die Lüfte flüchten – durch TV-Übertragungen weltbekannte Szenen. Die vielen zehntausend Men-

Stadtplan Bukarest

Das Athenäum mit der Eminescu-Statue

schen unten auf dem jetzigen **Piaţa Revoluţiei** (Revolutionsplatz) ließen damals die Revolte zur Revolution werden.

Nicht weit davon, wieder auf der Calea Victoriei, findet sich nun der schmale Dreikonchen-Ziegelbau der **Creţulescu-Kirche** 5 (Biserica Creţulescu). Der Kanzler der Walachei, Iordache, hatte ihn 1722 im Brâncoveanu-Stil mit Blendarkaden- und Zierleisten-Fassadengliederung erbauen lassen. Das ist auch nach der klassizistisch orientierten Restaurierung Mitte des 19. Jh. noch gut sichtbar. Tiefgläubige Mütterchen zünden hier tagaus tagein schon vor der Kirchentür zum Gedenken an Verstorbene und Kranke dünne Kerzen an.

Weiter Richtung Piaţa Universităţii gelangt man an Ministerien vorbei in einer Seitenstraße zur kleinen eintürmigen **Enei-Kirche** 6 (Biserica Enei). Zwischen den hohen Stadthäusern eingepfercht, wirkt sie mit ihrem zarten weißen Rundbogenschmuck ausgesprochen fragil. Die vielen Kinos und Theater rundum deuten an, daß man sich schon im Universitätsviertel befindet. Geht man an der folgenden Kreuzung den Bulevardul Mihai Kogălniceanu nach rechts hinauf, ist man bald an einer der ›grünen Lungen‹ Bukarests angelangt, dem 1850 nach Plänen des deutschen Gartenbaumeisters Carl R. Meyer angelegten **Cişmigiu-Park** 7 (Parcul Cişmigiu). Ein Stück weiter steht die **Staatsoper** 8 (Opera Română), ein 1953 in klassischer Strenge errichteter Arkadenbau.

Hält man sich an besagter Kreuzung Calea Victoriei – Bulevardul M. Kogălniceanu geradeaus auf der ›Siegesstraße‹, betritt man das alte Handelsviertel Bukarests. Auf der Strada Lipscani (Leipziger Straße) reiht sich auch heute noch Geschäft an Geschäft. Ganz in gelbes Licht getaucht ist hier die **Schmuckpassage** 9 (Pasajul Bijuteria), die noch nicht zum Glanz vergangener Zeiten zurückgefunden hat. Ein wenig weiter steht in der nächsten Seitenstraße, fast vom Blätterwerk der Bäume verdeckt, die **Stavropoleos-Kirche** 10 (Biserica Stavropoleos), eine griechische Stiftung aus der ersten Hälfte des 18. Jh. Ihre von zarten Blüten- und Blätterornamenten bedeckten Fassaden passen sich bestens der Umgebung an. Im Inneren überrascht ebenfalls mit pflanzlichen Motiven eine kostbare holzgeschnitzte Ikonostase im Brâncoveanu-Stil.

Wieder auf der Calea Victoriei, fallen dem Spaziergänger am monumentalen ehemaligen **Postpalais** 11 (Palatul Poştei) von Alexandru Savulescu aus dem Jahr 1900 schönste klassizistische Bauelemente an Gesimsen, Fensterumrahmungen und der Hauptkolonnade auf. Hier ist das **Rumänische Geschichtsmuseum** (Muzeul de Istorie al României) untergebracht, das u. a. auch eine Kopie der weltbekannten Trajanssäule mit Szenen des Daker-Feldzugs ausstellt. In der Seitenstraße Strada Iuliu Maniu stößt man schließlich auf das, was heute vom ersten Bukarester **Fürstenhof** 12 (Curtea Veche) aus dem 15. und 16. Jh. übriggeblieben ist: ein paar Ruinen und die gut vierhundertjährige Dreikonchenanlage **Alte Hofkirche** (Biserica Curtea Veche). An der beeindruckt ebenfalls die Blatt- und Blütenornamentik des später hinzugefügten Brâncoveanu-Portals.

Ein paar Schritte, und man erreicht von hier aus die einzige in der Stadt erhalten gebliebene ehemalige **Karawanserei ›Hanul lui Manuc‹** 13 vom Anfang des 19. Jh. Bukarest war lange Zeit Handelszentrum des walachischen Fürstentums. Und in Gasthöfen wie diesem des Armeniers Manucbey machten die Pferde›karawanen‹ der Kaufleute Halt, als Eisenbahnen und Autos noch nicht erfunden waren. Auch heute läßt sich hier im von Holzlaufgängen umringten Hof bei einem Erfrischungsgetränk bequem Rast machen.

Denn der Bukarest-Spaziergang muß noch lange nicht zu Ende sein. Vom nahen **Piaţa Unirii** (Vereinigungsplatz) aus kann man nämlich an der Dâmboviţa entlang zu einer Klosterkirchenstiftung Mihai Viteazuls aus dem Jahr 1591 gelangen, der **Fürst-Michael-Kirche** 14 (Biserica Mihai Vodă). Einerseits ist das hohe Gotteshaus mit seinen wechselnden Fassadenschichten und den wulstförmigen Blendarkaden von besonderem kunsthistorischen Wert. Aber es stand auch in neuerer Geschichte im Blickpunkt der Öffentlichkeit: Als nämlich der Diktator Ceauşescu mit seinen Plänen, das nahe historische Stadtviertel jenseits des Bulevardul Libertăţii zu zerstören, ernst machte und zumindest die Fürst-Michael-Kirche 1985 durch Verschiebung gerettet werden konnte. Das gesamte andere Areal im Blickfeld des heutigen Kirchenstandorts ist aber zum traurigen Vermächtnis des ›ersten Architekten des Landes‹ geworden. Nur hier glaubte er sich nach dem verheerenden Erdbeben von 1977 vor Naturkatastrophen sicher. Deshalb mußte ein Fünftel des alten Stadtkerns ohne Rücksicht auf zahlreiche historisch bedeutende Bauwerke bzw. die Meinung der Bevölkerung der Spitzhacke zum Opfer fallen. An Stelle dessen entstanden Standardblocks und als Krönung Ceauşescus wahnwitzig monströses **Haus des Volkes** 15 (Casa Poporului), ein häßlicher und über viele Jahre unvollendeter Bau ohne jede funktionale Rechtfertigung. Nachdem hier ab Ende 1989 unter ruhenden Kränen die Müllberge wuchsen und das Unkraut sproß, nutzt man heute den größenwahnsinnigen Bau (Motto: ›zweitgrößtes Gebäude der Welt nach dem Pentagon‹) als Parlaments- und Kongreßgebäude – für sensible Gemüter eine eher makabere Tatsache.

Wir kehren aber noch einmal zurück zur großen Kreuzung Calea Victoriei – Bulevardul M. Kogălniceanu und setzen unseren Stadtbummel rechter Hand Richtung Piaţa Universităţii fort. Vor dem Hauptgebäude der 1864 gegründeten Bukarester **Universität** 16 (Universitatea) kann man, dem brodelnden Straßenverkehr zum Trotz, einige Standbilder besichtigen: die marmorne Statue (Statuia) des Dichters Ion Heliade Rădulescu von Ettore Ferrari aus dem Jahr 1881 oder das dynamische Reiterstandbild Michaels des Tapferen (Statuia ecvestră lui Mihai Viteazul), das Albert Carrier de Belleuse Mitte des 19. Jh. schuf. Ebenso entdeckt man die Denkmäler für Gheorghe Lazăr, den Gelehrten der Aufklärung, und für den Mathematiker Spiru Haret (Monumentele lui G. Lazăr şi

S. Haret). Biegt man in den Bulevardul Nicolae Bălcescu ein, erblickt man rechter Hand hinter einigen Revolutions-Gedenkkreuzen ein modernes Architekturensemble: das horizontal angelegte **Nationaltheater** 17 (Teatrul Naţional) und das 24 Stockwerke hohe Hotel Intercontinental, einst erste Adresse unter Bukarests Gästehäusern.

Linker Hand gilt der **›Platz des Himmlischen Friedens II.‹** 18 vor der Hochschule für Architektur für junge Bukarester seit 1989 als politische Meinungsbörse. Die vier Rundbogenfenster im Parterre des Gebäudes sind vollgeklebt mit Dutzenden von Plakaten der gedruckten und der improvisierten Art, mit Fotos junger Menschen und Heiligenbildern, mit Karikaturen, Graffiti und gemalten Fahnen des '89er Umsturzes. Und das ist das Stichwort: Hier am Vorplatz der Universität am Bulevardul Bălcescu in Bukarest schlägt noch heute das Herz der Revolutionsbewegung, die von Timişoara und der Hauptstadt aus dem Ceauşescu-Regime das Genick brach. Am Gebäude der Architekturfakultät findet man Fotos der couragierten Studenten, die letzte Opfer der Diktatur wurden. Den »Antikommunistischen Helden« und »Märtyrern der Nation«, die »für Freiheit und Demokratie« ihr Leben ließen, sind Ikonen, Kreuze und Gedichte gewidmet. In dieser zum Gedenken an die im selben Jahr gescheiterte Pekinger Revolte auch ›Tien-An-Men-Platz II.‹ bzw. ›Platz des Himmlischen Friedens II.‹ genannten Zone rufen Plakate zu politischer Wachsamkeit auf – seit den Wahlen von 2000 umso vehementer. Und wenn man sich auf diesem von zahlreichen Studenten besuchten Platz rund um die Brunnenanlage ein wenig umhört, dann steckt man schnell schon mittendrin in heißen Diskussionen.

Im weiteren Verlauf des Bulevard Bălcescu bzw. des Bulevard Măgheru fühlt der Spaziergänger dann wie auf der Calea Victoriei wieder etwas von der Atmosphäre des einstigen ›Paris des Ostens‹. Hier reiht sich Kunstgalerie an Kunstgalerie (die Häuser ›Dalles‹ und ›Orizont‹ sind sehr zu empfehlen). Stoßstange an Stoßstange bemühen sich auf dem Boulevard erstaunlich viele teure, zum Teil auch Westautos um freie Fahrt. Die Bukarester eilen im Laufschritt aus den Geschäften, bleiben erst wieder vor attraktiven Auslagen oder den Blumenständen stehen, die am Straßenrand ein reiches Angebot präsentieren.

Am **Piaţa Romană** (Römischen Platz), einem weiteren Verkehrsknotenpunkt der Stadt in der Nähe des heutigen Qualitätshotels Dorobanţi, erinnert wiederum ein großes **Revolutionskreuz** 19 (Crucea Revoluţiei) an die zahlreichen Opfer des blutigen Aufstands von 1989. Weiter auf dem sich anschließenden Bulevard Ana Ipătescu läßt man am besten die Schönheit der vielen Villen aus dem 19. und frühen 20. Jh., die z.T. als Botschaften genutzt werden, auf sich wirken. Gäste des hiesigen Hotels Mercur werden die feine Umgebung zu schätzen wissen. Von der nächsten großen Straßenkreuzung, dem Piaţa Victoriei, aus ist es nur ein Katzensprung zu einem auffälligen Gebäudekomplex, den N. Ghika-Budeşti 1912 bis 1939 mit Spitzbogen-Fensterrahmen und hohen Arkadengängen ausführen ließ. Bis 1989 wurden hier besonders einheimische Schulklassen durch das Historische Museum der Rumänischen Kommunistischen Partei (Muzeul de Istorie al Partidului Comunist) geführt. Seither hat ein rühriges Wissenschaftlerteam in den ehemals heiligen Hallen des Marxismus-Leninismus das hochinteressante **Rumänische Bauernmuseum** 20 (Muzeul Ţăranului Român) zusammengestellt. Die neuen Exponate, religiöse Gegenstände, Werkzeug, Webstoffe, Trachten, Keramik, Möbel und im Garten eine Holzkirche aus der Maramuresch, stammen dabei genau aus der reichen Dorftradition, die die Kommunisten Rumäniens in den letzten Jahren zugunsten einer ›Systematisierung der Stadt- und Landsiedlungen‹ bzw. der ›Schaffung des neuen Menschen‹ verdrängen wollten.

Wer nun auf Bukarests Haupt-Boulevardachse weiterkommen möchte, dem sei der größeren Distanzen wegen empfohlen, für die restliche Strecke ein Taxi zu mieten. Schnurgerade führt die ebenfalls von schönen Villen gesäumte Şoseaua Kiseleff (Chaussee Kiseleff) auf einen Bau hin, der wieder einmal an ein Pariser Vorbild erinnert. Bukarests **Triumphbogen** 21 (Arcul de Triumf) ist 1922 als Denkmal des Sieges rumänischer Truppen im Ersten Weltkrieg begonnen worden. Von 1933 bis 1936 vollendete ihn Petre Antonescu zu einem riesigen Bauwerk nach klassisch römischer Art. Wie in Paris strömt auch hier der Verkehr von einer Reihe großer Straßen sternförmig auf den mächtigen Bogen zu. Hält man sich von hier aus rechts Richtung Piaţa Aviatorilor, hat man bald das Luxushotel ›Helveţia‹ und danach in der Calea Dorobanţilor das moderne **Fernsehzentrum** 22 (Centrul Televiziunii Române) vor Augen. Vor und in diesem wüteten Ende 1989 die Machtkämpfe besonders heftig. Hält man sich am Triumphbogen links, sind das Erste-Klasse-Hotel ›Sofitel‹, der neue wirtschaftspolitische Treffpunkt **World Trade Centre** 23 sowie das **Pressezentrum** 24 Bukarests (Casa Scînteia), eine Gebäudeanlage im sozialistischen Zuckerbäckerstil von H. Maicu aus dem Jahr 1956, nicht weit.

Die ›Schmuckpassage‹, Strada Lipscani

Derjenige, der jedoch noch sozusagen eine Visitenkarte Gesamt-Rumäniens kennenlernen will, der fährt oder läuft am Triumphbogen geradeaus durch den großen **Herăstrău-Park** (Parcul Herăstrău) zum weltbekannten Bukarester **Dorfmuseum** 25 (Muzeul Satului). Auf einer Fläche von zehn Hektar sind hier seit 1936 an die 300 originale Häuser und Bauernhöfe aus den verschiedenen Regionen Rumäniens zusammengestellt. Wer durch dieses reiche ethnographische Freilichtmuseum spaziert, der erkennt sie alle hier wieder: die himmelstürmend hohen Holzkirchen der Maramuresch; die moldauischen, transsilvanischen und walachischen Gebäude und Tore mit ihrem reichen Schnitzwerk; die gedrungenen schneeweißen Häuser der Dobrudscha mit ihren erfrischend bunten Fensterklappen; die Scheunen, Wegkreuze und Mühlen, die man ansonsten auf Rumänien-Fahrten in guterhaltenen Dörfern

Vasilica Ciripoi und das Dilemma der Roma

Nein, das Einfamilienhaus, das Vasilica Ciripoi im vergangenen Jahr mit Mann und drei Kindern am Rande einer walachischen Großstadt bezogen hat, ist ganz und gar nicht verdreckt und heruntergekommen. Mit seinen schattenspendenden Weinranken und der Wasserstelle im saubergekehrten Innenhof entspricht es ganz den bescheidenen Wohnvorstellungen, die die Ciripois mit Abertausenden anderer Familien des rumänischen Mittelstands teilen. Die Kinder gehen zur Schule. Vasilica und ihr Mann haben ein regelmäßiges Gehalt. Man kommt zurecht. Und doch liegt der Fall Vasilica Ciripoi anders, ist gerade diese Einfamilienidylle im modernen Rumänien keineswegs selbstverständlich. Denn die Ciripois gehören einer Bevölkerungsgruppe an, die sich über Jahrhunderte durch ihre Eigenart und die Behandlung, die ihr widerfuhr, von den übrigen Minderheiten Rumäniens unterschieden hat. Die Ciripois sind Roma, sie selbst sagen Ţigani, Zigeuner, da sie letztere Benennung im Karpatenstaat keineswegs als diskriminierend empfinden. Klischeehaft ist für sie allein die Vorstellung, die die Nicht-Roma allgemein von der Zigeunerexistenz haben: schmutzig die Behausung, nachlässig die Kindererziehung, ›lustig‹ das Leben insgesamt. Was nun sind die Ciripois im heutigen Rumänien: Normalfall oder Ausnahme von der Regel?

Die ersten Einwanderer dieses wohl aus Indien stammenden Volkes waren im 15. Jh. in den ostmittel- und südosteuropäischen Raum und besonders ins heutige Rumänien gekommen. Man schlug sich, wie etwa auch die spanischen Roma, über Jahrhunderte als Kesselschmiede, Pferdehändler oder Gelegenheitsarbeiter durch. Man nahm zum großen Teil Sprache und Glauben der Seßhaften an. Das Gefühl enger Zusammengehörigkeit im Verband der Großfamilie und in der Gruppe gehörte zu den Stärken der Zigeuner. Doch in einer gewandelten modernen Welt gaben irgendwann auch einmal viele Roma das Nomadenleben als Wanderzigeuner auf. Sie profilierten sich in Rumänien als Händler, kunstfertige Handwerker und besonders als begabte Musiker wie z. B. der auch international bekannte Tenor Nicolae Herlea. Sie integrierten sich.

Andere Roma lebten jedoch weiterhin nach ihrem speziellen Verständnis von Individualität und Freiheit und fuhren mit dem Pferdewagen und in malerischer Kleidung von Ort zu Ort. So zogen sie aber, übrigens ja europaweit, besonders im 20. Jahrhundert die Mißachtung der Gesellschaft auf sich, auch in Rumänien. Als tragischer Tiefpunkt der Beziehung zwischen Rumänen und Roma haben die Jahre nach Ausbruch des Zweiten Weltkriegs zu gelten: Zirka 90 000 Zigeuner des Landes traf damals

Auch in Rumänien sind Roma Vorurteilen ausgesetzt: Straßenfegerinnen in Satu Mare

neben Angehörigen anderer Bevölkerungsgruppen die Deportation in bessarabische Arbeitslager. Zahlenangaben über die dabei Getöteten (man spricht im Fall der Roma von etwa 35 000) rückte der rumänische Staat erst seit 1990 heraus.

Auch im Nachkriegsrumänien waren für Nomadenzigeuner Probleme vorprogrammiert. Trotz generell liberaler Minderheitenpolitik forcierte die Bukarester Regierung von Zeit zu Zeit Versuche, möglichst alle Roma per Zwang seßhaft zu machen: Man stellte ihnen Neubauwohnungen zur Verfügung. Die überzeugten Nomaden campierten derweil schon wieder außerhalb der Wohnblocks und schickten ihre Kinder lieber mit den Frauen zum Betteln auf die Straße als in die Lehranstalten. Eigentlich zeichnen sich die Rumänen über Jahrhunderte durch eine erstaunliche Toleranz gegenüber andersartiger Lebensweise aus. Aber in den 1980er Jahren agierte der Staat immer restriktiver. Die Bevölkerung verarmte zusehends, ja verelendete. Zu diesem Zeitpunkt wuchs die Mißgunst gegenüber den Schwächsten, eben auch gegenüber den Roma, immens an. Wie konnten diese Menschen auch allgemein so begehrte Neubauwohnungen ablehnen oder sie sogar noch zerstören?

Und heute? Längst haben auch die an die drei Millionen rumänischen Zigeuner nach 1989 das Recht wahrgenommen, eigene Parteien und Zeitungen zu gründen. Deren Organisatoren waren es, die die regionalen Ausschreitungen gegen ihr Volk im Jahre 1991 publik machen konnten. Man emanzipiert sich zusehends. Etwa 370 000 rumänische Nomadenzigeuner jedoch werden, wie vor 1990, von selbsternannten Zigeunerkönigen, Bulibaschas, bevormundet, ja befehligt. Sie stören sich keineswegs daran, daß die armselige Existenz dieser Analphabeten, die von der Hand in den Mund leben, allein von Schwarzhandel, Bettelei und (Klein)kriminalität jeglicher Art geprägt ist. Wichtig ist nur, daß die eigenen Einnahmen stimmen und die Bestechlichen im Verwaltungsapparat weiterhin einige Augen zudrücken. Und genau diese Machenschaften führen auch im heutigen Rumänien dazu, daß den Wander-Roma Verachtung entgegenschlägt. Zumal einige ›Haifisch-Unternehmer‹ eine lukrative Einnahmequelle erschlossen haben: Gegen die Verpflichtung, kriminelle Aufträge auszuführen, werden Zigtausende von Wanderzigeunern ohne Papiere über die grüne Grenze besonders nach Deutschland gebracht. Hier werden sie irgendwann als Asylbewerber ohne politische Gründe wieder abgeschoben, um von der Heimat aus alsbald wieder eingeschleust zu werden – für die Betroffenen ein Teufelskreis, für Rumäniens Image im Westen ein Negativpunkt sondergleichen.

Aber sind traurige Roma-Schicksale wie diese der Normalfall im modernen Rumänien? Wenn man als naiver Besucher auf aggressive Weise schon von Zigeunerkindern angebettelt oder bestohlen wird, wenn man in Vorstädten an slumähnlichen von Roma bewohnten Häuserzeilen mit haarsträubendsten sanitären Zuständen vorbeifährt, könnte man das fast glauben. Aber man vergißt dabei, daß Bukarest seit 1993 in Zusammenarbeit mit den wichtigsten Roma-Vertretern, die ja auch im Parlament sitzen, nach EU-Richtlinien aktive Fördermaßnahmen etwa im Ausbildungsbereich in Gang gesetzt hat. Man vergißt auch, daß sich viele Roma schon so gut in die rumänische Gesellschaft integriert haben, daß wir ihre ethnische Identität gar nicht mehr erkennen. Wie z. B. Vasilica Ciripois Familie, die ein ganz normales Mittelstandsleben in einer walachischen Großstadt führt. Und nur an ihrem Arbeitsplatz in Restaurants oder auch bei Nicht-Roma-Großhochzeiten, wenn die Berufsmusikerin Vasilica zu den Flöten- und Akkordeonklängen ihrer Band rumänische Volkslieder anstimmt, kommt noch etwas zum Ausdruck von dem, was man generell als Zigeuner-typisch bezeichnet: von der mitreißenden Musikalität dieses Volkes.

zu Gesicht bekommt. Doch muß man sagen, daß die repräsentative Auswahl spezifischer architektonischer Typen des ganzen Landes heute unvollständig ist. In den Regierungsjahren der Kommunisten war sie nämlich im Museum plötzlich nur auf die typisch rumänischen Bauten eingeschränkt worden. Vor dem Zweiten Weltkrieg hatte dagegen auch die Architektur z. B. der Banater und der aromunischen Minderheiten noch Platz im Museum gefunden. Ob man nun in der Demokratie auch dem Erbe anderer Ethnien wieder einen Platz im Bukarester Dorfmuseum schaffen wird?

Durch die Walachei: Fürstenstädte und moderne Kunst

Bukarest bietet sich als Ausgangspunkt für diverse kleinere Ausflüge an: im Osten der Metropole liegt das **Kloster Cernica** 1 (Mănăstirea Cernica) am gleichnamigen See. Dessen St. Nikolauskirche (Biserica Sfântu Nicolae) war 1606 vom walachischen Statthalter Cernica Ştirbei als Dreikonchenbau mit Seitenapsiden in Auftrag gegeben worden. Die historisierende Malerei im Innern des Gotteshauses, die Anfang des 19. Jh. Fotache und Nicolae Polcovnicul ausführten, stellt eine gelungene Synthese byzantinischer Malkunst mit Renaissance- und einheimischem Stil dar. Die St. Georgs- und die Lazaruskirche (Bisericii Sf. Gheoghe şi Lazar) aus dem 19. Jh. gehörten gleichfalls zum Klosterkomplex. In dieser Zeit gab es hier eine einflußreiche Handschriftenschule und Malwerkstatt.

Im Norden Bukarests kann man im Naherholungsgebiet **Băneasa** 2 Rast machen, bevor man weiter zum naturgeschützten Terrain von Snagov fährt. Hier ragen auf einer Insel innerhalb des gleichnamigen Sees die mächtigen, kreuzgekrönten Türme des **Klosters Snagov** 3 (Mănăstirea Snagov) über die Baumwipfel. Die massige Stiftskirche aus dem 16. Jh., die wahrscheinlich schon unter dem Walachenherrscher Vlad Ţepeş begonnen wurde, gehört zu den ältesten noch bestehenden, gut restaurierten Bauten der Umgebung. Vor ihrer Altarwand soll der Körper des ›Dracula‹-Fürsten Vlad seine letzte Ruhe gefunden haben. Seinen sorgfältig in Honig konservierten Kopf jedoch stellte man 1477 erst dem türkischen Sultan als Beweisstück für den Tod des Erzfeinds und dann dem Volk zur Schau: auf einer Stange befestigt ...(S. 218ff.)

Von einem grausigen Detail der walachischen Geschichte zum nächsten. Im Nordwesten Bukarests wartet, ebenfalls an einem hübschen See gelegen, **Schloß Mogoşoaia** 4 (Palatul Mogoşoaia) auf Bewunderer. Das hatte ab 1702 einer der Nachfolger ›Draculas‹ auf dem walachischen Thron, Fürst Constantin Brâncoveanu (1688–1714), für seine Nachfolger um einen rechteckigen Hof herum errichten lassen – und nie recht nutzen können. Denn alle seine vier Söhne sowie danach auch er selbst sollten nur zwölf Jahre später in türkischer Gefangenschaft unter dem Schwert des Scharfrichters enden. Nichtsdestotrotz bildet Schloß Mogoşoaia mit seinem symmetrisch angeordneten Baukörper und den meisterlich ausgeführten plastischen Details – da gibt es z. B. fast verspielt wirkende Pflanzen- und Tierornamente – einen der beeindruckendsten alten Gebäudekomplexe Rumäniens. Und es ist, auch dank der Reichhaltigkeit seines Museumsschatzes, eine Art Aushängeschild für die Schönheit des Brâncoveanu-Stils, für das kulturelle Vermächtnis des unglücklichen Fürsten.

Von Bukarest aus kann man zu einer Walachei-Rundfahrt starten. In westlicher Richtung über die A 1 (= E 70) bzw. die DN 72 und E 572 erreicht man nach 96 km Târgovişte. Zugreisende gelangen am besten in nördlicher und dann westlicher Richtung über die Industriestadt Ploieşti dorthin.

Târgovişte 5 (S. 293), das gut 100 000 Einwohner zählende Industrie-

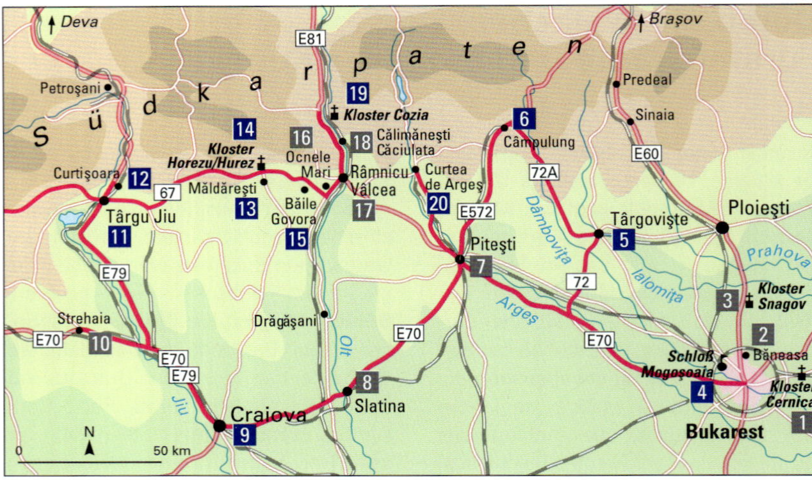

Route durch die Walachei

zentrum am Ialomiţa-Fluß, war von 1394 bis 1659 Hauptstadt der Walachei. An der Kreuzung bedeutender Handelswege der Zeit gelegen, vermittelte der Ort im wirtschaftlichen und kulturellen Austausch zwischen Diesseits und Jenseits der Karpaten. Anfang des 16. Jh. entstanden hier mit drei kirchlichen Büchern sogar die ersten Druckerzeugnisse auf rumänischem Gebiet.

An die großen Jahrhunderte von Târgovişte erinnern heute im Zentrum die Ruinen des Fürstenhofes (Ruinele Curţii Domneşti), innerhalb derer sich noch Bauteile aus dem 14. bis 18. Jh. finden: Rundmauern, die einen rechteckigen Hof mit einer Dreikonchenkapelle umgaben, und Reste von Wohngebäuden, die Extras wie ein Türkisches Bad oder eine italienische Gartenanlage einschlossen. Gut erhalten, da im 19. Jh. restauriert, sind allein der massige Chindia-Wachturm (Turnul Chindiei), der im 15. Jh. in der Ägide von Vlad Ţepeş entstand, und die Fürstenkirche (Biserica Domnească). Dieser typisch walachische Ziegel-Sakralbau wird speziell durch die großen Blendbogen an der oberen Zone strukturiert. Die beachtliche Atrium-ähnliche Vorhalle stützen schlanke Pfeiler. Auch die Stelea-Kirche (Biserica Stelea), die Moldau-Fürst Vasile Lupu 1645 zum Zeichen des Friedensschlusses mit seinen walachischen Nachbarn errichten ließ, verdient die Aufmerksamkeit des Besuchers von Târgovişte. Denn im Angesicht von riesigen Strebepfeilern, zierlichen Rundbögen, spätgotischen Fensterumrahmungen und vielen Baudetails mehr bekommt man inmitten der Walachei schon einmal einen Vorgeschmack auf das, was einen in der Moldau- bzw. Bukowina-Region (s. S. 126ff.) architektonisch erwartet. Stadtnah ist übrigens auch das **Kloster Dealu** (Mănăstirea Dealu) aus dem 15. Jh., dessen Kirche an Westfassaden und Türmen phantasievollen Ornamentschmuck im Flachrelief trägt. Hier wird der Kopf des Vereinigungsfürsten Mihai Viteazul aufbewahrt.

Aber verlassen wir nun das alte, heute von langweiligen und schmutzigen Wohnblocks umgebene Târgovişte zu einem 64 km langen Abstecher durch bergiges Land auf der DN 72A weiter Richtung Nordwesten nach **Câmpulung** 6. Der Zugreisende muß die Stadt vom Süden, von Piteşti her anfahren. Die 44 000-Einwohner-Stadt, Standort des rumänischen Geländewagenherstellers ARO, ist umgeben von im Schnitt beachtlichen 1000 m hohen, reich bewaldeten Vorkarpatenbergen. Wer hier nicht seine Wanderstiefel schnürt, der wird seinen Kurzbesuch auf das historische Stadtviertel am Târgul-Flüßchen konzentrieren. Denn in Câmpulung hatte Basarab I., von 1324 bis 1352 erster Fürst der Walachei, ab 1330 seinen Hof angesiedelt, und zwar dort, wo heute ein Fürstenhaus (Casa Domnească) aus dem 17. Jh. alte Kunstgegenstände und Arbeiten einer walachischen Malerschule des frühen 19. Jh. ausstellt. Den Glanzzeiten von Câmpulung gedenkt man auch nicht weit vom ehemaligen Fürstenhof entfernt, vor der Klosterkirche Negru Vodă (Biserica Mănăstirei Negru Vodă), die ebenfalls unter Fürst Basarab gebaut wurde. In den folgenden Jahrhunderten mußte sie jedoch mehrfach erneuert und, der Osmanengefahr wegen, mit Wehrmauer und zusätzlichem Glockenturm versehen werden.

Nach zwei alten Fürstenstädten folgt nun auf unserer Walachei-Tour nach 54 km in Richtung Süden auf der E 572 **Piteşti** 7 (S. 284) am Argeş-Fluß. Schon immer war das 178 000 Einwohner zählende Industriezentrum eine reiche Handels- und Handwerkerstadt an einem der wichtigen Verkehrswege zwischen Transsilvanien und Bukarest. Heute läßt man das erstaunlich grüne Mekka des rumänischen Autoherstellers Dacia mangels historischer Sehenswürdigkeiten (es sei nur die St. Georgskirche, Biserica Domnească Sf. Gheorghe, genannt) wahrscheinlich meist schnell hinter sich, z. B. auf der Südroute Richtung Craiova.

Die rund 120 Fahrtkilometer auf der E 70 bzw. auf der etwas südlicher angelegten Zugstrecke führen durch leicht welliges und ab **Slatina** 8 (S. 292) über den Fluß Olt hinweg durch ebenes Land. Weit geht der Blick über im Frühjahr leuchtend gelbe Rapsfelder, an deren Rändern gutgenährte Kühe saftige Halme knabbern. Aus überdachten Brunnen müssen die Bäuerinnen eimerweise das Wasser für ihre Gemüse- und Obstgärten schöpfen. Den vielen Pferdewagen auf den Straßen trotten manchmal hochbeinige Fohlen hinterher. Meist gemeinsam mit zahlreichen Vieh- und Lebensmitteltransportern fährt man dann schon bald in die ersten Vororte und Gewerbegebiete der 307 000-Einwohner-Stadt **Craiova** 9 (S. 273) ein.

Bei uns kennt man diesen Verkehrsknotenpunkt Südolteniens eigentlich nur wegen seines zeitweise auch international erfolgreichen Fußballteams ›Universitatea Craiova‹. Dabei ist die an Kultur- und Lehrinstituten reiche Stadt besonders rund um den zentralen Vereinigungsplatz (Piaţa Unirii) schon einen Bummel wert. Ins Auge fällt hier vor einer kleinen Parkanlage vor allem das zweistöckige Haus des Statthalters (Casa Băniei), das Ende des 17. Jh. Fürst Constantin Brâncoveanu errichten ließ. Heute werden hinter den hübschen, mit säulenreichen Veranden ausgestatteten Fassaden die Exponate des Städtischen Volkskundemuseums (Muzeul de Etnografie) gezeigt.

Die 1651 vom Walachenfürst Matei Basarab (1632–54) gestiftete Demetriuskirche (Biserica Sfântul Dumitru) beein-

Kloster Cozia im Tal des Olt

druckt ebenfalls. Denn in ihr ist der Walachei-spezifische dreitürmige Kirchentypus von Curtea de Argeş (s. S. 78f.) besonders gelungen verwirklicht: Der Grundriß eines griechischen Kreuzes besteht aus der Hauptapsis, zwei Nebenapsiden und einer offenen Vorhalle im Westen. Ihr heutiger Zustand geht allerdings auf eine Neuausführung alter Pläne durch Lecomte de Nouy aus dem Jahr 1870 zurück. Die Außenmauern hat man mit Ziegeln und behauenen Steinen verblendet. Dagegen mutet dann im Stadtbild von Craiova das große Universitätsgebäude (Universitatea) des Architekten Ion M. Soculescu aus dem Jahr 1890 ganz und gar klassizistisch an. Vielleicht kann man ja in der Uni-Grünanlage oder im fast 90 Hektar umfassenden schönen Volkspark (Parcul Poporului) von Craiova noch neue Kräfte sammeln, um sich darauf per Zug oder Auto (auf der E 79) auf die 104 km lange Fahrt Richtung Nordwesten nach Târgu Jiu zu machen.

Sie führt stetig durch die Tiefebene des Jiu-Flußtals, wo sich Obst- und Gemüsekulturen endlos aneinanderreihen. Jahraus jahrein rattern Bauern auf Traktoren über die Felder. Im Herbst machen sich die Heuhaufen für die Winterfütterung, aus der Ferne betrachtet, fast wie unzählige Maulwurfshügel aus. Auch Erdölfelder sind zu sehen. Einen Zwischenstopp sollte man nach zirka der Hälfte der Strecke in **Strehaia** 10 (S. 292) einlegen, wohin man über einen Linksabbieger, per Auto auf der E 70, gelangt. Von der hiesigen Klosterstiftung des Fürsten Matei Basarab aus dem Jahr 1645 sind nur der Eingangsturm und die kleine Hallenkirche übriggeblieben. Die ist, da sie einst direkt neben einem Fürstenpalais stand, merkwürdigerweise nach Südosten ausgerichtet. Sie besticht heute noch durch ihre harmonische Außendekoration aus Gurtgesims und geometrisch unterschiedlichen Wandfeldern.

Hier läßt sich weiter auf der E 70 über Drobeta-Turnu Severin leicht eine Banat-Tour über Orşova, Caransebeş bis Timişoara, Arad bzw. bis zur rumänisch-ungarischen Grenze anschließen (s. S. 244ff.).

In **Târgu Jiu** 11 (S. 294) schließlich, nun wieder am Fuß der Vorkarpaten an-

gelangt, hat man nach so vielen walachischen Klosterkirchen und Fürstenpalästen endlich auch ein Hauptwerk der modernen Kunst erreicht, nämlich das Skulpturen-Ensemble des Constantin Brâncuşi (Ansamblul Sculptural C. Brâncuşi). Der 1876 als Bauernsohn im benachbarten Ort Hobiţa geborene Künstler hat hier am Oberlauf des Jiu 1937/38 unter freiem Himmel ein Gesamtkunstwerk hinterlassen, das auf einer Achse in West-Ost-Richtung mitten durch die 95 000-Einwohner-Stadt führt. Die ist übrigens noch in den 80er Jahren durch eine ganze Reihe häßlicher Wohn- und Geschäftsblocks so verschandelt worden, daß man seinen Târgu-Jiu-Aufenthalt am besten ganz auf das Brâncuşi-Werk konzentriert (s. S. 79ff.). Und ihm vielleicht noch eine Stippvisite in **Curtişoara** 12 (S. 275) anschließt, das der Autoreisende zehn Kilometer nördlich an der E 79 bzw. einer Ost-Abzweigung anfahren kann. Das Freilichtmuseum des Orts zeigt nämlich neben den Dorfhäusern der Olt-Region auch eines jener typischen Bauwerke, die unter dem Namen *Cule* ein besonderes Kapitel in der rumänischen Architektur aufschlagen. Die Cula Cornei von Curtişoara aus dem 18. Jh. ist ein blendendweiß gestrichenes, einstöckiges ehemaliges Adligenhaus mit beinahe quadratischem Grundriß. Seine Außenwände weisen außer einer Tür und ein paar winzigen Luken erst im Obergeschoß ein paar von Säulen begrenzte Fenster auf: Die ehemalige Funktion als Wohnturm, der gegen türkische Feinde besonders befestigt war, ist offensichtlich.

Weiter geht die West-Ost-Fahrt durch Nordoltenien 116 km von Târgu Jiu aus bis Râmnicu Vâlcea auf der DN 67. Auch Zugreisende müssen auf diesem landschaftlich schönen Streckenabschnitt durch Ausläufer der Südkarpaten (Subcarpaţii Olteniei) aufs Auto ausweichen. Im Norden erkennt man schon schneebedeckte Zweitausender. In den hübschen Dörfern und Ortschaften rundherum leuchten die Fronten der Bauernhäuser schneeweiß unter dunklen hohen Dächern hervor. Ihre laubenartigen Veranden weisen an Säulen und Bogen von alters her reiches Schnitzwerk auf. Ab und zu fallen dem Vorbeifahrenden die mit meist bunten naiven Jesusbildchen bestückten walachischen Wegkreuze *Troiţes* ins Auge. Vor kleinen Scheunen grasen Schafe, Kühe und Pferde. Einige alte Gebäude sind noch ganz aus Holz errichtet, das besonders an Türen und Fensterrahmen von Schnitzern phantasievoll bearbeitet wurde. Früher hat es in dieser Region auch einmal strohgedeckte Erdhäuser gegeben, die nur gut einen Meter über den Boden ragten und besten Schutz vor Sommerhitze und Winterkälte boten. Ein paar Exemplare dieser für den modernen Stadtmenschen höchst sonderbaren Wohnbauten sind noch in den Freilichtmuseen Olteniens bzw. im Bukarester Dorfmuseum (s. S. 67) zu bewundern.

Als erster Halt nach Târgu Jiu Richtung Osten sei nach zirka 70 km auf der

Fresko in Kloster Horezu mit Höllenszenen

Abzweigung DN 65C der Ort **Măldărești** 13 empfohlen, dessen Wohn- und Verteidigungsturm Cula Greceanu vom Ende des 18. Jh. um einiges komplexer angelegt ist als der von Curtișoara. Sein erstes und zweites Stockwerk besitzen zahlreiche Fenster, aber auch eine Schießscharte. Und an den Wänden sind sogar ein paar Verzierungen à la Brâncoveanu zu entdecken.

Ein Meisterexemplar genau dieses walachischen Kunststils findet man dann nicht weit von Măldărești wieder an der DN 67 bei der Kleinstadt **Horezu** 14 (S. 278), einem Zentrum des regionalen Töpferkunsthandwerks. Das Nonnenkloster (Mănăstirea) Horezu nämlich, ein inzwischen in den Katalog des Weltkulturerbes der UNESCO aufgenommener Komplex, ist wirklich eine Gründung des kunstsinnigen Walachenfürsten Constantin Brâncoveanu aus den Jahren 1691 bis 1697. Innerhalb einer festungsartigen Ziegelmauer heben sich blendendweiße, harmonisch gruppierte Baukörper mit verspielten Loggien und Söllern vor der Laubwaldkulisse der Umgebung ab. Überall an Säulen und Treppenaufgängen ist der typische üppig-heitere Fassadenschmuck der Epoche zu erkennen. Die mächtige Dreikonchen-Klosterkirche im Zentrum der Anlage besticht dazu durch ihre prächtige Freskenmalerei im Inneren, die Ende des 17. Jh. unter der Leitung des Griechen Konstantinos von den rumänischen Meistern Andrei, Stan, Neagoe und Ioachim ausgeführt wurde. Auf dem Votivbild der Pronaoswand schaut den Betrachter als Klosterstifter unter mächtiger Krone ein ernster Fürst Brâncoveanu nebst Familie an.

Nun geht es auf der Nationalstraße DN 67 erst einmal zirka 20 km weiter nach **Băile Govora** 15 (S. 262). Das ist einerseits ein schön in einem Bergtal gelegener Kurort, dessen Mineralquellwasser bei der Behandlung verschiedener Leiden hilft. Andererseits beherbergt Băile Govora eine der vielen hübschen kleinen Abteien Olteniens, nämlich das Mitte des 17. Jh. unter Fürst Matei Basarab instandgesetzte Kloster Govora (Mănăstirea Govora). Bereits 1640 funktionierte hier eine Druckerei. Wertvolle Stickereien und Ikonen wurden in den Klosterwerkstätten im Schatten der Südkarpaten hergestellt.

Unser nächstes Ziel erreichen wir nach Durchfahren des Bade- und Luftkurorts **Ocnele Mari** 16 (S. 282) mit der 107 000 Einwohner zählenden Stadt **Râmnicu Vâlcea** 17 (S. 287) am rechten Olt-Ufer. Leider verströmen hier seit Jahren die Schornsteine des großen Chemiekombinats so viele Schadstoffe, daß ein Besuch der Sehenswürdigkeiten der Stadt meist kurz ausfällt: Man kann die Allerheiligenkirche (Biserica Toţi Sfânţii) besichtigen, die im Jahr 1765 dieselben architektonischen Formen wie die Bischofskirche von Curtea de Argeş (s. S. 78f.) erhielt, oder auch das kleine Kloster Cetăţuia (Mănăstirea Cetăţuia) aus dem 16. Jh. Es wurde wie so viele walachische Sakralbauten im 19. Jh. grundlegend restauriert.

Ein Abstecher am Olt entlang in den bergigen, noch weniger berührten Norden, per Zug bzw. per Auto auf der E 81, tut jetzt sicher gut. Nach 18 km ist der altehrwürdige Kurort **Călimăneşti Căciulata** 18 (S. 270) in Sicht, in dem 1869 sogar Frankreichs Napoleon III. die Wirkung des Karpaten-Heilwassers erprobte. Nur fünf Kilometer weiter nördlich wartet dann eine letzte Attraktion Olteniens und gleichzeitig eines der ältesten Baudenkmäler der Walachei auf den Rundreise-Teilnehmer: das von starken Festungsmauern umgebene **Kloster Cozia** 19 (Mănăstirea Cozia)

Die Fürstenkirche von Curtea de Argeş

aus der zweiten Hälfte des 14. Jh. Die große Dreikonchen-Klosterkirche (Biserica Mănăstirii) zieht hier sofort die Neugier des Besuchers auf sich, und zwar schon einmal durch die Friese aus Keramik und Backstein, die an der Fassade nach byzantinischer Art im Wechsel angeordnet wurden. Im Pronaos sind sogar noch Reste von Innenmalerei im ebenfalls streng byzantinischen Stil der Gründungszeit zu bewundern, z. B. Szenen aus dem Akathistos Hymnos. Im Naos erstrahlen die späteren, dem heiteren Brâncoveanu-Stil verpflichteten Fresken des 17. Jh. in strahlenden Farben, z. B. eine komplexe Szene der thronenden Gottesmutter in der Apsis. Den Stifter der Klosteranlage erkennt man auf einem Votivbild der Maler David und Radoslav in der kleineren Siechenkirche von Cozia (Biserica Bolmiţei), einem für Kranke bestimmten Dreikonchenbau aus dem 16. Jh.: Mircea cel Batrân, Mircea der Alte, in dessen Herrschaftszeit von 1386 bis 1418 die Walachei wirtschaftlich und politisch erstarkte, wenn auch auf Kosten eines hohen jährlichen Tributs an die Osmanen. Er blickt hier in herrschaftlicher Haltung auf den Gast herab (s. Abb. S. 20). Nebenan in der großen Kirche liegt dieser wichtige walachische Kloster- und Festungsstifter übrigens begraben.

Curtea de Argeş

20 (S. 274) Die Walachei-Rundfahrt führt zurück nach Râmnicu Vâlcea, auf die E 81 und nach 62 km schließlich auch nach Piteşti. Eine Hauptattraktion Munteniens sollte man aber nicht versäumen: das Fürstenstädtchen des späten 14. Jh. Curtea de Argeş. Zu erreichen ist der ehemalige ›Fürstenhof am Argeş‹, so die Übersetzung des Städtenamens, von Piteşti aus in nördlicher Richtung am Fluß Argeş entlang mit dem Zug bzw. mit dem Wagen auf der DN 7C nach 38 km. Dieser Fürstensitz war hier in den Vorkarpaten schon Mitte des 14. Jh. unter dem Walachen-Herrscher Basarab I. eingerichtet worden. Von 1369 bis 1394 unter Basarabs Nachfolgern Nicolae Alexandru, Vladislav, Radu I., Dan I. und Mircea cel Batrân kam Curtea de Argeş sogar die Ehre zu, walachische Hauptstadt zu sein.

Einige **Ruinen der Hofhaltung** (Ruinele Curţii Domneşti) eben aus diesem für den Ort so wichtigen 14. Jh. sind im heutigen Industriestädtchen noch zu besichtigen. Und daneben beeindruckt eine 1352 auf noch älterem Fundament errichtete Kreuzkuppelkirche byzantinischen Stils: die **Fürstenkirche des heiligen Nikolaus** (Biserica Domnească Sf. Nicolae). Einfach, ohne Relief oder Verzierung sind die Fassaden dieses

Constantin Brâncuşi und die Unendliche Säule

Es war einmal ein rumänischer Bauernsohn, der packte, nachdem er in einer walachischen Bezirksstadt und dann in der Landeshauptstadt Kunst studiert hatte, seine Siebensachen und zog, zum größten Teil zu Fuß, nach Paris, um die Welt zu erobern. Und obwohl man in der damaligen Kunstmetropole mit dem etwas ungehobelten, armen jungen Mann anfangs wenig anzufangen wußte, obwohl seine frühen Arbeiten noch zu manieristisch ausfielen, um großes Aufsehen zu erregen, sollte sich aus gerade diesem eigenwilligen Karpatenburschen an der Seine bald einer der wichtigsten Vertreter moderner Kunst entpuppen: einer der, wie Kollege Henry Moore es ausdrückte, insbesondere »von historischer Bedeutung für die Entwicklung der zeitgenössischen Bildhauerei« war.

Die Rede ist von Constantin Brâncuşi, geboren 1876 im walachischen Hobiţa nahe Târgu Jiu, der nach Studien in Rumänien schon 1904 nach Paris übersiedelte, wo er 1957 als hochangesehener Patriarch der modernen Skulptur starb. Daß der an den Westen verlorene Sohn seine Heimat nach 1945 nicht mehr wiedersehen wollte, haben ihm seine Landsleute trotz oder gerade wegen der zeitweisen Ächtung seines Werks durch die Kommunisten beileibe nicht übelgenommen: Brâncuşi wurde in seiner Heimat immer verehrt wie kaum ein anderer zeitgenössischer rumänischer Künstler. Ein Teil seiner Werke fand schließlich auch in den Museen Rumäniens, besonders im Bukarester Kunstmuseum, seine Würdigung. Vor 1945 hat der Maestro mit dem Rauschebart seine Heimat übrigens einige Male besucht, besonders im Rahmen des großen Auftragsprojekts von Târgu Jiu. Das erlaubte ihm nämlich 1935, in der Nähe seines Geburtsorts, einen seiner Künstlerträume bis zum Letzten zu verwirklichen: nämlich schon geschaffene Plastiken so zu vergrößern, daß sie wie Gebäude im Freien errichtet werden konnten. Architektur konnte hier als eine Art bewohnbare Skulptur aufgefaßt werden.

Die Themenvorgabe von Târgu Jiu war eindeutig. Eine gepflasterte lange Straße sollte mit Plastiken den rumänischen Opfern des Ersten Weltkriegs am Jiu-Fluß gewidmet sein. Und der gut sechzigjährige, inzwischen weltbekannte Brâncuşi brachte bei der Auftragsjury alle seine Projektentwürfe durch. So entstanden bis 1938 nahe dem Jiu auf einer gut zwei Kilometer langen Achse, der **Straße der Helden** (Strada Eroilor), eine Reihe von Riesenplastiken, deren verdichtete reine Form bezeichnend für das reife Werk Brâncuşis ist: An einem Ende der Achse, im Stadtpark (Parcul Oraşului), umringen 12 zylindrische Steinsitze den gigantischen, steinernen **Tisch des**

Schweigens (Masa Tăcerii), laden in ihrer ruhigen Anordnung zum Verweilen, zum In-sich-Gehen regelrecht ein. Etwa 150 m weiter öffnet sich dem Spaziergänger gut 5 m hoch und 6,5 m breit eine Art Triumpbogen aus ebenfalls rauhem, porösem Stein. Der Bogen dient aber allem anderen als der stolzen Repräsentation imperialer Macht. Dieses sowohl mit zarter als auch kräftig plastischer Symbolik versehene **Tor des Kusses** (Poarta Sărutului), das eine Vielzahl von früheren Kuß-Kompositionen des Künstlers weiterentwickelt, ist ein primär humanes Mahnmal. Es steht für die von Brâncuşi zeitlebens vertretene Utopie einer allgemeinen Verbrüderung, einer Versöhnung über die Geschlechter-, die Alters- und die Staatsgrenzen hinweg. Und dann wächst am Endpunkt der Achse, 1,5 km vom Stadtpark entfernt, im Jugendpark (Parcul Tineretului), als dritte Großplastik des Ensembles die schmale **Unendliche Säule** (Coloana fara Sfârşit) 30 m in die Höhe. Das Himmelsgewölbe stützen und den Drang zur ewigen Erkenntnis symbolisieren sollte nach Brâncuşi dieses steile Gebilde, dessen auf einem Stahlmast aufgefädelte Gußeisensegmente an den Aufbau einer Wirbelsäule erinnern. Bei diesem in jeder Hinsicht überragenden Himmelspfeiler haben die holzgeschnitzten Symbole der rumänischen Volkskunst in ihrer Reduktion auf Allgemeingültiges zweifellos Pate gestanden. Hier hat Brâncuşi auf seinem Weg zur radikalen Stilisierung wie bei vielen seiner Arbeiten motivlich aus dem reichen Schatz der bäuerlichen Tradition seiner Heimat schöpfen können. Denn einprägsam einfache Formen wie die Säulensegmente, die sich unendlich wiederholen, kann man ja noch heute gerade an guterhaltenen walachischen Dorfhäusern studieren. Und so ist diesem ›Stonehenge des 20. Jh.‹ in Târgu Jiu etwas Archaisches gemein, das durch Abstraktion Bestand in der Ewigkeit sucht.

Ähnlich hatten ja auch andere Motive in Brâncuşis Arbeiten im Laufe der Jahrzehnte durch Reduktion des Komplexen auf Einfaches eine Art Allgemeingültigkeit erhalten: Der Vogel (Măiastra, 1910–1940) gerann immer mehr zu einer einzigen Empor-Bewegung. Der Fisch (Peştele, 1918–1930) versinnbildlichte schließlich nur noch horizontales Dahingleiten. Der Hahn (Cocoşul, 1924–49) wurde durch die

harmonischen Baukörpers aus Pronaos, Naos, zentraler Apsis und zwei Seitenapsiden gestaltet. Und doch verfehlen sie durch den steten Wechsel von grauen Bruchstein- und roten Ziegelschichten keineswegs ihre Wirkung. Die zum Teil gut erhaltenen Innenfresken des 14. bzw. des 17. Jh. sind ebenfalls der byzantinischen Tradition eng verbunden. Sie wurden dann stilistisch und ikonographisch wegweisend für spätere walachische Kirchenbauten. Dabei sind einige Szenen, z. B. die der Gottesmutter mit dem Jesuskind, die Mariä Entschlafens oder die der Speisung der Fünftausend, auch schon recht lebhaft und realistisch dargestellt.

Von einem Kunstdenkmal byzantinischer Prägung zu einem, das vielfältige Einflüsse auch aus dem arabisch-türkischen Raum in sich vereint, zur berühmten **Bischofs- oder Klosterkirche** (Biserica Mănăstiri, s. S. 48, Abb. S. 49) in Curtea de Argeş aus dem Jahr 1517. In

Synthese des organischen Vogelkörpers mit dem Treppenmotiv zu einem einzigen, den Morgen begrüßenden Schrei. Und der Weltanfang (Începutul Lumei, 1920–28) faßte im Eisymbol das Wachsen und In-sich-Ruhen perfekt zusammen. Das alles sind Brâncuși-Werke, die in einer Vielzahl von Variationen in den wichtigen Museen der Welt ihren Platz gefunden haben. Besonders gut vertreten ist der Künstler in Paris. So kann man im Centre Pompidou in einem Nachbau des Künstlerateliers viele Exponate sozusagen *chez Brâncuși* aufsuchen.

Das Skulpturen-Ensemble von Târgu Jiu jedoch mußte nach der Wende dringend vor Verfall geschützt werden. Die Unendliche Säule hatte unübersehbar Rost angesetzt und war durch die vandalische Aktion eines kommunistischen ›Provinzfürsten‹ der 50er Jahre um sieben Grad abgeknickt: Aus politischen Gründen wollte er die ›westlich dekadente‹ Säule abreißen lassen – doch die Himmelsstütze war stärker. Am Jiu-Ufer drohte zudem zeitweise die Verschandelung des Opus durch einen Kraftwerkbau. Und der zunehmende Autoverkehr in Târgu Jiu, der zwischen Säule und Tor die Straße der Helden

Constantin Brâncuși, Kopf (Mademoiselle Fogany), Paris

kreuzt, stört mehr und mehr die mystische Aura. Ein hochkarätiges internationales Expertenteam hat mit dem Geldsegen der Weltbank Ende 2000 zumindest die Unendliche Säule restauriert. Denn dem Karpatenburschen von einst ist es ja tatsächlich gelungen, die (Kunst-) Welt zu erobern.

ihr wurden dank einer gründlichen Restaurierung durch den französischen Architekten Lecomte de Nouy 1875 auch Innenmalereien aus der Bauzeit freigelegt. Sie werden heute im Bukarester Kunstmuseum ausgestellt. Auf einem kleeblattförmigen Grundriß mit drei vieleckigen Apsiden erhebt sich ein großartiger Sakralbau. Er fasziniert insbesondere durch seine reich verzierten Fassaden, die eine breite Palette an geometrischen und pflanzlichen Motiven umfassen und in Rumänien nur der Drei-Hierarchen-Kirche von Iași vergleichbar sind. Dadurch daß sich der plastische Schmuck an den Türmen in spiralförmigen Windungen hochzieht, entsteht zudem der Eindruck von ganz unerwarteter Bewegung. Kein Wunder, daß viele Rumänien-Besucher gerade hier in Curtea de Argeș, wo sich auch die Grabstätte der ehemaligen königlichen Familie befindet, den Höhepunkt ihres Walachei-Aufenthalts sehen.

Schwarzmeerküste und Donaudelta

Auf griechischen, römischen und osmanischen Spuren

Lachend sitzt die Kleine mit dem wippenden Pferdeschwanz auf ihrem grasgrünen Gummikrokodil. Bei jedem Wellenschlag kommt sie mit ihrem aufblasbaren Freund dem Meerufer ein wenig näher, wo ihre Eltern die Szene entspannt im Liegestuhl beobachten: Diese Küste ist als besonders flachabfallend und damit als kinderfreundlich bekannt. Nebenan bauen andere Dreikäsehochs im feinen weichen Sand ihre Ritterburgen, während die Größeren in Eimern ihre Tauchbeute vergleichen oder nach den angebotenen Tretbooten und Reitpferden Ausschau halten.

Wir befinden uns an einem der langen breiten Sandstrände der rumänischen Schwarzmeerküste, die seit den 60er Jahren zu den beliebtesten Sommerreisezielen auch deutscher Familien und Kur-Touristen gehört. Langerprobte Rumänien-Gäste können hier beinahe nostalgisch beobachten, wie immer noch jener schüchterne Strandfotograf, die knallbunte Gummipalme geschultert, stumm am Wasser entlang vorbeischleicht. Geschäftstüchtiger ist er (noch) nicht geworden. An der Uferpromenade hockt derweil die verhärmte Holzschnitzerfrau aus den Karpaten. Alle Jahre wieder läßt sie die Familie in der Saison zurück, um hier hölzerne Löffel und Schachbretter an den Touristen zu bringen. Eine vermeintlich zeitlose Strandidylle, die dann aber doch in seltsamem Kontrast steht zu den neuen, farbenfroh aufgemachten Küstencafés, Gyros-, Pizza- und Hamburgerständen, zwischen denen sich in schrille Modefarben gekleidete einheimische Skateboard-Fahrer schlängeln.

Rumäniens rund 245 km lange Schwarzmeerküste gehört zu der östlichsten Region des Landes, der Dobrudscha (Dobrogea). Diese Landschaft läßt sich zwischen dem Donaudelta und der bulgarischen Grenze bzw. zwischen der Meeresküste und dem Balta, das heißt dem breiten Niederungsgebiet der Unteren Donau, lokalisieren. Historisch gesehen gehörte zur Dobrudscha zeitweise auch der südliche Landstreifen von Varna bis Nessebar, Cadrilater, also Viereck genannt, heute ein Teil von Bulgarien. Die rumänische Nord-Dobrudscha besteht neben dem Küstengebiet und dem riesigen Delta hauptsächlich aus einer 50–100 m hohen Ebene, die im Osten von zahllosen Süß- oder Salzwasserseen und im Norden von einigen bis zu 500 m hohen uralten Gebirgen durchzogen wird. Das Innere der Dobrudscha war einst dank einer mächtigen Lößerdedecke eine waldreiche und fruchtbare Region. Wegen starker Rodungen in früherer Zeit hat es sich jedoch allmählich zu einem trockenen steppenähnlichen Gebiet gewandelt, das nur Schafen genügend Nahrung bietet. Dort aber, wo heute ausgedehnte Bewässerungsanlagen Wasser spenden, können, dem milden Klima sei Dank, reichlich Getreide, Mais, Baumwolle, Wein und Sonnenblumen angebaut werden. Und dann lebt die Dobrudscha auch vom Tourismus an der Küste und im Delta sowie von den Einnahmen des größten rumänischen Schwarzmeerhafens, Constanţa.

Hier hatten schon die griechischen Kolonisten des 6. Jh. v. Chr. ihre Handelsniederlassung Tomis gegründet. Die heute rumänischen Orte Histria (da-

Das Donaudelta – eine der letzten unberührten Naturlandschaften in Europa

mals Istros) und Mangalia (Callatis) waren ebenso altgriechische Häfen wie die bulgarischen Städte Varna (Odessos) und Nessebar (Mesembria). Man stand mit dem hier schon vorher ansässigen indoeuropäischen Volk der Geten oder Daker meist auf gutem Fuß. Auf die Griechen, für die Herodot die Dobrudscha beschrieb, folgten nach dem Dakerkönig Burebista 28 v. Chr. die Römer, die hier ab 46 n. Chr. ihre Provinz Moesia bzw. Moesia Inferior gründeten. Für sie berichtete der hierher verbannte Dichter Ovid kurz nach der Zeitenwende in die Heimat. Von 293 bis 679 gehörte die Region zum Oströmischen Reich. In dieser Zeit wurden die blühenden Küstenstädte durch einfallende Goten, Hunnen, Awaren und Slawen sowie durch Erdbeben arg in Mitleidenschaft gezogen. Es folgten Jahrhunderte unter abwechselnd bulgarischer und byzantinischer Herrschaft. Mitte des 14. Jh. konnte man unter einem Kämpfer namens Dobrotia eine gewisse Selbständigkeit erreichen. Bis 1419 erwarb der walachische Nachbarfürst das Recht über das Gebiet, worauf dann fast 500 Jahre türkischer Oberhoheit folgten, die erst 1878 durch die Abtretung des Teils nördlich der Donau an Rumänien endete. Und wenn sich Rumänien danach auch zwischenzeitlich des südlichen Teils, des Landstreifens Cadrilater, bemächtigen konnte, so schaffte der Vertrag von Craiova 1940 endgültige Verhältnisse: Die Nord-Dobrudscha war als rumänisches, die Süd-Dobrudscha als bulgarisches Gebiet festgeschrieben.

Die Reiserouten durch die Dobrudscha führen auch die ereignisreiche Historie dieses relativ kleinen Küstengebietes vor Augen. Von den Ferienorten Mamaia, Eforie und Mangalia aus wandelt man in Constanţa auf griechischen, römischen und osmanischen Spuren, man fährt zum römischen Siegesmal von Adamclisi ins Landesinnere und zu einem (eher bedrückenden) Zeugen neuerer Geschichte: zum Donau-Schwarzmeerkanal. Gen Norden kommt man zu den Ruinen von Histria. Vom Donauhafen Tulcea aus geht es schließlich hinein ins Delta-Labyrinth.

Constanţa – Schmelztiegel der Völker

■ (S. 272) Auf dem nordwestlich von Constanţa gelegenen und nach einem Politiker des 19. Jh. benannten Flughafen ›Mihail Kogălniceanu‹ betreten heutzutage in den warmen Monaten die meisten ausländischen Badetouristen erstmals rumänischen Boden. Die mit derzeit rund 360 000 Einwohnern zweitgrößte Stadt des Landes ist von den südlich gelegenen Ferienorten Mangalia, Neptun & Co. über die Europastraße E 87 bestens zu erreichen. Vom Seebad Mamaia aus führt sogar nur eine zehnminütige Fahrt zum Stadtzentrum. Und wer von Bukarest aus nach Constanţa strebt, der bewältigt die 266 Fahrtkilometer Richtung Osten entweder über die recht gute E 60 oder mit dem Zug in zweieinhalb Stunden über Feteşti, Cernavoda und Medgidia (s. S.108f.).

Schiffs- und Maschinenbau-, Beton-, Zellulose-, Möbel-, Textil- und Nahrungsmittelfabriken in und um die Stadt ließen in den letzten Jahrzehnten den wirtschaftlichen Puls Constanţas stetig höher schlagen. Dazu kommt vor allem auch die Warenumschlagleistung (50 Mio. t) des Seehafens, der das Gesicht der Stadt mit seinen gut 200 Hektar Fläche, den riesigen Kais und Dämmen mitbestimmt und der für das derzeit rapide Anwachsen der Bevölkerung verantwortlich ist.

Stadtrundgang

Doch Fakten dieser Art werden den Constanţa-Gast, der sich durch die vielen monotonen Neubauviertel schnell Richtung Altstadt orientiert hat, weniger interessieren. Er wird sich im östlichsten und halbinselähnlich am Meer gelegenen Stadtteil und dort gleich am übersichtlichen **Ovid-Platz** **1** (Piaţa Ovidiu) einfinden, wo rund um den römischen Dichter Publius Ovidius Naso (s. S. 88ff.) das Herz Constanţas schlägt. Der blickt hier fast zwei Jahrtausende, nachdem er als Verbannter in der Dobrudscha seine letzten Lebensjahre verbrachte, sinnend auf das rege Treiben hinunter: in Form des **Ovid-Standbilds** (Statuia lui Ovidiu), das der italienische Bildhauer Ettore Ferrari im Jahr 1887 fertigte. Ob der verwöhnte Großstädter der Antike, dessen Grab man innerhalb der römischen Ruinen auch heute noch nicht genau orten kann, sich hier im Altstadtbereich Constanţas an den willkürlichen Baulükken stoßen würde? Man könnte es ihm nicht verdenken, denn z. B. direkt vis-à-vis klaffte ihm Richtung Bootshafen lange Jahre innerhalb schöner alter Bausubstanz eines dieser häßlichen Abrißgrundstücke entgegen, deren Entstehen noch der Willkür der letzten Ceauşescu-Jahre zu verdanken ist. Dabei war gerade die komplette Gebäudezeile rund um den Ovid-Platz lange Zeit eine der Hauptattraktionen Alt-Constanţas. Nun schließt sich der Kreis verbliebener Häuser endlich wieder mit neuen Cafés und Bankgebäuden. Der Ovid-Platz wurde ja eigentlich auch schon immer als Treffpunkt genutzt: als Agora, also Markt, in den Zeiten griechischer Kolonisation. Da hatte sich nämlich im 6. Jh. v. Chr. eine Gruppe Kaufleute aus Milet diesen Ort Tomis an der Westküste des Schwarzen Meers zum Handelshafen auserkoren.

Zurück zur Piaţa Ovidiu, die auch in den römischen Jahrhunderten der Stadt ab 28 v. Chr. ihre Einwohner anzog: als Forum. Wer hier zum politischen Ge-

Stadtplan Constanța

spräch zusammenkam, der konnte nebenan auch gleich noch seine Einkäufe tätigen. Rechter Hand hinter der Ovid-Statue entdeckt der heutige Besucher neben einer Reihe bildschöner römischer Grabstelen noch die Reste eines großflächigen **antiken Warenlagers** 2 (Edificiul Roman) mit allerlei Verkaufsläden. Im unteren Bereich, am dem Hafen zugewandten Hang, finden sich heute Ruinen von einem guten Dutzend großzügiger Gewölbe. Darüber spannte sich seit dem 2. und 3. Jh. n. Chr. eine Terrasse mit einem wahrscheinlich 100 × 20 m umspannenden riesigen Mosaik. Von dem sind heute im gläsernen **Mosaik-Museum** 3 direkt vor Ort um die 700 m^2 zu besichtigen – und damit eines der größten erhaltenen Mosaiken der Welt. Staunend bemerkt man, wie kräftig auch nach so langer Zeit noch die Farben der Steinchen leuchten, die zu geometrischer und vegetabiler Ornamentik zusammengesetzt wurden. Ein

Ovid und seine letzten Jahre in Tomis/Constanţa

Nachdenklich steht der ältere Herr mitten auf dem zentralen Platz der rumänischen Hafenstadt Constanţa. Die hohe Stirn in Falten gelegt, stützt er den Kopf grüblerisch in die Hand, während der Seewind ihm auch heute noch die Toga auf dem schmalen Körper zu straffen scheint. Toga? Die Rede ist vom römischen Dichter Publius Ovidius Naso, kurz Ovid, der hier nahe der Küste fast 2000 Jahre nach seiner Verbannung aus Rom bronzen auf dem Sockel steht. Piaţa Ovidiu haben die Bewohner Constanţas den weiten Platz um die Statue herum ihm zu Ehren genannt – und die zu Zeiten eines Bukarester Diktatoren offizielle Benennung Piaţa Independenţei, Platz der Unabhängigkeit, mehr oder weniger ignoriert.

Ob diesem ernsten Herrn inmitten von Blumenrabatten und vorbeifahrenden Autos das Constanţa von heute gefallen würde? Die Stadt, auf deren Flughafen in den Sommermonaten der Großteil heutiger Badetouristen landet, um an den Sandstränden der umliegenden Badeorte Sonne zu tanken. Seine, Ovids, erzwungene Anreise aus Rom im Jahre 8 n. Chr. verläuft auf jeden Fall beschwerlicher. Zwei arge Unwetter auf der Schiffsreise hierher lassen den Mittfünfziger sogar daran zweifeln, überhaupt je heil im Schwarzmeerhafen einlaufen zu können. »Ja, um uns ist's geschehn! Es ist keine Hoffnung auf Rettung. Da ich noch rede, ergießt mir sich die Woge aufs Haupt.« Und ob er dann letztlich dafür dankbar sein soll, all den Stürmen zum Trotz im damaligen Tomis angekommen zu sein? Denn ein Urlaub am feinsandigen Schwarzmeerstrand ist es wahrlich nicht, was dem berühmten Verfasser der ›Metamorphosen‹ und der ›Liebeskunst‹ hier so weit entfernt von Rom vorschwebt, wenn er anfangs klagt: »So nehm doch ein Wechsel des Orts meiner Verbannung die Qual!« Warum mußte auch Kaiser Augustus gerade ihn, den neben Vergil und Horaz anerkanntesten Dichter seiner Epoche, an diesen vergleichsweise unbedeutenden Ort schicken? Der wirkliche Grund für die Ächtung ist bis heute nicht gesichert – war es eine die Kaiserfamilie betreffende Indiskretion? Ovid hat seine Schuld übrigens nie in Frage gestellt und den Kaiser lediglich inständig (und vergeblich) um Strafmilderung gebeten. Der Vorwurf, daß sein sieben Jahre zuvor veröffentlichtes Lehrgedicht über die ›Liebeskunst‹ (›Ars Amatoria‹) die verheirateten Römerinnen zum Ehebruch hätte verleiten können, hat für einen Dichter seines Kalibers wenigstens nur als Vorwand zu gelten.

Was ist schon Tomis gegen die Weltstadt Rom? Ein Ort der *relegatio,* der Verbannung, für einen vom römischen Publikum gefeierten Musensohn. Der kann sich seine Jahre im Exil zwi-

Der Dichter Ovid (43 v. Chr.–17 n. Chr.) wurde nach Tomis/Constanţa verbannt

schen 8 und 17 n. Chr. mit seinem beträchtlichen Vermögen, dem römischen Bürgerrecht und der Erlaubnis, Gedichte zu verfassen und zu publizieren, aber recht gut versüßen. Und so macht der Geächtete aus diesen seinen letzten neun Lebensjahren in der römischen Provinz denn auch auf Anhieb das Beste: Hier schreibt er sich, vordergründig gesehen, in seinen ›Liedern der Trauer‹ (›Tristia‹) und ›Briefen vom Schwarzen Meer‹ (›Epistulae ex Ponto‹) das Leid von der Seele. Doch diese Form der Selbstbehauptung gegenüber der Exilsituation und dem Kaiser ist gleichzeitig als Poesie von höchster Qualität zu werten. Die kunstvolle Gedichtanordnung, der Wohlklang der Verse, das sprachliche Raffinement, die Eleganz des Stils und der eher spielerische Umgang mit der Pose des schmachtenden Dulders – alle diese Merkmale machen aus den Trauerliedern und -briefen ein beachtliches Stück Literatur Ovidscher Prägung.

Und wie sieht der Alltag für den Menschen Ovid in der Dobrudscha aus? Darüber sagen die knapp hundert kunstvollen Elegien der neun Bücher letztlich nur wenig aus. Sicher treibt sich der Heimwehkranke gerne am schon damals großen Hafen der Stadt Tomis herum, um die Schiffer nach dem Woher und Wohin und vor allem nach dem Neuesten aus dem geliebten Rom auszufragen: »Wer mir berichtet davon, was ich leider nicht selber gesehen, der ist ohne Verzug Gast meines Hauses und Freund.« Wenn er »allein auf dem gelben Strande dahingeht«, erträumt sich Ovid »freudige Kunde« von Frau und Freunden aus der Heimat. An »Donau's wildem Gestad«, die »leugnet, daß du, Nil, sie an Größe besiegst«, hält er sich auf. Hier erkennt der an mildere Temperaturen gewöhnte Römer staunend, daß die Donau ab und an »ihre blauen Gewässer bei dauernden Stürmen gefrieren« läßt, so daß »eingeschlossen vom Frost stehn da wie in Marmor die Schiffe«. Den Donauhafen Aegisos, heute Tulcea, besucht Ovid, bewundert, daß er gegen Feinde »durch Mauern unzugänglich beinah und durch die Lage des Orts« scheine. Auch im riesigen Delta ist der Verbannte gewesen und notiert: »Flüsse vermischen sich hier mit dem abgeschlossenen Pontus, die durch die große Zahl schwächen die Kräfte des Meers.« Die Schönheit der Natur, grünende Saat und bunte Blumen, »die auf den Fluren erblühn, ohne daß jemand sie sät«, lernt der Großstädter im Laufe der Jahre lieben und den Fleiß der Bauern schätzen, die »mit knarrenden Wagen, bespannt mit dem sarmatischen Rind« die Felder bewirtschaften.

Mit der Zeit fühlt er sich den Einwohnern von Tomis sogar regelrecht verbunden, da »ihr sogar meines Schicksals freundlich euch annahmt«. Und als Auszeichnung werden hier »mit dem geheiligten Kranz auch meine Schläfen umwunden, den die Stadt mir gereicht, ohne daß ich es gewollt«. Zumal der Dichter sich gemeinsam mit seinen Gastgebern in diesen unruhigen Zeiten mehr als einmal mit der Gefahr konfrontiert sieht, »daß an die Mauer der Feind klopft, daß seine Pfeile getränkt sind mit tödlichem Gift«. Zu guter Letzt beherrscht Ovid sogar die Sprache des Landes fließend, berichtet nach Rom über (leider nicht erhaltene) »Gedichte, die ich als nahezu getischer (also einheimischer, d. V.) Dichter mache«. Von daher würde Publius Ovidius Naso schließlich sicher nichts dagegen einzuwenden haben, daß er heute auch hier bei den Nachkommen seiner letzten Gastgeber in der Hafenstadt Tomis/ Constanţa bronzen auf dem Sockel steht.

Mosaik-Spaziergang ist also sehr zu empfehlen. Von hier aus läßt sich auch ein Blick auf die mächtigen Verladekräne des **Hafens** 4 (Portul) und auf dessen pittoreske Zufahrtsstraße Bulevardul Marinarilor werfen. Hier sieht man des öfteren, wie der Name schon sagt, Matrosen der unterschiedlichsten Nationen ins moderne Stadtzentrum spazieren. Folgte man ihnen bis zur nächsten Straßenkreuzung hoch oben am Hang, dann fände man sich fast direkt vor der unsäglichen, sozialismustypischen **Freiheitsstatue** 5 (Statuia Libertăţii) wieder, einer brutal voranstürmenden massigen Dame, die die Bevölkerung seit vielen Jahren mit beißendem Spott bedenkt.

Auf den Spuren der Römer geht es noch einmal zurück zur Piaţa Ovidiu. Dort wächst direkt hinter der Dichter-Statue ein monumentales, mit Arkaden und Turm versehenes Gebäude des Architekten Ion Mincu (1852–1912) empor, das heute als **Archäologisches Museum** 6 (Muzeul de Arheologie) genutzt wird. Wenn auch die Präsentation der Exponate mit unzureichender Beschriftung und in zum Teil zu dunklen Räumen noch einiges zu wünschen übrig läßt, so sei doch ein Museumsbesuch unbedingt empfohlen. Denn die unteren Etagen bergen Kunstschätze, die interessante Einblicke in die reiche Kulturgeschichte der Dobrudscha gewähren. Die Funde aus der Zeit von 100 000 bis 1000 v. Chr. umfassen die Stoßzähne eines Mammuts, Werkzeuge jeglicher Entwicklungsstufen, Schwerter, Tongefäße, Münzen und besonders die berühmten Tonstatuetten von Cernavoda: der ›Denker und seine Frau‹ (Gînditorul şi femeia sa) von zirka 4000 bis 3200 v. Chr. Sie sind in ihrer plastischen Ausdruckskraft fast als modern zu bezeichnen. Geto-dakische Amphoren aus den vorchristlichen Jahrhunderten sind neben zeitgleichen Friesfragmenten und Goldschmuck aus griechischen Werkstätten zu betrachten. Aus den Jahrhunderten um die Zeitenwende, als in den Küstenstädten am Schwarzen Meer noch die Traditionen späthellenistischer Kunst bewahrt wurden und sich mit dakischer und römischer Kultur verflochten, stammen Kapitelle und Öllämpchen, Büsten und Marmorstatuengruppen von außerordentlichem Wert: so etwa die Statue der Fortuna mit dem Füllhorn voller Früchte, zu deren Füßen sich Pontus, der Gott des Schwarzen Meeres, befindet. Er trägt eine Mauerkrone, die die Wehranlagen der Stadt Tomis darstellt. Eindrucksvoll ist auch die Büste einer nachdenklichen Isis in weißem Marmor (s. S. 47). Innerhalb eines Miniaturtempels sind die Frauenstatuen der doppelten Nemesis (Statuia dublei Nemesis), der Göttin der Rache und des universellen Gleichgewichts, zu bewundern. Mehrfach entdeckt man auch auf Basreliefs die Darstellung eines stürmisch reitenden Helden in wurfbereiter Haltung, den ›Thrakischen Reiter‹ (Călăreţul Trac), eine göttergleiche Gestalt aus der Mythologie der in der Region heimischen Daker (oder Thraker). Und nicht zuletzt wird den Betrachter auch die Statue der Glykon-Schlange (Şarpele mistic Glycon) faszinieren, die aus einem einzigen Marmorblock meisterhaft gearbeitet wurde. Es handelt sich um eine in Form und anatomischen Details einzigartige Gestalt in der Kunst: Die Schlange besitzt die Schnauze der Antilope, Augen, Ohren und lange Haare des Menschen, und ihr geringelter Körper endet in einem Löwenschwanz.

Eigentlich braucht man im Archäologischen Museum von Constanţa nicht mehr in die oberen Etagen aufzusteigen. Denn der dort zusammengestellte Überblick über die Kunstgeschichte der Epochen, die den Jahrhunderten römischer Herrschaft folgten, nimmt sich im Vergleich zu den Kunstschätzen unten bescheiden aus. Interessant wird es dann erst wieder im zweiten Stockwerk. Denn die bis 1989 hier gezeigte Selbstbeweihräucherung der Kommunisten hat eine repräsentative Nachfolgeausstellung gefunden.

Erst einmal richtet sich der Blick aber auf das Erbe, das von 1393 an fast 500 Jahre lang die Türken hier in der Stadt, die sie ›Küstendje‹ nannten, hinterlassen haben. Denn spaziert man zur Rechten Ovids weiter Richtung Hafen, erblickt man sofort die **Große Moschee** 7 (Moscheea mare) von Constanţa, in die zu den vom Koran festgelegten Zeiten eine ganze Reihe von Gläubigen strömt. Im maurischen Stil 1910 an Stelle einer alten Moschee errichtet, beeindruckt diese Nachbildung der Moschee im anatolischen Konya auch durch ihr großes, mit schwarzem italienischen Marmor ausgelegtes Eingangstor. Das Innere ist mit gelb-blau-rot-grünen Arabesken ausgemalt. Oben auf dem 50 m hohen Minarett aus Eisenbeton hat der Besucher einen exzellenten Rundblick aufs Meer, auf Hafen, Altstadt und im Hintergrund auf die unzähligen Blocks des modernen Constanţa. Mit dem Geld islamischer Staaten ist die Moschee seit Mitte der 90er Jahre umfassend renoviert worden.

Von Allahs Gotteshaus zu denen des christlichen Weltenlenkers: In kleinen Nebenstraßen mit alter schöner Bausubstanz finden sich nämlich sowohl die **Katholische Kirche des hl. Anton** 8 (Biserica Catolică Sf. Anton) als auch die orthodoxe **Kathedrale St. Peter und Paul** 9 (Catedrala Sf. Petru şi Pavel) aus dem 19. Jh. Letztere gefällt bei aller Monumentalität besonders wegen ihrer einfachen, nur durch gelb-weiße Schichtung strukturierten Fassade. Zum Hafen hin können gleich im Kirchgarten spätantike Ausgrabungen bestaunt werden.

Aus umliegenden Bars dringt Kaffeearoma, aus Restaurants der Duft von *Mici,* den kleinen, pikant saftigen Fleischröllchen, oder vom Dobrudscha-typischen Fleischgericht *Tochitura,* das gern mit *Mămăliga,* dem Polenta-ähnlichen

Das Casino an der Uferpromenade in Constanţa

Maisbrei, gegessen wird. Das Traditionshotel **›Palace‹** 10 lockt in der Nähe mit Super-Meerblick. Das Hotel **›Casa cu Lei‹** 11, also ›Haus der Löwen‹, welche auch steinern auf den vier Vordersäulen thronen, wartet jedoch noch auf Restauratoren.

Mehr alt als ehrwürdig ist dagegen, nur einige Gehminuten entfernt, das Interieur des meernahen **Aquariums** 12 (Acvariul ›Prof. I. Borcea‹). Doch einen Besuch bei den wahren Brocken von Donau- und Schwarzmeerfischen, die sich da hinter zerkratzten Scheiben tummeln, sollte man trotzdem nicht auslassen. Große Störe, spitzzähnige Hechte, enorme Barsche, Karpfen und Rochen sind hier wie zum Greifen nah, so daß nicht nur Kinderaugen glänzen.

Direkt vis-à-vis an der Uferpromenade fällt dem Spaziergänger dann das 1909 vom rumänischen Architekten Daniel Renard erbaute marmorne **Casino** 13 (Cazinoul) ins Auge, ein Prachtstück der Belle Epoque. Fächerförmig angelegte Fenster beherrschen die Front, der ein langer Säulengang vorgelagert ist. Treppen, Balustraden, Säulen mit Stuckverkleidung und Wände mit Marmorfriesen, alle diese Art-Nouveau-Details sind so ansehnlich, daß man sich gerne auf der Casino-Terrasse direkt am Meer zur Rast setzt. Den Blick auf Schwimmkräne und Speichergebäude des nahen Hafens gibt es gleich gratis dazu. Insbesondere an Samstagen finden sich hier bisweilen – auch das ein Augenschmaus – vielköpfige rumänische Hochzeitsgesellschaften ein, und wenn es nur zum Fototermin sein sollte. Auch das Nachtprogramm des Casinos soll sich seit kurzem wieder sehen und hören lassen können.

Vom Casino aus sei ein Bummel die mit Mosaiksteinen besetzte Uferpromenade hinauf empfohlen. Schäumend brechen sich hier an den zum Schutz ausgelegten Steinbrocken auch im Sommer ganz beachtliche Schwarzmeerwellen. Am Horizont schleichen Riesen von Tankerschiffen entlang. An windstilleren Stellen haben große und kleine Angler ihre Ruten ausgeworfen. Bald erreicht man in einer parkähnlichen Anlage eine große **Mihail-Eminescu-**

Büste 14 (Bustul lui M. Eminescu) des einheimischen Bildhauers Oscar Han (1891–1979). Darunter scheint Veronica Micle – als Statue verewigt – Wacht über die letzte Ruhe ihres Geliebten zu halten. Wenn dieser rumänische Dichterfürst (s. S. 136ff.) auch in Bukarest begraben liegt, so kann er doch hier an Constanţas Schwarzmeerküste ›das Meer noch einmal schauen«, »den Glanz der Unendlichkeit noch einmal in sich saugen«, wie er es sich, »wenn meine letzte Stunde schlägt«, in einem seiner Gedichte erhofft hatte. Unweit der Büste Eminescus entdeckt man an der Uferpromenade neben dem gewaltigen Marine-Institut ein eher zierliches altes Gebäude: Der schlanke **Genueser Leuchtturm** 15 (Farul Genovez) stammt aus dem 13. Jh. Damals war Tomis unter byzantinischer Krone längst zu Constanţa geworden. Und Genueser Händler bauten sich hier vor dem Osmaneneinfall gerade einen Landungsplatz aus.

Richtig Reisen *Tip*

Karneval am Schwarzen Meer

Meist am letzten Augustwochenende ist es in Constanţa soweit. Monatelange Vorbereitungen von Schulklassen, Vereinen, Firmengruppen oder auch des privaten Kaffeekränzchens sollen in Rumäniens Hafenstadt Nr. 1 endlich Früchte tragen: Denn ähnlich dem Karnevals- oder Fastnachtstreiben läßt man sich an diesem Wochenende in Constanţas Straßen gerne in phantasievoller Kleidung sehen. Ein Zug mit blumengeschmückten Wagen, mit Musik- und Tanzgruppen zieht sich dabei durchs Stadtzentrum. Und alles, was an der Küste Beine hat, strömt zu diesen ›Feiertagen des Meeres‹, den *Sărbătorile Mării*, bzw. dem *Carnavalul Mării*, dem ›Meereskarneval‹, auf die Straße. Man singt, man trinkt, man tanzt und lacht. Und auch der Tourist aus dem Schwarzmeer-Badeort sollte sich den abendlichen Höhepunkt des Sommerfestes nicht entgehen lassen: wenn bei Dunkelheit ein Feuerwerk die Hafengegend erhellt und wenn von den angedockten Schiffsriesen ein rhythmisches Gehupe zum Kai herüberdringt.

Weiter geht der Spaziergang durch Alt-Constanţa vorbei am Quai des **Touristenhafens ›Tomis‹** 16 (Portul Turistic ›Tomis‹), in dem Jollen, Boote und Yachten auf Seefahrer warten, eine Reihe von Treppen hoch zurück zur Altstadt. Die hier kleinen Parallelstraßen Str. Marc Aureliu, Str. Mircea cel Batrân und Str. E. Varga, die an dieser Stelle ineinander münden, beherbergten bis Anfang der 1980er Jahre einige der schönsten alten Häuser, die Constanţa aufweisen konnte: erkergeschmückte Villen, auch eine prächtige Synagoge. Die absurde Stadtplanung der letzten sozialistischen Jahre machte daraus jahrelang verödete Abrißgrundstücke, die erst ab 1995 mit modernen Mehrfamilienhäusern bebaut wurden. Einige historische Gebäude haben hier sogar noch überlebt. Der turmlosen einfachen **Griechisch Orthodoxen Kirche** 17 (Biserica Greacă) aus dem 19. Jh. wurde glücklicherweise eine Erneuerung zuteil. Auch die **Kleine Moschee** 18 (Moscheea mică) hat, wohl dank ausländischer Geldquellen, eine Renovierung erfahren. Das **Ethnographische Museum** 19 (Muzeul Etnografic) im phantasievollen Brâncoveanu-Stil steht auch noch. Es ist schon von außen einen Blick wert. Und das Gebäude des empfehlenswerten **Puppentheaters** 20 (Teatrul de Păpuşi) befindet sich ebenfalls in gutem Zustand. Dazu werden in diesen immer schon schönen Straßen dort, wo sich private Geschäftsleute und Hausbesitzer zu Investitionen bereitfinden, auch eine ganze Reihe alter Wohnhäuser wiederhergestellt. Eine private, sehr gut bestückte Buchhandlung wartet hier in einem solchen Haus schon auf

Kunden. Ein paar Sträßchen weiter haben Internet-Cafés ihre Pforten geöffnet, die insbesondere der Jugend als beliebte Treffpunkte dienen. Unweit davon verbreiten ebenso private Bäckereien mit den ihnen angeschlossenen Cafés den Duft von frischem Brot, Kaffee und Kuchen.

In einigen hübsch dekorierten Antiquitätenläden werden verschiedene Kunstgegenstände, alte Orden, Postkarten und Briefmarken angeboten – der Herr vom privaten Sicherheitsdienst steht diskret bereit. Und hier oberhalb von Touristenhafen und Strand haben sich auch eine Vielzahl von neuen, privat geführten Restaurants und Hotels mit bestem Seeblick etabliert. Constanţas vom Meer umspülte Altstadt befindet sich derzeit ganz ohne Zweifel stark im Wandel.

Von der ›Halbinsel‹ rund um die Ovid-Statue führt ein Abstecher Richtung neue Innenstadt. Nicht weit ist es zum **Städtischen Kunstmuseum** 21 (Muzeul de Artă), wo man Gemälde regionaler Künstler betrachten kann. Hinter der Kreuzung zweier Fürstenstraßen, der Str. Mircea cel Batrân und der Str. Ştefan cel Mare, liegen vor uns das **Städtische Theater und die Oper** 22 (Teatrul şi Opera) und die große **Sporthalle** 23 (Sala Sportului) mit dem bronzenen Diskuswerfer vor dem Portal. Während das Haus der Musen ein recht ausgewogenes, wenn auch nicht gerade avantgardistisches Programm bietet, geben sich im Haus des Sports seit Jahren auf internationalen Turnieren renommierte Volleyball- und Basketballmannschaften die Klinke in die Hand – wenn hier nicht gerade eines der derzeit in Rumänien so belieben Glücksspiel-Turniere über die Bühne geht. Apropos Sport: Constanţa hat z. B. mit ›Farul‹ bzw. FC Constanţa auch Topteams der ersten rumänischen Rugby- bzw. Fußball-Liga, zu besichtigen jeden Samstag bei Heimspielen im **G.-Hagi-Stadion** 24 (Stadionul G. Hagi) nicht weit von der Sporthalle Richtung Norden, Richtung Mamaia.

Folgt man an besagter Fürstenstraßen-Kreuzung der Str. Ştefan cel Mare, kann man in dieser Fußgängerzone interessante Kunst- und Modegeschäfte sowie Buchhandlungen besuchen. Mit dem **Griviţa-Markt** 25 (Piaţa Griviţei) ist das Ziel des Constanţa-Spaziergangs schließlich erreicht. Inmitten eines traditionellen Handwerker- und Künstlerviertels herrscht auf diesem zum Teil überdachten Tagesmarkt reges Leben. Lautstark preisen die Bauern Obst und Gemüse, Fleisch und Käse an. Besonders die Berge riesiger grüner, grüngestreifter und auch seltsam länglich geformter Melonen fallen ab dem Spätsommer ins Auge. Fachkundig und ausdauernd werden die Früchte von potentiellen Kunden beklopft. Hinter Häuflein von Zwiebeln, Kartoffeln und Knoblauch harren Mütterchen mit bunten Kopftüchern auf Kundschaft. Nebenan rupfen Frauen ihre frisch geschlachteten Hühner. Andere bereiten an der Wasserstelle ihr Fischangebot vor. Erste Anwärter auf die großen Stücke stehen meist schon daneben. An Blumenständen türmen sich im Spätsommer Gladiolen in allen Farben. Und dahinter sieht man Tische mit wunderlicher Produktpalette: West-Zigaretten neben Kassettenkopien, Palmolive-Seife neben Coca-Cola-Dosen – letztere heiß begehrt und seit einiger Zeit ›made in Romania‹. Etwas abseits sitzen oft Roma-Frauen inmitten ihrer Verkaufsware: selbst eingeschmolzenen Töpfen, Tiegeln und Tiegelchen. Überall wird rege über den Preis diskutiert. Denn in wirtschaftlich schweren Zeiten kann sich die Bevölkerung wirklich nicht alles leisten.

Wenn man hier auf dem Griviţa-Markt einmal genau hinschaut, dann erzählen einem die vielen Gesichter rundherum, die der Bauern und Städter, der Kinder und Erwachsenen, der Verkäufer und Käufer, die ganze lange Geschichte von Tomis-Küstendje-Constanţa. Nachfahren der Daker, Griechen und Römer und anderer Völker, die sich im Laufe der Jahrhunderte in der Dobrudscha ihr Stelldichein gaben, scheinen einen zu umringen. Slawisch hohe Wangenknochen erkennt man hier, asiatische Tatarenaugen da. Hochgewachsene Aromunen (s. S. 119ff.) weisen auf ihr Milch-, Käse- und Butterangebot hin. Dunkelhäutige Roma-Kinder hocken neben alten Männern, die auch beim Verkaufen nicht auf ihre türkische Kappe verzichten mögen. Wiederum daneben bieten äußerst hellhäutige Frauen mit langen rotblonden Haaren unter den Kopftüchern ihre Ware feil. Ob ihre Ururgroßeltern Lipovener waren, einst aus Rußland hierher flüchteten? Die Dobrudscha ist ein Schmelztiegel der Völker. Nirgends wird das für den Besucher so offensichtlich wie beim Marktbummel in der größten Stadt der Region: Constanţa.

Adamclisi – Ein römischer Wink mit dem Zaunpfahl

»Adamclisi? Nie gehört.« So wird sicher auch heute noch mancher Sonnenanbeter an Rumäniens Riviera prompt reagieren. Zumal der Name dieses Ortes in der Dobrudscha-Region so ganz und gar nicht rumänisch klingt und auch im Lande selbst leider noch wenig Öffentlichkeitsarbeit für dieses küstennahe Ausflugsziel geleistet wird. Und doch sollte man von der Hafenstadt Constanţa oder den Schwarzmeer-Badeorten aus unbedingt einmal zum nahen Adamclisi und seinem 1977 wiedererrichteten Monumentalbau ›Tropaion Traiani‹ starten. Die nur eineinhalb Stunden dauernde abwechslungsreiche Autofahrt führt auf der DN3 von Constanţa aus Richtung Südwesten über Basarabi, Cobadin und Pietreni. Auf der mit weißgetünchten Alleebäumen gesäumten Straße rauschen kilometerlang Sonnenblumen- und Maisfelder vorbei. Mit auf der Fahrbahn befinden sich meist auch LKWs und qualmende Busse. In die bescheidenen Personenwagen haben sich häufig ganz erstaunlich viele Insassen gezwängt.

Auf die dörfliche Kleingartenidylle bei Valu lui Traian folgt an den Knotenpunkten der Straßen nach 19 km bei **Basarabi** **1** (S. 263) die Monotonie städtischer Häuserblocks. Das Agroindustriestädtchen mit seinen inzwischen 11 000 Einwohnern ist weniger wegen seines neuen Hafens am Donau-Schwarzmeerkanal bekannt, der noch kaum genutzt wird. Basarabi besitzt zwei andere ›Highlights‹. In einem alten Kreidebruch im Hügel Tibisir wurde eine klösterliche Höhlensiedlung (Mănăstirile Basarabi) aus dem 9. bis 10. Jh. entdeckt: Zwei Kirchen mit Basilika-Grundriß und reichen Wandgravuren, zwei Kapellen, sechs Grab- bzw. Wohnungsgewölbe im Gestein und Verbindungsgänge. Sie zeigen griechische und slawonische Inschriften sowie eine Wandmalerei aus dem Jahr 992. Das zweite ›Highlight‹ von Basarabi

Nach Adamclisi und entlang dem Donau-Schwarzmeerkanal

kündigt sich an der Ortsausfahrt an, wo den Touristen Schilder zur Weinprobe auf dem auch international geschätzten **Weingut Murfatlar** 2 (Via Murfatlar) einladen. Die Hauptrebsorten Pinot gris, Chardonnay, italienischer Riesling und Muskateller Ottonel werden hier in Basarabi gekeltert. Und die Murfatlar-Weiß- und -Rotweine, die man auch in Deutschland kaufen kann, sind als alkoholreich, geschmacklich angenehm und mit einer hervorragenden Blume versehen bekannt. Übrigens, auch in Rumänien wird inzwischen ein trockener Tropfen bevorzugt.

Weiter geht es die restlichen 44 km nach Adamclisi. Man entdeckt zahlreiche Pferdegefährte und Eselswagen auf der Straße. Nicht selten bringen riesige Schafherden nebst Schäfer den Verkehr wie selbstverständlich für ein Viertelstündchen zum Erliegen. Die Zeit läßt sich zum Fotografieren nutzen. Kinder und Hunde verlegen in Ortschaften ihre Spielwiese auch ab und zu einmal auf den Fahrstreifen. Da heißt es aufpassen und das Tempo drosseln. Am Straßenrand neigen sich im August Tausende von leuchtend gelben Sonnenblumenköpfen im Wind. Nach heißen Sommern bietet sich das gleiche, aber jetzt fast makabere Schauspiel mit wie verkohlt wirkenden ausgereiften Blütenköpfen. In Dörfern mit klingenden Namen wie Ciocîrlia, Cobadin oder Pietreni ranken sich überall schattenspendende Weinreben zwischen den Dobrudscha-typischen kleinen weißen Häusern hoch. Seit Anfang der 1990er Jahre nutzen viele Bauern die neue Freiheit, eigene Kühe oder Ziegen zu halten und sie bei jeder noch so kleinen Grasfläche anzubinden. So leidet zumindest die Dorfbevölkerung Rumäniens nicht an Nahrungsmangel.

Dann aber taucht am Horizont auf einer alles überragenden Anhöhe plötzlich dieser einsame helle Bau auf. Den könnte man, noch damit beschäftigt, keinen der frei umherlaufenden Hunde zu streifen, erst einmal für eine riesige Kirche halten. Wobei man, nachträglich mit der Meinung vieler Generationen hier Ansässiger verglichen, gar nicht so sehr danebengetippt hätte. Im 19. Jh. war nämlich den damals türkischstämmigen Anwohnern des nahen Ortes die Geschichte dieses Monuments noch völlig unbekannt. Nach dem Eindruck, den die vorhandenen Ruinen auf sie machten, schlossen sie auf eine frühere Kirche, die sie türkisch ›Adam-Kilisse‹, also ›Kirche des Menschen‹, nannten. Und sie leiteten aus diesem Fehlschluß auch gleich den Namen ihres Dorfes ab: **Adamclisi** **3** (S. 259). Doch zur Ortschaft selbst macht man sich hier nun sicher nicht zuallererst auf. Ein Abbieger führt nämlich hinter Pietreni direkt auf eine Allee, die dann schnurgerade auf den kalksteinhellen Monumentalbau hinstrebt.

Wie der gewaltige Rundbau da am Endpunkt der mit Rosenbeeten begrenzten Allee in die Höhe wächst, das mag manchen Besucher, architektonisch gesehen, an die berühmte Engelsburg in Rom erinnern. Ist ›Adam-Kilisse‹ also keine Kirche, sondern ein Mausoleum wie das besagte römische des Kaisers Hadrian? Eine Grabstätte mit festungsartigem Sockelgeschoß und gestuftem Postament, das in einer Kolossalstatue gipfelt? Aber welcher der Cäsaren sollte schon auf die Idee gekommen sein, sich hier in der römischen Provinz an der Unteren Donau in einem fries- und pilastergeschmückten Rundbau beerdigen zu lassen? Des Rätsels Lösung: Es handelt sich bei diesem mit genau behauenen, massiven Quadern errichteten Bauwerk um eines der bedeutendsten Staatsmonumente des Römischen Reiches, das Kaiser Trajan 109 n. Chr. hier in der Provinz Moesia Inferior errichten ließ. Und zwar thematisch gesehen als Vorläufer der berühmten Trajanssäule von Rom. Da hatte man ja 113 n. Chr. auf Reliefbändern gleichfalls den schwererkämpften Sieg der Römer gegen das Dakervolk festgehalten. ›Adams Kirche‹ ist also Trajans Manifestation des Erfolgs direkt am Kriegsschauplatz. Dieses Tropaion Traiani stellt **Trajans Siegesmonument** größten Ausmaßes mit Treppenbasis, Rundsockel, konischem Dach und statuenbestandenem Oberbau dar: sozusagen ein Wink mit dem Zaunpfahl an die zur Zeitenwende unterlegenen Daker.

Beim Rundgang um das 30 m im Durchmesser große Siegesmal des Kaisers, unter dem das Römische Reich seine weiteste Ausdehnung überhaupt erkämpfte, dokumentiert der Figurenfries in Blickhöhe ganz den römischen Triumph. Oder sollte man besser sagen: Die 54 bis zu 1,5 m hohen Reliefs (Reliefuri) erzählen die Leidensgeschichte eines nach langen Jahren des Widerstands niedergezwungenen Volkes? Da sieht man, wie die beiden vergleichs-

Das rekonstruierte Siegesmonument des römischen Kaisers Trajan in Adamclisi

weise schlecht gerüsteten dakischen Krieger mit freien Oberkörpern dem schwergewappneten römischen Legionär nichts entgegenzusetzen haben. Da sinken erstochene oder gerade geköpfte Dakersoldaten mitleiderregend zu Boden. Da werden auf Ochsenkarren fliehende Dakerfamilien erbarmungslos niedergemacht. Ein leider bis heute weltweit aktuelles Thema: die Schrekken des Krieges pur.

Wobei die römischen Sieger auf diesen Reliefs von Adamclisi natürlich auch Schönfärberei betrieben. Denn so problemlos waren ja die jahrzehntelangen Auseinandersetzungen Roms mit den angriffslustigen Dakern, einem Teilvolk der indoeuropäischen Thraker, in Wirklichkeit nicht gewesen. Und es unterlag der damaligen Weltmacht hier auch kein kulturloses ›Barbarenvolk‹. Die sorgsam gekleideten und frisierten dakischen Männer, Frauen und Kinder auf einer Reihe von Reliefs am wiedererrichteten Siegesmal, die hier gezeigte Fülle an Tieren und Erntegut erzählen auch dem heutigen Besucher Adamclisis von einem reichen Volk. Schon durch die bedeutenden Hafenstädte Tomis, Istros und Callatis stand es in naher Verbindung mit Griechenland und hatte zudem ein für die sogenannte barbarische Welt hohes Niveau in der Kunst, der Botanik, der Medizin und der Astronomie aufzuweisen.

Ein Wärter öffnet für Neugierige gerne eine Pforte am Monument. Mutige klettern die dahinter sichtbare Eisentreppe hoch ins Dunkle. Spätestens hier beginnt das Abenteuer, sich zwischen nachgebauter Außenwand und originalem Mauerkern vorwärtszutasten. Aber als Belohnung der Kletterpartie winkt ja ein Rundgang auf halber Höhe des trajanischen Siegesmals. Und das muß man zugeben, der Ausblick ist herrlich: auf die Mauerreste eines schon 102/103 errichteten Grabmals für Legionäre (Monumentul Legionarilor), die in den Dakerkämpfen fielen. Wo jetzt Traktoren über die Felder rattern, soll sich ein dazugehörendes Mausoleum (Mauzoleu) befunden haben. Im Tal lassen sich das Schlachtfeld des entscheidenden römisch-dakischen Kampfes sowie die Reste einer Stadt orten, die hier nach der Romanisierung im Jahr 116 gegründet wurde. Bis zum 7. Jh. war diese Burganlage (Cetatea) Tropaion Traiani nach schweren Angriffen durchziehender Slawen noch bewohnt, wie Ausgrabungen gezeigt haben. Auf einem Spaziergang lassen sich heute einige Ruinen von Ringmauern, Türmen, Straßen und mehreren Basiliken aufspüren.

Vielleicht erzählt der mitteilsame Tropaion-Wärter dem Besucher ja hier oben eine Legende neueren Datums. Das Thema: wie die rumänischen Archäologen in den 1970er Jahren an die Genehmigung des Bukarester ›Führers‹ für den Wiederaufbau des Monuments und die Unterbringung der Originale in einem Museum kamen. Des Diktators Interesse an Geschichtlichem *vor* der eigenen Ära war ja im Land als weniger lebhaft bekannt. Nichtsdestotrotz gelang es, den *Conducator* schließlich höchstpersönlich zur Einweihung des neuen Tropaion einfliegen zu lassen. Man mußte also wahrlich in die Trickkiste gegriffen haben.

Von der Übergabe des Originalmonuments runde 1900 Jahre zuvor existieren dagegen leider keine Augenzeugenberichte. Sicher ist, wie es dem Besucher die vom Rundgang aus gut lesbare Inschrift (Înscripţie) oberhalb des Schuppendachs erklärt, daß das Siegesmal im Namen des Römerkaisers Marcus Ulpius Traianus erbaut wurde. Den Kopf im Nacken, sieht man hier von halber Höhe aus schließlich auch hinauf zur riesigen Trophäe (Trofeul). Eine Art Stumpf mit Panzer, Schilden und Helm symbolisiert, ganze 9 m hoch, den erfolgreichen römischen Soldaten. Zu Füßen dieser kolossalen, gesichtslosen Statue kauern zwei gefangene Dakerfrauen, und ein dakischer Mann steht gefesselt dazwischen. Das gesamte ideologische Programm Trajans erscheint hier hoch oben und, weil zweiseitig angebracht, von allen Richtungen erkennbar, auch für den Begriffsstutzigsten auf einen Nenner gebracht.

Daß die Sieger von 105/106 ganze Arbeit leisteten, das dämmert einem spätestens vor den Originalen im modernen **Museum** (Muzeul) von Adamclisi, das per PKW vom Monument aus auf der DN 3 in ein paar Minuten zu erreichen ist. (Am besten hat man sich vor der Weiterfahrt im Tropaion-nahen Restaurant schon gestärkt). Denn im Museum sieht man sich nun auch Auge in Auge mit den erstaunlich gut erhaltenen Gefangenenfiguren (Statuia prizonierilor), deren Kopien am Monument selbst hoch oben von der Zinne herabschauten. Welche Erniedrigung muß es wohl für die verbliebenen Daker gewesen sein, am Ort ihrer größten Schlacht mit dem übermächtigen Gegner tagtäglich sozusagen in den Spiegel schauen zu müssen. Mit gefesselten Händen standen sie da in Stein gehauen. An ihren seitlich geschlitzten Kitteln über engen Hosen, an den flach aufliegenden Kappen, an den üppigen Vollbärten oder dem Nodus, dem seitlich getragenen Haarknoten, waren sie überdeutlich als Daker bzw. als Vertreter verbündeter Völker wie zum Beispiel der Germanen auszumachen. Was sie erwartete, waren die Umsiedlung, die Unterwerfung unter die römischen Siedler und der Verlust wenn nicht ihres Lebens, so doch zum Teil ihrer Sprache und ihrer kulturellen Eigenart. Oder positiver formuliert: In den zirka 170 Jahren als römische Provinz ist in diesem fruchtbaren Gebiet eine dako-römische Sprach- und Kulturgemeinschaft entstanden, in der sich alte dakische Traditionen langsam mit den neuen Einflüssen der Eroberer verbanden. Während der westeuropäische Besucher vor den Originalreliefs und -statuen Parallelen zum Schicksal der eigenen Vorfahren zieht, trifft ihn hier im lichtdurchfluteten Museum der unergründliche Blick einer steinernen Meduse (Meduza), die wohl einmal einen Schild der Trophäe schmückte.

Wie wenig scheint sich in diesem kleinen rumänischen Ort Adamclisi doch in den vergangenen Jahrzehnten getan zu haben, hat man sich schon bei der kurzen Anfahrt vom Siegesmal zum Museum gefragt. Kleine Häuser, Gärten, Kirche, Postamt – und beinahe unerwartet jener schmucke Museumsbau, der einige der wertvollsten Kunstschätze des Landes in sich birgt: Originalplastiken und -reliefs, die, höchstwahrscheinlich von dakischen Steinmetzen, einst in einer Symbiose römischer und dakischer Kunsttraditon entstanden. Das Leben in Adamclisi jedoch scheint an diesen kulturellen Sehenswürdigkeiten noch weitgehend vorbeizugehen. Draußen vor dem neuen Wandmosaik zu Ehren des Dakerkönigs Decebal und des Römerkaisers Trajan kann man Kleinkinder inmitten rosiger Dorfschweine ihre Runden drehen sehen. Bei der Rückfahrt zur Küste ertappt man sich dann vielleicht beim Grübeln: über griechische Seefahrer, dakische Siedler, römische Legionäre, slawische Eindringlinge oder ehemals türkischstämmige Dorfbewohner, über ein Mosaik aus den vielfältigsten kulturellen und ethnischen Einflüssen, die gerade hier im rumänischen Schwarzmeergebiet im Laufe der Jahrhunderte aufeinandertrafen.

Wer von Adamclisi aus auf der DN 3 noch weiter nach Westen Richtung Călăraşi fährt, kann noch andere Spuren der Geschichte entdecken. Nach ca. 60 km erreicht man über **Corvin,** wo bei der nach 1939 wieder genutzten **Höhlenkirche von Sfântu Andrei** ein Andreas-Kloster heranwächst, und Băneasa **Ostrov** 4 nahe der bulgarischen Grenze. Hier haben Archäologen reichverzierte römische Helme sowie Steinmetzarbeiten, z. B. einen Thrakischen Reiter, gefunden. Reste einer Festung, die 971 bis 976 der byzantinische Kaiserhof bauen ließ, kann man ein paar Kilometer westlich von Ostrov auf der Donauinsel Pacuiu lui Soare besichtigen. Mauer- und Turmruinen, sogar noch Eichenbalkenreste zur Befestigung haben am Donauufer ca. 10 km vor der 76 000-Einwohner-Stadt **Călăraşi** 5 (S. 269) die Jahrhunderte überlebt (Fähre benutzen! Vorsicht vor verwirrendem Grenzverlauf zu Bulgarien!).

Mamaia, Neptun und die anderen – Ferienorte an der rumänischen Riviera

Reich an Pluspunkten der natürlichen Art sind die südlichen 70 der 245 km langen rumänischen Schwarzmeerküste. Das mildwarme Klima garantiert einen sonnenreichen, regenarmen und langen Badesommer. Die bis zu 250 m breiten Sandstrände werden von viel Grün gesäumt. Der ebenfalls sandige Meeresboden fällt ganz flach ab. Es gibt bei keinem der Seebäder gefährliche Strömungen zu befürchten. Und die in den Sommermonaten warme See kennt fast keine Gezeiten. Das alles sind ideale Voraussetzungen für den Badeurlaub der gesamten Familie. Und dann gibt es ja auch noch weitere natürliche Ressourcen, die Rumäniens Ferienorte nutzen können: die Sapropelschlamm- und Heilwasservorkommen aus den meernahen Seen, die zur Kurbehandlung bei Rheumatismus, Bandscheibenleiden, Hautkrankheiten und Bronchitis bestens geeignet sind. So findet sich neben den Reisenden mit Kindern seit vielen Jahren eine Stammkundschaft an Kurgästen auch aus westlichen Ländern in rumänischen Badeorten ein.

Wobei zugegeben werden muß, daß die Zahl gerade der deutschen Touristen an Rumäniens Riviera doch seit Mitte der 80er Jahre im Vergleich zu den ›goldenen‹ 70ern stetig sank, um sich erst nach 1993 wieder zu erholen. Das Trauma Ceauşescu hatte wohl auch über dessen Ableben hinaus erst einmal in den Köpfen vieler Westeuropäer weiterexistiert. Seither ist es im Bukarester Tourismusministerium darum gegangen, verlorenen Boden möglichst schnell wieder gutzumachen. Dem Niveau der natürlichen Gegebenheiten an der Küste ist in den Badeorten inzwischen weitgehend auch das der Infrastruktur angepaßt worden. Straßen wurden erneuert. Touristenbusse, Taxis und Züge sind einer Generalüberholung unterworfen oder ganz ausgewechselt worden. Das Warenangebot der Geschäfte in Städten und Ferienorten hat inzwischen Westformat.

Durch Joint-ventures mit westlichen Firmen oder aus eigener Kraft entstehen jede Saison mehr empfehlenswerte, schicke Restaurants und Strandcafés, in denen neben französischen, englischen, deutschen und skandinavischen Gästen auch (betuchte) Rumänen der Musik internationaler Hitparaden lauschen. An den Stränden werden in Hotelnähe komfortable Liegestühle und bunte Sonnenschirme *made in West* flink gegen eine für uns geringe Gebühr zur Verfügung gestellt. Durch Renovierungen ist auch der Zustand der Hotels, die diskret vom privaten Sicherheitsdienst bewacht werden, spürbar verbessert worden. Die vormals nur staatlichen Häuser sind mittlerweile fast alle an Privateigentümer übergegangen.

Seit dem Jahr 2002 sehen nun auch die deutschen Pauschalreiseveranstalter wieder ›Land‹ an Rumäniens Meeresstränden. Das alles bringt natürlich auch beklagenswerte Begleitumstände mit sich. Die Masse der Neppangebote beginnt den ursprünglichen Charme der Küste zu beeinträchtigen. Wie vielerorts ist das auch hier der Preis dafür, daß sich Badeorte allzu schnell im Aufwind befinden.

Wie Perlen einer Kette liegen die See- und Kurbäder an den nach Osten ausge-

Richtig Reisen
Tip

Die Ana-Aslan-Erfolgstory

Kaum ein Kurgast in den rumänischen Seebädern, der nicht auf den Namen dieser Dame treffen würde. Aber auch kaum ein hierzulande an gesundem Älterwerden Interessierter, der nicht mit Therapieformen in Berührung käme, die nach dieser Frau benannt werden. Die Rede ist vom Phänomen Ana Aslan, das sich auch gut 20 Jahre nach dem Tod der Namensgeberin immer noch als Erfolgsstory liest. Da hatte im Nachkriegs-Rumänien diese pfiffige Ärztin die Idee, aus einem simplen Betäubungsmittel eine Medikamentenreihe zu entwickeln, die Körperzellen jung zu halten versprach. Die Schulmedizin war skeptisch. Die Krankenkassen bezahlen bis heute in der Regel nicht die Kosten für die weltweit bekannten Anti-Aging-Mittel. Doch die Kunden reagierten begeistert. 1971 sprang für die Grande Dame aus Bukarest sogar ein deutsches Bundesverdienstkreuz heraus. Und auch die Promis schwörten bald auf Ana Aslan: von Marlene Dietrich bis Charles de Gaulle.

richteten rumänischen Sandstränden rund um Constanţa aufgereiht. Beginnen wir mit dem traditionsreichsten Badeort des *Litoral,* mit **Mamaia** 6 (S. 280). Er liegt nur ein paar Kilometer nördlich von Constanţas Stadtzentrum auf einer Nehrung zwischen dem Meer und dem Süßwassersee Siutghiol. Mamaia scheint, und das sahen schon die ›Neckermänner‹ der 60er und 70er Jahre so, für den Familienurlaub wie geschaffen zu sein. Nirgendwo in Rumänien ist der Strand so feinsandig, so lang (nämlich 10 km) und so breit (zwischen 50 und 250 m). Hier sind, besonders im Norden Mamaias, Volleyballnetze und Kinderspielplätze hergerichtet. Fast ohne Autoverkehr wird der Bereich älterer Hotels im Süden mit dem neuerer, luxuriöserer Hotelbauten im Norden durch eine breite Promenade verbunden, die Pferdekutschen, geliehene Fahrräder und eine Bimmelbahn befahren. Hier machen Strandcafés und Fastfood-Buden gute Geschäfte. Ein weiter Campingbereich schließt sich ganz im Norden an. Innerhalb der großzügigen Grünanlagen kann Tennis, Basketball und Minigolf gespielt werden. Pferde werden für den Strandritt vermietet. Surfer, Tretboot-, Motorboot- und Wasserskifahrer kommen am Meer oder am gegenüberliegenden Süßwassersee auf ihre Kosten. Am Abend sorgen unter Palmen Freilichtbühnen und inzwischen wieder zahlreiche Diskotheken, Bars und Nachtklubs für Unterhaltung. Mamaia ist in den letzten Jahren ein empfehlenswerter Ferienort geworden.

Die anderen Seebäder Rumäniens sind, von der (Flug-)Hafenstadt Constanţa aus gesehen, auf der E 87 bzw. einige auch per Zug in südlicher Richtung nacheinander anzufahren. Nachdem man bei Agigea den Donau-Schwarzmeerkanal überquert hat, erreicht man die Kurbäder **Eforie Nord** und **Eforie Süd** 7 (Sud, S. 276), die auf einer Seite vom Meer, auf der anderen vom heilenden Wasser des Techirghiol-Sees umgeben sind. Beide sind auch Eisenbahnstationen. Um die bekannten, jedoch z. Zt. noch renovierungsbedürftigen Kurhotels herum begrüßen sich hier jede Saison aufs neue die unternehmungslustigen und auf (Schlamm-)Bäder und Gerovitalkur eingeschworenen Senioren aus dem In- und Ausland. Oder man trifft sich, ganz mit tiefschwarzem Sapropel-Heilschlamm bedeckt, am goldgelben Strand. Reizvoll für Spaziergänge ist um Eforie Nord und Süd herum besonders die waldreiche Parklandschaft.

Als nahes Ausflugsziel bietet sich die Stadt **Techirghiol** 8 (S. 295) am Nordwestufer des gleichnamigen, sehr salzhaltigen Sees an, in der man schon zur Wende des 19. Jh. Sanatorien und Kureinrichtungen anlegte. Hier findet man noch ein schmuckes Kloster und eine kleine dunkle Holzkirche aus dem 18. Jh., die ursprünglich aus dem waldreichen Norden Transsilvaniens stammt. Der nächste Halt nach Eforie per Auto auf der E 87 sowie per Zug ist nach 10 km, wenn man Tuzla passiert hat, **Costineşti** 9 (S. 273). Hier sind seit Jahrzehnten im Sommer besonders Studenten und junge Leute unter 30 Jahren anzutreffen. Umgeben von viel Natur finden sich in kleinen Ferienhäusern und auf dem Campingplatz zweckmäßige Unterkünfte ohne großen Komfort. Fast-Food-Restaurants und Discos sind wie Pilze aus dem Boden geschossen.

Weiter geht es Richtung Süden nach **Neptun** und **Olimp** 10 (S. 282f.), den von deutschen Reiseveranstaltern derzeit am intensivsten beworbenen rumänischen Ferienzielen. Einst im Sozialismus Ferienoasen der privilegierten ›oberen‹ Schicht, können diese bestausgestatteten See- und Kurbäder Rumäniens auch heute wieder mit guten Urlaubsmöglichkeiten aufwarten. Hinter dem Strand und den kleinen Seen, die Boots- und Wasserskifahrer bzw. Segler nutzen, erwarten den Gast in Neptun inmitten eines Laubwaldes einige anspruchsvollere Hotels und Restaurants. Dazu kommen ein Extra-Kurhotel mit Kurklinik und qualifiziertem medizinischen Personal, Sommertheater, Vergnügungspark, Bowling-, Minigolf- und andere Sportangebote. Direkt am langen Strand sind im ein wenig nördlicheren Olimp die vielstöckigen modernen Hotels aufgereiht. Auf Neptun folgen nach ein paar Kilometern in südlicher Richtung die Urlaubsorte **Jupiter, Cap Aurora, Venus** und **Saturn** 11 (S. 280 270, 298 u. 288), zu denen der Zugfahrer von den Bahnstationen Neptun oder Mangalia aus gelangen kann. Die Strände sind hier kleiner, aber genauso fein wie im Norden. Die Hotels und Ferienhäuser liegen in diesen (wie auch Neptun und Olimp) zur Stadt Mangalia gezählten Badeorten aber etwas dichter beieinander. Doch sie heben sich durch ihre phantasievollere Bauweise meist wohltuend vom langweiligen Hochhausstil à la Olimp ab. Für zahlreiche (Wasser-) Sport- und Unterhaltungsmöglichkeiten ist inzwischen gesorgt.

Kommen wir zur südöstlichsten Küstenstadt Rumäniens, zu **Mangalia** 12 (S. 281), der Endstation der Bahnlinie von (Bukarest –) Constanţa aus. Im 6. Jh. wurde es von griechischen Kolonisten als Handelshafen Callatis, der ›Schöne‹, gegründet, dem bis in die Völkerwanderungszeit hinein ein blühendes Leben vergönnt war. Unter den Genuesen ge-

An der Schwarzmeerküste bei Mamaia – weißer Sand, soweit das Auge reicht

langte die Siedlung im 13. Jh. zu neuem Ruhm, bevor sie ab dem 14. Jh., nun Pangale genannt, unter den Türken an wirtschaftlicher Bedeutung verlor. Die Bezeichnung Mangalia erschien übrigens erstmals Ende des 16. Jh. Callatis-Pangale-Mangalia ist heute Seehafen und Standort wichtiger Schiffswerften, der Textil- und Lebensmittelindustrie sowie ein Seebad mit Sandstrand und Hotels sowie Kureinrichtungen. Die 44 000-Einwohner-Stadt mit ihren vielen schmucklos modernen Blocks erscheint eigentlich auf den ersten Blick nicht unbedingt eine Reise wert, wäre da nicht das kleine Archäologische Museum (Muzeul Arheologic), das sich besonders der hellenistischen Epoche von Callatis widmet. Unter freiem Himmel sind hier auch Mauerreste einer antiken Burg und Säulen mit reichverzierten Kapitellen zu besichtigen. An die osmanischen Jahrhunderte erinnert noch heute die mehrfach restaurierte Sultan-Esmahan-Moschee (Geamia Esmahan Sultan) aus dem Jahr 1590, deren fragiles Minarett sich innerhalb des modernen Stadtbilds fremd ausnimmt. Der sich der Moschee anschließende muslimische Friedhof mit seinen steinernen Turbanen auf den Gräbern wirkt inzwischen reichlich erneuerungsbedürftig. Die meisten Türkischstämmigen sind schon Anfang des 20. Jh. weiter nach Süden bzw. nach Bulgarien ausgewandert.

Die Küstenfahrt an der ›rumänischen Riviera‹ entlang findet hier in Mangalia ihr Ende. Sind es doch bis zur bulgarischen Grenze beim Ort **Vama Veche** 13, was übersetzt ›alter Zollpunkt‹ heißt, nur noch 8 km. Aber wie man mit bloßem Auge sehen kann, setzt sich die landschaftliche Schönheit der Badeküste auch in der Süd-Dobrudscha unvermindert fort: Bulgariens ›Gold-‹ und ›Sonnenstrände‹ sind nicht mehr weit.

Hansi Schmidt oder der verzögerte Sprungwurf

Eigentlich kann es der Badegast an Rumäniens Schwarzmeerküste schon am Strand in der Sonne liegend ahnen: Wenn vor ihm am Ufersaum plötzlich einige Dutzend hochbeiniger, sehniger junger Frauen vorbeijoggen, ist Basketball-time. Wenn in ganzen Gruppen gedrungene junge Männer im Morgengrauen am Strand ihre muskulösen Körper dehnen, dann dürften Ringertage angesagt sein. Die Sporthalle von Constanţa (Sala Sportului) am Bulevard Tomis nahe Mamaia ist nämlich alljährlich in den Sommermonaten Austragungsort einiger international erstaunlich gut besetzter Ballsport-, Box- und Ringerturniere. Der Cupa Litoral, der ›Cup der Küste‹, wird nach jeweils spannenden Spielen bzw. Kämpfen vergeben. Und auch westeuropäische Fans können Aha-Erlebnisse haben: wenn etwa plötzlich und unerwartet die heimische Basketball- oder Volleyballmannschaft auf dem Spielfeld einläuft.

Dabei sind gerade im Handball die Bande zwischen rumänischem und deutschem Sport auch abseits der regelmäßigen Turnierbegegnungen seit langem viel enger geknüpft, als das die meisten Sportinteressierten ahnen. Das 2003 erschienene Buch ›Handball-Geschichte(n)‹ des Journalisten Johann Steiner arbeitet nämlich anhand einer ganzen Reihe von Sportlerbiographien heraus, wie wichtig über die Jahrzehnte hinweg gerade der Beitrag der Handballkünstler aus den Reihen der Deutschen in Rumänien, der Banater Schwaben und Siebenbürger Sachsen, am Triumphzug des rumänischen Handballs gewesen ist. »Ohne diese Spielerinnen und Spieler wären die insgesamt sieben Weltmeistertitel und die Olympiamedaillen, die Rumänien im Laufe der Jahre für sich verbuchen konnte, nie zu gewinnen gewesen«, recherchierte Steiner. Aber er schließt auch eine andere frappierende Folgerung an: Mancher Titelgewinn innerhalb des Deutschen Handballbunds in den sechziger und siebziger Jahren sei genau ohne Ausnahmeathleten wie etwa den im Banater Marienfeld geborenen Hansi Schmidt ebenso wenig gelungen.

Dieser Hans-Günther Schmidt, den jeder in seinen Gummersbacher Glanzjahren nur liebevoll ›Hansi‹ nannte, dieser 1,96 m große Hüne hatte in seinen Sportlerjahren in Rumänien mit dem Spitzenverein Steaua Bukarest schon so einiges an Pokalen abgeräumt. »Ich hatte das Glück, bei Steaua auf der Königsposition spielen zu dürfen«, blickt er heute zurück. Das heißt, der Mann, den man später ›den Beckenbauer des deutschen Handballs‹ nannte, brachte auch in den Hallen Rumäniens die Torsteher mit seinem legendären verzögerten Sprungwurf zur schieren Verzweiflung. 18 Mal spielte er in der rumäni-

›Mister Europapokal‹ Hansi Schmidt

schen Nationalmannschaft auf. 1963 wagte der 21jährige auf Deutschlandtournee mit der rumänischen Studentenauswahl die Flucht aus der Mannschaftsunterkunft. Das hieß endlich politische Freiheit für ihn, aber auch Neubeginn und anfängliche Trennung von der Familie. In Gummersbach beim späteren deutschen Spitzenverein VfL bot man ihm eine neue Chance, eine neue Heimat. Und Hansi Schmidt, das Kraftpaket und Schreckgespenst aller gegnerischen Teams, revanchierte sich nach Kräften.

Viermal errang der Verein dank seiner gefürchteten Rückraumtreffer den Europapokal der Landesmeister. Mit 338 Toren in 53 Cupspielen avancierte er sogar zum ›Mister Europapokal‹. Siebenmal gab es als Lohn den deutschen Meistertitel. Achtmal schrieb sich Schmidt in die Liste der Bundesliga-Torschützenkönige ein. Und 98mal streifte der Mann, der aus dem rumänischen Banat kam, auch das deutsche Nationaltrikot über. Mit ganzen 484 dort erzielten Treffern nimmt er bis heute einen Spitzenplatz in der ewigen Torschützenliste ein. Um aber noch einmal auf die – durch Deutsche in und aus Rumänien – so engen Beziehungen zwischen Deutschland und Rumänien in Sachen Handballsport zurückzukommen. Originalton Hansi Schmidt in Johann Steiners Buch: »Ich denke, daß ich einen Teil der guten rumänischen Handballschule in den deutschen Handballsport eingebracht habe.«

Entlang dem Donau-Schwarzmeerkanal

Wer immer sich von Constanţa bzw. den Badeorten aus auf den Weg Richtung Westen nach Bukarest macht, der bekommt ihn zu Gesicht: den im Jahr 1984 fertiggestellten Donau-Schwarzmeerkanal (Canalul Dunăre-Marea Neagră) zwischen Cernavoda und Agigea bzw. Năvodari. Vom Flugzeug aus beim Anflug auf Constanţa-Mihail Kogălniceanu sieht man eine auffallend gerade Wasserstraße ihren Weg durch die hier meist flache Dobrudscha bahnen. Auf der Nationalstraße DN 22C Richtung Feteşti und Bukarest sowie per Zug auf der gleichen Strecke fährt man von Basarabi bis zur Grenze zwischen der Dobrudscha und der Walachei, bis zum Niederungsgebiet der Unteren Donau, fast ständig am Lauf dieses Kanals entlang.

Werfen wir also einen Blick in die Geschichte dieses Großprojekts: Im Zusammenhang mit dem Bau des Rhein-Main-Donau-Kanals sollte Europas modernste Wasserstraße entstehen und dem Schiffer die freie Fahrt vom Schwarzen Meer bis zur Nordsee ermöglichen. Schon in den 50er Jahren mußten zahlreiche rumänische Anti-Kommunisten, darunter viele Intellektuelle, in den Sümpfen der Dobrudscha bei der Entwässerung arbeiten. Etliche kamen dabei ums Leben. Dann ruhte das Projekt, bis sich ab 1975 die kommunistische Parteispitze in Bukarest den Weiterbau des direkten Schiffahrtswegs zwischen Donau und Schwarzem Meer zum vorrangigen Ziel machte. Mochten die hierfür nötigen Ausgaben gerade in dem bald herabgewirtschafteten Staat auch ins Unsägliche steigen. Mochten die gebrauchten technischen Hilfsmittel, Maschinen und Lastfahrzeuge jeglicher Art auch in der Landwirtschaft Rumäniens schmerzlich vermißt werden – die ›Chefsache‹ Kanal wurde durchgezogen. Und von den Leiden der Soldaten, die in den heißen Dobrudscha-Sommern Sumpfgebiete trockenlegen mußten, sowie von der Erbitterung der Bevölkerung, die sich zum Teil gegen die erzwungene Umsiedlung stemmte, durfte im Land nicht gesprochen, geschweige denn geschrieben werden. Auch das Kanalprojekt als folgenschwerer Eingriff in das Gleichgewicht der Natur hatte kein Thema zu sein. 1984 schließlich waren der Wasserlauf fertig eingedeicht, die Ufer befestigt, Menschen und Erdmassen wegbewegt worden. Nun konnte die Kanalnutzung beginnen.

Der Auto- bzw. der Zugfahrer trifft von der Küste aus nach 20 km bei Basarabi (s. S. 96) auf den ersten Binnenhafen des Kanals. Von hier aus bis zum Meer beträgt die Breite der künstlichen Wasserstraße ganze 90 m, von hier aus bis zur Donaueinmündung bei Cernavoda 70 m. Das Wasser ist ständig zirka 7,5 m tief. Und doch ist auf der Gesamtwasserfläche am Hafen und dann auch kanalaufwärts kaum Bewegung zu erkennen. Ein paar Angler warten am betonierten Ufer auf den großen Fang. Kühe werden hier getränkt.

Die Weinrebenfelder von Murfatlar (s. S. 97) sind zu erkennen, dann Mais-, Sonnenblumen- und Apfelbaumanpflanzungen. Man passiert die Orte Poarta Albă und Castelu, meist ohne daß sich auf dem träge dahinfließenden Kanal ein Schiff blicken läßt. Nach wiederum 20 km ist die Industriestadt **Medgidia** 14 (S. 281) in Sicht. Die Zementfabrik mit ihren riesigen Schloten ist auszumachen. Am Kanal sieht man werktags einzelne Kräne in Aktion. Auch ein paar Schifflein sind manchmal zu erkennen. Am hochbetonierten Kanaldeich spazieren vor den modernen Blocks des Zentrums gerne Medgidias Mütter mit ihren Kindern entlang.

Auf den restlichen 23 km bis nach Cernavoda wirkt der Boden ringsum noch heute wie von Riesenhand aufgebrochen. Er wird zusätzlich von kleinen zementierten Zuflüssen gekerbt. Am Horizont macht man ein paar Schafherden, auf dem Wasser ein paar Anglerkähne aus. Ansiedlungen direkt am Kanal sind in dieser ohnehin menschenarmen Gegend noch rar. Schließlich kündigt sich die Industriestadt **Cernavoda** 15 mit ihrem Atomkraftwerkskomplex direkt am Wasser an, das übrigens unter kanadischer Lizenz entstand.

Südöstlich davon an der Donau ist eine große Einfahrtsschleuse für den Kanal mit Sammelteich und Wartehäfen eingerichtet worden. Am rechten Donauufer dieser Mündungsstadt befindet sich noch ein ansehnlicher Hafen, der beste Voraussetzungen für einen regen Donau-Schwarzmeer-Schiffsverkehr bieten würde. Wenn, ja wenn der rumänische Kanal bald konsequent für die Last- und die Personenschiffahrt genutzt wird. Aber das ist natürlich bei den sicher hohen Unterhaltskosten nicht allein ein im Land zu lösendes Problem. Die Stabilität aufwärts der Donau in Ex-Jugoslawien ist nun zwar wieder gesichert, Somit hat das Großprojekt Donau-Schwarzmeerkanal eine reelle Chance bekommen. Ob bald also endlich noch mehr regelmäßig Last- bzw. Personenschiffe zwischen Rotterdam und Constanţa und weiter bis Odessa oder Istanbul verkehren werden? Die zukünftige Entwicklung von Hafenstädten wie Cernavoda wäre damit auf jeden Fall gesichert. Und vielleicht werden sich dann ja auch ein paar Touristen mehr für den weiteren Verlauf der Unteren Donau interessieren.

Von Cernavoda, dem antiken Axiopolis, führt z. B. eine kleine Straße direkt am rechten Donauufer entlang nach nur 20 km zum Dorf **Capidava** 16. Das grenzt im Westen an die Ruinen einer römischen Festung aus dem frühen 3. Jh., die mit ihren trutzigen Mauern und Türmen noch heute vom früheren Glanz dieser Epoche erzählt. Auch einige schöne Votivsteine, Grabstelen und Münzen sind hier von Archäologen direkt am Donauufer gefunden worden.

Auf derselben Straße und dann auf der E 60, die sie kreuzt, 40 km weiter Richtung Nordwesten gelangt man zur Donauhafenstadt **Hârşova** 17. Die hat die Ruinen eines byzantinisch-genuesischen Heerlagers aus dem 10. bis 14. Jh. sowie Reste einer türkischen Verteidigungsanlage des 14. Jh. zu bieten.

Zurück nach Cernavoda. Heute wird dem Zugfahrer hier am Donauübertritt der riesige Eisenbahnbrückenkomplex zwischen Cernavoda und dem schon walachischen Feteşti im Gedächtnis bleiben. Den hatte der rumänische Ingenieur Anghel Saligny 1890 bis 1895 über das **Ialomiţa-Gebiet** 18 (Balta Ialomiţei) zwischen zwei Donauarmen spannen lassen. Allein die damals gebaute Hauptbrücke ist beachtliche 1663 m lang. Mit ihrer schwungvollen Stahlkonstruktion kann sie auch den heutigen Bahnfahrer noch beeindrucken. Autoreisende überqueren diese Stelle von Cernavoda aus auf der 1987 eröffneten, 1600 m langen Parallelbrücke. Die Brükken queren ein zum Teil sumpfiges, zum Teil bewaldetes und landwirtschaftlich genutztes Niederungsgebiet. Die Untere Donau bildet hier einen breiten, mit vielen kleinen Flußschleifen mäandernden Flußlauf wie aus dem Bilderbuch.

Nach Histria und ins Donaudelta

Eine Ausflugsfahrt von Constanţa bzw. den Badeorten aus in den Norden der Dobrudscha kann bis nach Tulcea und bis ins Donaudelta hinein führen. Zwischenstation sollte man jedoch auf jeden Fall in der 65 km von Constanţa entfernten, heute unbewohnten ehemaligen Handelsstadt Histria machen. Hierher ist die Anreise nur per Auto oder Bus möglich. Sie kann über die E 87 Richtung Norden bis Nuntaşi führen. Von dort aus weist ein Rechtsabbieger zur Ruinenstadt. Landschaftlich Schöneres bietet aber die Fahrtroute auf der Landstraße über Mamaia direkt an der Küste entlang. Nach Verlassen der Nehrung zwischen Meer und Siutghiol-See bei Mamaia überquert man hier bald in sumpfigem Gebiet den nördlichen Mündungsarm des Donau-Schwarzmeerkanals (Canalul Dunăre-Marea Neagră). Dahinter sind die riesigen Schornsteine, die dicken oberirdischen Leitungsrohre und die weitläufigen Fabrikgebäude der Petrochemie von **Năvodari** 1 deutlich zu erkennen. Seit diese Route nach dem Umbruch für jedermann befahrbar ist, wird von ökologischen Problemen in Năvodari nicht mehr geschwiegen. Nichtsdestotrotz gilt es immer noch als beliebter Badeort für rumänische Schülergruppen.

Durch weite Getreidefelder, in denen im Frühjahr Mohnblumen schimmern, geht die Fahrt auf der von Alleebäumen gesäumten Landstraße weiter an kleinen Seen vorbei nach **Corbu** 2. Die weißen Dorfhäuser sind hier wie mit blau gemusterten Bordüren verziert. Durch die Gartenzäune hindurch versuchen hier und da Ziegen, Halme und Laub vom Straßenrand anzuknabbern. Vollbesetzte Ortsbusse rattern auf der

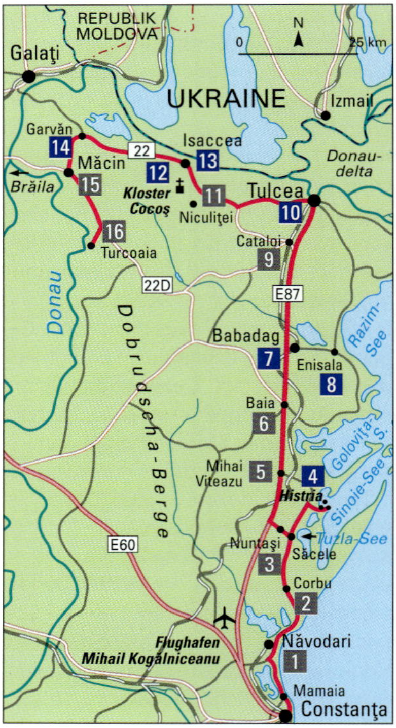

Nach Histria und ins Donaudelta

Straße. Aus Dörfern blinken schneeweiße Kirchlein herüber. Bald erstrekken sich wieder Maisfelder bis zum nächsten Ort hin. In **Săcele** 3, dem Geburtsdorf des rumänischen Ausnahmefußballers Gheorghe Hagi, sind schöngeschnitzte Holztore, mit Weinreben berankte Häuser und im Sommer riesige Heuhaufen zu entdecken. Hier, ein Stück weiter entfernt von der Küste, ist der Boden hügeliger geworden. In den umliegenden Seen und Flüßchen spiegelt sich das Sonnenlicht. Die weite Sicht erlaubt den Blick über weidende Kühe und Schafe und im Frühsommer über leuchtend gelbe Rapsfelder bis zur Parallelstraße am Horizont, die ebenfalls von mächtigen Bäumen gesäumt wird.

Histria – Griechisches Erbe am Schwarzen Meer

4 (S. 278) Am Tuzla-See (Lacul Tuzla) führt eine einsame Abbiegerstraße nach rechts durch vogelreiches Sumpfgebiet ins noch sieben Kilometer entfernte Histria. Im Jahr 657 v. Chr. legten griechische Seefahrer und Händler hier den Hafen und die Siedlung Istros an. Der Name wurde von der alten Benennung der Donau, Istros, abgeleitet. Man führte Luxuswaren der damaligen Zeit, Weine, Olivenöl, Schmuckgegenstände und Keramik, ein und erhielt von den recht friedlich gesinnten geto-dakischen Einheimischen für die griechische Heimat im Tausch Korn und Vieh, Fisch, Honig und Bienenwachs. Aus diesen Jahrhunderten blühenden Handels, als man auch Münzstätten in Istros-Histria einrichten konnte, sind heute noch Reste eines griechischen Tempels, Brunnen, keramische Kultgefäße und Silbermünzen, sogenannte Drachmen, erhalten. In der Mitte des 1. Jh. v. Chr. rückten erst römische Heere, dann die Truppen des Dakerkönigs Burebista in die Stadt ein, bevor Istros-Histria kurz vor der Zeitenwende endgültig die römische Herrschaft anerkannte. Die prosperierende Handelsstadt erhielt aus Rom wirtschaftliche und politische Privilegien. So gab es hier in der Schwarzmeer-Hafenstadt im 1. und 2. nachchristlichen Jahrhundert für die Bewohner erneut viel zu verdienen. Vom damaligen Reichtum der Stadt zeugen zum Beispiel noch Reste von Aquädukten, die Teil eines ausgeklügelten Wasserversorgungssystems waren, sowie von zwei großartigen Badeanstalten.

Ab dem 3. Jh. befanden sich die Einwohner Istros-Histrias jedoch in der Defensive, mußten wegen wiederholter Zerstörungszüge von Goten, Vandalen, Hunnen, Awaren und Slawen die Befestigungsmauern immer enger um den Stadtkern ziehen, bis die einst blühende Stadt in den ersten Jahrzehnten des 7. Jh. für immer verlassen wurde. Die Bauten stürzten ein. Mauern, Straßen und Plätze wurden vom Staub der Zeit bedeckt. Der Hafen versandete. Das stolze Istros-Histria gab es nicht mehr – und hätte es vielleicht auch nie mehr gegeben, wenn sich nicht an dieser Stelle aus erst landwirtschaftlich motivierten Grabungen archäologische Forschungsprojekte entwickelt hätten. Fast unversehrt kamen allmählich Kulturschichten ans Licht, die sich im dreizehn Jahrhunderte währenden Leben der Stadt übereinandergelagert hatten. Dabei bietet sich dem heutigen Besucher Histrias mit der oberen Wohnschicht der römisch-byzantinischen Zeit vom 4. zum 5. Jh. die am besten erkennbare Ausgrabungsschicht dar.

Nach der Ankunft im ehemals griechischen Istros kann man auf den markierten Wegen einen Rundgang durch die Ruinenstadt am träge plätschernden Sinoie-See beginnen. Wegen der Schlangen ist festes Schuhwerk anzuraten. Mächtige **Erdwälle** (Ridicături de pămînt) signalisieren schon vor dem Eingang, daß in römisch-byzantinischer Zeit hier im 3. und 4. Jh. das Wehrsystem der Festung verstärkt werden mußte. Die **Festungsmauer** (Zidul de apărare) aus dieser Zeit selbst, deren große Steinquader dem Besucher noch heute imponieren, hat mit zehn Türmen und zwei Toren die Stadt von den drei dem Land zugewandten Seiten mehr oder weniger geschützt. Schwerbeladene Wagen müssen hier einst durch die Tore gefahren sein, so deutlich sind noch heute die Rillen der Radspuren im Steinboden zu erkennen. Innerhalb der Stadtmauern sind auf einem großen ehemaligen Marktplatz Ruinen von Warenlagern (Magazii), Gerichtsstätten (Locuri de execuţie) und Kirchen (Biserici) zu entdecken. In einem mehrfach abgeteilten Handelszentrum waren einige Geschäfte (Magazine) untergebracht.

Beeindruckend sind in Histria vor allem die Reste der ehemaligen **Thermen** (Terme) aus dem 2. Jh. Mit ein wenig Phantasie kann man sich auch heute in die einstigen Bewohner Histrias hineinversetzen, wie sie in den Räumen der großen Anlagen, die mit Marmorschwellen und Mosaik ausgelegt waren, ihr Badevergnügen genossen. Sogar unterirdisch durch Heißluft-Röhren beheizte Säle hat es in den Thermen gegeben. Gegenüber der Badeanstalten hatten Bäcker, Töpfer und andere Berufszweige ihre kleinen Werkstätten (Ateliere de producţie). Dann trifft man auf die Grundmauern eingestürzter Wohnhäuser (Locuinţe), für deren Sauberkeit ein richtiger Abwasserkanal sorgte. Nahe des Sinoie-Sees müssen die Wohnungsbauten großzügiger gewesen sein. Reiche Einwohner Histrias haben sich hier Häuser mit Baderäumen und Innenhöfen leisten können. Schöne Säulenreste zeugen noch von der üppigen Ausstattung dieser Gebäude.

Und dann gelangt man auf seinem Histria-Rundgang noch zu Ruinen eines Stadtteils, in dem die Archäologen die spätrömischen Schichten durchstießen und zu Spuren aus der Zeit vom 6. bis zum 3. Jh. v. Chr. vordrangen: zu einem griechischen Zeus-Tempel (Templul lui Zeus), zu Altären (Altaruri) und heiligen Brunnen (Fîntîne). Womit wir wieder zum Ausgangspunkt des Lebens in Istros-Histria zurückgekehrt wären: dem Eintreffen der Mileter Seefahrer an diesem für sie so günstig gelegenen Ex-Naturhafen des Schwarzen Meeres. Fast ebenso einsam wie diesen ersten Besuchern präsentiert sich der Ort dem heutigen Histria-Gast. Malerische Ruinen, schöne Amphoren und Schrifttafeln gibt es hier vor einem tintenblauen Wasserpanorama reichlich zu besichtigen.

Ein kleines **Museum** (Muzeul) nahe der Zufahrtsstraße birgt überdies interessante Exponate: hellenistische, mit Göttinnen-Antlitz geschmückte Keramikgefäße, einen marmornen Thrakischen Reiter aus spätgriechischer Zeit oder römische Grabstelen mit Bankettszenen. Doch verirrt sich (noch) kaum eine Touristengruppe zu den beachtlichen antiken Resten, die nur eine gute Fahrtstunde von Constanţa aus entdeckt werden können. Eine solide Öffentlichkeitsarbeit tut auch in Sachen Histria von rumänischer Seite her bitter not.

Weiterfahrt bis ins Donaudelta

Für den Dobrudscha- und eigentlich auch für den Rumänien-Besucher allgemein sollte ein Ausflug ins Donaudelta selbstverständlich sein. Das Delta ist ein auf rumänischem Terrain fast 4500 km^2 umfassendes und jährlich um fast 40 m ins Meer anwachsendes Land-Wasser-Dreieck im Norden der Dobrudscha an der Grenze zur Ukraine. Diese inzwischen auch offiziell geschützte Wildnis besteht aus Schilfinseln und Binnenseen, Lagunen und Sümpfen, Eichenwäldern und Dünengebieten. Und sie birgt Geheimnisse, die sich nicht nur auf die gängigen Superlative reduzieren lassen. Das Donaudelta besitzt mit über 300 Arten eine außerordentlich reichhaltige Vogelwelt, mit fast 240 000 Hektar die weltweit kompakteste Schilflandschaft und ist nach der Wolga-Mündung das zweitgrößte Flußdelta Europas. Im Land ›jenseits der Nebelschwaden‹ der Donauniederungen, so der rumänische Erzähler Mihail Sadoveanu, findet sich nämlich ein erstaunliches Mosaik verschiedenartiger Biotope: Der Besucher fühlt sich bald in einen Tarzan-Film versetzt, bald wie bei Lawrence von Arabiens Wüstentouren und bald auf einer regelrechten Robinson-Crusoe-Insel.

Wie gelangt man nun hin in dieses heute zum Teil noch unberührte Naturparadies? Inland-Flugverbindungen bestehen von Bukarest aus mitten hinein ins Delta nach Tulcea. Ebenfalls von der Hauptstadt aus folgen Autofahrer der Europastraße E 60 über Slobozia bis Hârşova (s. S. 109) und auf weiteren 263 km über die DN 22A und die E 87 nach Tulcea. Selbst passionierten Zugfahrern ist aber die Reise nach Tulcea nicht zu empfehlen. Das Donaudelta ist bisher noch sehr schlecht ans Eisenbahnnetz Rumäniens angeschlossen. Am einfachsten hat es, wer über ein Auto verfügt oder sich einer Busreisegruppe anschließt. Von Constanţa aus sind es auf der E 87 nur 123 km.

Wer den oben empfohlenen Zwischenstopp in Histria eingelegt hat, schwenkt von dort aus Richtung Osten nach kurzer Strecke bei Nuntaşi auf die besagte E 87 ein. Pferdewagen schleichen hier im Dorf ebenso ungezwungen über den Fahrstreifen, wie Alte mit Stock sich am Straßenrand zum Plausch treffen. Bald ist der Ort **Mihai Viteazu** 5 in Sicht. Er wurde nach Michael dem Tapferen, Fürst der Walachei und Kämpfer gegen die Türken (1557–1601), benannt. Auch hier kann man Einblicke in die rumänische Dorf- und Kleinstadtidylle gewinnen. Auf blendend weißen Häusern blinkt schon die eine oder andere Satellitenschüssel.

Baia 6, früher Hamangia, heißt nach knapp 10 km die nächste Ortschaft an der Allee. Hier, ein wenig westlich des Goloviţa-Sees (Lacul Goloviţa), wie die größeren Seen Sinoie und Razim (Lacul Sinoie, Lacul Razim) mit Verbindung zum Schwarzen Meer, haben Archäologen seit 1924 spannende Funde gemacht: z. B. die archaischen Terrakotta-Frauenfiguren aus der Jungsteinzeit mit ihren schwellenden Brüsten oder den zweiseitigen Frauen-Menhir aus der Bronzezeit. Eine ganze Kultur erhielt ihre Bezeichnung nach dem früheren Namen des Ortes: Hamangia-Kultur.

Noch ist im flachen Gebiet ein weiter Ausblick möglich auf endlose Felder und auf den riesigen Razim-See im Osten. Allmählich wird das Land hügeliger. Man nähert sich dem Babadag-Plateau, einem Ausläufer der heute nur bis 500 m hohen Dobrudscha-Berge im Norden und Osten, die zu den ältesten Gebirgen Europas gehören.

Durch reichen Laub- und Nadelwald erreicht man gut 20 km nach Baia im Tal die 11 000-Einwohner-Stadt **Babadag** 7, von der man im Zentrum gleich das Mausoleum und die Moschee Gazi Ali Pascha (Mormîntul şi Geamia Gazi Ali Paşa) aus dem 17. Jh. wahrnimmt. Deren hohes Minarett erhebt sich über einer Stadt, die ihren Namen den seit dem 13. Jh. eingewanderten Türken verdankt: Babadag heißt aus dem Türkischen übersetzt ›Vater Berg‹. Türkische Siedler bestimmten jahrhundertelang das Leben der Stadt und der umliegenden Orte. In Babadag selbst hat man ihrer Kultur ein Museum (Muzeul) gewidmet, in dem heute traditionelle Gebetsteppiche, Vasen und Möbelstücke aus mehreren Jahrhunderten ausgestellt sind. Am nahen Babadag-See (Lacul Babadag) sorgt inzwischen eine Fisch-, Muschel- und Bienenzuchtanlage für wirtschaftlichen Aufschwung. Im Südosten des Sees ragen bei **Enisala** 8 bizarre mittelalterliche Ruinen auf einer Anhöhe in den Himmel. Hier befand sich seit dem 12. Jh. eine zunächst byzantinische Festung, die dann von Genuesen und Türken übernommen wurde.

Weiter geht es die restlichen 37 km Richtung Tulcea. Im Westen ragen graubraun die im heißen Sommer fast kahlen Gipfel des Dobrudscha-Gebirges über saftiggrünen, bewässerten Feldern. In **Cataloi** 9 beeindrucken die frischgekalkten und von geschnitzten Holzzäunen umgebenen Bauernhäuser mit ihren Schilfgras-gedeckten Dächern.

Tulcea

10 (S. 296) Und dann sind schon die ersten Weinrebenfelder rund um die fast 110 000 Einwohner zählende Deltastadt Tulcea in Sicht. In ein landschaftlich wunderschönes Tal am Fahrtweg wurde – der Kontrast könnte nicht größer sein – ein Aluminiumkombinat gesetzt, dessen Umweltprobleme noch ungelöst sind, wie man hört. Die Hafenstadt am rechten Ufer des Donau-Arms Sulina ist übrigens auch mit ihren riesigen Werften, den Fischverarbeitungs- und Schilfaufbereitungsanlagen das bedeutendste Industriezentrum der nördlichen Dobrudscha.

Für den Reisenden ist aber die Tatsache wichtiger, daß sich hier in Tulcea, dem Aegyssus des Altertums, die Pforte zur Naturwildnis des Deltas auftut. Als Vorbereitung auf die Entdeckungstour kann dabei ein Kurzbesuch im städtischen **Museum des Donaudeltas** (Muzeul Delta Dunării) dienen. Hier sieht man sich an zwar schon recht altmodischen Aquarien mit den heimischen Salz- und Süßwasserfischen Auge in Auge, und in Schaukästen warten ausgestopfte Moosenten, Eisvögel und Seidenreiher auf Betrachter. Die archäologische Abteilung (Secţia de arheologie) bietet z. B. griechische Vasen, römische Plastiken sowie Münzen jeglicher Herkunftsart. Schließlich fanden Phönizier, Griechen, Römer, Genuesen, Venezianer, Türken und Tataren hier ihren Schiffsweg vom Schwarzen Meer nach Südosteuropa, segelten Perserkönig Darius und Alexander der Große auf Eroberungsfeldzügen durchs Delta.

Auf dem direkten Weg vom Museum zum Hafen fallen dem Besucher der Stadt inmitten der für Rumänien typischen Blocks ein paar Gotteshäuser auf: Orthodoxe Kirchen (Biserice ortodoxe) werden emsig besucht. Die stolze Synagoge (Sinagoga) dagegen steht einsam und verschlossen in einem von Unkraut überwucherten Garten – die meisten Dobrudscha-Juden sind in den letzten Jahrzehnten nach Israel ausgewandert.

Etliche Gläubige lockt aber Tulceas türkische Moschee Azizie (Geamia Azizie) aus dem Jahr 1863 an. Tulcea ist nämlich sicher die Stadt Rumäniens, die noch die meisten türkischstämmigen Einwohner besitzt bzw. in der sich, wie auch in Constanţa, viele Istanbuler Händler unserer Tage niedergelassen haben. Auf dem großen Rathausplatz mit der Fürstenstatue Mircea cel Batrân (Statuia lui Mircea cel Batrân), einer Reiterbronze von Ion Jalea aus dem Jahr 1972, oder auf dem Kai (Faleza) nahe der Stadthotels fallen sie hier und da unter den Promenierenden sogar durch traditionelle Kleidung auf: alte Männer mit Kappe, Frauen mit Schleier.

Am Kai in Tulcea legen die Ausflugsschiffe in das Kanalsystem des Donaudeltas ab

In die Umgebung von Tulcea
Wer weitere kulturelle Eindrücke vom Gebiet der Unteren Donau mitnehmen möchte, verläßt Tulcea auf der DN 22 Richtung Galaţi und biegt nach ca. 30 km kurz vor Isaccea Richtung Süden nach **Niculiţei** 11 ab. Hier erwarten den Besucher die prächtige Atanasius-Kirche (Biserica Sf. Atanasie) aus dem 13. Jh. sowie die beachtlichen Reste einer byzantinischen Basilika (Basilica bizantină) aus dem 5. Jh.

Ein paar Kilometer weiter auf dieser Nebenstraße ragt **Kloster Cocoş** 12 (Mănăstirea Cocoş) aus dem dichten Laubwald. Das ist eine ansehnliche, weißgestrichene Anlage mit mächtigen Türmen aus den 30er Jahren des 19. Jh., die auf Anregung der Mönche des Athos-Berges konstruiert wurde. Weiter auf der DN 22 ist schnell **Isaccea** 13 in Sicht, eine Donauhafenstadt mit rund 6000 Einwohnern. Am rechten Donauufer von Isaccea sieht man noch heute z. B. römische Marmorsarkophage mit griechischen Inschriften oder ionische und korinthische Kapitelle auf massiven Säulen. Eine türkische Moschee aus dem 16. Jh. komplettiert das Stadtbild. Nochmals 30 km weiter auf der DN 22 kann man in **Garvăn** 14 Ruinen der antiken Burg Dinogetia besichtigen. Es handelt sich dabei um stattliche Mauern und Türme sowie um ebenso beachtliche Reste römischer Thermen aus dem 4. Jh. An der DN 22D 12 km südlich von Garvăn in **Măcin** 15 finden sich noch ein paar Ruinen des befestigten Römerlagers Arrubium aus dem 1. Jh. Östlich von Măcin kann man übrigens per Fähre Richtung Brăila und damit Richtung Moldau weiterkommen. Weitere 20 km in Richtung Süden auf der DN 22D besitzt das Städtchen **Turcoaia** 16 – Schlußpunkt unseres kleinen Ausflugs von Tulcea aus – am Alten Donauarm Reste der römisch-byzantinischen Befestigung Troesmis.

Im Labyrinth der Kanäle durchs Donaudelta

An der Faleza, dem Kai in Tulcea, legen die großen und kleinen Linien- und Kreuzfahrtschiffe sowie die Boote an, mit denen der Besucher ins Delta starten kann. Alle drei Hauptkanäle, die heute kurz vor bzw. kurz nach Tulcea den Donaustrom teilen, können von hier aus befahren werden: der Chilia-Arm im Norden, der Sfântu-Gheorghe-Arm im Süden und in der Mitte der Hauptarm Sulina. Ins Labyrinth der unzähligen und sich immer wieder verändernden Flußverästelungen sollte jedoch niemand ohne ortskundigen Führer aufbrechen. Eine spezielle Angelerlaubnis kann im Hafen eingeholt werden, wenn nicht gerade, und zwar im Frühjahr, die sechzigtägige Laichzeit ein Fangverbot unumgehbar macht.

Auf dem nördlichsten und 104 km langen Donauarm Chilia (Braţul Chilia), der zum Teil die Grenze zur Ukraine bildet, kann man per Schiff in zirka sechs Stunden zur Ortschaft **Periprava** 1 gelangen. Bei einem Spaziergang an den weißen Häuschen mit den hellblauen Fensterumrahmungen vorbei spürt man bald die Abgeschiedenheit vom Weltgeschehen, in der die Menschen in diesem Delta-Ort nur gut 100 km von Tulcea entfernt leben. Von hier aus weiter im Osten wird sich der Chilia, schon auf ukrainischem Boden, noch unzählbare Male verzweigen, bevor sich seine Wassermassen ins Schwarze Meer ergießen. Auf den Gast warten in Periprava attraktive Ausflugsmöglichkeiten in den südlich gelegenen **Letea-Wald** 2 (Pădurea Letea). Da stehen Fischreiher, Löffler und Sichler im Schilf, da drehen Falken und Waldkauze ihre Runden, während Wölfe und Wildkatzen durchs Unterholz schleichen.

Auf der Rückfahrt Richtung Tulcea sei ein Zwischenstopp in der ehemals antiken Siedlung Achillea, heute **Chilia Veche** 3, also altes (Ac-)Chilia, empfohlen. Deren hochtürmige Kirche fällt dem Schiffspassagier schon von weitem auf. In der Geschichte gaben sich hier Griechen, Genuesen und Osmanen ein Stelldichein. Und im 15. Jh. war Chilia Veche sogar einmal ein wichtiger Stützpunkt des Fürstentums Moldau. Damals konnte der Ort mit 5 km Distanz zur See meernah genannt werden. Die heutige Entfernung von 40 km weist darauf hin, wie schnell sich im Laufe der Jahrhunderte, Jahrzehnte, ja Jahre hier im Donaudelta die geographischen Verhältnisse verändern. Von Chilia Veche aus kann man übrigens mit Führung zum **Grîndul Chilia** 4, dem fauna- und florareichen Festlandstreifen Chilia, aufbrechen und unter Umständen Füchse und Wildschweine beobachten.

Den 112 km langen südlichen Donauarm Sfântu Gheorghe (Braţul Sf. Gheorghe), den man dem heiligen Georg widmete, befahren die rumänischen Linienschiffe bis zur Mündung am gleichnamigen Ort in wiederum gut sechs Stunden. Ins Unendliche scheinen sich hier im Dorf **Sfântu Gheorghe** 5 (S. 289) am Schwarzen Meer der breite Sandstrand und die gelbweißen Dünen hinzuziehen. Das Ortsleben ist ganz auf den Fischfang bzw. die Fischverarbeitung konzentriert. Für den Besucher, insbesondere den Vogelfreund, werden Führungen in das sich südlich anschließende Naturschutzgebiet angeboten. Wenn er Glück hat, dann fliegen ihm hier Kormorane, die seltenen rosa und Krauskopfpelikane, Kraniche oder Säbelschnäbler vor die Linse.

Das Donaudelta

Wer jedoch für den südlichsten Donauarm und seine vielen Windungen nicht so viel Zeit und Geduld mitgebracht hat, um bis zum Mündungsort vorzudringen, dem sei ein ebenfalls lohnender Land-Wasser-Ausflug am Sfântu Gheorghe entlang ans Herz gelegt. Von Tulcea aus führt die Straße 222C Richtung Südosten über Nufăru und Mahmudia nach 40 km nach **Murighiol** 6 (S. 282), das unter den Kommunisten zeitweise offiziell in Independenţa, also Unabhängigkeit, umbenannt worden war. Vom Murighiol-See (Lacul Murighiol) aus, wo Ferienhäuschen errichtet sind, nehmen Einheimische den Gast gerne in Ruderbooten mit ins Deltaschilf. Eine Vielzahl sich ineinander verflechtender Pflanzen bilden hier unübersehbare schwimmende Vegetationsinseln. Durch die hindurch findet nur der ortskundige Bootsführer den Weg zu Pelikanen und Stelzenläufern.

Die meisten Deltabesucher werden aber den mittleren Hauptarm Sulina (Braţul Sulina) befahren, für dessen 72 km man bis zur Mündung bei der Stadt **Sulina** 7 (S. 293) drei bis vier Stunden per Linien- oder Kreuzfahrtschiff benötigt. Die Hafenstadt am Schwarzen Meer bildet mit ihren rund 5700 Einwohnern die derzeit größte Ansiedlung im Delta, abgesehen von Tulcea. Vom alten ›Solina‹ des byzantinischen Kaisers Constantin VII., der Quellen zufolge die Ortschaft 950 zum Reich gehörig erklärte, ist leider nichts übrig geblieben. Die heutigen Fischer oder Arbeiter in der

Dorfstraße in Periprava, nahe der Grenze zur Ukraine

Fischkonservenfabrik bzw. die Orientteppich-Knüpferinnen von Sulina wohnen meist in modernen Blocks. Attraktiv für Besucher sind da eigentlich nur der Leuchtturm, die lebendige Hafenatmosphäre und der lange Stadtstrand.

Eine andere beliebte Route, die den Gast das Delta auf einer Sulina-Kanalfahrt erkunden läßt, führt von Tulcea aus zirka 50 km auf dem fast schnurgeraden Hauptkanal bis zum Ort Crişan. Von dort aus wird der Besucher durch das Labyrinth der nördlichen Seitenkanäle und Seen über das Dorf Mila 23 wieder zurück in den Hafen von Tulcea gebracht. Kurz nach der Abfahrt noch auf dem Hauptarm, begegnen einem auf dem modernen Motorschiff immer wieder rostige, meist ukrainische oder rumänische Containerriesen mit Ziel Brăila oder Galaţi, den Industriestädten an der Unteren Donau. Ab und zu beschleunigen auch schnittige Mehrpersonenboote den Wellengang. Leuchtendrote und grasgrüne Bojen markieren den Fahrtweg. Am Ufer sieht man Kühe auf sattgrünen Wiesen grasen. Pferde galoppieren im Schatten hochgewachsener Laubbäume vorbei. Schafe blöken zum Schiff herüber. Ab und zu leuchten weißgekalkte, schilfgedeckte Dorfhäuser aus dem Blättermeer. Davor liegen jeweils Ruderboote am Ufersaum vertäut. Gänse marschieren gerne an den Gartenzäunen entlang. Storcheneltern füttern hier und da ihren Nachwuchs in Nestern auf Strommasten. Auf den mit Gummireifen geschützten blauweißen Anlegestellen der Orte Partizani, Maliuc und Gorgova schauen oft Kinder nach den Vorbeifahrenden aus. Und mit einem Mal kann man dann auch beobachten, wie auf zunehmend sumpfigen Flächen direkt neben dem befestigten Donauarm mehr und mehr blendendweiße Vögel vor dem Motorengeräusch das Weite suchen. Am Horizont flimmern Sonnenstrahlen in den Wellen. Bald wiegt sich, soweit das Auge reicht, kräftiges, dunkelgrünes Schilfgras

Victor Bedivan und die Traditionen der Aromunen

Das hatte sich Victor Bedivan dann doch nicht erhofft: daß er auf seine ›alten Tage‹ noch einmal auf das traditionelle Handwerk seiner Vorfahren würde zurückgreifen können. Denn der 64jährige frühere Elektroingenieur hat seit den späten 1990er Jahren aus seinem plötzlichen Vorruhestands-Status das Beste gemacht. »Da saß ich auf einmal zu Hause und dachte mir, daß ich doch zum alten Eisen noch nicht gehören wollte. Und daß ich zum Leben die niedrige Rente irgendwie aufbessern mußte. Warum also nicht das tun, was ich als Junge bei meinem Vater einst gelernt hatte, was ich aber in der Kollektivwirtschaft bei uns nie als Hobby praktizieren konnte: Schafe züchten?«

Victor Bedivan, der sich heute in seinem Wohnblock in Constanţa an die besten Methoden der Schafskäseherstellung zu erinnern versucht, gehört zur Gruppe der Aromunen, Vlachen oder Mazedo-Rumänen (Aromânii, Macedo Românii), einer gerade in der Dobrudscha zahlreich vertretenen ethnischen Minderheit. Das ist ein inzwischen weitgehend unbekanntes romanisches Volk, das aus den Gebieten der heutigen Staaten Griechenland, Albanien und Republik Makedonien stammt. Hier spezialisierte man sich in bergigen Gebieten im Laufe der Jahrhunderte besonders auf die Schaf- und Ziegenzucht. Ein Teil dieser Romanen führte dabei ein regelrechtes Nomadenleben, zog mit Kind und Kegel von Weidegebiet zu Weidegebiet. Andere hatten feste Wohnsitze in Ansiedlungen und teilten das Jahr nach dem Kalender des Hirtenlebens ein: Das Frühjahr stand im Zeichen des Auftriebs der Tiere zu den Almen. Es folgte die Zeit der Käsebereitung und Schafschur, bis man das Vieh zum Überwintern wieder ins Tal hinabtrieb. Diese Aromunen waren bei den Nachbarn als geschickte Viehzüchter hochgeschätzt. Wieder andere setzten als aufstrebendes Bürgertum im Laufe der Zeit eher auf Integration und zeigten als erfolgreiche Transportunternehmer, Händler oder Gastwirte an den wichtigen Handelsstraßen besondere kaufmännische Qualitäten.

Natürlich gab es im Laufe der Jahrhunderte Versuche der Aromunen, einen eigenen Staat zu gründen, was zeitweise sogar zur Existenz staatenähnlicher Gebilde im griechischen Raum führte. Letztlich identifizierte sich jedoch die Mehrheit mit den Staatsvölkern Südosteuropas und wirkte bei der Bildung der bis heute dort existierenden Nationalstaaten maßgeblich mit. Andere, die sich in der Minderheit fühlten, forderten über lange Zeit erfolglos das Recht auf aromunischen Sprachunterricht und Gottesdienst ein. Oder sie wanderten, wie Anfang des 20. Jh. geschehen, nach Amerika und Australien aus, wo sie sich gerade in der Diaspora stärker auf ihre Identität besannen.

Ein Teil der in Europa verbliebenen Aromunen, darunter auch Victor Bedivans Familie, wandte sich in den 30er Jahren des 20. Jh. von Griechenland aus in die Süd-Dobrudscha. In den 40er Jahren wurden sie von dort in die Nord-Dobrudscha, eben ins Gebiet rund um Constanţa, umgesiedelt. Dort blieb ihnen insbesondere in den sozialistischen Jahrzehnten die Anerkennung ihrer Sprache und Kultur verwehrt. Systematische aromunische Sprachstudien oder die Erstellung einer Linguistik bzw. Kulturgeschichte wären ein (politisches) Unding gewesen. Ein aromunisches Beispielgehöft mußte damals aus den gleichen Gründen aus dem Bukarester Dorfmuseum (Muzeul Satului) sang- und klanglos entfernt werden. Aromunen hatten im sozialistischen Karpatenstaat wie die anderen kleineren Minderheiten waschechte Rumänen zu sein. So kommt es, daß das Aromunische inzwischen nicht nur in Rumänien vom Aussterben bedroht ist. Dabei hat diese mit dem Rumänischen zwar strukturell identische Sprache interessanterweise einen reichen Schatz an lateinischen Formen bewahrt, die den anderen romanischen Sprachen längst verlorengegangen sind. Und für die als fleißig und ehrgeizig bekannten Aromunen besteht so insgesamt die Gefahr, in den nächsten Jahrzehnten ihre Identität ganz zu verlieren. Sind doch unter den in Südosteuropa geschätzten rund 400 000 Aromunen mit Muttersprachenkenntnissen zum großen Teil nur

rhythmisch im Wind. Und geübte Augen erkennen, wie hoch über dem Schiff großschnabelige Pelikane in Seelenruhe kreisen.

Rundherum klicken jetzt bei einer Gruppenfahrt auf dem Schiff die Fotoapparate, surren die Videokameras. Man erreicht den Ort **Crişan** 8 (S. 274) und mit ihm innerhalb einer schönen Gartenanlage das empfehlenswerteste der Deltahotels und -restaurants: ›Lebăda‹, also ›Schwan‹. Hier hat auch eine Niederlassung des Donaudelta-Instituts (Institutul Delta Dunării) aus Tulcea ein kleines, aber feines Umwelt-Museum errichtet, in dem es für sein Projekt Delta-Biosphärenreservat ›Grüne Donau‹ wirbt.

Deltanatur in der Praxis läßt sich von Crişan aus bei einem Ausflug zum Landstreifen Caraorman, **Grîndul Caraorman** 9, entdecken. Das 7000 Hektar große Dünen- und Waldgebiet beherbergt eine große Anzahl inzwischen

Sichler

Marderhund

noch alte Leute. Immerhin, und das ist ein erfreuliches Zeichen, strahlen regionale Radiostationen in der rumänischen Dobrudscha neuerdings auch Sendungen in aromunischer Sprache aus, sind Kassetten mit aromunischen Liedern in dieser Region wieder legal über dem Ladentisch zu erstehen und wird wieder Aromunisch unterrichtet.

Victor Bedivan probt in der Hafenstadt Constanţa auf jeden Fall als Rentner noch einmal seine Art der Rückbesinnung auf das aromunische Erbe. Im Inland hat er zwei Busstunden von der Wohnung entfernt ein Stück Weideland gepachtet, das er nun, dem ständigen Anfahrtsstreß zum Trotz, mit Feuereifer bewirtschaftet. Dort stehen seine eigenen Milchschafe, für die er zur rechten Zeit auch einen Hammel besorgt, um Lämmer großziehen zu können. Von seinem älteren Bruder Anastase holt er sich, wenn es kritisch wird, immer einmal wieder guten Rat ein, damit seinen Tieren Erkrankungen erspart bleiben. Und im Frühjahr und Sommer macht er sich an die Käse-, Joghurt- und *Smîntîna-*, also Sauermilchbereitung, die ihm jede Saison besser von der Hand geht. Allein schon sein in Salzlösung eingelegter Schafskäse *Telemea* erfreut sich im Verwandten- und Bekanntenkreis immer größerer Beliebtheit.

Victor Bedivan produziert sogar genug, um sich damit auf dem städtischen Markt ein regelmäßiges Zubrot zu verdienen. Und das hatte sich der Neu-Unternehmer auf seine alten Tage dann sicher nicht erhofft.

schon seltener Vögel wie den Würgfalken oder den Seeadler. Im Schutz der Bäume gehen Wildkatzen und Marderhunde auf die Jagd. Zurück in Crişan verläßt man auf der Weiterfahrt den breiten Sulina-Arm und dringt ein ins Gebiet der Alten Donau, ihrer Seitenkanäle und Lagunen. Unter dem Schiff im blaugrünen Wasser suchen dann Barsche, Hechte, Zander und Karpfen das Weite. Kleine, dunkel gefiederte Enten tauchen in Windeseile zwischen gelbblühenden Seerosen ab, um bei der Weiterfahrt des Schiffs plötzlich zu Dutzenden wieder ihre Köpfchen aus dem Wasser zu recken.

An der Fischabnahmestelle **Mila 23** 10, also Meile 23, trocknen tagsüber die Holzboote und Netze der Fischer. Die Männer selbst sind nicht selten in einer Dorfbar zu erspähen. Sie spannen vor der nächsten Ausfahrt bei Bier und Brettspielen aus. Auf einem Dorfrundgang folgen dem Fremden meist neu-

Krauskopfpelikane

Seidenreiher

Spärlich sind die Siedlungen entlang der Kanäle

gierig hellhäutige und rothaarige Kinder. Sie sind Nachfahren jener Lipovener, die vor zwei Jahrhunderten aus religiösen Gründen ihre russische Heimat Richtung Delta verlassen mußten. Mit den Ukrainisch- und Türkischstämmigen sind die rumänisch-orthodoxen Lipovener die größte ethnische Minderheit hier im Norden der rumänischen Dobrudscha. Abwechselnd in Rumänisch und Russisch wollend diese Delta-Kinder dem Gast dann eine Menge erzählen: von ihrem Alltag im menschenarmen Mündungsgebiet oder vom Bau der neuen Holzkirche, die grünblau im Sonnenlicht schimmert.

Wieder zurück auf den kurvenreichen Wasseradern, gleitet man vorbei an kleinsten Schilfinseln, aus denen schneeweiße Löffler auffliegen. Weiden biegen sich tief hinunter ins schillernde Wasser. Hin und wieder entdeckt man inmitten trocknender Schilfballen ein paar einsame Hütten. Deren Bewohner, Fischer, Imker oder Schilfbauern, lassen sich erst dann blicken, wenn das Ausflugsschiff schon die nächste Biegung erreicht hat. Unwillkürlich senken dann auch die eifrigsten Fotografen an Bord ihre Kameras. Gehören doch gerade die Orientierungsschwierigkeiten der hiesigen Bevölkerung zu den Hauptproblemen einer verantwortungsvollen neuen Deltapolitik. Über Jahrhunderte hatten diese Menschen in Einklang mit der Natur leben können. Heute sinkt ihre Zahl: Die Jungen ziehen in die Städte, die verbliebenen 15 000 meist älteren Menschen haben keine rechte Lebensperspektive. Dabei gäbe es gerade im Delta eine Menge zu tun. Besonders in den letzten Jahren der Bukarester Diktatur war hier das Gleichgewicht der Natur empfindlich gestört worden. Massive Eingriffe in die bewährten Fischerei- und Landwirtschaftsmethoden hatten zum Regierungsprogramm gehört. Seit 1990 nun hat man sich, übrigens auch mit Hilfe des deutschen WWF-Auen-Instituts, im UNESCO-Biosphären-Reservat Donaudelta auf den Weg einer ökologischen Regeneration gemacht. Man nimmt endlich die Gefahren der Erosion, zu intensiver Vieh- und planloser Holzwirtschaft ernst. Und man versucht sich daran, die Konzeption eines sanften Delta-Tourismus zu verwirklichen.

Mit dem **Furtuna-See** 11 (Lacul Furtuna) erreicht man auf der Rückfahrt nach Tulcea einen der zahllosen großflächigen Donauseen. Fast bis zum Horizont erstreckt sich plötzlich das tintenblaue Wasser, das mit schwimmenden Vegetationsinseln durchsetzt ist. Hier kann es passieren, daß ebenso plötzlich das Sonnendeck des Ausflugsschiffs mit gleichfalls blauen, tanzenden Libellenpaaren bedeckt ist.

Zur Erleichterung der vielleicht überängstlichen Gäste erledigt sich das ›Problem‹ schnell von selbst: Beim erneuten Eintritt in eine der vielen Flußadern sind die Liebespaare sofort wieder verschwunden. Inzwischen muß der Kapitän des Schiffs am großen Steuerrad bei jeder der schwierigen Kurven durchs Schilfdickicht nach seinem Handtuch greifen. Denn Knochenarbeit ist es, das Boot mit herabgefahrenem Motor durch tausendundeine Flußwindung zu manövrieren. Der Gast kann sich derweil auf seinem Aussichtsplatz gemächlich zurücklehnen und das eindrucksvolle Naturschauspiel um ihn herum ungestört genießen.

Moldau und Süd-Bukowina

Zu den berühmten bemalten Klöstern

Polternd stoppen schon leicht verbeulte Straßenbahnen im Minutentakt auf dem zentralen Platz der Stadt. Ringsum strömen Menschen in Geschäfte, Hotels und Cafés. Taxifahrer bieten Spaziergängern eilfertig ihre Dienste an. Lautstark weisen Zeitungshändler auf ihr wirklich reichhaltiges Angebot hin. Anspruchsvolle Presse, auch internationale Titel stecken in den Ständern. Einheimische Boulevardblätter locken bildreich mit Berichten über die neuesten Amouren der Sprößlinge des europäischen Adels oder mit Enthüllungen über die Bukarester Nomenklatura. Neben einem Restauranteingang, aus dem laute Rhythmen einer Live-Band schallen, warten starr wie Statuen zwei schwarzgekleidete Nonnen. Sie sammeln für die Renovierung ihres Klosters. Kinder, auf deren T-Shirts New-York-Aufdrucke prangen, stehen am Eckkiosk Schlange, wo Limonade und Eiscreme reißenden Absatz finden.

Eine Szene, wie sie sich heutzutage so oder ähnlich in vielen Großstädten Europas abspielen könnte. Wir befinden uns jedenfalls in Iaşi, das einst Hauptstadt des Fürstentums Moldau war und heute als industrielles, wissenschaftliches und besonders kulturelles Zentrum zu den wichtigsten Städten Rumäniens gehört. Mit seinem brodelnden Großstadtleben hebt es sich wirkungsvoll von der Region ab, die es umgibt: von der eher ländlichen und relativ bevölkerungsarmen Moldau. Das ist jene nordostrumänische Landschaft, die sich von der Wasserscheide der Ostkarpaten bis zum Flußlauf des Prut und im Süden bis zum Donauknick bei Galaţi erstreckt.

Früher einmal in den Hoch-Zeiten des Fürstentums Moldau waren die Grenzen sogar lange Zeit weiter gesteckt gewesen, und zwar von den Ostkarpaten bis zum Dnjestr und zum Schwarzen Meer. Denn von ihrer geographischen Lage an einer der wichtigsten Handelsstraßen Europas hatte die Moldau seit dem Mittelalter sehr wohl profitieren können – und gleichzeitig mußte sie genau aus diesem Grund ihre mächtigen Nachbarn fürchten. Die ungarische bzw. polnische Oberhoheit konnte unter Bogdan I. (1359–65) bzw. Ştefan cel Mare (dem Großen, 1454–1504) abgeschüttelt werden. Von den Regierungsjahren des Fürsten Alexandru cel Bun (Alexanders des Guten, 1400–32) bis zur Zeit Fürst Dimitrie Cantemirs (1693 und 1710/11) behauptete man sich noch mehr oder weniger erfolgreich gegen die Expansionspolitik der Osmanen. Doch dann kamen, auch geographisch gesehen, die Rückschläge. Nach Cantemir durften nur türkentreue Fürsten regieren. Ab 1774 mußte der moldauische Nordwesten, die Bukowina (s. S. 150), an Habsburg abgetreten werden. 1940 bzw. 1944 annektierte die Sowjetunion das nördliche Bukowina-Gebiet, das inzwischen zur Ukraine gerechnet wird. Nur die Süd-Bukowina blieb seit 1918 bei Rumänien. Ähnlich erging es Bessarabien (s. S. 128f.), dem östlichen Teil der historischen Moldau zwischen Prut, Dnjestr und Schwarzmeerküste. Seit der Angliederung an das Russische Reich im Jahre 1812 konnte dieses Gebiet zwar immer wieder mit der Moldau bzw. mit dem 1862 neu geschaffenen Staat Rumänien vereinigt werden. Doch Stalin konnte

◁ *Kloster Neamţ in der westlichen Moldau-Region*

auch hier seine territorialen Interessen durchsetzen. 1991 entstand schließlich aus der Moldauischen Sozialistischen Sowjetrepublik die unabhängige Republik Moldova.

Die heute zu Rumänien gehörende Moldau besteht landschaftlich überwiegend aus fruchtbaren Hochebenen und im Westen aus gebirgigen Gebieten. Im Süden hat sie Anteil an der Donau-Tiefebene. Die Region bietet landwirtschaftlich besonders für den Anbau von Getreide, Öl- und Faserpflanzen, für den Weinbau und die Tierhaltung gute Voraussetzungen. Um ihre größeren Städte Iaşi, **Galaţi** (S. 277) und Bacău haben sich u. a. Chemie-, Maschinenbau- und Holzindustriezentren entwickelt. In Sachen Fremdenverkehr berechtigt die Moldau mit ihren touristischen Attraktionen unter den Regionen Rumäniens zu großen Hoffnungen, wäre sie nicht außerhalb der Landesgrenzen noch immer recht unbekannt. Die Nord-Süd-Route von Iaşi nach Focşani führt in der westlichen Moldau-Region in malerische Karpatenschluchten und zu interessanten Klöstern. Hauptanziehungspunkt sind zwar die über und über mit Außenfresken bemalten Moldau-Klöster der Süd-Bukowina (s. S. 150ff.) weiter nordwestlich. Aber auch die Großstadt Iaşi, traditionsreich und modern zugleich, wird den Moldau-Reisenden faszinieren.

Iaşi – Die Kulturhauptstadt im Nordosten

■ (S. 279) Von Süden ist die Moldau-Hauptstadt Iaşi, nur 15 km von der Grenze zur Republik Moldova, außer über die in entgegengesetzter Richtung beschriebene Route (s. S. 143) ab Focşani auch auf einer östlichen Strecke von Galaţi über Tecuci (S. 295), Bârlad (S. 263) und Vaslui (S. 297) zu erreichen.

Im Jahr 1387 ist Iaşi erstmals in einer Chronik als ›Jasski Tork‹, als ›Marktflekken Iaşi‹ erwähnt worden. Das ist die Stadt im äußersten Nordosten Rumäniens aber schon lange nicht mehr. Dem heutigen Besucher fällt sofort nach der Ankunft der immense Unterschied zur Atmosphäre in den umliegenden moldauischen Städten ins Auge: Hier ist er in einer europäischen Großstadt mit beachtlicher alter Bausubstanz und lärmendem Straßenverkehr gelandet. Den Zugfahrer entläßt ein repräsentatives, großes Bahnhofsgebäude. Der Autofahrer muß versuchen, sich an den breiten Boulevards des Zentrums seinen Parkplatz zu sichern: zwischen hupenden Kleinwagen und quietschenden Straßenbahnen, deren rostige Waggons übervoll mit Passagieren besetzt sind. Und sofort findet sich der Ankömmling inmitten eines Gewimmels von promenierenden Menschen wieder. Erstaunt registriert man elegant nach neuester Mode gekleidete Städter. Frauen trippeln mit hochhackigen Schuhen vorbei. Junge Mädchen mit bunt eingefärbten Haarsträhnen singen am Straßenrand zur Gitarre. Vereinzelt schauen sich auch junge Männer mit Pferdeschwanz und Ohrring die Auslagen der teuren Boutiquen an. Andere, in Maßanzügen und mit blitzenden Aktenkoffern bestückt, schlürfen in Straßencafés ihre Espressos.

Der erste Blick suggeriert also in Iaşi den offensichtlichen Wohlstand einer neuen Generation Erfolgreicher in Ru-

Zina Gherlac und die bessarabische Verwandtschaft

Zina Gherlac versteht die Welt nicht mehr. »Vor ein paar Jahren noch begeisterten sich alle hier bei uns in Rumänien an der Idee, mit Moldova wiedervereinigt zu werden. Und meine Verwandten drüben in Moldova wären uns sogar damals während unserer '89er Revolution am liebsten gleich selbst zu Hilfe gekommen. Und jetzt soll es sein, daß es besser weiter zwei rumänischsprachige Staaten gibt?« Die Rentnerin Zina Gherlac lebt heute in der rumänischen Moldau-Region. Geboren und aufgewachsen ist sie jedoch zirka 100 km östlich bei Chişinău, der Hauptstadt der seit 1991 unabhängigen Republik Moldova (Republica Moldova). Die hatte zwar in Zinas Jugend noch zu Rumänien gehört. Aber die Moldau-Zusatzklausel des Hitler-Stalin-Paktes von 1940 hatte Zinas Eltern und viele andere dazu veranlaßt, sich über den Prut auf die Flucht vor den Sowjets zu machen – und ein Leben lang auf die Wiedervereinigung mit der Heimat zu hoffen. Ein Traum, der nur beinahe in Erfüllung ging.

Der Blick in die Geschichte zeigt, daß die fruchtbare Moldova oder, wie sie hierzulande meist heißt, Bessarabien schon seit einigen Jahrhunderten Konfliktregion ist. Bessarabien (Basarabia), nach dem walachischen Fürstenhaus der Basarab benannt, ist die historische Landschaft, die von den Flüssen Prut und Dnjestr sowie dem Schwarzen Meer umschlossen wird und die ursprünglich zum Fürstentum Moldau gehörte. Im 15. und 16. bzw. 18. Jh. gerieten zwar einzelne Teile im Süden und Norden unter osmanische Verwaltung. Doch der Paukenschlag für die Region kam 1812, als Gesamt-Bessarabien zum Russischen Reich fiel und sich nur der Südwesten in der zweiten Hälfte des 19. Jh. zeitweise wieder zum Fürstentum Moldau bzw. zum jungen Staat Rumänien zugehörig nennen durfte. Nach dem Ersten Weltkrieg konnte Bessarabien dann wieder die Unabhängigkeit erlangen, die man flugs dazu nutzte, sich 1918 erneut mit Rumänien zu vereinigen. Doch die territorialen Interessen des übermächtigen Nachbarn wollten gestillt werden. Das 1940 von der Sowjetunion annektierte Bessarabien wurde, nachdem es Rumänien kurzzeitig wieder zurückerobern konnte, 1944/45 von Stalin neu aufgeteilt: Die nördliche Dnjestr- und die südliche Schwarzmeerregion gingen – endgültig – an die Ukraine. Aus dem mittleren Teil, einem reinen Agrarland, sowie aus einem Landstrich östlich des Dnjestr, dem Industriestandort Transnistrien, wurde die Moldauische Sozialistische Sowjetrepublik zusammengesetzt.

›Kulturellen Völkermord‹ nennen die rumänischsprachigen Moldover die Jahrzehnte unter Moskaus Knute. Mit der Amtssprache Russisch mußte auch das kyrillische Alphabet eingeführt wer-

Iaşi liegt nahe der Grenze zur Republik Moldova – beiderseits der Grenze wird rumänisch gesprochen

den. Der Kontakt mit den Landsleuten westlich des Prut in Rumänien wurde mehr oder weniger unterbunden. Als dann in diesem größten Teil Bessarabiens (plus Transnistrien) nach dem Zerfall des Sowjetreichs 1991 die unabhängige Republik Moldova ausgerufen werden konnte, da war die Euphorie dies- und jenseits des Prut über die ›moldawische Wiedergeburt‹ groß: Das Rumänische wurde, symbolisch für die Befreiung, mit seinem lateinischen Alphabet sofort wieder Staatssprache. Als neue Moldova-Staatsflagge wehten die rumänischen Farben nebst Ochsenkopf, dem alten Wappen der historischen Moldau, im Wind. Und das erste Moldova-Parlament setzte sich, wie auch die damalige Führung Rumäniens, explizit die Wiedervereinigung des ›Brudervolks‹ zum Ziel.

Davon ist man heute, besonders alte Menschen wie Zina Gherlac beklagen es, wiederum diesseits und jenseits des Prut weit entfernt. Seit den '94er Wahlen haben in der Republik Moldova die rußlandfreundlichen Parteien das Sagen, die den Kurs einer staatlichen ›Unabhängigkeit‹ verfolgen. Die Republik Moldova suchte demonstrativ die Mitgliedschaft in der GUS. Zwar sind unter den 4,4 Millionen Einwohnern der Republik nur rund 14 Prozent Ukrainer und 13 Prozent Russen zu finden. Und die haben sich zudem z. T. in der selbsternannten Dnjestr-Republik, dem transnistrischen Landstreifen im Osten, verschanzt – politisch gesehen ein stalinistischer Restposten, in dem die 14. russische Armee noch ihren Abzug hinauszuzögern versucht. Kein Wunder, daß die fast militärlose Republik Moldova ihr Heil in einer moskaufreundlichen Politik sucht, zumal die Absatzmärkte für eigene Produkte und die Bezugsquellen für Rohstoffe weiterhin vorwiegend im Osten liegen. Zumal auch Bukarest notgedrungen keine Wiedervereinigungssignale mehr schicken kann. Und den nationalistischen Trommlern, die aus der komplizierten Gemengelage Nutzen ziehen wollen, vertraut die liberal eingestellte Rentnerin erst gar nicht.

Aus dem ›Brudervolk‹ ist wieder ein ›Vetternvolk‹ geworden, das nur »die gleichen Lieder singt und die gleichen Dichter verehrt«. Damit werden sich Menschen wie Zina Gherlac wohl oder übel abfinden müssen.

Das Moldau-Wappen

mänien. Auf den zweiten Blick jedoch entpuppt sich die Eleganz vieler alter Leute hier leider bald als verkappte Armut: Die Samtwesten, Seidenröcke und Kappen alter Damen, die da à la 30er Jahre vorbeispazieren, sind verschlissen und abgewetzt. Die stilvollen Kombinationen alter Herren erweisen sich bei näherem Hinsehen als schon mit vielen feinen Löchlein durchsetzt. Am ganz und gar zertretenen Schuhwerk erkennt man schließlich die Not. Für den Neukauf reichen Rente und Erspartes partout nicht mehr. Und wer nicht fürs Alter oder den Krankheitsfall vorgesorgt hat, der steht in dieser rumänischen Großstadt wie im übrigen Land schnell im Abseits. Neben Restauranteingängen, wo zu Werbezwecken knallbunte Säfte in Plastikbehältern hin und her sprudeln, warten mitleiderregend zerlumpte Alte und Behinderte auf die Gaben der Passanten. Besonders wenn sich beinlose Alte mit den Händen auf Holzstümpfen über den Bürgersteig wuchten, zücken viele ihre Geldbörse. Barfüßige Roma-Kinder müssen vor Postämtern, Kirchen und Hotels tagaus tagein im gleichförmigen Singsang und zum Teil sehr aufdringlich betteln – ihre grellberockten Mütter hocken im Hintergrund und holen sich nur ab und zu den Gewinn ab. Den Roma scheint nur der Tourist etwas zu geben. Doch ohne mit der Wimper zu zucken, stecken schon die Kleinsten Schimpfworte einiger Einheimischer ein, um sofort darauf den nächsten Blickkontakt zu suchen und stereotyp zu klagen: Der Vater sei tot, die Mutter krank usw. An die Chance, eine Schulausbildung zu erhalten, ist bei diesen Roma-Kindern wohl nicht zu denken.

Dabei ist doch gerade die Universitätsstadt Iaşi ein Kultur-, Kunst- und Wissenschaftszentrum mit Tradition. 1565 wurde Iaşi von Fürst Alexandru Lăpuşneanu zur Hauptstadt der Moldau erhoben. Seitdem hat es besonders bis ins 19. Jh. hinein einen für Rumänien einmaligen Aufschwung auch des kulturellen Lebens genommen. Hier ließ der Moldau-Fürst und Kunstförderer Vasile Lupu 1635 bis 1639 innerhalb eines Klosters mit eigener Druckerei eines der bedeutendsten sakralen Bauwerke Europas, die Drei-Hierarchen-Kirche, errichten. Hier wurde die erste Hochschule mit griechischer und kirchenslawischer Unterrichtssprache auf heute rumänischem Boden, die Academia Vasilicana, eröffnet. Hier betrieb Dimitrie Cantemir, Moldaufürst und humanistischer Gelehrter in einer Person, Anfang des 18. Jh. seine philosophisch-historischen Studien, bevor er sich auf der Flucht vor den Türken als Berater von Zar Peter dem Großen verdingen mußte. Hier wurden im 19. Jh. wichtige Kulturinstitutionen gegründet: z. B. die erste rumänischsprachige Hochschule in der Geschichte des Landes, die Academia Mihaileana (1835); das Nationaltheater Vasile Alecsandri (1849), das in Sachen Schauspiel und Oper lange Jahrzehnte in Rumänien den Ton angab; oder, nach der Vereinigung von Moldau und Walachei, die erste Universität des neuen Staates, ›Alexandru Ioan Cuza‹ (1860). Hier in Iaşi arbeiteten berühmte rumänische Schriftsteller wie Ion Creangă, Mihai Eminescu (s. S. 136ff.) oder Mihail Sadoveanu.

Iaşi war in den ereignisreichen Jahrzehnten rund um die Natonalstaatsbildung Rumäniens auch Schauplatz regster politischer Aktivität. Wichtige Zeitungen und Zeitschriften des Landes wie ›România literară‹ (seit 1855) oder ›Contemporanul‹ (seit 1881) wurden hier erstmals herausgegeben, lebten doch gerade auch die Wortführer der nationalen Bewegung in dieser Stadt. Gedenkhäuser z. B. des politisch engagierten Schriftstellers Vasile Alecsandri, des Historikers Mihail Kogălniceanu und natürlich des ›Vereinigungsfürsten‹ Alexandru Ioan Cuza sind im Zentrum von Iaşi noch heute zu besichtigen.

Stadtrundgang

Den Stadtrundgang startet der Iaşi-Besucher am besten auf dem fast unübersehbar großflächigen Vorplatz des **Kulturpalastes** 1 (Palatul Culturii). Hier treffen die Hauptverkehrsadern der Stadt nahe dem Bahlui-Fluß zusammen, der nur einige Kilometer östlich in den Prut, den Grenzfluß zwischen Rumänien und der Republik Moldova, mündet. Monumental erhebt sich am Ende der Strada Ştefan cel Mare der zwischen 1890 und 1926 nach Plänen des Architekten J. Berindei im neugotischen Stil erbaute Palast in die Höhe. Turm und Türmchen, Erker und Balkönchen lassen heute kaum mehr erahnen, wie an selber Stelle wohl vier Jahrhunderte lang der alte Fürstenhof einmal ausgesehen hat. Jetzt beherbergt der Komplex die z. T. sehenswerten Museen für Kunst, Geschichte der Moldau, für Ethnographie und Polytechnik.

Doch auch draußen vor dem Kulturpalast trifft der Iaşi-Besucher inmitten blühender Rabatten auf einen berühmten Vertreter moldauischer Geschichte. Über Dreirad-fahrende Kleinkinder und wachsame Großmütter hinweg reitet ein bronzener Fürst **Stefan der Große** (s. S. 152ff.) auf seinem Sockel forsch Richtung Zentrum. Das imposante **Standbild** (Statuia lui Ştefan cel Mare) von E. Frémiet stammt aus dem Jahr 1883 (s. Umschlaginnenklappe).

Folgt man mit den Augen der Richtung, in die das Szepter in der Rechten des spätmittelalterlichen Moldau-Fürsten schwungvoll weist, erkennt man am anderen Ende des weiten Platzes ein eigenartiges Architekturensemble. Im Hintergrund ragt innerhalb diverser neuer Gebäude der monotone Hochhausbau des Hotels Moldova in den Himmel. Davor erscheint die eintürmige Dreikonchenkirche **St. Nikolaus** 2 (Biserica Sfântu Nicolae Domnesc) mit ihrem vielfarbigen Keramikschmuck und den Reihen von Nischen, aus denen Heiligenbilder leuchten, fast klein und fragil. Sie wurde als einzige Kirche in Iaşi 1491/92 von Stefan dem Großen gestiftet. Doch dieses Gotteshaus hat erst ab dem 16. Jh. seine bedeutendste Zeit erlebt. Hier wurden nämlich seit der Verlegung der Moldau-Hauptstadt nach Iaşi die Fürsten gekrönt, und hier fand ein großer Teil des Hofzeremoniells statt. Dank der Restaurationsarbeiten des französischen Architekten Lecomte de Nouy aus den Jahren 1888 bis 1904 spiegelt dieser Sakralbau auch heute noch den ursprünglichen Baustil aus Fürsten-Zeiten wider.

Geschichtsinteressierte können also in der gepflegten Gartenanlage um St.

Drei-Hierarchen-Kirche in Iaşi

Nikolaus herum ihre Phantasie spielen lassen – und mit nur ein paar Schritten zum dritten Bau des Ensembles gelangen: zum kleinen **Dosoftei-Haus** 3 (Casa Dosoftei). Es ist dies eines der seltenen Privatgebäude, die sich in der Moldau noch aus dem 17. Jh. erhalten haben. Unter seinen Arkadenbögen vor dem großen Laubengang soll einst der Moldau-Metropolit Dimitrie Dosoftei (1624–93) ein- und ausgegangen sein. Denn hier hatte der Lyriker und Gelehrte, dem insbesondere die Ablösung der slawischen Kirchensprache durch das Rumänische zu verdanken ist, seine Druckerei untergebracht. In grünschimmernde Bronze gegossen, sitzt Dosoftei mit vergeistigter Miene noch heute lesend vor dem Haus, das jetzt Buchausstellungen beherbergt. Rundherum haben sich oft junge Leute bei Zigaretten und Bier niedergelassen – die Metropoliten-Statue scheint derzeit als Jugendtreffpunkt zu dienen.

Der Iaşi-Spaziergang führt nun an der Hauptverkehrsachse der Stadt entlang, die sich in fast schnurgerader Richtung von der Strada Ştefan cel Mare über den Vereinigungsplatz (Piaţa Unirii) hinaus zur Strada Lăpuşneanu und bis zur Strada 23. August hinzieht. An ihr entlang bzw. in den kleinen Seitenstraßen liegen die meisten Sehenswürdigkeiten von Iaşi wie Perlen an einer Kette aufgereiht. Da wären erst einmal gleich zur Linken **Schule und Statue von Gheorghe Asachi** 4 (Şcoala şi Statuia lui G. Asachi). Er war Schriftsteller und Gelehrter und avancierte in der ersten Hälfte des 19. Jh. zu den wichtigen Förderern pädagogischer Einrichtungen der Moldau bzw. Rumäniens. In der nächsten rechten Seitenstraße gelangt man zur **Sava-Kirche** 5 (Biserica Sfânta Sava), die Anfang des 17. Jh. wahrscheinlich vom Baumeister Enache aus Konstantinopel errichtet wurde. Seltsam archaisch wirkt dieses massige Bauwerk auf rechteckigem Grundriß, das sich so ganz und gar nicht in die Gruppe der ansonsten schlank aufstrebenden moldauischen Kirchen einreihen möchte.

Wieder zurück auf dem Boulevard Stefans des Großen fällt dem Iaşi-Besucher sofort das wohl eindrucksvollste Gebäude der Stadt auf: die berühmte **Drei-Hierarchen-Kirche** 6 (Biserica Trei Ierarhi), laut Inschrift eine Stiftung des kunstsinnigen Fürsten Vasile Lupu aus dem Jahre 1639. Sicher registriert der Betrachter die architektonische Ausgewogenheit dieser überwiegend nach moldauischen Bauprinzipien errichteten Dreikonchenanlage. Er sieht zwei mächtige Türme, Blendarkaden sowie gotische Fenster- und Türumrahmungen. Doch seine ganze Aufmerksamkeit wird

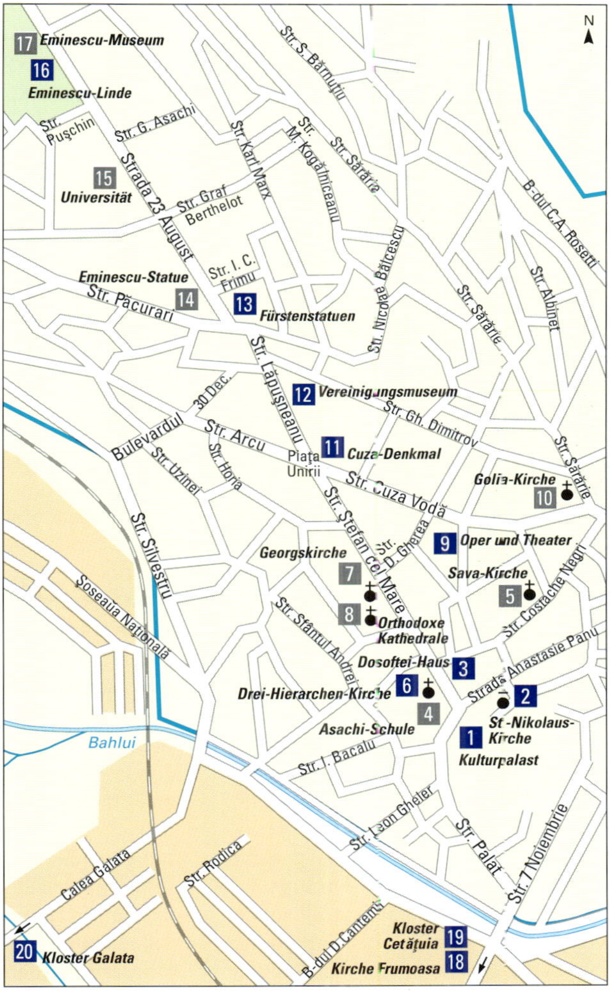

Stadtplan Iaşi

sich dann schnell auf die frappierende Fassadendekoration der Drei-Hierarchen-Kirche richten. Da sind die Außenwände rundherum in der Horizontalen von einem in Stein gemeißelten, gedrehten Tau grob gegliedert – nicht nur dieses Element ist Anklang an die bukowinische Vorgänger-Kirche von Dragomirna (s. S. 178f.). Des weiteren überziehen Dutzende von Ornamentstreifen friesartig die Gesamtfassade nebst Türmen. Man entdeckt so mannigfaltige Motive wohl orientalischer Herkunft, daß man sich beim Gang um die Kirche schier nicht sattsehen kann: an stilisierten Blüten und Ranken, an geometrischen Mustern, die sich, wechseln Blickwinkel und Lichtverhältnisse, ständig zu verändern scheinen. Leider sind diese hellen Steinornamente, die einem Spitzengewebe gleichen, heute besonders an der Straßenfront durch die Luftverschmutzung wie von einer grauen Schicht bedeckt. Früher dagegen sollen diese vollendeten Steinmetzarbeiten einmal von purem Gold überzogen gewesen sein, bevor nacheinander Tataren- und Polenangriffe, Erdbeben und Feuersbrünste dem Gesamtkloster den Garaus machten.

Die Kirche wurde immer wieder grundlegend restauriert, zuletzt 1882/90 nach Plänen von Lecomte de Nouy. Schließlich haben ja im Schiff die für Iaşi so wichtigen Moldau-Fürsten Vasile Lupu, Dimitrie Cantemir und Alexandru Ioan Cuza ihre letzte Ruhe gefunden. Man sollte also auch einmal an dem ernsten Mönch am Portal vorbei ins Innere der Kirche schauen. Reste der ehemaligen Wandmalerei der Moskauer Meister Sidor Pospeev und Jacov Gavrilov aus dem Jahre 1642 sowie die mit prächtigen Stickereien bedeckten moldauischen Ikonostasenvorhänge wird der Besucher aber nicht mehr im Kircheninneren vorfinden. Das nahe Refektorium, das seines spätgotischen Rippengewölbes wegen auch Gotischer Saal genannt wird, dient heute als **Kirchenmuseum.**

Von der Drei-Hierarchen-Kirche zu weiteren sakralen Sehenswürdigkeiten Iaşis an der Straße Stefans des Großen: Nach nur knappen 100 m gelangt man vorbei an der ehemaligen Metropolitenoder **Georgskirche** 7 (Biserica Sfântu Gheorghe) von 1761 mit ihrem heute seltsam turmlosen Äußeren zur großen **Orthodoxen Kathedrale** 8 (Mitropolia), der neuen Metropolie-Kirche aus dem 19. Jh. Hell leuchtet dem Spaziergänger das rechteckige Gebäude entgegen, dessen Grundstein schon 1833 gelegt wurde, das Alexandru Orăscu aber erst 1886 fertigstellte. Vier mächtige Ecktürme und von Dreiecksgiebeln gekrönte Säulengruppen strukturieren das Äußere dieser Kirche. Sie wird alljährlich im Oktober von aromunischen Pilgerscharen aus ganz Rumänien aufgesucht, gehörte doch die hier begrabene heilige Paraschiva auch zur Volksgruppe dieser Mazedo-Rumänen (s. S. 119ff.). Draußen am Kathedraleneingang schlagen auch an Werktagen viele Menschen im Vorbeigehen das Kreuzzeichen. Junge Frauen in Jeans ziehen sich kurz vor dem Messebesuch schnell weiße Kopftücher über, die sie beim Verlassen der Kirche ebenso flink wieder zusammenfalten. Den am Tor zur Straße harrenden Bettlern stecken die meisten noch ein paar Münzen zu, bevor sie sich wieder in den Strom der Passanten einreihen.

Auf der anderen Straßenseite schieben derweil junge Mütter ihre Kinderwagen durch die Parkanlage von **Staatsoper und Nationaltheater ›Vasile Alecsandri‹** 9 (Opera şi Teatru ›V. Alecsandri‹). Das eindrucksvolle klassizistische Bauwerk mit dem monumentalen Portikus ließen die Wiener Architekten Ferdinand Fellner und Hermann Helmer von 1894 bis 1896 errichten. Davor steht unübersehbar die **Statue** eines nachdenklichen alten Herrn: des Schriftstellers und Theaterdirektors **Vasile Alecsandri** (Statuia lui V. Alecsandri), der ab 1862 als erster Außenminister des rumänischen Staats fungiert hatte. An einem Seitenweg des Parks findet sich auch die Erinnerung an einen weiteren rumänischen Schriftsteller und maßgeblichen Direktor der Bühnen von Iaşi: das **Denkmal von Mihail Sadoveanu** (Statuia lui M. Sadoveanu), unter dem sich heute Liebespaare umarmen. Dagegen sind die Bänke an den Hauptwegen vor dem Theater tagsüber von

Der Vereinigungsplatz in Iaşi mit dem Denkmal Alexandru Ioan Cuza

häkelnden Mütterchen und diversen Hundebesitzern belegt. Ein vielstimmiges Gebell vermischt sich dann hier für den Vorbeigehenden auf sonderbare Weise mit den hohen Tönen, die aus den Fenstern des Musentempels schallen, wenn man dort z. B. gerade die ›Zauberflöten‹-Arie der Königin der Nacht probt.

Nur ein paar Minuten vom Theater entfernt auf der Strada Cuza Vodă erreicht der, den ein weiteres bedeutendes Gotteshaus von Iaşi interessiert, die **Klosterkirche Golia** 10 (Biserica Mănăstirii Golia) aus dem 17. Jh. Durch den riesigen Tor- und Glockenturm sieht man im Zentrum des Mauergevierts den hohen Sakralbau liegen. Ihn charakterisieren – hier in der Moldau überraschenderweise – Stilelemente der Spätrenaissance und des Barock: pilastergerahmte und giebelgekrönte Fenster, mächtige Wandpfeiler und mit Bogen begrenzte Felder.

Zurück auf der Strada Ştefan cel Mare gelangt man an einigen bildschönen klassizistischen Häuserfronten vorbei zum Herzen der Stadt, dem belebten Vereinigungsplatz (Piaţa Unirii). Auf Bänken sitzen am Rande alte Leute. Neuigkeiten werden ausgetauscht. Und gleichzeitig hat man von hier aus den besten Blick auf alles, was aus Straßenbahnen, Autos, Bussen und Geschäften strömt. In Eimern warten je nach Jahreszeit Tulpen-, Rosen-, Nelken oder Asternsträuße auf Käufer. Dominiert wird der Platz eindeutig vom hohen **Denkmal Alexandru Ioan Cuza** 11 (Statuia a lui A. I. Cuza). Dieser letzte moldauische Fürst hatte 1862 das Kunststück fertiggebracht, die Moldau mit der

Mihai Eminescu und die rumänische Klassik

Eminescu? Nie gehört.« Bis auf ein paar Romanisten und Komparatisten werden hierzulande auch Literaturinteressierte auf die Frage nach dem größten rumänischen Dichter nur mit den Schultern zucken können, zumal auf dem deutschen Büchermarkt beklagenswerterweise lange Zeit keine übersetzte Eminescu-Werkausgabe auf dem Markt war. Und zumal die Euphorie, mit der bis zum Jahr 1989 auch die marxistisch ausgerichtete Literaturwissenschaft Rumäniens ihren ›Nationaldichter‹ feierte, denen, die dann doch etwas von Eminescu gehört hatten, suspekt erscheinen konnte.

Dabei hatte es dieser 1850 bei der Kleinstadt Botoşani geborene moldauische Dichter der offiziellen Literaturkritik seiner Heimat nach 1945 nicht gerade leicht gemacht. Als früher Revolutionär und Arbeiterkämpfer hatte er beileibe nicht herhalten können. Was war mit romantisch-gefühlsseligen frühen Versen anzufangen wie: »Es starb die Liebe, / Starb im schönsten Wunderturme – / Blaue Blume, blaue Blume ... / Alles auf der Welt ist trübe!« (Floare albastră, Blaue Blume). Wo waren auch in den Gedichten des reiferen Lyrikers die fürs Interpreten-Weltbild unabdingbare Schönheit und Harmonie, die optimistische Grundstimmung zu finden? Schrieb Eminescu doch – die viel späteren Expressionisten ließen grüßen – so beängstigend Irreales wie: »Du gingst von dannen, Kind ... / Dahin, wo aus den bleiernen Meeren schwarze Sonnen aufsteigen, / Wo im schwarzen Licht und im roten Dunkel / Die grausamen Dämonen wie Kohlen leuchten« (Nachlaß, Gemenii, Zwillinge). Und widersprach Eminescu nicht geradezu peinlich sozialistischen Grundwerten, wenn er explizit eine Lanze für den Individualismus brach, z. B. in Versen wie: »Und keiner bringt mich dazu, / Nach seiner Pfeife zu tanzen: / Denn die Berufung meines Lebens / Ist es, mich selbst zu suchen« (Menire, Berufung). Ganz zu schweigen von seinen direkten journalistischen Stellungnahmen zur rumänischen Innen- und Außenpolitik der zweiten Hälfte des 19. Jh. Da hatte er in Zeitungen doch vehement monarchistische und antiliberale Überzeugungen geäußert und sein Land zu kategorischem Widerstand gegen das expansionistische Rußland aufgefordert.

Klar, daß dem sozialistischen Rumänien Eminescu als konservativer Publizist nicht gelegen kam. Da wurde eben sein journalistisches Werk seit 1944 einfach nicht mehr neu aufgelegt, so daß bis 1990 im Lande eigentlich nur Intellektuelle damit bekannt waren. Den Dichter Eminescu konnte und wollte man nach der Stalin-Ära jedoch nicht mehr totschweigen. Stellen doch gerade seine Gedichte unbestritten den klassischen Höhepunkt rumänischer Literatur dar – und ist doch gerade die

Lyrik in allen Kulturen das am schwersten zugängliche und damit in den Augen der Ideologen auch das ›ungefährlichste‹ literarische Genre.

Wer war nun dieser Mihai Eminescu, dem, wie bei uns einst Goethe und Schiller, die klassische Literatursprache Rumäniens zu verdanken ist und den internationale Schriftstellerkollegen wie Giuseppe Ungaretti als wichtigen Vorbereiter der Dichtung des 20. Jh. bezeichneten? Fast jede Buchhandlung, fast jedes Schulbuch in Rumänien zeigt von ihm bis heute das Porträtphoto eines schönen jungen Mannes mit Löwenmähne, Charakternase, sinnlichen Lippen und leicht melancholischen Augen. Da mochte der vielversprechende Mihai gerade seine Schulzeit im bukowinischen Cernăuţi (Czernowitz) (1857–66) sowie – als Flucht – Wanderungen in Theatergruppen durch alle rumänischen Provinzen (1866–68) hinter sich gebracht haben. Nun standen, schon auf Wunsch der Familie, Studienjahre der Philosophie, Philologie und Geschichte in Wien und Berlin an (1869–74). Das waren die Städte, die zu jener Zeit neben Paris die wichtigsten kulturellen Impulse auch in die Moldau aussandten. Doch der Student vertiefte sich mehr in seine eigene literarische Produktion, veröffentlichte eine ganze Reihe spektakulärer Gedichte und mußte sich schon jetzt wie zeitlebens den Angriffen der zeitgenössischen Kritiker erwehren. Ohne Studienabschluß kehrte das junge Genie 1874 in die Heimat nach Iaşi und Bukarest zurück. Hier hält sich Eminescu von nun an, da die bleibende Existenzgrundlage fehlt, als Redakteur kurzlebiger Blätter und als Staatsbediensteter auf Abruf über Wasser. Und eine zweite Konstante wird sein kurzes weiteres Leben bis zum Tod 1889 bestimmen: 1884 bricht eine

Mihai Eminescu (1850–89)

schwere Krankheit, wahrscheinlich Syphilis, endgültig aus. Sie wird wie bei vielen seiner Zeitgenossen auch bei Eminescu den Rhythmus der Arbeit durch den unbarmherzigen Wechsel von Schmerzen und Genesung bestimmen. In Zeiten äußerster Spannung entstehen so ein Roman, Novellen und Märchen, Übersetzungen internationaler Literatur, Volksliedsammlungen und naturwissenschaftliche Abhandlungen. Dazu natürlich das Herzstück seines Werks: die unverwechselbaren Gedichte mit ihrer vollendeten Form, mit ihrer sprachlichen Musikalität und ihrem unnachahmlichen Wortzauber. Wenn die Sinne klar sind, werden auch die persönlichen Beziehungen zu Kollegen wie I. L. Caragiale oder zur Geliebten Veronica Micle intensiviert. In den Intervallen des Zusammenbruchs liegen sie dann, wie die Produktivität, wieder brach.

Als einzig stimulierende Lebenskraft gilt für den Rastlosen schließlich nur noch die Kunst. Leben und besonders das publizistische Werk sind bis zum qualvollen Ende wie beim Zeit- und Leidensgenossen Nietzsche voller Wandlungen, Brüche und Widersprüche. Und laden, wiederum wie im Falle Nietzsche, die Nachgeborenen zu Pauschalisierung, Manipulierung und Mißbrauch geradezu ein. Am Klischee ›großer Kranker‹ und ›verdammtes Genie‹ hat z. B. schon ein Zeitgenosse Eminescus, der Kritiker Titu Maiorescu, gestrickt. Nur einen bestimmten Teil der Gedichte brachte er 1883 heraus und machte den umfangreichen und vielschichtigen Nachlaß des Künstlers erst 13 Jahre nach dessen Tod auf Druck der Öffentlichkeit zugänglich. Bis heute gibt es schon aus diesem Grunde in der Eminescu-Edition und -Forschung noch viel zu tun. Die marxistische Literaturrezeption versuchte sich dagegen jahrzehntelang an einer krassen Überbewertung von Eminescus gesellschaftspolitischem Engagement. Und Vertreter des neuzeitlichen Chauvinismus in Rumänien überinterpretieren heutzutage einige Zeitungsartikel Eminescus in übler Weise für ihre nationalistischen und antisemitischen Zwecke.

Das tut der verdienten Bewunderung für Mihai Eminescu in Rumänien jedoch keinen Abbruch. Durch die Bank sehen sich die Großen unter den neuen rumänischen Dichtern wie z. B. Nichita Stănescu (1933–83) in seinem Erbe. Weiterhin lernen Schüler seine klangvollen romantischen Verse auswendig, beschäftigen sich Studenten mit den programmatisch verschlüsselten Dichtungen des reifen Künstlers, der die Romantik zu überwinden wagte (z. B. Luceafărul, Der Abendstern). Und wahrscheinlich wird eine von ideologischem Ballast befreite rumänische Philologie dieses Werk, in dem so vielfältig die Stränge der europäischen Literatur verknüpft sind, bald auch verstärkt über die Landesgrenzen hinaustragen können. Eine ins Deutsche übersetzte Eminescu-Gedichtsammlung ist inzwischen erschienen. Exzellente Übersetzer dafür hat es hierzulande dafür ja immer gegeben. Denn Mihai Eminescu muß gerade auch als Zeitgenosse und Seelenverwandter Baudelaires, Rimbauds und Nietzsches sowie als ein wichtiger Wegbereiter der modernen Lyrik eine große internationale Lesergemeinschaft wert sein.

Walachei zum Staat Rumänien zu vereinigen. Unterhalb der gewaltigen Metallkränze, die zu seinen Ehren den Sockel schmücken, füttern Kleinkinder mit Hilfe ihrer Großeltern die zahllosen Tauben.

Als Kulisse dienen zwei grundverschiedene Hotelbauten. Im Fußgängerbereich wartet in einfallsloser Plattenbauweise das moderne Hotel Unirea auf Gäste. Direkt neben dem Cuza-Denkmal erinnert das altehrwürdige – aber inzwischen renovierte – Hotel Traian mit ›klassischem‹ Fassadenschmuck an den Römerkaiser, der seinem Weltreich einst sogar über Donau und Karpaten hinaus Provinzen hinzugewann. Folgt man am Vereinigungsplatz nun der Fortsetzung der Strada Ştefan cel Mare, der Strada Lăpuşneanu, dann steht man nur ein paar Gehminuten vom Cuza-Denkmal entfernt vor dem Wohnhaus dieses für Rumäniens Geschichte so wichtigen

Mannes. Die streng klassizistisch gebaute Residenz Cuzas überrascht an der Straßenfront mit regelrecht überladenem Gebäudeschmuck: Über den schmiedeeisernen Balkonen entdeckt man sogar atlantenähnliche Stützfiguren und sich räkelnde Putten. Im ehemaligen Fürstenhaus selbst ist heute mit eher bescheidenen Ausstellungsstücken der 50er und 60er Jahre des 19. Jh. das **Vereinigungsmuseum** 12 (Muzeul Unirii) untergebracht.

Weiter geht der Spaziergang Richtung Universitätsviertel. Der große Platz, auf dem die Strada Lăpuşneanu in ihre Verlängerung, die Strada 23. August, mündet, entpuppt sich als unangenehm lauter Verkehrsknotenpunkt. Schnell flüchtet man besser rechter Hand in eine nahe Grünzone, innerhalb derer man sich plötzlich frontal mit acht riesigen Männern konfrontiert sieht. In Zweiergruppen stehen hier die **Fürstenstatuen** 13 (Statuile) von wichtigen Moldau-Herrschern versammelt. Langhaarig und mit mächtigen Schwertern ausgerüstet, schauen als Gründungsväter des Fürstentums Dragoş (1352–53) und Alexandru cel Bun (Alexander der Gute, 1400–32) von ihren Sockeln herunter. Daneben halten der majestätisch blickende Ştefan cel Mare (Stefan der Große, 1457–1504) sowie der hier inzwischen nasenlose Mihai Viteazul (Michael der Tapfere, 1600) ihre Fürsteninsignien in den Händen – beide gelten in der rumänischen Geschichtsschreibung als frühe Verfechter nationaler Ideen. Starr und streng geradeaus ist der Blick zweier weiterer Moldau-Fürsten gerichtet: Ion Vodă cel Vitaez (Johannes, der tapfere Fürst, 1572–74) und Petru Rareş (Peter ›mit dem spärlichen Bart‹, 1527–38, 1541–46) sind als mächtige Erben des Landes vereint, das ihnen ihr (Groß-)Vater Stefan hinterlassen hatte. Und schließlich stehen hier nahe der Universität noch zwei der bedeutendsten Kunstförderer unter den Moldau-Politikern einträchtig beisammen: Vollbärtig und kräftig Vasile Lupu (1634–53) nebst Baumodell in seiner Linken; und an seiner Seite glattrasiert, mit Lockenhaar und eher fragil gebaut, mit dem Moldau-Wappen und – unentbehrlich – einem Buch ausgestattet, der Philosoph unter den Fürsten, Dimitrie Cantemir (1710/11; s. S. 22). Eine eindrucksvolle Gruppe, diese acht steinernen Moldau-Herrscher. Nur schade, daß sie hier von Iaşis Städteplanern im Schatten großer Laubbäume fast wie auf dem Abstellgleis plaziert sind.

Von Landes- zu Dichterfürsten: Wieder zurück auf der Strada 23. August begrüßt den Spaziergänger am Eingang zum Universitätsbereich sofort eine hohe **Statue Mihai Eminescus** 14 (Statuia lui M. Eminescu), die aber wegen ihrer rohen Ausführung wenig beeindrucken kann. Hier gegenüber, in der gutbestückten und nach ihm benannten Universitätsbibliothek, war der größte rumänische Dichter 1874 und 1875 Direktor. An zahllosen Straßenbuchhändlern vorbei gelangt man dann bald zu den Gebäuden der einzelnen Fakultäten.

Das repräsentative Hauptgebäude der **Universität ›Alexandru Ioan Cuza‹** 15 (Universitatea ›A. I. Cuza‹) überzeugt architektonisch besonders. Mit seiner großen Freitreppe und dem riesigen Säulenschmuck ist dieser Bau des ausgehenden 19. Jh. vom Stil des französischen Akademismus beeinflußt. Davor lagern in den Vorlesungspausen um die schöne Brunnenanlage die Studenten. In Iaşi sind traditionsgemäß insbesondere die philosophischen Fachrichtungen mit dem landesweit besten Studienangebot vertreten.

Die früheren Wohnhäuser der Künstler und Wissenschaftler (Casele artiştilor şi savanţilor) Ion Creangă, Mihail Kogălniceanu, Petru Poni und vieler anderer findet man bei einem Bummel durch die kleinen Seitenstraßen der Universitätsmeile. Wem jetzt nach so vielen Eindrücken jedoch eher nach einer Verschnaufpause ist, der mag sich besser gleich in den **Copou-Park** (Grădina Copou) am Ende der Strada 23. August aufmachen. In dieser Oase der Ruhe vernimmt man nach dem Lärm der Boulevards nur noch das Zwitschern der Vögel und das Plappern der Dreikäsehochs, die hier von ihren Großeltern gehütet werden. Größere Kinder können ihre Kletterkünste auf den alten, schattenspendenden Bäumen erproben. Auf den grünen, in Reih' und Glied stehenden Parkstühlen am kleinen See sind bei gutem Wetter Studenten in ihre Lektüre versenkt. An Rundwegen finden sich die Büsten (Busturi) rumänischer Schriftsteller des 19. Jh. wie Iacob Negruzzi oder Ion Creangă und in deren Mitte die Statue der Veronica Micle.

Deren berühmten Dichterkollegen und Geliebten Mihai Eminescu soll hier inmitten des Copou-Parkes unter der großen **Eminescu-Linde** 16 (Teiul lui Eminescu) auch die Muse des öfteren geküßt haben. Schon arg gebrechlich, läßt der alte Baum seine Zweige inzwischen doch sehr hängen, besonders seitdem justament ihn vor ein paar Jahren der Blitz traf und man ihn mit dicken Metallbändern stützen mußte. Nichtsdestotrotz sind an der Eminescu-Büste (Bustul lui Eminescu) wie eh und je immer Blumensträuße niedergelegt. Weniger Aufmerksamkeit scheinen die Einwohner Iaşis aber dem modernen **Eminescu-Museum** 17 (Muzeul lui Eminescu) direkt gegenüber zu zollen. Seltene Photos und Statuen des Dichters, Erstausgaben seiner Bücher, Ölbilder mit ihm und seinen Zeitgenossen sowie Familienandenken wie z. B. den Flügel seiner Schwester kann der Besucher ganz ungestört betrachten. Die Museumswärterin eilt dafür gerne von Vitrine zu Vitrine, um flink die jeweiligen Plastikschutzhüllen zu lüften. Am Ausgang schließlich gibt es für den Dichter-Fan sogar – für Rumänien noch ungewöhnlich – regelrechte Eminescu-Souvenirs zu erstehen.

Die Peripherie von Iaşi: Eine Drei-Klöster-Tour

So ergiebig auch jeder Iaşi-Spaziergang sein mag, der Moldau-Tourist sollte sich auch für die Sehenswürdigkeiten in den Randvierteln etwas Zeit nehmen. Empfehlenswert ist sicher ein Ausflug zu den drei Klöstern Frumoasa, Cetăţuia und Galata, den man vom Stadtmittelpunkt Piaţa Unirii aus am besten mit einem ortskundigen Taxifahrer startet. Schnell ist man in Richtung Bahlui-Fluß in Stadtteilen gelandet, deren vielstöckige Blocks sich, je weiter man sich vom Zentrum entfernt, in immer verwahrlosterem Zustand befinden. Auch das reiche Iaşi besitzt Viertel, in denen den Gast Armut und Elend erschrecken. Schmutzige Kinder lungern in vor Müll stinkenden Hauseingängen. Streunende Hunde hinken an Kiosken vorbei, die tagsüber als beliebte Alkoholiker-Treffpunkte dienen. An den löchrigen Straßen führen oberirdisch die häßlich-dicken Leitungsrohre der Fernheizung entlang. Auch allerneueste Blocks mit noch unverputzten Wänden sind bewohnt – und schon sichtbar reparaturbedürftig.

Und inmitten all dieser Trostlosigkeit am Rande von Iaşi findet sich innerhalb einer verwilderten, ummauerten Gar-

Vor den Mauern von Kloster Galata

tenanlage ein Kleinod an klassizistischer Baukunst: die **Klosterkirche Frumoasa** 18 (Biserica Mănăstirii Frumoasa). Gemeinsam mit dem mächtigen Glokkenturm und dem fast wie verwunschen wirkenden ›Palais hinter den Mauern‹ (›Palatul după ziduri‹) wurde sie in den ersten Jahrzehnten des 19. Jh. im Innenhof an Stelle von rund dreihundertjährigen Klosterbauten errichtet. Die Fassade der einschiffigen ›Schönen‹, so ihr Name, ist eine gelungene Komposition aus Säulen- und Pilaster-, Palmettenfries- und Arkadenschmuck. Die baufällige Kirche wird sicher dann wieder Betrachter beeindrucken, wenn die notwendigen Reparaturarbeiten ausgeführt sind. Durch den dorischen Eingangsportikus tritt der Besucher ein ins Innere des Gotteshauses. Immer noch leuchtet hier die ausdrucksstarke Wandmalerei in gelb-rot-grünen Tönen auf tintenblauem Grund, wenngleich auch etwa die Szenen der Passionsgeschichte einer Restauration unbedingt bedürfen. Draußen passiert man beim Abschied von Frumoasa noch das imposante Grabmal Sturdza (Mormântul Sturdza), wo eine schlanke Frauenstatue über den ewigen Schlaf der moldauischen Adelsfamilie wacht.

Von der (noch) recht verfallenen ›Schönen‹ aus soll es nun den gegenüberliegenden Hügel hinauf zum Cetăţuia-Kloster, übersetzt, zur ›Festung‹, gehen. Kinder proben hier auf der steilen Kopfsteinpflasterstraße die höchst gefährliche Skateboard-Abfahrt. Auf Waldwiesen weiden Kühe und Schafe. Je weiter man sich der mehrtürmigen und wirklich festungsähnlichen Klostermauer auf dem Hügelkamm nähert, um so gepflegter stehen plötzlich Weinstöcke am Fahrtweg. In **Kloster Cetăţuia** 19 (Mănăstirea Cetăţuia), das im 17. Jh. in der Herrschaftszeit von Grigore Cornescu errichtet wurde, findet im Gegensatz zu Frumoasa noch ein reges Klosterleben statt. Geschäftig eilen immer wieder Mönche umher. Wer durch den breiten, mit dem Moldau-Wappen geschmückten Eingangsturm tritt, der erblickt auf einer akkurat gestutzten Grünfläche saubere kleine Klostergebäude und im Mittelpunkt eine schmucke, helle Kirche. Sie erinnert vom Architektonischen her unwillkürlich an die Drei-Hierarchen-Kirche im Zentrum von Iaşi: Dreikonchenbau auf rechteckigem Grundriß, moldauisches Wölbsystem, Zweitürmigkeit heißen hier wie dort die Stichworte. Doch im Gegensatz zur Ausführung der drei Jahrzehnte älteren Vorgängerin hat man bei dieser Kirche auf den äußeren Ornamentschmuck verzichtet. Cetăţuias Kirchenfassade gliedert sich allein durch das umlaufende gedrehte Steintau, die gotischen Fensterumrahmungen und die kleinen Blendarkaden. Für den Besucher ist übrigens bei freiem Eintritt nur der Exonarthex der Kirche zugänglich. Da lohnt der Ausblick von der Klostermauer aus auf jeden Fall mehr: Unten liegt die Großstadt im Flußtal des Bahlui, umringt von bewaldeten Hügeln. Erst von hier aus sieht man an Schornsteinen und weiten Gewerbegebieten, daß Iaşi durchaus auch ein großes Industriezentrum mit Schwerpunkten im Maschinenbau und der Medikamentenfabrikation ist. Und daß im Vergleich die Blocks gegenüber den alten Bauten bei weitem überwiegen.

Womit bisher noch ein anderer Aspekt dieser großen rumänischen Stadt ausgespart blieb. Das beinahe dörfliche Iaşi lernt man nämlich kennen, wenn man (und das wäre die dritte Etappe der Kloster-Rundfahrt) vom Cetăţuia- zum Galata-Hügel fährt. Hier finden sich adrette Einfamilienhäuser und Villen inmitten blühender Gartenpflanzungen. Hier stehen schon einmal Pferd und Fohlen am Laternenpfahl angebunden. Kinder füttern gackernde, in den Straßengräben freilaufende Hühner. Von Wiesen schauen Schafe herüber. Direkt an der Klostermauer lassen Bauern gerne ihre Kühe grasen.

Die große, schmale **Klosterkirche Galata** 20 (Biserica Mănăstirii Galata) selbst ist wie das angrenzende Fürstenpalais und der Glockenturm eine Stiftung des Moldau-Herrschers Petru Şchiopul (Peters des Lahmen) von 1577. An sich eine traditionelle moldauische Dreikonchenanlage, sind ihr durchaus schon architektonische Elemente aus dem damaligen Nachbarland Walachei eigen: am offensichtlichsten in der Art der Außenwandgestaltung. Hier sind nämlich auch innerhalb der Blendarkaden verschiedenfarbige Hausteine und Ziegel in wechselnden Reihen angeordnet, was einen weithin erkennbaren Schichtungseffekt erzielt. Die Horizontale wird an diesem ansonsten schlank aufstrebenden Kirchenbau auch durch das ausgeprägte Gurtgesims betont. Im Inneren ist die Originalmalerei leider durch ein Feuer im Jahr 1762 zerstört worden. Aus dem durch Weihrauch stark verräucherten, dunklen Schiff tritt man also gerne wieder in den Klosterhof und betrachtet dort den schönen großen Ziehbrunnen. Von der heute idyllischen Klosteranlage Galata mit der jedoch dunklen Vergangenheit als Internierungslager im Zweiten Weltkrieg kann es über holprigen Asphalt und durch triste Neubausiedlungen schließlich wieder in den Stadtkern von Iaşi zurückgehen.

Westliche Moldau: Route Iaşi – Focşani

Die westliche Moldau zwischen dem Fluß Siret und dem Ostkarpatenbogen lernt der Autofahrer am besten auf der zirka 300 Fahrtkilometer langen Strecke von Iaşi über Târgu Frumos, Târgu Neamţ, Piatra Neamţ und Bacău nach Focşani kennen. Als kulturelle Höhepunkte bieten sich dabei Besuche der Klöster Neamţ, Agapia und Văratec an. Für Zugfahrer sind hier nur die Streckenabschnitte Iaşi – Paşcani – Târgu Neamţ, Paşcani – Roman (S. 287) – Bacău, Bacău – Piatra Neamţ – Bicaz und zurück bzw. Bacău – Focşani zu nutzen. Von Târgu- oder Piatra Neamţ aus müssen die Klöster dann per Taxi angefahren werden. Wer zwischendurch übernachten möchte, steigt am besten in den Hotels von Târgu Neamţ oder Piatra Neamţ ab. Aber auch bei Kloster Agapia gibt es eine Unterkunft. Von Iaşi aus startet man nun auf der Nationalstraße DN28 am Flüßchen Bahlui entlang in Richtung Podu Iloaiei, (›Brücke der Iloaia‹). Hier soll die schöne Moldauerin mit Namen Iloaia ihrem fürstlichen Geliebten Stefan dem Großen zum Empfang extra eine Zugbrücke vorbereitet gehabt haben.

In der nach 45 km erreichten Kleinstadt **Târgu Frumos** **1** (S. 294) trifft man wieder auf Spuren der Moldau-Fürsten. Die im 19. Jh. stark umgebaute Stadtkirche soll nämlich von Stefans Sohn Petru Rareş 1535 gestiftet worden sein. Und seinen Namen ›Schöner Markt‹ hat das Städtchen dem Umstand zu verdanken, daß hier zu ›Fürstens Zeiten‹ zwölfmal jährlich der größte mol-

Kloster Neamţ

Route durch die westliche Moldau

dauische Markt für Bienenhonig und -wachs stattzufinden pflegte.

Von Târgu Frumos ist Literatur-, Musik- und nicht zuletzt Architektur-interessierten Autofahrern übrigens über die DN28B, 29B und 29A ein nur 100 km langer Abstecher Richtung Norden zu empfehlen zu den (gleichnamigen) Geburtsorten des Dichters Mihai Eminescu (einst Ipoteşti) und des Komponisten

George Enescu. Zugfahrer müßten von Paşcani aus nach Botoşani starten.

Auf dem Weg sind nach rund 25 km die Kellereien des bekannten Weinbauzentrums **Cotnari** 2 zu besuchen. Nach weiteren zehn Kilometern kann man die Georgskirche (Biserica Sfântu Gheorghe), von 1492 in **Hârlau** 3 (S. 278) besichtigen. Sie gehörte einst zu einer Residenz Stefans des Großen und soll bis zum 19. Jh. sogar mit Außenmalereien geschmückt gewesen sein.

Nächste Ziele sind nach weiteren 40 km in **Botoşani** 4 (S. 264) das schön restaurierte gelbe Rathaus und die kleine Nikolauskirche (Biserica Sfântu Nicolai), ebenfalls eine von Stefan 1496 in Auftrag gegebene Dreikonchenanlage.

Wenige Kilometer nordwestlich der Stadt steht in **Mihai Eminescu** 5 (S. 281) – der Geburtsort Ipoteşti des Dichters wurde ihm zu Ehren umbenannt – dessen Geburtshaus zur Besichtigung. Schließlich lockt den Moldau-Besucher 35 km nördlich von Botoşani ein dritter Bau des fleißigen Kirchenstifters Stefan: die Nikolauskirche (Biserica Sfântu Nicolai) von 1495 in **Dorohoi** 6 (S. 275) mit ihren schönen gotischen Fenster- und Türumrahmungen. Im Ort kann man ein Museum besichtigen, das an den Komponisten George Enescu erinnert, der etwa 10 km weiter geboren wurde.

Auf dem direkten und 58 km langen Weg von Târgu Frumos nach Târgu Neamţ fährt man über die recht farblosen Orte und Städtchen Ruginoasa, Paşcani und Moţca auf der DN28A. Rundherum sind immer wieder kleine Dörfer und endlos scheinende Maisfelder zu sehen. Fast unmerklich wird die Landschaft hügeliger.

Târgu Neamţ 7 (S. 295) war seit Ende des 14. Jh. Zollstelle für den Viehhandel zwischen der Moldau und Transsilvanien und damit wichtiger Marktflekken – daher der Name: ›Deutscher Markt‹. Es präsentiert sich heute als moderne Kleinstadt, die insbesondere vom Touristenverkehr zu den nahen Klöstern lebt. Doch ein Stopp lohnt sich auch hier am Rande der Vorkarpaten: gibt es doch auf einem steilen Felsen inmitten üppiger Laubbäume die malerischen Ruinen der Festung Neamţ (Cetatea Neamţului) aus dem 14. Jh. zu erklettern. Diese, wie man heute noch erkennt, einst stattliche Burg war vom großen Stefan 1475/76 seines Verteidigungskampfes gegen die Türken wegen mit halbkreisförmigen Basteien, 20 m hohen, starken Mauern und tiefen Gräben ausgestattet worden. Unten im Stadtzentrum kann man noch das Haus Veronica Micles (Casa Veronicăi Micle), der Geliebten des Dichters Eminescu, besuchen.

Zu den drei sehenswerten Klöstern der westlichen Moldau, Neamţ, Agapia und Văratec, ist es von Târgu Neamţ aus nur noch ein Katzensprung. Auf der DN15B gelangt man nach 14 km in westlicher Richtung zum berühmten **Kloster Neamţ** 8 (Mănăstirea Neamţ), dem, wie der Name es sagt, ›deutschen Kloster‹. Beeindruckend erheben sich vor dem Ankömmling die mächtigen Mauern des großen Klosterkomplexes in die Höhe. Schon seit Fürst Petru Muşat, der ›schöne Peter‹, die Moldau 1376 bis 1392 regierte, soll sich hier ein Kloster mit Steinkirche befunden haben. Unter Alexandru cel Bun, dem ›guten Alexander‹, wurde es Anfang des 15. Jh. instandgesetzt. Aber wie auch im Falle der Bukowina-Klöster im Norden der Moldau war es auch in Neamţ Stefan der Große, der bis heute die deutlichsten Spuren hinterlassen hat. Die klostereigene Georgskirche (Biserica Sfântu Gheorghe) des Petru Muşat mußte nämlich schon 1795 einer gleichnamigen klassizistischen Nachfolgerin mit Säulen und Gebälk weichen, die man dann bei Restaurationsarbeiten sogar noch in den Osttrakt der Klosterbauten versetzte. Doch die von Stefan 1497 gestiftete Himmelfahrtskirche (Biserica Înălţarea la Cer) dominiert bis heute auf einer Grasfläche im Zentrum die gesamte Anlage. Deutlich ist hier trotz einiger späterer Veränderungen die architektonische Verwandtschaft von Neamţ mit den fast zeitgleich entstandenen Klosterkirchen von Putna oder Voroneţ (s. S. 173f., 161ff.) zu erkennen. Auf einem großen Dreikonchengrundriß erhebt sich über dem Naos ein hoher Kuppelturm, der sich auf ein für die moldauischen Kirchen typisches raffiniertes Gewölbesystem stützt. Rechteckig sind Pronaos und Vorhalle sowie eine inzwischen entfernte Grabkammer daran angeschlossen worden. An dekorativen Fassadenelementen fallen besonders die Ziegelreihen, die Nischen sowie die Friese aus glasierten gelben und grünen Keramikscheiben ins Auge, die sich oben am achteckigen Kuppelturm wiederholen. In gotischem Stil ausgebildete Steinmetze müssen einst an der Himmelfahrtskirche mitgearbeitet haben. Darauf läßt wie auch bei den Schwesterkirchen der Bukowina die Ausführung der Türrahmen und das Maßwerk der kleinen Fenster schließen.

Während der Besucher die imposante Kirche bestaunt, eilen bestimmt einige der heute in Neamţ verbliebenen Mönche geschäftig vorbei. Zu Zeiten des Fürstentums Moldau ist dieses Kloster sogar eines der bedeutendsten Kulturzentren des Landes mit Schulen für Kalligraphie und Miniaturmalerei gewesen. Zwar werden die berühmten Manuskripte von Neamţ inzwischen in den großen Museen der Welt gezeigt. Doch einige Ausstellungsstücke im Klostermuseum verweisen heute noch auf das Ansehen, das diese Abtei für einige Jahrhunderte auch in Sachen Stickerei, Silberschmiedekunst und Ikonenmalerei genossen hat. Daß der Dichter Mihai Eminescu hier 1886 in einer Psychiatrischen Klinik interniert war, dürften dagegen nur die wenigsten Besucher erfahren.

Über die DN15C gelangt man wieder von Târgu Neamţ aus nach nur drei Kilometern zum nächsten Moldau-Kloster: **Mănăstirea Agapia** 9 (S. 259). Kalkweiß leuchten die Wände der diversen Klosterbauten unter den dunklen Dächern in der Sonne. Im Hintergrund erheben sich reichbewaldete Berghänge. Im Klostergarten blüht und sprießt es dank der Gärtnerarbeit emsiger Nonnen.

Architektonisch hat die 1858 bis 1862 gänzlich erneuerte Dreikonchen-Klosterkirche von Agapia, deren Vorgängerin noch aus dem 17. Jh. stammte, zwar nichts Außergewöhnliches zu bieten. An der Fassade sowie am Turm deuten noch ein paar Blendarkaden den klassisch-moldauischen Stil an. Die meisten anderen Details wie das Säulendekor um die großflächigen Fenster können aber unzweifelhaft dem im 19. Jh. geläufigen Repertoire an Ornamenten zugeordnet werden. Im Kircheninneren jedoch gehören die von Nicolae Grigorescu ausgeführten Fresken und die Bilder der Ikonostase in ihrer zarten Farbgebung zum Besten, was die rumänische Malerei in der zweiten Hälfte des 19. Jh. hervorgebracht hat. So gefühlvoll sind hier zum Beispiel Gottesmutter und Jesuskind gemalt, daß sie noch heute anrühren. Interessant ist es für den Besucher auch, das rege Klosterleben zu beobachten, rechnet man Agapia zusammen mit der Nachbarabtei Văratec doch auch zu den zahlenmäßig

Richtig Reisen *Tip*

Wo Jägerträume in Erfüllung gehen ...

Schon tagelang ist der deutsche Gast im waldigen Moldau-Bergland auf der Lauer. Nur seine Ausrüstung hat er von zu Hause mitgebracht. Alle anderen Reisevorbereitungen hat der Veranstalter übernommen, Visum, Transfer sowie vor Ort Quartier, Jagdpapiere und -helfer organisiert. Nun müßte dem Hobby-Jäger nur noch ein Traumwild begegnen. Das heißt: Dieser deutsche Pauschal-Jagdurlauber will sich sein Beutetier ausdrücklich selbst ›erarbeiten‹ und nicht einfach nur vom Hochsitz aus erlegen. Dafür braucht es, so räumt er ein, auch letztlich kein kapitaler Hirsch zu sein. Denn er möchte keinesfalls mit solchen Rumänien-Stammgästen verwechselt werden, die sich hier, möglichst noch mit Home-Video festgehalten, als große Bären-Töter selbst inszenieren: Das arme Tier wird dann mit Keksfütterung zahm gemacht, mit Tierblutkonserven angelockt und dem ›Vollstrecker‹ hautnah vor die Büchse getrieben.

Im heutigen Jägerparadies Karpaten schießen statt wie einst die Politgrößen nun die Zahlungskräftigen große Beutetiere, denn jede Bären- oder Hirschtrophäe will natürlich extra bezahlt werden. Das hat auch zur Folge, daß die dafür eigens herangelockten hungrigen Bären inzwischen auch in die umliegenden Dörfer drängen. Von einem Traumrevier kann also, wenn die Population dieser Tiere nicht in vernünftigen Grenzen gehalten wird, bald keine Rede mehr sein. Besonders dann nicht, wenn finanzkräftige Gäste wie unser deutscher Hobby-Jäger Rumäniens Reviere als Tummelplatz der Selbsttäuschung mißbrauchen würden.

größten orthodoxen Nonnenklöstern Europas.

Kloster Văratec 10 (Mănastirea Văratec) erreicht man von Agapia aus auf der DN15C gen Süden nach knapp 10 km am Ende einer Abzweigung. Auch dieses im 16. Jh. gegründete Kloster verdankt seinen Reiz vor allem der herrlichen Lage inmitten bergiger Landschaft. Dazu besteht der kunsthistorische Wert der Anlage weniger in der Baugestalt des 19. Jh. als in der Reichhaltigkeit des Klosterschatzes: feine Goldschmiedekunst und meisterhafte Ikonen aus mehreren Jahrhunderten. Mihai Eminescus Muse Veronica Micle liegt hier begraben.

Von Văratec aus geht die Nord-Süd-Fahrt durch die Moldau Richtung Focşani weiter auf der DN15C über die Orte Crăcăoani und Dobreni. Fast quadratisch angelegte kleine Häuser mit tiefen Dächern sind hinter geschnitzten Holztoren zu erspähen. Zum Teil sind ihre Zäune noch wie in alten Zeiten mit eingeflochtenen biegsamen Ästen verstärkt. Rundherum bieten sich die bewaldeten Ausläufer der Ostkarpaten zu Kletterpartien und Wanderungen an.

Nach gut zwanzig Fahrtkilometern von Văratec aus gelangt man im Tal des Bistriţa-Flusses zur 120 000-Einwohner-Stadt **Piatra Neamţ** 11 (S. 284). Im Osten Richtung Siebenbürgen wird sie von rund 800 m hohen Vorkarpatenbergen überragt – daher wohl der Name: ›Deutsches Gestein‹. Doch von der alten Stadt ist gerade in den letzten Jahrzehnten leider kaum mehr ein Stein auf dem anderen geblieben. Inmitten stereotyper Blocks finden sich an wichtiger historischer Bausubstanz im Zentrum noch Überreste eines Fürstenhofs Stefans des Großen (Urmele Curţii Domneşti). Dazu gehört im weiteren Sinne auch die kleine Johanneskirche (Biserica Sfântu Ioan) nebst separatem Glockenturm aus den Jahren 1497 bis 1499. Sie ist als eine architektonische Verschmelzung von Basilika und Dreikonchenanlage anzusehen und zeigt auch heute noch die für Stefans Zeit so typische Fassadengliederung: durch Blendnischenreihen und Friese, die unter leuchtend rotem Dach mit rotgelben und grünen glasierten Keramikscheiben verziert sind. Dazu kommen als dekorative Elemente gotische Tür- und Fensterrahmen.

Von der Johanneskirche geht es zur Kirche Bistriţa, die innerhalb des **Klosters Bistriţa** (Mănăstirea Bistriţa) am Stadtrand von Piatra Neamţ zu finden ist. Die schlanke, blendendweiß getünchte Dreikonchenkirche mit ihrem Blendnischendekor, die man hier heute betrachten kann, ließ der Moldau-Fürst Alexandru Lăpuşneanu 1554 errichten. Aber im Grunde genommen haben an Kloster Bistriţa auch einige Vorgänger Lăpuşneanus Zeichen gesetzt: der Stifter Alexandru cel Bun, der nebst Familie

Klosterkirche Bistriţa bei Piatra Neamţ

hier begraben liegt, mit dem ersten Kirchenbau Anfang des 15. Jh., dessen Enkel Ştefan cel Mare mit dem Glockenturm von 1498 und wiederum dessen Sohn Petru Rareş Mitte des 16. Jh. mit einem Pendant des Klosterwohngebäudes von Moldoviţa.

Wer von Piatra Neamţ aus nicht gleich Richtung Süden weiterfahren möchte, dem sei über die DN12C ein nur zirka 20 km langer, aber zeitaufwendiger Abstecher in die herrliche Berglandschaft der Ostkarpaten mit ihren Erholungs-, Wander- und Skigebieten empfohlen. Er führt Richtung Westen über Tarcău zu der 10 000-Einwohner-Stadt **Bicaz** 12 (S. 263) mit ihrem riesigen Damm und dem Wasserkraftwerk ›Stejam‹.

Zu Füßen des gewaltigen, bis 1907 m hohen Ceahlău-Massivs, das auch ›Olymp der Moldau‹ genannt wird, läßt es sich am 440 km² großen, blauschimmernden Bicaz-Stausee (Lacul de acumulare) gut pausieren. Oder man bricht zu den Ceahlău-Schutzhütten Dochia und Durău bzw. zum Skifahren rund um den Luftkurort **Durău** 13 (S. 276) auf. Vielleicht hat man ja auch noch Zeit (und Nerven), von Bicaz aus auf der DN12C Richtung Südwesten zu einem überaus steigungsreichen 40 km langen Ausflug zum bekannten Erholungs- und Skigebiet **Lacu Roşu** 14, dem ›Roten-‹ oder ›Mördersee‹, zu starten. Innerhalb dichten Nadelwaldes erinnern hier übriggebliebenen Baumstämme inmitten des Wassers noch heute an eine Naturkatastrophe von 1838. Damals war bei einem Erdrutsch ein ganzer bewaldeter Steilhang in den See geraten.

Zurück am Ausgangspunkt Piatra Neamţ geht die Fahrt durch die westliche Moldau nun talab weiter auf der DN15 Richtung Südosten. Vorbei an der Kunstfaserindustrie von Săvineşti und der Düngerfabrik von Roznov erreicht man nach 38 km in der Bistriţa-Senke die Industriekleinstadt Buhuşi und nach weiteren 22 km die ebenfalls am Bistriţa-Fluß gelegene 200 000-Einwohner-Stadt **Bacău** 15 (S. 261). Auch im Stadtbild dieses Eisenbahn- und Straßenverkehrsknotenpunkts bestimmen weitläufige Industrieanlagen und moderne Blocks den Gesamteindruck. An fürstliche Zeiten, als nämlich 1481 ein Sohn Stefans des Großen hier sogar einmal eine Hofhaltung einrichtete, erinnern in Bacăus Zentrum noch die Hofruinen (Ruinele Curţii Domneşti) und die hohe Kirche der heiligen Jungfrau (Biserica Precista) von 1491.

Für die verbleibenden 108 km zwischen Bacău und Focşani läßt sich nun praktischerweise die E 85 nutzten, die am Siret entlang durch die wenig abwechslungsreiche und fast menschenleer scheinende moldauische Tiefebene führt. Da und dort sind ein paar gegen Überschwemmungen auf hohen Fundamenten gebaute Häuschen mit kleinen Fenstern zu entdecken. Bauern haben ihre Pferdewagen am Feldrand geparkt, um die Ernte aufladen zu können. Kühe werden vorbeigetrieben. An Bahnstationen warten manchmal lärmend ganze Hochzeitsgesellschaften auf den nächsten Zug. Die Kopftücher tragenden Frauen, die Männer mit Anzug und Hut, die extra herausgeputzten Kinder verpflegen sich dabei hier alle schon einmal aus ihren dicken Proviantbeuteln.

Wer als Autofahrer eine Fahrtpause einlegen möchte, der sollte das rund 60 km nach Bacău in **Adjud** 16 tun. Das ist ein modernes Industriestädtchen, das infolge starker Überschwemmungen des Siret im 18. Jh. sogar einmal verlegt werden mußte. Die nächste Station könnte der Eisenbahnknotenpunkt **Mărăseşti** 17 sein, wo ein großes Mausoleum an den Sieg rumänischer gegen deutsche Divisionen im Jahr 1917 erinnert.

Oder man fährt weiter vorbei an Sonnenblumenfeldern, Weinrebenpflanzungen und ersten Fabriken direkt nach **Focşani** 18 (S. 277), dem Ziel der Moldau-Tour. In der 100 000-Einwohner-Stadt erwarten den Reisenden nämlich neben historisch Sehenswertem wie der Johanneskirche (Biserica Sfântu Ioan) von 1661 und der Kirche der heiligen Jungfrau (Biserica Precista) von 1716 einladende Cafés und Restaurants am Vereinigungsplatz ›Piaţa Unirii‹. Vor der Auto- bzw. Zugrückfahrt über Buzău nach Ploieşti und Bukarest sollte man seinen Abschied vom ehemaligen Fürstentum Moldau dann aber noch stilecht begehen, z. B. mitten in Focşani am ehemaligen Grenzstein zwischen der Walachei und der Moldau (Fosta bornă de hotar) bei einem Glas *Vin de Odobeşti,* Wein aus dem nahen Odobeşti.

Rundfahrt zu den Moldau-Klöstern der Süd-Bukowina

Die Süd-Bukowina, mit dem Zentrum Suceava, ist heute Teil der rumänischen Region Moldau. Zusammen mit der Nord-Bukowina bildete sie einst das ›Obere Land‹ des Ex-Fürstentums Moldau zwischen der Wasserscheide der Ostkarpaten und dem Fluß Siret, zwischen dem Dnjestr und in etwa dem Moldova-Fluß und war jahrhundertelang Sammelbecken vieler Völker.

Die historische Süd-Bukowina war politisch, wirtschaftlich, religiös und kulturell außerordentlich bedeutend in Südosteuropa. Mit Baia, Rădăuţi und Suceava stellte sie bis 1566 die ersten Moldau-Fürstensitze und -Hauptstädte. Besonders unter den Fürsten Alexander dem Guten, Stefan dem Großen und Petru Rareş entstanden hier im 15. und 16. Jh. die bekannten Festungen, Hofkirchen und Klöster, die kunstvollen Goldschmiede- und Schnitzereiarbeiten, die kostbaren Chroniken und Stickereien. Das Interesse der Bukowina-Touristen konzentriert sich aber auf die durchgängig mit Außenfresken bemalten Moldau-Klosterkirchen Humor, Voroneţ, Moldoviţa, Suceviţa und Arbore – einmalig in der byzantinischen wie in der internationalen Kunst.

Für die beschriebene Rundfahrt von und bis Suceava mietet man sich am besten ein Auto oder ein Taxi, da nur Teilstrecken mit dem Zug zu bewältigen sind: Suceava Nord – Gura Humorului – Câmpulung Moldovenesc – Vatra Dornei; Vama – Moldoviţa; Putna – Rădăuţi – Suceava Nord. Die Klöster Voroneţ, Suceviţa, Arbore und Dragomirna sind gar nicht mit dem Zug zu erreichen. Übernachtungsmöglichkeiten für Mehrtagesrouten bieten sich besonders in Câmpulung Moldovenesc und in oder bei Kloster Putna an. Unterwegs sind es in dieser Region dann aber nicht nur die bemalten Kirchen, die faszinieren. Die großen Laub- und Nadelwälder der Bukowina, dieses ›Buchenlandes‹, laden zum Wandern geradezu ein. Die fruchtbaren Flußtäler der Moldova, Suceava und Bistriţa oder die Städte wollen ebenso entdeckt werden – und nicht zuletzt auch die vielen kleinen Dörfer, in denen, wie es scheint, die Zeit auch ab und zu einmal stehenbleibt.

Suceava – Vom Fürstensitz zur Industriestadt

■ (S. 293) Suceava, der Ausgangspunkt für alle Fahrten zu den Moldau-Klöstern, ist mit seinen heute rund 100 000 Einwohnern die größte und wichtigste Stadt der Süd-Bukowina. An den Ruhm vergangener Zeiten kann die Kreishauptstadt am gleichnamigen Fluß jedoch schon lange nicht mehr anknüpfen. Sogar Fürstensitz und Hauptstadt der gesamten Moldau war Suceava unter Petru Muşat, Peter dem Schönen, seit 1388, ab 1401 schließlich auch Sitz der moldauischen Metropolie. Handwerk und Handel blühten besonders in der Regierungszeit Stefans des Großen in der zweiten Hälfte des 15. Jh., kreuzten sich doch just hier im Zentrum der Suceava-Hochebene im Spätmittelalter die großen Handelsstraßen zwischen Westeuropa und dem Orient. Die Waren, die die Kaufleute aus Polen, Rußland, Venedig und Byzanz hierherbrach-

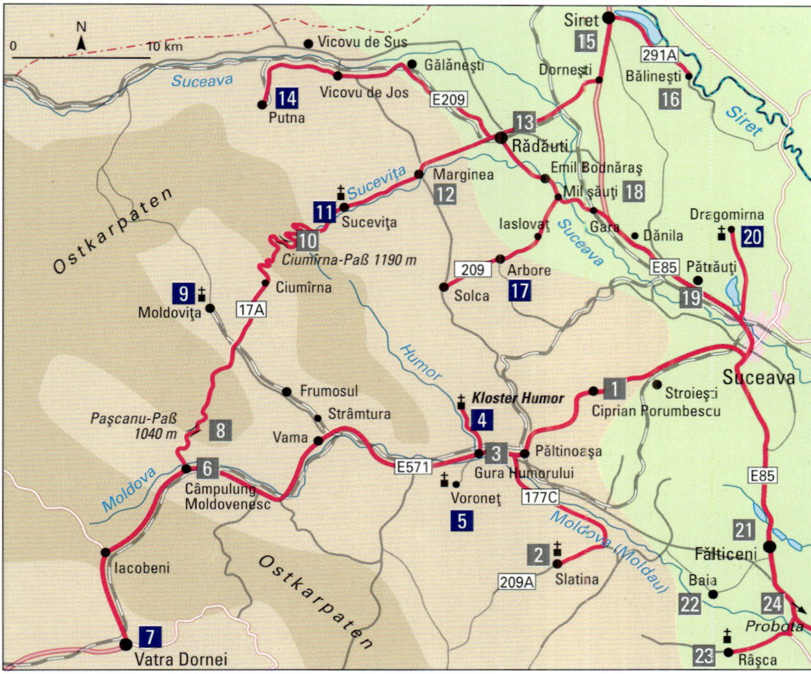

Zu den Moldauklöstern der Süd-Bukowina

ten, müssen sich in Suceavas Kontoren damals gestapelt haben. Die Stadt konnte sich rühmen, die bedeutendste Zollstelle im Umkreis zu sein – bis Fürst Alexandru Lăpuşneanu 1566 Hauptstadt und Fürstensitz ins südlichere Iaşi verlegte und damit Suceavas langsamen Niedergang einläutete. Seit langem versucht sich die Stadt als Industriestandort für die Holzverarbeitung sowie die Werkzeug- und Maschinenherstellung zu profilieren. Doch die Lage nur zirka 50 km von der Grenze zur Ukraine ist dafür natürlich denkbar ungünstig. Von der industriellen Entwicklung und von der ehemaligen politischen Bedeutung der Stadt merken die Besucher, die von Bukarest aus mit dem Flugzeug oder von der Küste aus direkt mit dem Bus anreisen, bei ihrer Ankunft im modernen Zentrum zuerst aber wenig.

Rund um die Haupteinkaufsstraße Nicolae Bălcescu, dort, wo eine bunte Anpflanzung die Gäste mit »Bine aţi venit!« in Blumenform willkommen heißt, sind neue hohe Wohnblocks gruppiert. Bei näherem Hinsehen erscheinen diese jedoch schon reparaturbedürftig. Ansonsten sieht man ein paar Hotels und Lebensmittelläden. Vor den Cafés stellen die Kellner Tische und Stühle unter die leuchtend bunten Coca-Cola-Sonnenschirme. Tag für Tag sammeln Nonnen an Straßenecken in kerzengerader Haltung, jedoch gesenkten Blickes für neue Kirchenbauten. Qualmende Linienbusse und Dacia-Autos sowie immer einmal wieder Westlimousinen mit einheimi-

Stefan der Große: Moldau-Fürst und ›Athlet Christi‹

Keine Frage, den meisten Westeuropäern fällt zur Geschichte Rumäniens auf Anhieb nur der grausame Türken-Bekämpfer ›Graf Dracula‹ ein. Dabei hat in der Historie Osteuropas im 15. Jh. auch ein Zeitgenosse dieses angeblich blutsaugenden Walachen-Fürsten Vlad Ţepeş (s. S. 218ff.) bleibende Spuren hinterlassen: Stefan III., 1457–1504 Fürst der Moldau. Ein großer Heerführer und Machtpolitiker im Sinne Machiavellis war auch er, aber als gewiefter Diplomat taktierte er dabei gewiß erfolgreicher als ›Dracula‹ (s. Umschlaginnenklappe).

Die Ausgangsposition des jungen Stefan im Staatengefüge Südosteuropas im 15. Jh. war – und auch hier ähnelt seine Biographie der ›Draculas‹ – schwer. Stefan mußte den Moldau-Fürstenthron seines Vaters Bogdan II. (1449–51) erst blutig zurückerkämpfen. Und das hieß, daß er den 1451 bis 1457 regierenden Petru Aron, seinen Onkel und gleichzeitig den Mörder seines Vaters, zuerst vertrieb und dann schließlich auch umbringen ließ. Alsdann war die Macht im Inneren mit Hilfe des Stadtbürgertums, des Kleinadels und der Bauern gegen die hochadligen Bojaren zu verteidigen, die dem ›Emporkömmling‹ Stefan das Leben schwer machten. Mit einer wohldosierten Mixtur aus Förderung und Einschüchterung gelang Stefan das fast ein halbes Jahrhundert lang – eine glänzende politische Leistung in Anbetracht der Tatsache, daß in diesem Staat ohne Thronfolge-Regelung in den drei Jahrzehnten vor Stefans Machtantritt allein zehn Fürsten zum Teil gleichzeitig regierten. Durch den jeweiligen Wechsel der höheren Beamtenschaft war in dieser Zeit natürlich auch die Landeskasse dementsprechend geleert worden. Und dann gab es da noch das außenpolitische Hauptproblem jedes Herrschers jener Zeit in Mittel- und Südosteuropa: die beängstigende Expansionskraft des Osmanischen Reiches. Der waren seit dem Fall Konstantinopels im Jahr 1453 gerade auch die letzten unabhängigen Gebiete Serbiens, Bosnien, Albanien und die Inseln Lesbos und Mytilene zum Opfer gefallen. Das ganze christliche Abendland fühlte sich in seinen Grundfesten erschüttert und nahm wirtschaftlichen Schaden. Denn der listige Osmanensultan Mehmed II. riegelte auf diese Weise das östliche Mittelmeer sowie das Schwarze Meer Stück für Stück für den für Europa so lukrativen Orienthandel ab. Die umliegenden Staaten, so auch die Moldau unter Stefans Vorgänger, sputeten sich, den Unwillen des Sultans um des lieben Friedens willen durch üppige jährliche Zahlungen zu beschwichtigen. Man zeigte aber währenddessen auch keine Scheu, sich am jeweiligen Nachbarn, war der erst durch die Türken in eine Zwangslage geraten, zu bereichern.

Für einen ehrgeizigen Aufsteiger wie den Moldauer Stefan, dem gerade die Herausbildung einer starken Zentralgewalt gelungen war, stellte diese politische Konstellation eine einzige Herausforderung dar. Besonders seinem Fürstentum drohte ja wegen der exponierten geographischen Lage mit dem Ende des Orienthandels über kurz oder lang das wirtschaftliche und politische Aus. Was war zu tun? Stefan entschied sich, im gefährlichen Dreiecksspiel zwischen den mächtigeren türkischen, ungarischen und polnischen Nachbarn erst einmal die Schaukelpolitik der anderen mitzubetreiben: Dem Ungarn- wie dem Polenkönig schwor er vorsorglich den Lehnseid, um beim unausweichlichen Osmanenangriff nachbarlicher Hilfe sicher zu sein. Das schützte ihn aber letztlich nicht davor, sein Land dann doch genau gegen eben jenen Ungarn Matthias Corvinus (1467) und gegen den Polen Johann I. Albrecht (1497) auf dem Schlachtfeld verteidigen zu müssen. Mit einer geschickten Heiratspolitik verband sich Stefan inzwischen anderen wichtigen Adelshäusern seiner Zeit. Daneben versuchte er, als Sultan Mehmed den militärischen Schwerpunkt für ein paar Jahre in den Süden Europas verlegen mußte, auch in den walachischen und siebenbürgischen Machtkämpfen die Karten mitzumischen. Sein Ziel: ihm gewogene Nachbarfürsten wie Vlad Ţepeş, eben jenen berühmt-berüchtigten ›Dracula‹, auf dem Thron zu halten.

Eines war dem umsichtigen und inzwischen bei seinen Landsleuten hochangesehenen Moldauer nämlich klar: Nur mit vereinten Kräften war dem türkischen Eroberungszug, der ganz Europa bedrohte, Einhalt zu gebieten – und genau an dieser Einheit sollte es letztlich fehlen. Es war nur eine Frage

›Belagerung Konstantinopels‹ (Moldoviţa)

der Zeit, wann die Osmanen auch wieder nördlich der Donau ›nach dem Rechten sehen‹ würden. Die tatarische Vorhut fing Stefan, der jetzt wie Vlad Ţepeş die Zahlung des Jahreszinses an den Sultan eingestellt hatte, 1470 noch geschickt ab. 1475 gelang seinem 47 000-Mann-Heer gegen die osmanische 120 000-Mann-Armee bei Vaslui sogar ein unerwarteter Sieg, und zwar dank ausgefeilter Guerilla-Kampfmethoden und dank der Taktik der verbrannten Erde. »Den Allerdurchleuchtigsten großmechtigsten und edlen Herrschern in der gantzen Christenhait« sandte der Moldau-Fürst nun Schreiben mit der dringlichen Aufforderung, jetzt endlich mit ihm eine christliche Liga gegen den nächsten Türkenangriff zu bilden. Allein die christlichen Bruderstaaten übermittelten nur Lob und gute Wünsche an das Bollwerk des Abendlands gegen die Türken sowie an Stefan, den ›Athleten Christi‹, so der Papst aus Rom – und konzentrierten sich erst einmal weiter auf ihre eigenen politischen Ränkespiele. Das Resultat: Schon 1476 wurden Stefans Soldaten von Mehmeds Heer bei Răsboieni ›in den Boden gestampft‹. Von fünf weiteren Schlachten gingen zwar sogar drei Siege an das ›Stehaufmännchen‹ Stefan. Und wenn es dem Sultan auch nie gelang, Stefans wichtigste Festungen zu erobern, so sprachen die Fakten letztlich doch für das Osmanische Reich: Es kontrollierte bald den gesamten unteren Donau-Lauf, schnitt damit die Moldau von der Geldquelle Orienthandel ab, kassierte auch inzwischen wieder jährlichen Tribut aus Suceava – und zog weiter gen Westen.

Kein Wunder, daß die politische Lebensbilanz Stefans des Großen, der immerhin sein Fürstentum zu einem bemerkenswerten Machtfaktor im spätmittelalterlichen Osteuropa werden ließ, ziemlich bitter klang. Auf dem Sterbebett soll er seinem Nachfolger Bogdan III. (1504–17) geraten haben, eher eine Verständigung mit den Heiden anzustreben als mit den Christen. Dennoch muß er – wie auch andere Herrscher des 15. Jh. – große Befriedigung darin gefunden haben, daß er sich als Beschützer der christlichen Kirche und als wichtiger kultureller Förderer in die Annalen einschreiben konnte. Nach jeder seiner vielen Schlachten legte Stefan zum Dank an Gott ein viertägiges strenges Fasten ein und ließ ein neues Gotteshaus bauen. Kostbare Handschriften und Chroniken in schönstem Duktus mit kunstvollen Miniaturen gehen auf seine Initiative zurück. Sie haben übrigens entscheidend dabei geholfen, das Vermächtnis des Byzantinischen Reiches an die ostslawischen Länder weiterzuvermitteln. Und schließlich haben Stefans Klostergründungen wie Putna und Voroneţ, die für einige Zeit geistige Zentren der nachbyzantinischen Orthodoxie waren, auch in der rumänischen Architektur nachhaltig den Weg gewiesen. Ob dieses Resümee dem ›Athleten Christi‹ letztlich wohl gefallen hätte?

schen Kennzeichen schieben sich vorbei. Jugendliche mit für westlichen Geschmack altmodischer Kleidung kreuzen die Straße, die zum Kulturpalast, einem protzigen Gebäude aus schon fern liegenden Diktatoren-Jahren, führt.

Zunächst andere Eindrücke von dieser Stadt am Ostkarpatenbogen sammelt derjenige Besucher, der mit dem Schnellzug von Bukarest oder der Schwarzmeerküste aus im Nordbahnhof (Gara de Nord) eingefahren ist. Ohne Gewissensbisse hat er sich hier erst einmal direkt über Gleise und im Notfall auch durch wartende Züge zum Bahnhofsgebäude durchzuschlagen, wie das in Vorstadt-Zugstationen Rumäniens oft immer noch nötig ist. Auf dem Stadtplan am Informationsschalter scheint die Entfernung zum Zentrum, in Kilometern gerechnet, nicht weit. Aber auf dem Bahnhofsvorplatz sieht man sich dann erst einmal inmitten kleiner bäuerlicher Häuser und ausgedehnter Gemüsegärten. Manch unübersehbare Herde blökender Schafe nebst Schäfer und Hund kann hier die Zufahrtsstraße wie selbstverständlich blockieren. Dann schalten eben die Auto- und Busfahrer die Motoren für ein Viertelstündchen ab. Derweil watscheln Enten an den Gartenzäunen entlang. Alte Frauen verkaufen den an der Haltestelle auf Anschluß wartenden Arbeitern frische Wecken. Wenn es aus

Demetriuskirche in Suceava, daneben der freistehende Glockenturm

dieser fast ländlichen Idylle dann Richtung Zentrum losgehen kann, führt die Fahrt schließlich lange Zeit über holprige Straßen an vielen weitläufigen Kleinindustrieanlagen, an Auto- und Traktorenfriedhöfen und verwahrlosten Häuserblocks vorbei, bis am Horizont die ersten Kirchtürme der Innenstadt auftauchen.

Apropos Kirchen: Ende des 17. Jh., als unter türkischer Oberhoheit das Fürstentum Moldau und seine ehemalige Hauptstadt Suceava ihre besondere Bedeutung längst verloren hatten, soll die Stadt noch allein 40 steinerne Kirchen besessen haben, die vielen Holzkirchen nicht mitgerechnet. Davon sind heute in dem von Plattenbauten bestimmten Stadtbild Suceavas leider nicht mehr viele zu finden. Der Besucher sollte sich aber zu zumindest zweien von ihnen aufmachen, um den Herzschlag der alten Moldau-Hauptstadt hier zu spüren: Eine davon ist die **Demetriuskirche** (Biserica Sfântu Dumitru) im Zentrum. Diese stattliche Dreikonchenanlage mit dem proportional hohen, einzeln stehenden Glockenturm wurde im Jahre 1535 vom ehrgeizigen Moldau-Fürsten Petru Rareş gestiftet. Das kann man auf der in spätgotischem Stil gerahmten Inschrifttafel mit dem moldauischen Auerochsen-Wappen an der Südwand lesen. An dieser Fassade erkennt man sogar schon etliche Außenfresken aus dem 16. Jh. – ein Vorgeschmack auf die Bukowina-Klöster.

Ähnliches läßt sich auch von der Metropolitenkirche Suceavas sagen, der **Georgskirche** (Biserica Sfântu Gheorghe), die zum Klosterkomplex des hl. Johannes des Neuen (Mănăstirea Sfântu Ion cel Nou) gehört. Sie liegt gleichfalls in Zentrumsnähe, aber abgeschirmt vom lärmenden Straßenverkehr in einem großen Garten. Der repräsentative Kirchenbau weist an seiner Südfassade noch einige Reste blaurötlicher Wandmalereien von 1534 auf. Besonders bei strahlendem Sonnenschein korrespondieren diese Freskenteile in befremdlicher Weise mit den intensivfarbigen Ziegeln, die man im 19. Jh. zur Verzierung der Kirchen- und Turmdächer meinte anbringen zu müssen. Im Inneren werden, was die Rumänen heutzutage wieder sehr hoch bewerten, die Reliquien des Bukowina-Märtyrers Johannes aufbewahrt, der für seinen Fürsten einst in den blutigen Tatarenkämpfen sein Leben ließ.

Auf den Spuren der Vergangenheit wandelt man in Suceava natürlich auch im **Museum für Geschichte** (Muzeul de Istorie) der Stadt. Hier kann man unter anderem schöne Steinmetzarbeiten aus dem 15. bis 17. Jh. bewundern. Da kämpfen, in Stein gehauen, wilde Löwen, da sattelt der Stallknecht das sich aufbäumende Pferd, da schreitet der Ritter Hand in Hand mit seiner Dame einher.

Doch bei schönem Wetter lohnt sich in Suceava vor allem ein Spaziergang zu den Fundstätten solcher Stücke. Da wäre als Wegziel erst einmal im Nordwesten der Stadt das 1606 auf den Grundfesten eines älteren Baus errichtete **Kloster Zamca** (Mănăstirea Zamca). Es ist der Kolonie damals hier ansässiger armenischer Kaufleute zu verdanken. Heute recht vereinsamt und vom Zahn der Zeit benagt, erheben sich die mit Strebepfeilern gesicherten Mauern Zamcas, der mächtige Eingangsturm im Osten und der Wehrturm im Westen sowie die Kirche über kleeblattförmigem Grundriß immer noch stolz in den Himmel. Und an Konsolen, Fenstern und Türmen kann der Besucher noch hin und wieder leicht verwitterte Reste feinen Dekors entdecken.

Einen sicher für jedermann interessanten Ausflug in die Glanzzeiten der Region, ins 15. Jh., verspricht der Spaziergang auf die dem Kloster Zamca gegenüberliegenden östlichen Hügel, dorthin, wo, wenn man von der Stadt aus genau hinschaut, ein großer bronzener Reiter über die Baumkronen hinwegzugaloppieren scheint: Stefan III., Fürst der Moldau, den man seiner erfolgreichen und langen Regierungszeit wegen auch ›cel Mare‹, ›den Großen‹, nennt (s. S. 152ff.). Der Weg vom Zentrum aus führt langsam, allmählich bergan, an kleineren Privathäusern inmitten von Obstgärten vorbei, wo Katzen durch die Zäune lugen und die alten Männer auf schattigen Bänken beim Brettspiel zusammensitzen. Er führt zu den Ruinen der einst so massiven **Fürstenfestung** von Suceava, die die Türken 1675 zerstörten. Auf halber Höhe ragt in einer engen Schneise vor dem Besucher das riesige **Reiterstandbild Stefans des Großen** (Statuia lui Ştefan cel Mare) in den Himmel. Das Postament ist so hoch, daß man Stefan, den Kopf weit im Nacken, aus dieser Perspektive kaum gebührend betrachten kann. Ein muskulöser Ritter mit energischen Gesichtszügen sitzt da im Mantel auf dem Roß gottverlassen im Wald. Auf der langwallenden Lockenpracht thront die großzackige Fürstenkrone. Kraftvoll weist der rechte Arm die Richtung, als wolle der Reiter sagen: Da geht's lang zum nächsten Kampf zur Ehre Gottes, des Lenkers aller moldauischen Schlachten. So zumindest wollten er und seine Zeitgenossen ihre Feldzüge verstanden wissen.

Von Suceava nach Humor

Von Suceava aus startet man die Autorundfahrt zu den Moldau-Klöstern am besten in südwestlicher Richtung auf der Europastraße E 571. Die führt, wenn man über Câmpulung Moldovenesc und Vatra Dornei hinausfahren würde, nach Bistriţa. Sie ist im Vergleich zu anderen Straßen Rumäniens in einem guten Zustand. Größere Schlaglöcher braucht der Fahrer hier nicht zu umkurven, muß sich aber darauf einstellen, daß er schon kurz nach Verlassen Suceavas jederzeit auf bedenklich schwankende Heuwagen und selbstbewußte Gänsegruppen treffen kann. Am besten hat man also für seine Bukowina-Tour eine Menge Zeit und Geduld im Gepäck. Von Suceava Nord bis Gura Humorului gibt es übrigens auf ähnlicher Strecke auch eine Zugverbindung. Bis zum Kloster Humor muß man sich dann allerdings kurz chauffieren lassen.

Nach rund 10 km durch die grüne Plateaulandschaft der nördlichen Moldau passiert man Stroieşti. Traktoren kreuzen die Fahrbahn auf ihrem Weg zu den vielen Maisfeldern rund um den Ort. Über das Flüßchen Ilişeşti wird bald darauf die Gemeinde **Ciprian Porumbescu** 1 erreicht, die ihren Namen von dem 1853 hier geborenen, in Rumänien populären Musiker erhielt (s. S. 41) Wer hier stoppt und nach dem kleinen Elternhaus Porumbescus fragt, dem erzählen die älteren Bewohner noch gerne von der zarten Liebesbeziehung Ciprians zu der Tochter des Pfarrers und vom frühen Tod des fleißigen Volksmusikkomponisten.

Die Fahrt führt weiter durch Păltinoaşa. Von hier aus ist ein Abstecher (25 km, nur mit dem Auto) nach Süden zum **Kloster Slatina** 2 (S. 292; Mănăstirea Slatina) möglich, der über die Straßen D177C und D209A an Capu Câmpului und Valea Moldovei vorbeiführt. Slatina, gebaut von 1554 bis 1564, gilt mit seiner achtunggebietenden Befestigungsanlage und seiner ebenso mächtigen, außen jedoch unbemalten Kirche als ein repräsentatives Moldau-Kloster der zweiten Hälfte des 16. Jh. Hier ist auch

Im Kloster Slatina

der Stifter, Fürst Alexandru Lăpuşneanu, begraben.

Wer von Păltinoaşa direkt zum Kloster Humor fahren möchte, der gelangt auf der E 571 zum Städtchen **Gura Humorului** 3 (S. 277), das in einer kleinen Senke im Süden des Obcina-Gebirgszugs am Zusammenfluß von Humor und Moldova liegt – daher der Name der 17 000 Einwohner zählenden Gemeinde: Gura, also die ›Mündung‹ des Flusses Humor. Man entdeckt kleine Anlagen der holzverarbeitenden Industrie und der Lebensmittelherstellung. Am modernen Einkaufszentrum reihen sich nicht selten auch mit ganzen Bauernfamilien besetzte Pferdewagen in den Verkehr ein.

Von der E 571 gilt es nun rechts abzubiegen, um durch bewaldete Berge nach ebenfalls nur fünf Kilometern den Ort und am Straßenende das Kloster Humor (Mănăstirea Humor) zu erreichen.

Humor – Heiligenprozession auf der Bergwiese

4 Hinter einem schön geschnitzten Holztor erhebt sich ein blendend weißer, neuer Kirchenbau mit zwei Türmen. Er entlastet die vergleichsweise kleine, altehrwürdige Kirche Humor als Gottesdienstort. Vor dem Klostertor haben selbst bei Wind und Wetter Frauen mit bunten Kopftüchern auf Mauern und Zäunen ihre Verkaufsware ausgelegt: Dicke blau-gelb-rote Teppiche mit den Bukowina-typischen geometrischen Mustern leuchten in der Sonne. Meist sitzen kichernde Mädchen in Trainingsanzügen hinter Körben mit bemalten Holzeiern. Und vor dem Teppichstand schwarzgekleideter Nonnen stolziert, die Hühnerschar im Schlepptau, gerne Humors Klosterhahn auf und ab.

Wer schließlich das umzäunte Klosterareal betritt, der wird sofort einen erstaunlichen Stimmungswechsel spüren. Von der alten Umfassung sind heute nur noch ein paar einsame Mauerreste sowie der 1641 errichtete viereckige **Wehrturm** zu sehen. Eine fast himmlische Stille herrscht wochentags rund um die **Klosterkirche.** Nur ab und zu huscht eine der Nonnen schnell vorbei. Die Kirche wurde 1530 vom moldauischen Großkanzler Teodor Bubuiog gestiftet und blieb, da sie nicht vom damaligen Fürsten Petru Rareş direkt initiiert war, turmlos. Wie auf einer sattgrünen Bergwiese erhebt sich auf der weiten Rasenfläche diese für die Zeit und Region typische Dreikonchenanlage. Sie hatte in die moldauische Architektur unter der Ägide Stefans des Großen zwei neue Elemente eingeführt: die offene, aus Pfeilerarkaden bestehende westliche Vorhalle sowie den kleinen Küsterraum über der Grabkammer des Stifterpaars. Von einer älteren und leider dann zerstörten Klosterkirche mit türkisfarbenen, glasierten Ziegeln an den Fassaden sind heute nur noch einzelne Mauerstücke zu finden. 1530 bedurfte diese wichtige alte Kirche dringend einer Nachfolgerin. In dem auch für seine Kalligraphie-Werkstatt berühmten Kloster entstand z. B. das heute im Historischen Museum von Bukarest aufbewahrte schöne Tetra-Evangelienbuch, eine Auftragsarbeit Stefans des Großen.

Der Neubau des 16. Jh., den man heute sieht, ist der alten Kirche im Grundriß durchaus ähnlich. Aber auf äußeren Ziegelschmuck wollte man 1530 wohlweislich verzichten. Denn das Besondere dieser und der meisten bukowinischen Schwesterkirchen besteht ja gerade in der zur Regierungszeit von Petru Rareş eingeführten äußeren Freskenbemalung. Warum sie Eingang in die moldauische Sakralkunst gefunden hat, ist ebenso ungeklärt wie, warum sie Anfang des 17. Jh. wieder aus der Mode kam. Kanzler Bubuiog ließ also 1535 für die Klosterkirche Humor aus der Hauptstadt eine Gruppe von Künstlern kommen, unter ihnen den Höfling Toma von Suceava, die im byzantinischen Malstil ausgebildet waren. Er beauftragte sie, sich nach einem festgelegten ikonographischen Programm der Innen- und Außenbemalung des Gotteshauses anzunehmen. Von den berühmten Bukowina-Klosterkirchen bei Suceava wurde Humor so zum frühesten gut erhaltenen Beispiel eines Kirchenbaus mit Außenfresken.

Leider sind heute die Wände im **Innern** der Kirche, wie auch die der meisten anderen moldauischen Klosterkirchen, durch den Ruß der vielen Kerzen sehr nachgedunkelt, so daß das Studium der Bilder in der Kirche schwerfällt. Auf Votivbildern überreicht hier z. B. im Hauptschiff als Gönner Bubuiogs Fürst Petru Rareş nebst Gattin und Sohn Christus die Kirche in Miniatur. In der Grabkammer bietet sie der Kanzler selbst dem Heiland dar. Maria erscheint vor den Hohepriestern, und da stellt sich die heilige Theodora, Ex-Kaiserin von Byzanz, frontal dem Betrachter. Man sollte sich im Kircheninneren auf jeden Fall noch die aus vielfältigen Tier- und Pflanzenmotiven geschnitzte Ikonostase anschauen und innen am Pronaos die beiden Bildnisse der ›Liebkosenden‹ und der ›Betenden Gottesmutter‹ bewundern.

Aber dann wird es Zeit, sich den **Außenfresken** der Kirche Humor zuzuwenden. Erstaunlich, daß die Leuchtkraft der Farben besonders an der Apsis im Laufe der Jahrhunderte auch unter dem herben Karpatenwind, unter Regen

Vor der Klosterkirche Humor

und Frost kaum gelitten hat. Ja, die Intensität der Farben, besonders der Rot-, Blau- und Gelbtöne, erinnert den Besucher sogar an die der Teppiche, die vor dem Klostertor ausgestellt sind. Vor der dunkelgrünen Tannenkulisse zieht hier im Ostteil und an den Apsiden Humors im Schutz des weit ausragenden, fast schwebenden Kirchendachs auf sechs Bildstreifen eine feierliche Prozession entlang. Ganz oben schweben die Engel. Darunter streben Propheten mit Schriftrollen geschäftig zu Gottesmutter und Jesus. Wieder darunter scharen sich Apostel und Heilige um Christus, Maria und Johannes den Täufer. Und in den letzten Streifen reihen sich Erzpriester und Mönche in den Zug mit ein. Alle sind in langwallende Gewänder mit kräftiger Musterung gekleidet und zeigen eine ehrfürchtige Haltung. Diese Darstellung der himmlischen und irdischen Hierarchie, **Deesis** genannt und von der byzantinischen Kunst des Frühmittelalters ausgebildet, wird dem Besucher auch noch auf den Außenfresken der meisten anderen Bukowina-Kirchen wiederbegegnen. In Humor gehört die Deesis auf den Apsiden heute zu den am besten erhaltenen Außenfresken der Klosterkirche.

Daß dieser relativ gute Zustand der über viereinhalb Jahrhunderte alten Malerei nicht selbstverständlich ist, versteht man spätestens beim Rundgang um die Basilika. Denn Kälte und Regengüsse haben hier die Wetter- oder Nordwand von Fresken fast ›leergefegt‹. An der Vorhalle im Westen dagegen erkennt man ein ebenfalls bei den Kirchenmalern der Moldau des 16. Jh. immer wiederkehrendes Thema: Szenen aus dem **Jüngsten Gericht**, bei denen die Maler auch nicht mit politischen Anspielungen geizten. Unter den Bedauernswerten in der Vorhölle macht man nämlich unschwer eine ganze Reihe turbantragender Osmanen aus. Auf der Südfassade der Klosterkirche Humor begegnet dem Besucher dann ein weiteres Element aus dem ikonographischen Programm aller Moldau-Kirchen: die Darstellung von (Heiligen-)Legenden. Hier erscheint zum Beispiel dem schlafenden oströmischen Kaiser Constantin im Traum der hl. Nikolaus, oder dem Verlorenen Sohn wird bei der Rückkehr ein fröhliches Gastmahl gegeben.

Eine weitere Motivgruppe an der Südfassade der Klosterkirche Humor zählt zum grundlegenden Themenbestand der moldauischen Außenfreskenkunst: der **Akathistos Hymnos**. Dieser berühmte Lobgesang der Ostkirche war im 5. und 6. Jh. in Konstantinopel entstanden und bald zum festen Bestandteil der Liturgie wie der byzantinischen Dekorationskunst geworden. Hier an Humors Klosterkirche bemalte Toma von Suceava mit seinen Helfern 1535 die Westhälfte der Südfassade in fünf übereinanderliegenden Bildstreifen mit Szenen aus den 24 Strophen dieses Gesangs. Die Themen waren die Kindheit Christi und die Lobpreisung der Maria. Klar sind die Umrisse der Figuren gezeichnet. Fast grazil und in erhabener Feierlichkeit erscheinen sie in den einzelnen Szenen.

Nur der Fall ihrer reich verzierten Gewänder deutet schwungvollere Bewegungen an. Und auch die dezenten Farben der Figuren zeigen, daß sich die Maler hier in Humor den byzantinischen Stil meisterhaft angeeignet hatten. Die Heiligen Drei Könige reiten hier, vom Engel gewiesen, mit wehenden Mänteln nach Bethlehem. Unter der Stifterinschrift bzw. zu beiden Seiten des spätgotischen Fensters huldigen Kirchenvertreter der thronenden Gottesmutter. Und auf dem untersten und größten Bildstreifen fanden die Maler dann genügend Platz für die großflächige Darstellung einer dem Hymnos hinzugefügten Szene, die während der ersten Regierungszeit des Petru Rareş von 1527 bis 1538 in der Malkunst der Moldau überaus populär war: für das Motiv der Belagerung und Errettung Konstantinopels.

Besser erhalten als in Humor sind Darstellungen dieses interessanten Motivs in einem weiteren Moldau-Kloster, Moldoviţa, (s. S. 165). Diese Stiftung des Fürsten Petru Rareş, wurde nur zwei Jahre nach Humor errichtet bzw. bemalt und ist nicht nur in dieser Beziehung eine Fortführung der kleineren Anlage von Humor. Ein Grund also, sich von der wohltuenden Stille der beinahe archaisch wirkenden Klosteranlage Humor zu den Schwesterklöstern im Westen aufzumachen.

Voroneţ – Symphonie in Blau

5 (S. 298) Die Anreise zum nächsten Bukowina-Kloster, zur sogenannten ›Sixtinischen Kapelle des Ostens‹ Voroneţ, ist vom Kloster Humor aus mit dem Auto nur kurz. Eine Zugverbindung besteht nicht. Man fährt die kleine Bergstraße wieder zurück nach Gura Humorului und durchquert das Städtchen. Nach der Ausfahrt ordnet man sich auf der E 571 Richtung Westen links ein, wo eine Landstraße am Flüßchen Voroneţ entlang direkt zum gleichnamigen Kloster führt.

Im Bergdorf Voroneţ kann man ab und zu noch alte Männer in ihren traditionellen weißen Trachten sehen. Das ist, wenn auch die Rumänien-Werbebroschüren noch allzugerne anderes suggerieren, natürlich auch bei heutigen Karpatendörflern alltags selten geworden. Auf dem großen Parkplatz vor den Klostermauern bieten in der Saison häkelnde Mütterchen ihre Spitzendecken sowie geschnitzte Holzmasken und -löffel feil. Aus Wohnwagen werden Eiscreme und Limonade verkauft. Auf dem Friedhof, der dem mächtigen Eingangsturm vorgelagert ist, finden sich überraschenderweise auch eine ganze Reihe deutschsprachiger Kreuzinschriften – letzte Erinnerungen daran, daß vor ihrer Umsiedlung nach Deutschland 1940 fast 100 000 Deutschstämmige über Jahrhunderte in der Bukowina lebten.

Klosterbesichtigung

Die Klosterkirche Voroneţ (Biserica Voroneţ), von Tannen, Eichen und Birken grünweiß gerahmt, wirkt schon auf den ersten Blick von der Ostseite aus auf den Besucher als ein harmonisches Ganzes. Stefan der Große veranlaßte ihren Bau auf den Grundmauern eines schon älteren Klosters im Jahr 1488. Und zwar, so berichten die Geschichtsschreiber, zum Dank dafür, daß ihm während der Türkenkriege in einer mutlosen Phase ein hier ansässiger Einsiedler die nötige Kraft zum Widerstand gegen die drohende Fremdherrschaft wiedergeschenkt hatte. Stefans Handschrift trägt die Architektur der dem hl. Georg geweihten Kirche am Voroneţ-Flüßchen auf jeden Fall. Die Grundform byzantinischer Bauweise, die kreuzförmige Basilika, deren Querarme in Apsiden enden, ist eingehalten. Doch das Blockmäßige der byzantinischen Vorbilder trifft auf einige deutliche vertikale Tendenzen: Die Kuppel von Voroneţ, die in einem spitzen Turm endet, erscheint durch die für die Moldau typische Übereinanderstaffelung von Pendentifs steiler und höher als die der byzantinischen Vorgängerinnen. Apsiden und Turm sind durch lange, schmale Blendarkaden und kleine Blendnischen vertikal strukturiert. Und an den Fenstern erkennt man gekreuzte Rundstäbe im gotischen Stil, am Portal spitzbogige Umrandungen. Die Stilvorbilder in den Nachbarländern Siebenbürgen und Ungarn waren nicht weit. So ist der Eindruck des Kompakten der rein byzantinischen Vorbilder bei diesem moldauischen Kirchenbau des 15. Jh. einer leichteren, ja fast schwebenden Wirkung gewichen.

Eine Veränderung dieses ›klassischen‹ Baustils der Moldau wurde in Voroneţ dann 60 Jahre nach der Kirchenweihung 1547 vom Moldau-Metropoliten Grigore Roşca veranlaßt. Wer heute um das Gotteshaus herumgeht, der erkennt, daß dem Pronaos, wie seit der Regierungszeit des Fürsten Petru Rareş üblich, im Westen eine Vorhalle hinzugefügt wurde. Im 16. Jh. hatte man nämlich neue liturgische und größere dekorative Ansprüche. Die Fassadenerweiterung ermöglichte nun eine flächendeckende Außenbemalung der Kirche. Die Architektur, so zeigt es die Westseite von Voroneţ, konnte sich der Malerei also ganz prächtig unterordnen. Die neue Westwand, und die Strebepfeiler bildeten seit 1547 eine durchgängige, große, leicht gebogene ›Leinwand‹ für zusätzliche Außenfresken: für das berühmte Fresko des Jüngsten Gerichts von Voroneţ.

Geht man langsam um den Bau, hat man schon die anderen **Außenfreskengruppen** betrachten können: an den Apsiden die Heiligen der Mönchsorden mit ihren zum Teil bodenlangen Bärten und Blätterkleidern; an der Nordwand die Genesis-Szenen, wo man schließlich Adam mit dem Pflug und Eva am Spinnrocken arbeiten sieht. Dazu kommt der Akathistos Hymnos, die vielgestaltige Lobpreisung der Maria. Die neben der Westfassade am besten erhaltene Kirchensüdwand von Voroneţ beeindruckt durch ein riesiges, fast hundert Gestalten umfassendes Fresko der Wurzel Jesse, des Stammbaums Christi, mit zugefügtem Philosophenregister auf aquarellartig durchscheinendem, blauen Grund. An ihrer Westseite sind großartig gemalte Szenen aus den Heiligenlegenden des Nikolaus, des Georg und Johannes des Neuen zu entdecken. Letzterer ist der bukowinische Märtyrer, dessen Henker einst in der Stellung eines Bogenschützen erstarrt sein soll. Dazu kommt die Darstellung zweier Personen, die sich um die Klosterkirche Voroneţ einst verdient machten: des Metropoliten Grigore Roşca, der die Außenbemalung veranlaßte, und des Einsiedlers Daniil, von dem Stefan der Große einst zu Türkenkampf und Klosterbau ermutigt worden sein soll. Immer wieder könnte man um diese einzigartige bemalte Kirche herumgehen und dabei die unterschiedlichen Schattierungen des berühmten Blaus von Voroneţ studieren, die vor den diversen Grüntönen der Bäume wiederum bei jeder Freskengruppe neu erscheinen. Bis heute sind nicht alle Geheimnisse der damaligen Künstler, die meist unbekannt geblieben sind, gelüftet worden. Diese Maler müssen ihre strahlenden Farben per Tiefentechnik so geschickt auf den feuchten Verputz aufgetragen haben, daß diese den Stürmen der Jahrhunderte zum großen Teil erstaunlich gut trotzen konnten. Dennoch sind natürlich in Voroneţ und den anderen Moldau-Klöstern immer wieder Restaurationsarbeiten dringend notwendig, wie sie schon in den 50er und 70er Jahren durchgeführt wurden. Nur so werden diese harmonischen Farbsymphonien auch noch ins nächste Jahrhundert hinüberzuretten sein.

Staunend bleibt jeder Voroneţ-Besucher vor dem monumentalen Fresko des **Jüngsten Gerichts** stehen. Es bedeckt die gesamte Westfassade und wurde wegen seiner Eindringlichkeit mit der Malerei der Sixtinischen Kapelle verglichen, mit deren Jüngstem Gericht sie übrigens fast zeitgleich entstand. Stilistisch ist sie aber weit entfernt von der italienischen Renaissance eines Michelangelo. Beim Fresko von Voroneţ falten ganz oben am Himmel bei Gottvater die Engel die Schleier der Zeit zusammen. Der nächste Bildstreifen zeigt den thronenden Christus sowie Maria, Johannes den Täufer, die Engel und Apostel beim Weltgericht. Darunter wird die Schar der Gerechten von Paulus zum Richterstuhl geführt, während man in der Gruppe der Ungläubigen wie bereits in der Klosterkirche Humor Türken und Tataren ausmacht, die der Moldau damals so verhaßt waren. Regelrecht humorvoll wirken die drastischen Szenen des Kampfes der Engel und Teufel um die Geladenen: Dicke Rollen mit den Sündenregistern der Menschen werden auf die Waagschale der Gerechtigkeit geschleppt und die Verdammten dann postwendend in den Feuerstrom gejagt. Diejenigen, denen ihre Körper von Erde, Wasser oder Tieren zurückgegeben wurden, drängen sich derweil hastig zum ersehnten Himmelstor. Das Jüngste Gericht von Voroneţ ist ein gewaltiges, vielfarbiges Werk auf leuchtend blauem Grund. Sozusagen als nachgeborenes Kind byzantinischer Kunst faszinieren seine Farbgebung, seine Geschlossenheit und Balance der Figurenmassen noch heute. Der strenge Gestus byzantinischer Tradition erhält individuelles Lokalkolorit. Denn hier in der Moldau des 16. Jh. spielt König David nicht die Harfe, sondern das einheimische Zupfinstrument *Cobşa.* Die Auserwählten gelangen in moldauischen Ziertüchern in den Himmel. Und die Erzengel blasen statt in Posaunen in Karpaten-Hörner, die *Buciumi.*

Tritt man durch das Südportal in das **Innere** der Kirche sieht man sich auch hier, besonders in der lichtreichen Vorhalle selbst, einer Flut von Fresken gegenüber. Im Jahr 1547 wurden hier beispielsweise alle 365 Tage des Orthodoxen Kalenders mit den entsprechenden Heiligen und den für die Heiligsprechung bestimmenden Taten auf verhältnismäßig kleiner Fläche in lebendigen Szenen bebildert. Wieder wurden Figuren in die Entstehungszeit der Fresken verpflanzt, erscheinen in moldauischer Bojarenkleidung oder fahren auf landschaftstypischen Pferdewagen einher. In der Ausführung eher von mittelmäßigem Wert, überzeugen diese Fresken

Das Jüngste Gericht bedeckt die gesamte Westwand der Klosterkirche von Voroneţ

aber bestimmt wegen ihrer erfrischenden Wirklichkeitsnähe.

Kunsthistorisch wertvoll sind die Fresken aus der Entstehungszeit der Kirche im Naos. Denn diese Szenen aus dem Leben Christi, zum Beispiel Abendmahl, Fußwaschung, Kreuzigung und Auferstehung, entsprechen mit ihren hohen, schlanken Figuren in erhaben feierlicher Haltung noch in ungebrochener Reinheit der byzantinischen Stiltradition. Deren Prinzipien hatten im 16. Jh. besonders die Mönche des griechischen Berges Athos ihren Glaubensbrüdern vermittelt. Im Kirchenschiff fallen Kandelaber, Chorgestühl und Ikonostase auf, allesamt Schmuckstücke der Holzschnitzkunst aus der Zeit des Fürsten Petru Rareş. Und dann trifft man in Voroneţ an der Westwand des Kirchenschiffs wieder auf einen ›alten Bekannten‹: Fürst Stefan der Große überreicht da auf einem Votivbild von 1488, begleitet vom hl. Georg, Christus das Modell just der Kirche, in der man sich gerade befindet – aber natürlich noch im ›Originalzustand‹, ohne Vorhallenanbau und Außenbemalung.

Moldoviţa – Auch ein ideologisches Programm

Die Entfernung von Stefans Kloster Voroneţ zu dem seines Sohnes Petru Rareş, Moldoviţa, ist größer als die zwischen den anderen Klöstern unserer Bukowina-Rundreise. Bei dieser Fahrt sollte man auf der E 571, die man auf dem Rückweg von Voroneţ wieder erreicht hat, Richtung Westen an Bucşoaia, Frasin, Molid und **Vama** (S. 297) vorbei einen längeren Abstecher nach Vatra Dornei planen. Wer per Zug fährt, kann dafür vom nahen Gura Humorului über Câmpulung Moldovenesc nach Vatra Dornei gelangen. Bei der Rückfahrt sollte er schon in Vama aussteigen.

Dann heißt es für den Autofahrer, der E571 am Oberlauf der Moldova entlang nach **Câmpulung Moldovenesc** 6 (S. 270) zu folgen. Diese 22 000-Einwohner-Stadt ist in der Geschichte wichtiger Zollpunkt gewesen und weist heute neben den Einheitsblocks aus sozialistischer Zeit auch noch einige interessante über hundertjährige Häuserzüge auf. Weiter geht es zirka 45 km an der Moldova entlang über Pojorîta und Iacobeni (hier kann man zu einer Maramuresch-Route starten, s. S. 185) nach **Vatra Dornei** 7 (S. 298). Der bekannte Bade- und Luftkurort liegt idyllisch inmitten von Bergen am Zusammenfluß von Dorna und Moldova und ist besonders im 19. Jh. wegen seiner Mineralwasserquellen bekannt gewesen. Hier gibt es noch einige prächtige Fin-de-siècle-Pavillons zu besichtigen, die den Besucher einmal an mittelalterliche Burgen und ein anderes Mal an chinesische Teehäuser erinnern.

Auf dem Rückweg begibt sich der Autofahrer in Câmpulung Moldovenesc, wo die meisten deutschen Busreisegruppen übernachten, Richtung Moldoviţa auf die Nationalstraße DN 17A Richtung Norden und durchfährt dann das Gebirge Obcina Feredeului bzw. den 1040 m hoch gelegenen **Paşcanu-Paß** 8 (Pasul Paşcanu). Nach zirka 22 km ist das Ziel Moldoviţa erreicht.

Die andere Wegvariante, um von Voroneţ aus ohne Abstecher und Umweg nach Moldoviţa zu gelangen, führt bei Vama auf die Straße D 176 Richtung Nordwesten, durch bewaldetes Bergland. Eine Zugverbindung führt gleichfalls von Vama nach Moldoviţa. An den Kiesufern der Flüßchen stehen an warmen Tagen Angler. Kühe, Schafe und Pferde werden hier zur Tränke geführt.

In Orten wie Strâmutra oder Frumosul, d. h. ›der Schöne‹, überraschen den Durchfahrenden wirklich hübsche, mit hellem und dunklem Holz verkleidete Einfamilienhäuser, in deren Vorgärten jeder seine Paprikaschoten und Tomaten zieht. Vor den kleinen Restaurants im Ort stehen im Sommer Coca-Cola-Schirme. An der Polizeistation hängt die Landesfahne. Und auf den Holzstapeln balancieren gerne ganze Hühnerscharen herum.

Hinter der Ortschaft Vatra Moldoviţei ist inmitten von Tannenwäldern und Bergwiesen **Kloster Moldoviţa** 9 (Mănăstirea Moldoviţa) nicht mehr weit. Es befindet sich noch heute innerhalb eines beeindruckend großen, festungsartigen Mauergevierts.

Klosterbesichtigung

Wer durchs Klostertor tritt, der spürt sofort etwas von dem noch regen Klosterleben. Denn hier, mitten im großen Innenhof, kreuzen nicht nur wie in Voroneţ fotografierende Besucher und einzelne Nonnen den Weg. Ganze Gruppen tiefschwarz gekleideter Klosterschwestern, Mönche und vollbärtiger Geistlicher eilen in Moldoviţa zwischen Gästehaus und Klosterkirche hin und her. Manche lassen sich auch ab und zu einmal in fließendem Englisch in ein heiteres Gespräch mit den Touristen ein. Mit ernstem Gesichtsausdruck dagegen scheint Moldau-Fürst Petru Rareş von seinem Sockel auf die Nordwestfront seiner Klosterkirche zu blicken, die 1532 anstelle eines älteren Baus errichtet worden war, sind doch die von einem unbekannten Maler ausgeführten **Außenfresken** an dieser Wetterseite von Moldoviţa bis zur Unkenntlichkeit in Mitleidenschaft gezogen worden. Schade, denn gerade bei dieser schlank und elegant wirkenden, großen Dreikonchenkirche lagen Bau- und Bemalungszeit wie in Humor nur fünf Jahre auseinander. Und die Moldau-typische Wandgliederung mit Blendarkaden, Spitzbogenfenstern und Vorhallenpfeilern konnte ohne Probleme in die Komposition der Außenfresken einbezogen werden. Davon geben die anderen Kirchenfassaden glücklicherweise noch ein glänzendes Zeugnis. An der Ostwand der offenen Vorhalle und an den Innenseiten der Pfeiler erkennt man großflächig und mit reicher Farbskala gemalte Szenen der Genesis und des Jüngsten Gerichts. Während die Fresken, wie an allen Bukowina-Kirchen der Zeit üblich, Kyrillisch beschriftet sind, fallen einem hier – wie übrigens auch an den Schwesterkirchen – in Blickhöhe etliche lateinische Buchstaben auf: Eine Carolina Ocharowska hat sich 1845 in Moldoviţa verewigt oder ein Adolf Bucher im Jahr 1885 – das sind die Schattenseiten des Tourismus, und die gibt es seit jeher.

Die Apsiden der Klosterkirche von Moldoviţa unterhalb des steilen Schindeldachs und des hohen, aber freskenlosen Kuppelturms bergen dann eine Überraschung. Dem Bukowina Besucher wohlbekannt ist inzwischen das Thema der Außenfresken: die Deesis, die vielfache Huldigung an Christus und Maria. Doch in der Ausführung weichen die weit weniger statischen, sichtbar schreitenden Heiligen in ihren roten Gewändern mit den leuchtend gelben Nimbussen auf blauem Grund vom Vorbild in Humor ab. Moldoviţas Deesis ist eine fast tänzerische, auch farblich höchst lebendige Prozession.

Das läßt sich gleichermaßen von der Moldoviţa-Variante eines anderen ikonographischen Grundelements moldauischer Kirchenmalerei sagen, das sich an der Südfassade des Hauptschiffs an-

schließt: von der Ausführung der Wurzel Jesse. Ähnlich wie in Voroneţ komplex angelegt, besticht dieser Stammbaum Christi und der Maria besonders durch die Bewegungen seiner Figuren. Aus einem üppigen Netzwerk geschmeidig gewundener Ranken, Blätter und Blütenkelche wächst eine immens große Zahl an Bildnissen von Personen heraus, die irdische Vorfahren Jesu waren oder sein Kommen vorhergesagt haben. Dazu gehören dann auch hier in Moldoviţa laut christlich-orthodoxer Auffassung neben Sibyllen und Propheten die Weisen der Antike wie Platon oder Pythagoras. Sie alle umleuchtet kein Heiligenschein. Ihre besonders ernsten, nachdenklichen Züge scheinen fast individualisiert gemalt, die Gestik ist plastisch betont. Und auch die Farbgebung bei diesem monumentalen Außenfresko der Südwand ist auffallend frisch: Im Sonnenlicht strahlt das mit Rot- und Grüntönen vorherrschende Ockergelb regelrecht auf dem zartblau schimmernden Grund.

Berühmt geworden ist das Bukowina-Kloster Moldoviţa mit seinen eleganten Proportionen insbesondere durch seine dramatische ›Belagerung Konstantinopels‹. Der Besucher findet sie als Finale des Akathistos Hymnos auf der südlichen Außenwand des Pronaos. Heute sonst nur noch in Humor erhalten, steht dieses ikonographische Element der moldauischen Kirchenmalerei in der Regierungszeit von Petru Rareş auch für ein spezielles ideologisches Programm. Es geht in dieser Szenen nämlich um die Verherrlichung der Maria. Sie hat, so die Überlieferung, durch ihr wundersames Eingreifen das im Jahre 626 von den Persern und Awaren eingeschlossene Konstantinopel befreit. Auf dem Fresko in Moldoviţa ist genau der entscheidende Moment anschaulich und von der Komposition und Farbgebung her brillant festgehalten: Den zahlreich anstürmenden Gegnern wird aus der kampfumtosten Stadtfestung triumphierend die wundertätige Marienikone sowie das Heilige Schweißtuch entgegengehalten. Schaut man sich nun die abgeschreckten Feinde näher an, so identifiziert man sie schnell: Es sind mitnichten Perser oder Awaren des Jahres 626, sondern die schnauzbärtigen und turbantragenden Türken des Spätmittelalters. Die von den Osmanen existentiell bedrohten Moldauer des 15. und 16. Jh. hätten nur allzu gerne aus der sogenannten Rechtsgläubigkeit auch eine politische Überlegenheit abgeleitet, waren ihnen doch nur unter Stefan dem Großen ein paar bedeutende Siege gegen die Türken vergönnt gewesen. So nährte man eben die Hoffnung, daß Maria auch im Falle der gefährdeten Moldau einmal rächend eingreifen würde.

Der Klosterstifter Petru Rareş jedenfalls, der im Innenhof Moldoviţas mit seiner imposanten Fürstenkrone immer noch in jeder Beziehung steinern auf dem Sockel thront, hat die Befreiung der Moldau von den Türken in seinen Regierungsjahren zwischen 1527 und 1538 bzw. 1541 bis 1546 nicht erreichen können. Doch besonders hier im Tal des Moldoviţa-Flüßchens hat der listenreiche Politiker und großzügige (Kirchen-) Kunstförderer bleibende Spuren hinterlassen. Sein aufwendig geschnitzter Thronsessel, der jetzt im **Klostermuseum** im Gästehaus zu sehen ist, gehört zu den wertvollsten Kunstwerken dieser Art der Moldau-Region. Auch die große **Ikonostase** der Kirche mit ihren reichen Pflanzenmotiven steht exempla-

◁ *Kloster Suceviţa*

Fassade von Kloster Suceviţa

risch für die Ornamentik der Moldau des 15. bis 17. Jh. Petru Rareş Stifterbild an der inneren Westwand des Kirchenhauptschiffs verdient als repräsentative Porträtmalerei des 16. Jh. Beachtung. Und seine Kirchenstiftung Moldoviţa insgesamt gehört zu den bedeutendsten Sakralbauten des heutigen Rumänien.

Nach Suceviţa – Testament moldauischer Sakralkunst

Auf der Bukowina-Rundfahrt bietet sich nach dem Aufenthalt in Moldoviţa (nur mit Auto erreichbar) der Besuch des Klosters Suceviţa an. Man fährt von Kloster Moldoviţa aus auf der Straße D 176 wieder zurück zum Ort Vatra Moldoviţa und biegt dann auf die Nationalstraße DN 17A Richtung Norden ab. Schon bald hinter Ciumîrna am gleichnamigen Flüßchen steigt der Fahrtweg stetig an. Viele Pilz- und Beerensammlerinnen sind hier im Herbst in den dichten Wäldern mit Körben unterwegs. Dann verkaufen junge Mädchen den Vorbeifahrenden frische Waldbeeren in Tüten. Auf den Wiesen packen ganze Bauernfamilien zur Heuernte mit an.

Die Straße windet sich in Serpentinen bis zum 1190 m hoch gelegenen **Ciumîrna-Paß** 10 (Pasul Ciumîrna). Jetzt sieht man die Holzhäuser der Bauern klein wie Streichholzschachteln tief unten in der Schlucht liegen. Oben schaut man im Sommer auf ein Meer kleiner, gelber Bergblumen. Auf Almen grasen einzelne Kühe. Dörfler marschieren oft, mit Stock und Hut ausgerüstet, am Straßenrand entlang. Am Paß-Denkmal, einer riesigen weißen Hand aus Stein, legen die meisten erschöpft eine Pause ein.

In Serpentinen führt die Straße danach hinab zum Dorf Suceviţa, das den Besucher mit seinen hübsch bemalten Häusern hinter Gärten voller bunter Blumen und mit seinen wogenden Maisfel-

Richtig Reisen *Tip*

Zu Gast bei Dorina

Cabana, also Berghütte, ist wohl nicht ganz der passende Begriff. Von wunderbarer Berglandschaft sind wir hier in Putna beim gleichnamigen Bukowina-Kloster an der Grenze zur Ukraine zwar wirklich umgeben. Unsere Unterkunft Cabana Putna ist aber eher als ehemalige Villa zu bezeichnen. Hoch sind die Wände im großzügigen Gemeinschaftsraum oder besser -saal dieses einmal fast herrschaftlichen Gebäudes, mit Parkett belegt ist der Boden. Das wirklich gute Essen wird uns im noblen Wintergarten serviert. Gerne erzählt Dorina, die freundliche Pächterin, von ›ihrer‹ Cabana. Vor 1989 seien die Betten noch immer belegt gewesen – die zentrale staatliche Organisation sorgte dafür. Auch zahlreiche deutsche Gruppen, Kloster-Besucher oder Jäger, habe sie regelmäßig bewirtet. Nun seien die Eigentumsverhältnisse zwar längst geklärt, und man habe das Haus renoviert. Aber die Gäste blieben oft noch aus. Marktwirtschaft auch in Sachen Tourismus will eben gelernt sein. Man hoffe aber, daß es mit einer forcierten Westanbindung Rumäniens auch in dieser Hinsicht auf die Dauer neue Impulse gebe. Wir auf jeden Fall werden Putnas Cabana nicht so schnell vergessen. Der Schlummertrunk von Dorina, ein edler Moldauer Tropfen und selbstgebrannter Erdbeerlikör, hat einfach zu köstlich geschmeckt …

dern beeindruckt. Und wenn er genau aufgepaßt hat, dann hat er bei der Abfahrt im Tal schon ein helles Mauergeviert mit mächtigen Türmen und einer buntbemalten Kirche in der Mitte entdeckt, **Kloster Suceviţa** **11** (Mănăstirea Suceviţa; S. 293).

Klosterbesichtigung

Am Klosterparkplatz angekommen, erwartet den Besucher in den warmen Monaten an Verkaufsständen ein reiches Angebot an bestickten Decken und geklöppelten Spitzen. Kühl ist hier die Bergluft. Immerhin liegt Suceviţa – wie auch Moldoviţa – höher als 500 m. Und im Tal muß man (wichtig für alle potentiellen Fotografen!) mit einem frühen Sonnenuntergang rechnen. Auf einer langen Allee steuert man direkt auf das große Ensemble aus Wehr- und Sakralbauten zu. Mehr als 6 m hohe und fast 3 m dicke Mauern aus der Entstehungszeit dieses Nonnenklosters, also aus dem späten 16. Jh., bilden hier ein immer noch imposantes Viereck mit Seiten von 100 und 104 m Länge. An den Ecken erheben sich vier große Türme unterschiedlicher Struktur und Überwölbung. Massive Strebepfeiler, Schießscharten und Wehrgänge verstärken den Eindruck, daß es sich bei diesem Moldau-Kloster wie auch bei den früheren nicht zuletzt um eine wuchtige Festungsanlage gegen politische Feinde handelte. Und das waren auch im ausgehenden 16. Jh. für die moldauischen Stifter von Suceviţa, die mächtige Bojarenfamilie Movilă, die Truppen des Osmanensultans. Längst stand die Moldau wie ihre Nachbarn Siebenbürgen und Walachei bei Wahrung einer gewissen Selbständigkeit unter verhaßter osmanischer Oberherrschaft. Die steigenden türkischen Tributforderungen ließen die drei Fürstentümer wirtschaftlich ausbluten. Unter diesen Umständen schloß man sich natürlich gerne der antiosmanischen Initiative Habsburgs an und konnte im Jahre 1600 sogar für einige Monate unter dem Walachen-Fürsten Mihai Viteazul, Michael dem Tapferen, die erste politische Vereinigung der drei rumänischen Länder organisieren – bis die Osmanen wirkungsvoll zurückschlugen und den Status quo wiederherstellten.

Das so stark befestigte Kloster Suceviţa, nur ein Glied in der Kette klösterlicher Verteidigungsanlagen, kann daher also als ein weiteres Symbol für das moldauische Bemühen um Unabhängigkeit gelten. Gleichzeitig stellt es eine Art Testament der moldauischen Sakralkunst dar, die von der Kunstgeschichte als ›Byzanz nach Byzanz‹ gewertet wird. Hier wurde nämlich vom Moldau-Fürsten Ieremia Movilă die letzte gemalte Außenwandgestaltung einer Kirche in Auftrag gegeben, die die Malerbrüder Ion und Sofronie von 1595 bis 1606 ausführten. Die große Kirche von Suceviţa fußt sichtbar auf dem Baustil ihrer Vorgängerinnen, weist als architektonische Neuerungen nur einen schlankeren Turm auf zwölfeckigem Sockel und, wohl unter walachischem Einfluß, zwei angefügte offene Seitenvorhallen auf. Auch beim Betrachten der über und über mit immer noch leuchtenden **Außenfresken** bemalten Fassaden spürt man das Bemühen, sich in allen nur möglichen Details am traditionellen ikonographischen Programm von Humor, Moldoviţa und Voroneţ zu orientieren. An den Apsiden schreiten auf grünem Hintergrund zur Deesis die in gelbrote byzantinische Gewänder gekleideten Bittenden zu Christus. Im Süden findet sich der vielszenische Lobgesang auf Maria, der Akathistos Hymnos, jedoch ohne die Szene der Belagerung Konstantinopels, die Anfang des 17. Jh. doch altmodisch geworden war. Auf dem für Suceviţa typischen blaugrünen Grund schillern daneben auch die vielen rot-grün-gelb gemalten Gestalten des Stammbaums Christi, der Wurzel Jesse. Und an der Vorhalle im Westen ist das Thema des Jüngsten Gerichts wieder aufgegriffen worden.

An der Nordwand von Suceviţa entdeckt man neben Szenen aus Heiligenlegenden und der Genesis ein ikonographisches Element, das sich nur hier, an der durch Mauer und Berghang besonders geschützten Nordwand dieses Bukowina-Klosters, erhalten hat: die sogenannte **Himmelsleiter des Johannes Klimax.** Diese große, dekorative Komposition ist durch besagte Leiter diagonal in zwei Sphären geteilt: in die himmlische der Ordnung und in die der Hölle, des Chaos. Hier schweben mit ausgebreiteten Flügeln Engel zum Paradies, steigen die Auserwählten Stufe um Stufe die Tugendleiter hinauf. Dort werden entsetzte Heiden und Sünder durch grinsende Teufel von den Sprossen der Leiter in den Höllenschlund gezogen. In der Himmelsleiter von Suceviţa begegnet uns also wie in den anderen moldauischen Kirchenfresken noch ein letztes

Mal der gemalte Triumph der christlichen Idee.

Doch just mit dem ging es schon kurz nach Abschluß der Malarbeiten auch im engsten Kreis der Stifterfamilie bald zu Ende. Im **Kircheninneren** auf dem Votivbild der Adelsfamilie Movilă an der Westwand des Hauptschiffs präsentiert Moldau-Fürst Ieremia Christus das Kirchenmodell noch ehrerbietig im Kreis der gesamten Familie. 1606 starb er, und schon 1607 mußte ihm, von Ieremias Witwe vergiftet, sein Bruder und Nachfolger Simion ins Grab folgen. Daraufhin soll dann die Mörderin (und Mutter des übernächsten Moldau-Fürsten) als Rache ihr Ende in einem türkischen Harem gefunden haben. Die mit biblischen Szenen so reich bemalte Movilă-Grabkammer sowie die schön verzierten Grabdecken von Ieremia und Simion sind nicht nur Meisterwerke moldauischer Mal- und Stickereikunst, sondern auch Zeugnisse des zeitlosen Phänomens von Familientragödien und Machtkämpfen.

Nach Putna – Stefans wichtigstes Kloster

Auf dem Weg vom Kloster Suceviţa zur letzten bemalten Kirche der Bukowina-Rundfahrt, Arbore, bietet sich für Autofahrer ein Abstecher zum ältesten und für seinen Gründer Stefan den Großen auch wichtigsten Kloster an: zur 1466 bis 1470 errichteten dynastischen Grabstätte Putna.

Man hält sich von Suceviţa aus am gleichnamigen Flüßchen entlang auf der Nationalstraße DN 17A und erreicht bald **Marginea** 12, ein langgestrecktes Dorf, das wegen seiner Töpferbetriebe bekannt geworden ist. Die auch als Souvenir geeignete Keramik von Marginea mit ihren typischen geometrischen Mustern weist übrigens erstaunliche Ähnlichkeiten mit den bukowinischen Töpferei-Funden aus dem Mittelalter auf. Bald ist in einer Hügelsenke die 30 000-Einwohner-Stadt **Rădăuţi** 13 (S. 287) in Sicht, die sich die ersten Fürsten des neuen freien Landes Moldau im 14. Jh. wegen der günstigen Lage am Schnittpunkt wichtiger Handelswege zeitweilig zur Residenz und im 15. Jh. zum Bischofssitz wählten. Im Zentrum von Rădăuţi gibt es die älteste erhaltene moldauische Steinkirche, die Bogdana, zu bewundern. Das ist eine von Fürst Bogdan I. 1359 errichtete, von Stefan dem Großen in eine Fürstengruft umgewandelte und von Fürst Alexandru Lăpuşneanu 1559 durch eine Vorhalle architektonisch erweiterte Basilika. Auffällig ist in Rădăuţi auch das Reiterstandbild Bogdans I. (Statuia ecvestra lui Bogdan I.) in der Nähe einzelner gut besuchter Straßencafés. Und gleichfalls am Fahrtweg weist eine große, helle Synagoge (Sinagoga) darauf hin, daß bis zur großen Auswanderungswelle in den 70er Jahren des 20. Jh. eine beträchtliche Anzahl von Juden in der Bukowina lebte.

Weiter geht es auf der D 209E Richtung Putna. Horodnic, Gălăneşti und Vicovu de Jos (Unteres Vicovu) heißen die Dörfer, die man passiert. Zartgelb sind hier viele Häuser gestrichen und wirkungsvoll mit weißem Reliefmuster versehen. Andere fallen durch mehrfarbige Holzmusterung auf. Jeder scheint hier entweder schon ein kleines einstöckiges Eigenheim zu besitzen oder es sich gerade nach Feierabend mit Freunden zu bauen. So kann man im Vorbeifahren die Entstehungsweise der hübschen Häuser nachvollziehen. Insgesamt aus Stein, werden die Rohbauten an den Außenwänden mit verschiedenfarbigem

Klause des Einsiedlers Daniil bei Kloster Putna

Holz in geometrischen Mustern belegt. Vor jedem Anwesen münden die meist grünweißen Zäune in große, eindrucksvolle Holztore, von denen es in den Bukowina-Dörfern sicher tausendundeine Variante gibt. In den Straßen treiben Frauen und Kinder tagsüber die Kühe oder Schweine zum Futterplatz. Und vor den Kirchen treffen sich die älteren Dorfbewohner zum täglichen Plausch. Würde man hier z. B. nach Vicovu de Sus, dem Oberen Vicovu, nach Norden abbiegen, so hätte man schon nach nur ein paar Kilometern die rumänisch-ukrainische Grenze erreicht, sähe die ehemalige Nord-Bukowina vor sich zum Greifen nah.

Doch um zu Stefans Gründung **Kloster Putna** 14 (S. 287) (Mănăstirea Putna) zu gelangen, folgt der Reisende der D 209E nach Südwesten durch ansteigende Waldkämme ins Flußtal Putna bis zur gleichnamigen Ortschaft. An deren Ende scheinen die stattlichen Mauern und Türme des Klosters in den Himmel zu wachsen. Schon vor den Klostermauern kann man fleißige Mönche beobachten: Sie bereiten Teer vor, versorgen eine ganze Reihe kräftiger Pferde oder kümmern sich um den Betrieb der nahen Klosterherberge. Innerhalb der Klostermauern spürt auch der Besucher die Disziplin, die den Tagesrhythmus in diesem aktiven Mönchskloster beherrscht: Die Rasenflächen um die Kirche und die roten Teppiche im Klostermuseum werden peinlichst saubergehalten. Touristen-Nepp, wie er auch in Rumänien inzwischen weit verbreitet ist, wird man hier nicht finden.

Klosterbesichtigung

Aber der Besuch von Putna lohnt auf jeden Fall. Sind doch an dieser Dreikonchenkirche, die 1662 gemäß dem (damals zerstörten) Original von 1470 wiedererrichtet wurde, die klassischen Stilmerkmale moldauischer Sakralbauweise bestens zu studieren: Der **Innenraum** ist in den Naos mit Seitenapsiden und Altarapsis, in den Grabraum, den Pronaos und die geschlossene Vorhalle gegliedert. Unter einem schwebenden Dach und einem schmalen Turm beleben hohe Blendarkaden, kleine Blendnischen und gotische Fensterumrahmungen die weißen Außenwände. Sie waren in Stefans Regierungsjahren wohl mit bunten Keramikscheiben verziert. Auf eine nachträgliche äußere Freskenbemalung der Kirche hat man zu Zeiten des Wiederaufbaus im 17. Jh. verzichtet, als dieses Verfahren in der bukowinischen Sakralkunst wohl aus der Mode gekommen war.

In Putna erwarten den Besucher eben andere Attraktionen: Vor der Westfassade der Kirche ist eine in sieben Hexagone unterteilte, hohe **Holzsäule** zu bewundern, in die Porträts moldauischer Fürsten eingeschnitzt wurden und deren Form an die der ›Endlosen Säule‹ Constantin Brâncuşis (s. S. 79ff.) erinnert. Man befindet sich an zudem für Rumänien historisch wichtiger Stätte, wo sich Mitte des 19. Jh. auch die geistige Elite der gerade vereinigten Fürstentümer Moldau und Walachei zur politischen Planung traf. Kein Wunder, denn hier kann man vor den **Grabstätten** des im Karpatenland so populären Stefan des Großen, seiner Frau und nachfolgender Moldau-Fürsten in sich gehen. Im **Klostermuseum** haben Putnas ehemalige Kalligraphen- und Miniaturmalerschule und die anderen Künstlerwerkstätten Kirchenschätze von internationalem Format hinterlassen: z. B. das kunstvolle Evangeliar mit den vergoldeten Silberbeschlägen von 1473 oder die Grabdecke der Maria von Mangop, also der zweiten Frau Stefans, eine prunkvolle Stickereiarbeit aus dem Jahre 1477 (s. S. 49).

Folgt man von hier aus dem Schild »Cabana Putna«, trifft man auf Spuren eines weiteren Lebensbegleiters des großen Stefan. Am Rande einer Anlage mit Ferienhäuschen befindet sich hoch oben in einem Felsen, so behaupten es wenigstens die Quellen, die kleine **Höhlenkirche des Einsiedlers Daniil** (Biserica lui Daniil Sihastrul; s. Abb. S. 173). Der soll seinem Fürsten während der Osmanen-Kriege ja mit ermutigenden Ratschlägen zur Seite gestanden haben. Ob Legende oder nicht – ein ernster Mönch aus Putna tritt heute täglich in die Fußstapfen des Felsenheiligen, wenn er hier mitsamt Aktentasche seinen neunstündigen einsamen Dienst verrichtet. Dem seltenen Gast erzählt er jedoch gerne und lang von alten Zeiten, als die Bukowina noch zu den Zentren des geistigen und geistlichen Lebens der Ostkirche gehörte.

Nach Arbore – Fürstenschelte mit dem Pinsel

Der Fahrtweg von Kloster Putna zur Kirche Arbore führt auf der D209E erst einmal zurück nach Rădăuţi. Bis hierher und dann direkt zurück nach Suceava könnte der Besucher von Putna aus auch mit dem Zug reisen.

Von Rădăuţi aus ist für den Autofahrer ein 25-km-Abstecher auf den Nationalstraßen DN 17A und E 85 Richtung Norden über Dorneşti nach **Siret** 15 (S. 291) möglich. Heute ist dieses Industriestädtchen im beinahe äußersten Nordosten Rumäniens verkehrsmäßig ungünstig gelegen. Im 14. Jh. hat es aber einmal bessere Tage gesehen. Als zeitweiliger Fürstensitz und Hauptstadt der Moldau bekam Siret um 1360 die – neben der Bogdana in Rădăuţi – älteste erhaltene Steinkirche des Landes gebaut, die Dreifaltigkeitskirche (Biserica Sfânta Treime). Byzantinischen Vorbildern entsprechend, weist diese frühe moldauische Dreikonchenanlage eine dekorativ abwechselnde Schichtung aus Bruchstein und Ziegeln auf. Die hübschen Blendarkadenverzierungen aus glasierten Kacheln unter braunroten Dachschindeln geben dem kleinen Bau vor der grünen Baumkulisse ein unverwechselbares Äußeres.

Eine ähnlich ansprechende Außenwandgestaltung läßt sich auch zirka 9 km südöstlich von Siret studieren: Auf der D291A erreicht man **Bălineşti** 16 und seine 1499 gebaute Nikolaikirche (Biserica Sfântu Nicolai).

Zurück in Rădăuţi folgt der Autofahrer der E 85 und der D 209 mit direktem Ziel Arbore, ca. 23 km entfernt. Fast ausgetrocknet sind hier im Sommer die Flüßchen, die der größeren Suceava zufließen. Trotzdem ist das hügelige Land zwischen den von Wassertürmen dominierten Dörfern Emil Bodnăraş, Milişăuţi und Iaslovaţ sehr fruchtbar. Wenn die Ernte vorbei ist, werden auf Pferdewagen voluminöse Kürbisse in allen Gelbschattierungen vorbeigefahren. Dann warten vor den wie mit grün-rot-weißen Bordüren verzierten Häusern riesige Fässer und Bottiche auf die große Kohl- und Gurkenernte. Vor Einbruch der Kälte werden die Gänseherden noch auf

Vor der Kirche von Arbore

den Wiesen gehütet, während auf anderen schon das Heu zu Haufen aufgetürmt ist.

Kirchenbesichtigung

Im Vergleich zum massigen Eingangsturm wirkt die relativ kleine und turmlose Bukowina-Kirche von **Arbore** 17 eher zierlich. Interessanterweise ist sie auf rechteckigem Grundriß nebst Apsis erbaut. Unter einem einheitlichen, geschwungenen Dach sind Naos und Pronaos nach dem klassischen moldauischen System à la Voroneţ überkuppelt. Im Innern erwarten den Besucher leider durch Weihrauch- und Kerzengebrauch stark nachgedunkelte Wände, die hoffentlich in Zukunft restauriert werden. So könnten z. B. das Stifterporträt und die Betende Muttergottes im Vorschiff wieder im alten Glanz erstrahlen.

Man wendet sich also auch in Arbore lieber dem Äußeren der Kirche zu. Das nämlich besticht seit gut viereinhalb Jahrhunderten ebenso wie das der Bukowina-Schwesterkirchen an Süd- und Westfassade durch die monumentale **Freskenbemalung**. Diese könnte vielleicht auch noch an Nord- und Ostseite erhalten sein, wäre da nicht das schützende Bleidach in Kriegszeiten einmal zwecks Munitionsherstellung kurzerhand abmontiert worden. So ziehen denn nur auf der weniger beschädigten Südwand die schmalen, langgestreckten Gestalten der Heiligen mit ihren kostbaren Gewändern auf meergrünem Grund betend zum thronenden Christus – die Deesis. Auch Reste von Szenen aus dem bekannten ikonographischen Programm der Moldau-Kirchen, aus dem Akathistos Hymnos, aus dem Jüngsten Gericht und aus dem Gleichnis vom verlorenen Sohn, lassen sich entdecken. In ärmlichen Pullovern, Röcken und Kopftüchern, aber ebenso gottesfürchtig wie die Frauen der vergangenen vier Jahrhunderte stehen mit den Besuchern oft auch fromme Rumäninnen vor diesen Fresken, die noch heute wie eine aufgeschlagene Bilderbibel wirken. ›Bibeln für die Armen‹, für die des Lesens unkundigen Gläubigen der vergangenen Jahrhunderte, sind die moldauischen Kirchenwände deshalb auch genannt worden. Haben die gläubigen Rumäninnen ringsumher sich sattgesehen, eilen sie meist scheu an den Touristen vorbei in die Kirche zum inbrünstigen Gebet.

Wie gut, daß die Baumeister dem Gotteshaus von Arbore auch einen offenen **Westraum** zukommen ließen, der sich bei den späteren Bukowina-Kirchen wie Humor oder Moldoviţa dann architektonisch zur Vorhalle weiterentwickeln sollte. In dieser Nische an der Westseite haben die erstaunlichsten Fresken von Arbore überlebt. Sie fallen schon allein durch besonders fließende Zeichnung und geschmeidige Bewegung der Figuren auf. Die gesamte Außenbemalung der Kirche und insbesondere die der Westseite ist aber auch inhaltlich eine spezielle Auftragsarbeit einer Adelsfamilie der Moldau, die im 16. Jh. in Ungnade gefallen war – die Fresken gerieten nämlich zu einer Art Fürstenschelte mit dem Pinsel. Denn diese schmucke Kirche ließ im Jahre 1503 ein zu der Zeit noch hoch geachteter Moldau-Kanzler mit Namen Luca Arbore zu Ehren des enthaupteten Johannes des Täufers erbauen. Derselbe Luca Arbore jedoch endete – Ironie des Schicksals – nur 20 Jahre später mitsamt seinen beiden Söhnen selbst unter dem Beil des Henkers. Er hatte seine Position als zeitweiser Vormund des Fürstensohns Stefăniţa allzu deutlich ausgenützt und die Macht flugs an sich gerissen, was an sich keine Seltenheit an den Fürstenhöfen der Zeit war. Das Machtkarussell drehte sich aber auch in der Moldau äußerst schnell, und Luca Arbore geriet, kaum war Stefăniţa herangewachsen, unter die Räder.

Die Außenfresken wurden von einer Enkelin Arbores 1541, also wiederum rund zwei Jahrzehnte später, beim malenden Popensohn Dragomir Coman aus Iaşi in Auftrag gegeben. Auf der Westwand tauchen eigentümlicherweise nicht nur die gewohnten Themen der byzantinisch-moldauischen Malschule auf, sondern auch besonders drastisch ausgeführte und spezielle, für die rumänische Kirchenmalerei recht ungewöhnliche Szenen aus dem Leben zweier Heiliger: Der hl. Georg (oder Teodor) hat sich auf den Bildern von Arbore mit einem abscheulichen Drachen auseinanderzusetzen. Daneben trotzt der hl. Nichita seinem Kaiser auch noch, als man ihn brutal über einem Feuer an den Füßen aufhängt. Die Anspielungen auf das als ungerecht empfundene Schicksal der geköpften Arbore-Söhne Teodor und Nichita könnten an der Westfront dieser Familiengrabkapelle nicht deutlicher sein. Dabei hätte das Leben der adligen Arbores, zumal das des verdienten Würdenträgers Luca aus dem Gefolge Stefans des Großen, doch auch im 16. Jh. noch so unbeschwert heiter verlaufen können. Das zeigen jedenfalls die Fresken mit den Festgelagen, die zu Ehren der Heiligen veranstaltet werden, gleich daneben regelrecht humorvoll: Da fiedeln die Musiker beschwingte Rhythmen, da tanzen die jungen Leute, da prosten sich die Zecher zu, daß es eine wahre Freude ist.

Die hat sicher auch der Betrachter, wenn für ihn im idyllischen Kirchgarten mit seinen schiefen alten Steinkreuzen die vielen auf blaugrünem Grund gemalten Figuren für einige Zeit lebendig

geworden sind. Es sind hier in Arbore dann nach dem Besuch der Klöster Humor, Voroneţ, Moldoviţa und Suceviţa auch die letzten vollständigen, leuchtend bunten Kirchenaußenfresken, die man auf der Bukowina-Rundreise zu sehen bekommt. Aber es sind bestimmt auch solche, die wegen ihrer erfrischenden Originalität im Gedächtnis haften bleiben.

Nach Dragomirna – Eine Oase der Stille

Auf der zirka 35 km langen Rückfahrt von Arbore zur Kreishauptstadt Suceava über die D 209 und E 85 sollte man auf jeden Fall noch einen Besuch des Klosters Dragomirna einplanen. Auch nach Dragomirna kann man als Zugfahrer nicht gelangen.

Bei **Milişăuţi** 18 sieht man mit Erstaunen, welch unübersehbar große Kirche hier am Fahrtweg die Adventisten-Sekte nach der politischen Wende errichtet hat. Wie überall im Land sehen Sekten wie diese in Rumänien seit 1990 geeignete Missionsgebiete. Denn viele nach dem Kommunismus orientierungslose

Rumänen suchen derzeit Anschluß an wegweisende, straff organisierte Gruppen. Ansonsten dominieren bei der Durchfahrt durch Gara, Dănila und Dărmăneşti ländliche Eindrücke. Vor fast jedem Haus stehen im Herbst voluminöse Kübel randvoll mit diversen Gemüsesorten: Der Wintervorrat will eingelegt werden. Hinter langsam zockelnden Heuwagen, die Dreiviertel der Straßenbreite einnehmen, müssen Bauernjungen die Fahrbahn wieder freikehren. Ein Maisfeld reiht sich ans nächste. Auf vielen Feldern sieht man in diesen Wochen die Familien – von der Großmutter bis zum Enkel – die Kartoffelernte einbringen.

Bei **Pătrăuţi** 19 kann man die ein Jahr vor Voroneţ, 1487, unter Stefan dem Großen erbaute kleine Dreikonchenanlage der Heiligkreuzkirche (Biserica Sfânta Cruce) besichtigen. In ihr interessiert sicher am meisten ein weiteres Porträt des mächtigen Moldau-Fürsten nebst Sohn und Nachfolger Bogdan III. auf dem Stifterbild im Vorschiff.

Und dann hat man auch schon die ersten nördlichen Vorstadtbezirke von Suceava erreicht, wo eine Abzweigung Richtung Norden nach ca. 5 km zum **Kloster Dragomirna** 20 (Mănăstirea Dragomirna) am gleichnamigen Fluß führt. Direkt gegenüber einer neuen, privat geleiteten Schaffarm zieht sich eine lange, schöne Allee zu den mächtigen Befestigungsanlagen von Dragomirna hin, die schon von weitem beeindrukken.

Klosterbesichtigung

Am gewaltigen Eingangstor mit dem Wappen des Fürstentums Moldau, dem Auerochsen mit dem Stern zwischen den Hörnern, sitzt meist einsam eine Nonne. Wenn sie die Eintrittsgebühr kassiert hat, vertieft sie sich sofort wieder in ihre Bibellektüre. Im fast quadratischen, großen Innenhof des Klosters mit seinen gepflegten Rasenflächen und Blumenbeeten taucht auch bald der Besucher ein in die friedliche Atmosphäre, die in diesem Nonnenkloster herrscht. Rundherum kann man auf den Balkonen der Klosterbauten Blumenkästen sehen. Oft sind Nonnen im Hof mit Gartenarbeiten beschäftigt. Wie gut läßt es sich hier am hölzernen Ziehbrunnen ausruhen, im Schatten von Bäumen mit den Bukowina-typischen kugelrunden, leicht säuerlichen Äpfeln, deren Fruchtfleisch so tiefrot gefärbt ist wie ihre Schale.

Dabei läßt sich ganz ungestört Dragomirnas Kirche im Zentrum der Anlage betrachten, die der Klostergründer und Moldau-Metropolit Anastasie Crimca auf rechteckigem Grundriß 1609 errichten ließ. Einen fast graziösen Eindruck macht dieser hohe Bau mit den durchweg vertikal akzentuierten Proportionen. Sein Kranzgesims ist immerhin gut 18 m hoch, er ist über 35 m lang, aber nur ganze 9,5 m breit. Pilasterartige Mauervorsprünge, harmonisch verteilte spätgotische Fenster sowie die in der Bukowina traditionellen doppelreihigen Blendarkaden unter dem 32 m hohen, schmalen Turm lassen die Kirche regelrecht in den Himmel wachsen, besonders wenn man sie von Osten oder Westen betrachtet. Apropos Turm: Dessen breite Skala an Fassadendekoration, an geometrischen Pflanzenmotiven wie Palmetten oder Rosetten, ist in Flachrelief ausgeführt. Das schafft oberhalb der ansonsten streng gestalteten Fassade ein faszinierendes Licht- und Schattenspiel. Und das ist dann ein Effekt, dem der Moldau-Besucher schon an der drei Jahrzehnte später errichteten berühmten Drei-Hierarchen-Kirche von Iaşi begegnet ist (s. S. 133).

Aurelia Dumitrescu und ›Moş Crăciun‹, der Weihnachtsmann

Aurelia Dumitrescu duckt sich leicht. Noch ein wenig unsicher steht die ansonsten aufgeweckte Sechsjährige vor der Tür der Nachbarn. Fest preßt sie den Stab mit dem großen gebastelten Bethlehem-Stern an sich und stimmt erst nach und nach mit in das Weihnachtslied ein. Wie gut, daß die älteren Freunde Aurelias mit dabei sind und gleich lauthals lossingen können: von der Geburt des Jesuskindes, von brennenden Kerzen, von der glücklichen Maria – und nicht zuletzt von der Freigebigkeit der Hausbewohner. Denn gleich gibt's sicher Nüsse, Süßes und ein paar Geldstücke zum Dank an die kleinen Colinde-Sänger. Und auch bei den anderen Nachbarn wird die Kindergruppe nicht vor verschlossenen Türen stehen.

Colinde, die traditionellen rumänischen Weihnachts- und Neujahrslieder, werden zwischen Schwarzmeerküste und Banat, Karpaten und Donaulauf seit der politischen Wende wieder selbstverständlich gesungen. Wenn, vergleichbar dem rheinischen St. Martins-Treiben, in Rumäniens Städten vom Heiligen Abend bis zum Dreikönigstag, dem 6. Januar, Kinder wie Aurelia und in den Dörfern junge Männer zum Teil mit Instrumenten, Stöcken, Masken und Bärenfellen zu den Nachbarn ziehen, dann schallt es in den Straßen von gesungenen Bibelzitaten wider. In sozialistischen Zeiten mußte sich der Colinde-Sänger noch auf bloße Neujahrswünsche beschränken, und das möglichst auch erst in den Tagen nach dem christlichen Fest. Jetzt herrscht jedoch vor den Türen rumänischer Haushalte schon um den Heiligen Abend herum reges Treiben. Und auch mit speziellen Gotteslob-Liedern wird nicht gegeizt. Denn für Kinder wie Aurelia ist der dem sowjetischen ›Väterchen Frost‹ entlehnte Moş Gerilă längst vom christlichen Moş Crăciun, dem Weihnachtsmann, abgelöst worden. Der schaut ihnen nun, von Engleín umringt und von Kerzen beschienen, aus den Auslagen der Geschäfte entgegen. Der möchte sich auf den Oraşul Copiilor, Kinderstadt, genannten Weihnachtsmärkten rumänischer Städte zwischen Zuckerwatteständen und rumpelnden Karussellen gegen Geld mit ihnen fotografieren lassen Und der macht pikanterweise kreuzgeschmückt auch vor den Ex-Parteizentralen der Distrikte nicht mehr Halt: Per Bild prangt er da neben dem Schriftzug »Sărbători fericite«, »Frohe Weihnachten«. Das ist für ältere, an die vor 1990 offiziell allein übliche Formel »La mulţi ani«, »Frohes neues Jahr«, gewöhnten Rumänen heute immer noch ein Aha-Erlebnis.

Man hat in Rumänien in den vergangenen Jahren auch in den Städten verstärkt wieder zu christlichen Feiern wie dem Weihnachtsfest zurückgefunden. Zwar hat es immer besonders unter den älteren Frauen Strenggläubige wie Aurelias Großmutter gegeben. Die sind vor den Festtagen zwecks Läuterung peinlich genau den Anweisungen zum Fasten gefolgt. Sie ließen keinen Kirchgang aus und konnten in den Messen die alten Gesänge Wort für Wort mitsingen. Aber den jungen Generationen, wie z. B. auch Aurelias Eltern, sind mit den Jahren marxistischer Belehrung die orthodoxen Traditionen auch rund ums Weihnachtsfest weitgehend verlorengegangen. Der Wunsch nach typischer Weihnachtsstimmung an den seit 1990 auch wieder offiziellen Feiertagen ist heute jedoch allerorts groß. Dabei sind natürlich als Begleiterscheinung auch die Auswüchse der uns bekannten Weihnachts-Konsumhektik in Rumäniens Innenstädten zu beobachten. Heutzutage schleppt auch in Rumänien fast jeder vor dem 24. Dezember sein Tannenbäumchen nach Hause. Er steht nach farbenfrohem Baumschmuck mit christlicher Symbolik an und freut sich an den Lampions, Weihnachtsbäumen und Mistelzweigen, die Einkaufsstraßen, Restaurants und Poststellen sowie Bahnhofshallen zieren. Viele Menschen drängen in die heillos überfüllten Weihnachtsgottesdienste. Gerade für Festtage wie diese wird die Rumänische Orthodoxe Kirche auch im kommenden Jahrzehnt besonders in den dichtbevölkerten Vorstädten noch massiv Vorsorge betreiben müssen, um den Bedarf an zusätzlichem Kirchenraum und neuen jungen Gemeindepfarrern decken zu können. Jahrzehntelang kamen in Rumänien Kirchenbau und Theologenausbildung ins Stocken, da sich die Kirchenleitung allzusehr vom Staat bevormunden ließ.

Damit war ab 1990 nach dem Willen vieler auch junger Rumänen Schluß. ›Christliches‹ ist auch in den Städten besonders zur Weihnachts- und Osterzeit ausgesprochen ›in‹. Die Karussells auf den Weihnachtsmärkten drehen sich munter zu »Jingle-bells«-Klängen.

Aber man interessiert sich auch für das byzantinisch-rumänische Weihnachtsoratorium »Oratoriul Bizantin de Crăciun« von Paul Constantinescu (1909–63). *Colinde*-Platten, beispielsweise die populäre Weihnachtslied-Sammlung »Ziurel de Ziurel« (1995) von Ştefan Hrusca, werden wieder aufgenommen. Und Kindern wie Aurelia Dumitrescu kommen dank des wiedereingeführten Religionsunterrichts in den Schulen die *Colinde*-Lieder längst ganz selbstbewußt von den Lippen. Denn *Moş Crăciun,* der Weihnachtsmann, gehört auch in Rumänien zu Weihnachten unbedingt dazu.

Man sollte in Dragomirna auch an den hochgewachsenen Zypressen vorbei unter dem Kielbogen des Kirchenportals ins **Innere** eintreten. Hier läßt sich die Wandmalerei des 17. Jh. mit Themen wie die Auferstehung des Herrn oder die Kreuzabnahme in der Altarapsis betrachten. In der Vorhalle sind auf Bukowina-Teppichen mit geometrischen Mustern meist die bemalten Eier der Orthodoxen Kirche, Heiligenbilder, Kreuze und Ketten zum Verkauf ausgelegt. Den Schatz von Dragomirna findet der Besucher jedoch im alten, ›gotischer Saal‹ genannten Refektorium, dem heutigen **Klostermuseum.** Unter den Objekten aus der Gründungszeit Dragomirnas sind besonders die mit Miniaturen geschmückten Evangeliare bemerkenswert, die zum Teil auch aus der Hand des Klosterstifters Anastasie Crimca stammen. Sie weisen noch heute auf die außerordentliche Bedeutung der klösterlichen Kalligraphie- und Miniaturmalereischule im 17. Jh. hin (s. S. 49). Wieder vor den Klostermauern angelangt, nimmt der Reisende am besten mit einem Blick auf die kleine **Klause** von Dragomirna, die fast wie eine Miniaturausgabe der hohen, schlanken Kirche wirkt, Abschied von den einmaligen Bukowina-Klosterbauten. Sie sind, so hat man gesehen, von der UNESCO nicht ohne Grund in die Liste der Architektur und Malerei aufgenommen worden, die zum Weltkulturerbe zählen.

Wer noch ein wenig Zeit hat, kann sich von Suceava aus per Auto über die E 85 Richtung Süden ca. 26 km weit ins heutige Provinzstädtchen **Fălticeni** 21 (S. 277) aufmachen. Das hatten sich im 19. Jh. so bedeutende Schriftsteller wie Mihail Sadoveanu, Ion Creangă oder Mihai Eminesu zum Wohnort gewählt und es damit zu einem kulturellen Zentrum Rumäniens gekürt. Nicht weit ist es von hier aus zum Ort **Baia** 22 an der Moldova mit seiner unter Petru Rareş 1532 erbauten, typisch moldauischen Kirche Mariä Entschlafung (Biserica Adormirea Maicii Domnului). Auch sie soll einmal Außenfresken getragen haben.

Reste von solcher Außenmalerei lassen sich ein paar Kilometer südlich von Baia an der Kirche des ebenfalls von Fürst Petru Rareş 1542 gestifteten **Klosters Râşca** 23 (Mănăstirea Râşca) entdecken. Dieses Gotteshaus ist zwar durch ein eigenartiges Gemisch von späteren Anbauten architektonisch stark verändert worden. Der inzwischen ikonographisch geschulte Besucher mag aber an der südöstlichen Fassade von Râşca noch Details ihm inzwischen bekannter Themen entziffern: eines um

Klosterkirche Râşca

1560 nachgemalten Jüngsten Gerichts und einer Himmelsleiter.

Eigentlich müßte man, um die Sehenswürdigkeiten der Süd-Bukowina rundherum kennengelernt zu haben, auch noch von Fălticeni aus die 22 km über die D 209A zum **Kloster Probota** 24 (Mănăstirea Probota) im Südosten der Region ›pilgern‹. Hierhin gelangt man von Fălticeni oder noch besser von Suceava aus auch mit dem Zug. In der 1530 gebauten und 1532 außen bemalten großen Dreikonchenkirche von Probota liegt Petru Rareş mit weiteren Familienmitgliedern begraben, der Moldau-Fürst, unter dessen Ägide in der ersten Hälfte des 16. Jh. die meisten Außenfresken der Bukowina-Klosterkirchen entstanden. Und ist auch die Malerei der Außenfassaden in Probota inzwischen mehr als verblichen oder abgeblättert, so erinnern doch die Reste der zahllosen Nimbusse über vorstellbaren Heiligenfiguren immer noch an die ehemals glanzvolle Periode sowohl der moldauischen Politik als auch der Sakralkunst.

Mara-muresch

In den abgeschiedenen Dörfern des Nordens

Beim traditionellen Almabtrieb der Schafe in Bîrsana

Mancher mag abfällig meinen, hier sagen sich Fuchs und Hase gute Nacht. Andere werden die Stille, den Frieden in dieser relativ wenig bevölkerten Landschaft zu schätzen wissen, die würzige Bergluft und die Vielfalt seltener Gebirgspflanzen und -tiere. Kilometerlang geht es durch dichten Wald, bevor man aufs nächste kleine Dorf trifft. Das besteht dann meistens aus einer spitztürmigen Holzkirche nebst Friedhof und einer Reihe von Bauernhäusern mit tiefgezogenen Dächern. Und – aus mindestens ebensovielen hölzernen Toren, die sich an der Straße entlangreihen. Einige öffnen so großzügig den Weg zu Stallung und Schober, daß zur Erntezeit auch die höchsten Heuwagen hindurchpassen. Andere, gedrungenere sind mit kleinem Durchlaß für den Menschen bestimmt. Aber alle diese Tore zeichnet eines aus: der aufwendig geschnitzte Rahmen, über dem die Dorfkünstler ein steiles kleines Holzdach errichtet haben. Mit so mannigfaltigen Motiven sind diese Torrahmen ausgestattet, daß der Besucher immer wieder anhalten möchte, um sie zu betrachten: die in Holz geschnitzten gedrehten Seile, die Kreuze, Kreise und Ovale bilden, dazwischen pflanzliche Ornamente, etwa der Lebensbaum, Zweige, Blätter, Früchte oder Blüten, stilisierte Sonnen und Figuren. Jedes Tor scheint seinen individuellen Holzschmuck zu besitzen, so daß man auf einer Fahrt durch solche Dörfer

Beim Sâmbra-Oilor-Fest in Negreşti Oaş
◁ *wird der Auftrieb der Schafe gefeiert*

Rumäniens reiche Holzschnitztradition bestens Revue passieren lassen kann.

Wie gut, daß bis Ende der 80er Jahre der Diktatorenwahn aus dem fernen Bukarest nicht bis hierhin vordringen konnte, um Volkskunst dieser Art zu vernichten. So ist das Gesetz ›betreffend die Systematisierung der Stadt- und Landsiedlungen‹, sprich betreffend die Dörferzerstörung, nicht mehr in diesen kleinen Ortschaften umgesetzt worden. Wir befinden uns in der Maramuresch (oder Maramorsch, rumänisch Maramureş). Die nordrumänische Landschaft westlich der Ostkarpaten besteht aus vielfach noch unberührten Mittelgebirgen und Ebenen sowie aus weit mehr Dörfern als Städten. Im Altertum hatte sie zu Dakien gehört. Dann bestimmten römische Einflüsse die Entwicklung. Nach einer Phase relativer Unabhängigkeit im Frühmittelalter gelangte die Maramuresch im 13. Jh. unter ungarische Oberhoheit, aus der sich Adlige wie Bogdan I., der nachmalige erste Moldau-Fürst (1359–65), zu lösen wußten. Und obwohl die Maramuresch 1553 dem Fürstentum Siebenbürgen angeschlossen wurde und seither dessen politisches Schicksal teilte, hat sie sich schon wegen ihrer geographischen Abgeschiedenheit (heute ist sie Grenzregion zur Ukraine und nach Ungarn) ihren eigenen Charakter bewahren können.

Den unverwechselbaren Reiz dieses Landstrichs kann der Rumänien-Reisende, der von der Moldau aus kommt, auf der hier vorgeschlagenen Maramuresch-Tour kennenlernen: Es geht auf zugegebenermaßen schlechten Straßen vom Ostkarpatenkamm im Osten bis zum rumänisch-ungarisch-ukrainischen Dreiländereck im Westen, vom Luftkurort Borşa am Rodna-Massiv bis zu den großen Städten Satu Mare und Baia Mare. Möglichkeiten zur Übernachtung bieten sich in den Touristenzentren bei Borşa und Baia Sprie sowie in Satu Mare und Baia Mare an.

Maramuresch-Route: Von Borşa bis Baia Mare

Die Maramuresch läßt sich leider nur mit dem Auto oder Bus bereisen. Die Straßen befinden sich zwar in einem traurigen Zustand. An Eisenbahnverbindungen ist jedoch nur die Strecke Satu Mare – Baia Mare zu nennen. Vorgeschlagen wird hier also im Anschluß an eine Bukowina-Rundreise (ausgehend von Iacobeni, s. S. 164) die Ost-West-Autoroute von Borşa bis Satu Mare bzw. bis Baia Mare. Wer schon mit dem Schnellzug oder Flugzeug von Bukarest aus in Satu Mare angekommen ist, kann die Strecke in umgekehrter Richtung befahren.

Vom bukowinischen Vatra Dornei bzw. Iacobeni aus gelangt man auf der serpentinenreichen DN 18 nach anstrengenden 100 Fahrtkilometern auf 1414 m Höhe zum Prislop-Paß (Pasul Prislop) und dann bergab zur östlichsten Stadt der Maramuresch, nach **Borşa** **1** (S. 264). Rund 30 000 Einwohner zählt diese herrlich zwischen Rodna- und Maramuresch-Gebirge gelegene Kurstadt, die aber außer der hölzernen Erzengel-Kirche (Biserica Sfântu Arghanghel) aus dem Jahr 1775 wenig Sehenswertes bietet. Zwölf Kilometer außerhalb von Borşa ist in den Bergen ein Touristen-

Richtig Reisen *Tip*

Nicht nur Geologen-Herzen schlagen höher

Um den kleinsten Verkaufsstand drängeln die Neugierigen, während sich bei den vielen anderen Ständen mit geschnitzten Löffeln, Holztellern und Schachbrettern rundum kaum ein potentieller Käufer blicken läßt. Denn die alte Frau aus der Maramuresch bietet hier mehr oder weniger improvisiert eine ganz besondere Ware feil: Sattgelb leuchten bizarr geformte Steine vom Verkaufstisch. Aus tiefen Spalten schimmert es dunkelbraun bis goldfarben. Andere pastellfarbige Stücke scheinen regelrecht mit Goldstaub überpudert zu sein. Wieder andere faszinieren so nachhaltig mit tiefroten und zartrosa Farbtönen, daß der Betrachter, fällt auch noch die Sonne auf die Steine, vor soviel Glanz fast geblendet wird.

Ihr Mann sei bei Baia Mare in der Maramuresch lange genug unter Tage gefahren. Nun liege er entkräftet zu Hause. Und sie versuche, mit dem Verkauf dieser schönen Fundstücke die karge Rente etwas aufzubessern, erzählt die verhärmte Frau bereitwillig. Wenn sie so herrliche Antimonite, Gneise oder Rosenquarze präsentieren kann, wird ihr das sicher gelingen. (Die Ausfuhr in größeren Mengen ist übrigens verboten.)

zentrum, Station Borşa, entstanden. Von hier aus lassen sich im Sommer, der im Gebirge recht kühl ist, Wanderungen z. B. zur Schutzhütte Puzdrele auf 1540 m Höhe unternehmen. Eine Drahtseilbahn führt zum Gipfel des Runcu Stiolului (1381 m). Und auch der 2303 m hohe Pietrosu-Gipfel ist nicht mehr weit. Wintersportlern stehen eine Skipiste und, wie man sagt, die höchste natürliche Sprungschanze Europas zur Verfügung.

Weiter geht die Bergfahrt auf der DN 18 am Vişeu-Fluß entlang nach Moisei und über ein Teilstück der DN 17C bis nach Săcel, wo man nun nach rechts Richtung Sighetu Marmaţiei abbiegt. Man folgt nun für rund 60 km dem Iza-Flüßchen, wo man gelegentlich Angler beobachten kann. In den Orten am Fluß findet man einige der schönsten Beispiele für Holzschnitzereien in der Maramuresch. In **Bogdan Vodă** 2, nach jenem Helden aus der Maramuresch benannt, der im 14. Jh. im benachbarten Moldau-Fürstentum Karriere machte, sollte man schon wegen der schlanken Holzkirche aus dem 18. Jh. anhalten. Desgleichen im nahen **Ieud** 3, das man von Bogdan Vodă aus über eine Abzweigung Richtung Süden erreicht. Vor malerischer Bergkulisse streben über steilen Holzschindeldächern zwei hohe Kirchtürme in die Höhe. Diese Prototypen der sakralen Maramuresch-Architektur von Ieud stammen aus dem 14.

Die Maramuresch-Route

und 16. Jh. In der nordrumänischen Landschaft hat sich die traditionelle Bauweise der Holzkirchen bis in die heutige Zeit gehalten. Sie werden immer noch genauso gebaut wie vor 500 Jahren. Auch die Ortschaft **Rozavlea** 4 wird von einer dieser alten orthodoxen Dorfkirchen dominiert, die man stilistisch als gotisch bezeichnen könnte. Im dunklen Inneren ist sie mit bunten Heiligenbildern ausgestattet, die direkt auf die Holzbalken aufgetragen wurden. Ein paar Kilometer weiter in **Bârsana** wartet gar die mit 62 m höchste dieser Holzkirchen auf Bewunderer.

Auf der Straße sind nun meist weit mehr Pferde- und Rindergefährte als Autos zu entdecken. Hin und wieder sieht man Alte mit Stock und Hut einsam ihres Weges gehen. Manche tragen über der modernen Hose noch das traditionelle Kordelhemd und auf dem Kopf den eigenartig topfförmigen Maramuresch-Hut mit rotem Band. Und Vorsicht: Hier werden auch Handwagen mitten auf der Straße nach Hause gezogen, und Bäuerinnen treiben direkt auf der Fahrbahn einzelne Kühe zum Hof zurück. Zur Erntezeit warten Beeren- und Pilzsammlerinnen am Straßenrand mit vollen Körben. Sie tragen Kopftücher und unter Wolljacken zum Teil noch bestickte Blusen. An Schuhwerk sieht man ab und zu noch die altertümlichen *Opinci,* die sogar noch auf die Daker zurückgehen sollen. Diese Riemengebilde schnüren Fuß und Knöchel über einem Sohlenstück fast bis zur Wade ein. Darunter können bei Kälte Wolltücher mit eingebunden sein.

Erst in **Sighetu Marmaţiei** 5 (S. 290) in der Niederung an der Theiß (Tisa) ist man wieder in einer der wenigen Städte der Region angelangt. Ende des 14. und Anfang des 15. Jh. hatte der Ort als ›Sighet‹ sogar als Residenz- und Hauptstadt des Maramuresch-Adels Bedeutung. Zeugnis davon legen inzwischen nur noch einige alte Mauern in der Reformierten Kirche (Biserica Reformată) ab, die 1862 in neugotischem Stil restauriert wurde. Ebenfalls einen Besuch wert sind das Piaristenkloster mit Kirche von 1735 (Mănăstirea Piaristilor) und vor allem das Stadtmuseum (Mu-

In Rozavlea gibt es noch die typischen, mit Holzschnitzereien verzierten Tore ▷

Maria Tănase und das rumänische Volkslied

Hier hilft auch die Frequenzänderung nichts: Das Knistergeräusch während der täglichen Musiksendungen im rumänischen Rundfunk ist bei einigen beliebten Volksmusiktiteln nicht zu beheben. Die betreffenden Aufnahmen stammen nämlich aus den 50er und frühen 60er Jahren – und sind doch auch vier Jahrzehnte danach im Karpatenland noch fast so beliebt wie damals. Wie kommt es, daß eine voluminöse und warme Altstimme der 50er im modernen Rumänien sogar den meisten jugendlichen Michael-Jackson-Fans noch bekannt ist – ganz zu schweigen von der anhaltenden Popularität der Sängerin bei den älteren Generationen?

Das Phänomen heißt Maria Tănase. Voll setzt deren Alt in den typischsten rumänischen Volksweisen, den *doine,* das heißt Liedern der Einsamkeit, ein. Allein schon die zahllosen Modulationen, derer diese Stimme fähig ist, berichten dem Zuhörer beeindruckend von Sehnsucht, Wehmut und den Qualen der Liebe, so daß dieser die romantischen Naturlyrik-Texte um *mândra* und *badea*, die Liebenden, gar nicht verstehen muß (z. B. bei ›Doina din Maramureş‹). Dieselbe Stimme vermag es aber auch meisterhaft, gutgelaunte Scherz- und Trinklieder oder die beschwingten Reigenlieder *hore* zu interpretieren. Mitreißend wechselt sie Zweier- und Dreierrhythmen, beschleunigt mühelos und läßt selbst Gluckser, Lachen und Schreie so gekonnt einfließen, daß diese turbulenten Weisen noch heute voll der unbändigen Lebensfreude stecken (wie im ›Vinul ghiurghiului«). Und eben dieselbe Maria Tănase überzeugt dazu immer noch mit ihren ausdrucksstarken Wiegenlied-Interpretationen, wenn sie in langsamen Dreivierteltakten sanft und schließlich fast flüsternd *puiuţ micuţ,* das süße Kleine, in den Schlaf singt (›Leagăn‹).

zeul Maramureşan) mit seiner reichen Volkskunstsammlung an Holzschnitzereien, Hinterglasikonen, Stickereien und Teppichen der Maramuresch. Das Gedenkhaus Elie Wiesel (Casa Memoriale Elie Wiesel) erinnert an den 1928 in Sighet geborenen und 1944 ins Konzentrationslager deportierten jüdischen Schriftsteller, der im Jahr 1986 für sein Werk den Friedensnobelpreis verliehen bekam.

Weiter auf der DN 19 unmittelbar an der rumänisch-ukrainischen Grenze entlang fährt man durchs Oascher Land (Ţara Oaşului) nach ca. 20 km den Ort **Săpânţa** 6 an, der wegen seines ›Fröh-

Ein beachtlicher Teil des 400-Lieder- Repertoires der Sängerin stammt aus eher entlegenen Landstrichen Rumäniens, so die hier genannten Titel beispielsweise aus der Maramuresch. Das ist sicherlich kein Zufall. Denn die musikalische Vorliebe der 1913 in Bukarest geborenen Maria Tănase galt immer den originalen, von Modeeinflüssen unverfälschten Volksliedern unzugänglicher Regionen, mochten sie auch in den Anfangsjahren ihrer Karriere im Land noch ziemlich unbekannt sein. Auch sie selbst hat den Weg gerade in abgelegene Karpatendörfer nicht gescheut, um die in Text und Melodie authentischen *cântece,* Volksweisen, wiederzuentdecken und durch ihre eigenwilligen Interpretationen neu zu beleben. Schon fast der Vergessenheit preisgegebene Lieder haben so durch Maria Tănases Arbeit, durch ihre erfolgreichen Konzerte und Aufnahmen landesweite Verbreitung finden können. Und letztlich hat die Sängerin das rumänische Volkslied bis zu ihrem Tod 1963 mit zahlreichen Auslandsauftritten sogar über die Landesgrenzen hinaus bekannt gemacht. Noch 1965 erhielt sie posthum, lange bevor Panflöten-Virtuose Gheorghe Zamfir zum Auslands-Plattenmillionär avancierte, einen Schallplattenpreis in Frankreich.

Und die Rumänen? Die haben selbst in den 70er und 80er Jahren, als unter

dem kommunistischen Regime die Volksmusikszene mit unangenehm starken politischen Untertönen behaftet war, auf Maria Tănases Erbe nichts kommen lassen. Diese politisch funktionalisierte und auf ein Massenpublikum zugeschnittene sogenannte Volksmusik ist ihre Sache nämlich nie gewesen. Von glücklichen Bauern mit glücklichen Kühen im glücklichen Vaterland hat der *pasare măiastra,* der ›Meistervogel‹, nie gesungen. Denn es ging Maria Tănase wie kaum einem rumänischen Volksmusikinterpreten danach ganz allein um die Authentizität der Lieder, was man ihr bis heute hoch anrechnet. Und so wird ihre warme und volle Altstimme in Rumänien wohl auch noch viele weitere Jahre im Rundfunk zu hören sein – Knistergeräusche inklusive.

lichen Friedhofs‹ über die Landesgrenzen hinaus bekannt geworden ist. Hier hat nämlich der (inzwischen verstorbene) Holzschnitzer Ion Patraş auf bemalten und beschrifteten Grabkreuzen dem Tod seinen Schrecken zu nehmen versucht. Jeweils dem Schicksal des Toten entsprechend hat er in frischen Farben und in zum Teil auch drastischer Wortgebung das wichtigste Lebensmotiv des Dorfbewohners festgehalten. Unter turtelnden Tauben stehen, mit Sense und Saatkorb ausgerüstet, Bauer und Bäuerin traut vereint. Auch die gereimten Verse danken für ein erfülltes Familienleben. Daneben stellt ein anderes Grabkreuz in Text und Bild einen Schwankenden vor, der sein Lebtag lang an der Flasche hing. Der Dieb bekommt ebenso sein Fett weg wie der Filou, die Ehebrecherin oder der Herr Notar, der sich Zeit seines Arbeitslebens (vielleicht allzusehr?) dem Staat verpflichtet fühlte. Der Besucher spaziert hier amüsiert durch die Reihen, bis er dabei vielleicht auch auf Hinterbliebene selbst trifft. Die unterscheiden sich dann nämlich auch hier auf dem ›Fröhlichen Friedhof‹ nicht von Trauernden in anderen Teilen der Welt. Man kann beobachten, wie zahnlose Alte am Grab den Tod ihrer Kinder beweinen. Oder man trifft auf jüngere, aber schon verhärmte Menschen, die an der Ruhestätte ihrer Eltern knien und die Grabkreuze umarmen.

Von Săpânţa aus liegt in südwestlicher Richtung im Flußtal des Tur die 17 000-Einwohner-Stadt **Negreşti-Oaş** 7 (S. 282), das Zentrum der Oasch-Region. Deren inzwischen zahlreiche Kleinindustrieanlagen und Häuserblocks werden den Besucher sicher weniger interessieren als das Freiluft-Volksmuseum mit einem Original-Bauernhof, mit Walkmühle und Sennerei. Aber letztlich hat man das typische Maramuresch-Ensemble aus Bauernhaus, Stallung und Holzkirche, aus *Troiţe* (das sind die phantasievoll geschnitzten Votivkreuze an Kirchen und Straßen) und Grabkreuzen, aus Holztoren und Zäunen ja während seiner Tour schon ebensogut in natura betrachten können. Und auch die Fahrt durch die Orte Vama, Oraşu Nou (also Neustadt) und Livada gibt davon manch neues Beispiel.

Der ›Fröhliche Friedhof‹ in Săpânţa

Folgt man von Livada aus der DN 19 bzw. der E 81, erreicht man nahe der rumänisch-ungarischen Grenze nach gut 20 km **Satu Mare** 8 (S. 288), deutsch Sathmar, ungarisch Szatmár-Németi. Die Zeiten, als dieses heute 138 000 Einwohner zählende Industriezentrum noch seinem Namen ›Großes Dorf‹ gerecht wurde, sind längst vorbei. Schon im Mittelalter war Satu Mare, das deutsche Siedler, die Sathmarer Schwaben, mitbegründet hatten, als bedeutender Warenumschlagplatz bekannt. Deutsche, rumänische und ungarische Lebensart wuchsen hier im Laufe der Jahrhunderte zusammen, bis dann die Nachfahren der ›Schwaben‹ mit den Dobrudscha- und Bukowina-Deutschen 1940 nach (Nazi-)Deutschland umgesiedelt wurden. Die historischen Bauten sind heute in Satu Mare aber auch wegen einer Flutkatastrophe des Jahres 1970 in der Minderzahl.

Im Stadtkern rund um den Freiheitsplatz (Piaţa Libertăţii) findet man noch eine ganze Reihe schöner klassizistischer Fassaden, z. B. die des heutigen Hotels Dacia. Die mächtige orthodoxe Kirche (Biserica Ortodoxă) der Rumänischstämmigen im byzantinischen Stil

Blick auf die Neustadt von Satu Mare

und die schneeweiße römisch-katholische Kathedrale (Catedrala Romano-Catolică) der Ungarischstämmigen von 1789 mit ihrem imposanten Portikus wetteifern um die Aufmerksamkeit des Besuchers. Beide ethnischen Gruppen besitzen heute in Satu Mare auch ihre speziellen Abteilungen am städtischen Theater. Weiterhin sind im Zentrum noch sehenswert die Reformierte Kirche (Biserica Protestantă), die 1788 bis 1807 im Barockstil erbaut wurde, und das 1828 mit klassizistischen Elementen errichtete Bischofspalais (Palatul episcopal).

Schlußpunkt einer Maramuresch-Tour könnte das über sieben Jahrhunderte alte Bergarbeiterzentrum Baia Mare sein. Man erreicht es, zurück auf der E 81, von Livada aus auf der DN 1C. Vorbei an zahllosen Gemüsefeldern und Obstplantagen passiert man vorher noch das moderne Industriestädtchen Seini und erkennt dann schon inmitten sanfter, bewaldeter Hügel das ›Große Bad‹, so **Baia Mare** 9 (S. 261) in der Übersetzung. Doch weder der gotische Stefansturm (Turnul lui Stefan) aus dem 14. Jh., der mit seinem grünen Dach weithin leuchtet, noch die rund einhundert Jahre alten ehemaligen Ateliers der städtischen Malerkolonie (Atelierele şcolii de picturi) werden allzu viele Gäste anlocken können. Denn Baia Mare ist als einer der am meisten Umweltbelastungen ausgesetzte Industriestandorte Rumäniens in Verruf geraten.

Aber schon ein paar Kilometer östlich auf der DN 18 lockt das Touristenzentrum von **Baia Sprie** 10 (S. 262) am Fuße des Guţii-Gebirges mit Wandergebiet, Skipiste und Drahtseilbahn. Hier gedeihen im Schutz der Berge alljährlich sogar Flieder und Edelkastanien üppig. Und nach einem kurzen Abstecher Richtung Süden gelangt man in **Surdeşti** 11 zu einem nicht nur kunsthistorischen Highlight Nordrumäniens: Als Meisterleistung der Holzarchitektur ragt hier – sozusagen als Ausklang der Rundfahrt – die mit 54 m zweithöchste Holzkirche der Region in den Maramuresch-Himmel.

Trans-silvanien (Sieben-bürgen)

Zu Sachsenerbe und großen Städten

Bei deutschem Bier und extra starkem Cappuccino sitzt der Gast entspannt unter hellen Sonnenschirmen. Vor ihm der ehemalige Marktplatz der Stadt mit seinen vielen gut restaurierten Gebäudefassaden. Ganz und gar vertraut erscheint die Bauart dieser bis zu zweistöckigen alten Bürgerhäuser mit ihren tiefgezogenen roten Dächern, den malerischen Laubengängen und Giebelfenstern. Eine gotische Kathedrale reckt sich zur Linken steil in den Himmel. Auf hochhackigen Schuhen spazieren modisch gekleidete Frauen vorbei. Ihre kleinen Kinder proben erste Dreiradrunden. Vis-à-vis hat kurzzeitig ein Coca-Cola-Transporter geparkt. Daneben sitzen ein paar Alte zum Plausch beisammen. Sprachfetzen in eigenartig altmodischem Deutsch dringen herüber. Denn der Reisende befindet sich hier an seinem Cafétisch nicht etwa im Westen, sondern im Südosten Europas: im rumänischen Transsilvanien oder Siebenbürgen (rumänisch Transilvania, ungarisch Erdély). Und das kann ja auch auf eine lange deutsch und natürlich auch rumänisch und ungarisch geprägte Vergangenheit zurückblicken, wie es noch heute prächtige Häuser und Kirchenburgen, trutzige Türme, Tore und Basteien bezeugen.

Transsilvanien, das ist im engeren Sinne die von den dichtbewaldeten Karpaten in einem hufeisenförmigen Bogen umschlossene Landschaft Zentralrumäniens. Sie besteht hauptsächlich aus einem durchschnittlich 600 m hohen Plateau. ›Transilvania‹ heißt aus dem Rumänischen übersetzt das ›Land hinter den Wäldern‹ dieser Berge. Die Ungarn haben es ebenfalls ›Waldland‹, ›Erdély‹, genannt. Im weiteren Sinne umfaßt das historische Transsilvanien auch die jenseits der Karpaten gelegenen Landesteile Maramuresch (s. S. 184ff.) und Ost-Banat (s. S. 244f.).

In den Teilbecken und fruchtbaren Senken Transsilvaniens wird von alters her vielseitig Ackerbau betrieben. Im Hügelland sind Obst- und Weinbau vorherrschend. Rund um die großen Städte wie Braşov/Kronstadt, Cluj/Klausenburg, Sibiu/Hermannstadt oder Târgu Mureş/Neumarkt haben sich zahlreiche Firmen unterschiedlicher Industriezweige angesiedelt. Seit jeher betreibt man in dieser Region auch Bergbau. Braunkohle, Erdgas und Salz werden gewonnen.

Transsilvanien ist also immer ein für den Menschen gewinnbringendes Gebiet gewesen. Im Altertum gründeten die Daker hier ihre Hauptstadt Sarmizegetusa. Ab 106 teilweise römische Provinz, wurde das fruchtbare Gebiet mit seiner dakisch-römischen Bevölkerung ab 271 jahrhundertelang von Wandervölkern wie Goten, Hunnen und Awaren durchzogen, ebenso kamen Slawen von Osten. Ab dem 11. Jh. sicherten sich Magyaren, also Ungarn, hier Vorrechte. Bis 1526 besaßen sie den Löwenanteil an Land. Ihr Adel bildete über Jahrhunderte die politisch mächtigste Schicht. Um die Verteidigungsfähigkeit des Gebiets zu stärken, siedelte die ungarische Krone ab dem 12. Jh. in den Randgebieten zahlreiche Kolonisten an, die sie mit Privilegien wie Selbstverwaltungsrecht und Steuerfreiheit ausstattete. Größten-

Vor den Mauern der Schwarzen Kirche in Braşov/Kronstadt

Spuren römischer Besiedlung in Sarmizegetusa Ulpia Traiana

teils von Rhein und Mosel kamen die Siebenbürger Sachsen in den Süden und Norden Transsilvaniens. Alsbald hatten sie in puncto Landwirtschaft, Handwerk, Handel und Goldminenabbau besonders in und um die Städte herum die Nase vorn. Auf ihre (insgesamt nicht nur) sieben Wehrburgen Hermannstadt, Mühlbach, Broos, Reußmarkt, Leschkirch, Schenk und Reps geht letztlich die Benennung Siebenbürgen zurück. Wahrscheinlich aus Mittelasien stammte die zweite wehrhafte Siedlergruppe mit Autonomierecht: Ungarischsprachige Szekler hielten ab dem Mittelalter im Osten Transsilvaniens Grenzwacht. In diesem wirtschaftlich und politisch festen Gefüge blieb dann für die wohl zahlenmäßig stärkste ethnische Siedlergruppe, die Rumänen, für Jahrhunderte nur die Rolle abhängiger Bauern oder Wanderhirten, insbesondere dann, wenn sie nicht kooperations- bzw. assimilationswillig waren und als orthodoxe Christen nicht zur katholischen Kirche der Ungarn, Szekler und bis zum 16. Jh. auch der Deutschen übertraten. Eigene Steinkirchen zu bauen, war den transsilvanischen Rumänen über Jahrhunderte nicht erlaubt. In der ungarischen Geschichtsschreibung hält sich übrigens bis heute die Interpretation, daß Transsilvanien im 11. Jh. ein demographisches Vakuum dargestellt habe, in das die Rumänen erst nach der Besiedlung durch die Ungarn eingesickert seien – Grund genug für die auch heute schwelenden ungarisch-rumänischen Konflikte in der Region.

Von 1526 bis 1688 war das Fürstentum Transsilvanien dem osmanischen Sultan unterworfen. Nur um 1600 gelang dem Walachen-Fürst Mihai Viteazul kurzfristig die Einigung der rumänischsprachigen Regionen Walachei, Moldau und Transsilvanien. Danach gehörte Transsilvanien – ab 1765 als Großfürstentum – zum Einflußgebiet der Habsburger. 1867 wurde es wieder Ungarn eingegliedert und ab 1918 endgültig dem modernen Staat Rumänien zuerkannt. Nur Nord- und Ost-Transsilvanien mußten zwischen 1940 und 1944 an Ungarn abgetreten werden.

Wie der kurze Gang durch die Geschichte zeigt, ist Transsilvanien also eine Region, in der die Völker ihre Eigenart erstaunlich konsequent bewahrt haben und die durch unterschiedliche politische Systeme und Traditionen bleibend geprägt wurde. Deshalb werden hier auch die meisten Städte- und Ortsnamen in rumänischer, deutscher sowie, wenn der ungarische Bevölkerungsanteil groß ist, auch in ungarischer Sprache aufgeführt. Doch gerade in letzter Zeit, nach der massenhaften Abwanderung der ›Sachsen‹ nach Deutschland, kommt es zu einem irreparablen Traditionsbruch. Die von dieser erstaunlich homogen gebliebenen Gruppe über Jahrhunderte geschaffene sächsisch-siebenbürgische Kultur ist nach dem Exodus dem Verfall preisgegeben.

Die Transsilvanien-Reise führt, wenn man von Bukarest kommt, zunächst durch das walachische Prahova-Tal nach Braşov/Kronstadt in eines der früheren Zentren der Siebenbürger Sachsen. Von hier aus geht es Richtung Westen bis Hunedoara/Eisenmarkt zu wichtigen alten Kirchen- und Bauernburgen. Wieder in Braşov beginnt die Fahrt Richtung Norden in das immer noch mittelalterlich anmutende ›Nürnberg‹ der Region, nach Sighişoara/Schäßburg, und weiter in das auch stark ungarisch-habsburgisch geprägte Cluj/Klausenburg/Kolózsvar. Von hier aus sind noch Abstecher nach Bistriţa/Bistritz in den Norden bzw. durch die Westkarpaten in die Crişana nach Oradea/Großwardein möglich. Durch das Eiserne Tor Transsilvaniens gelangt man weiter ins Banat (s. S. 244ff.).

Im Prahova-Tal nach Braşov/Kronstadt

Die meisten Besucher starten ihre Transsilvanien-Entdeckungsreise in der Walachei von der Hauptstadt Bukarest aus, indem sie die rund 170 km bis Braşov/Kronstadt per Zug oder per Auto über die E 60 angehen. Dieser Route sei hier gefolgt. Richtung Nordwesten wird sich daran auch die Strecke bis Oradea/Großwardein anschließen. Wer jedoch mit dem Auto über Wien und Budapest bei Borş bzw. Oradea nach Rumänien einreist, durchfährt Transsilvanien natürlich in südöstlicher Richtung und kann daher die hier angebotenen Routenvorschläge in umgekehrter Reihenfolge abfahren.

Von Bukarest aus ist man nach Durchfahren der Industriestadt **Ploieşti** (S. 285) bei Băicoi noch innerhalb der Walachei zu den Ausläufern der Südkarpaten gelangt. In **Câmpina** **1** (S. 285), im früheren Wohnort des berühmten rumänischen Malers Nicolae Grigorescu, werden Kunstliebhaber sicher die gleichnamige Gemäldesammlung besuchen.

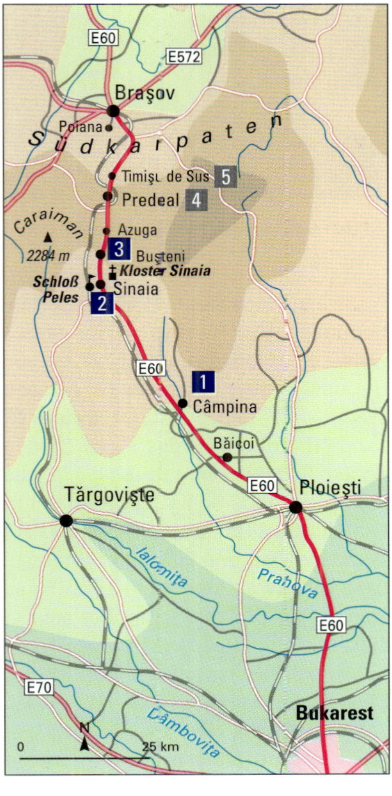

Route Bukarest–Braşov/Kronstadt

Zu den Berggipfeln der Karpaten: Buşteni im Bucegi-Gebirge

Die erste regelrechte Hochgebirgsstation im Tal des Prahova, in der es sich wieder zu stoppen lohnt, ist 127 km von Bukarest entfernt Rumäniens edelster Wintersport- und Luftkurort **Sinaia** 2 (S. 291) am Fuße des über 2000 m hohen Bucegi-Gebirges. Elegante alte Villen und moderne Hotels bieten Unterkunft für Gäste an, die sich sommers auf Wanderwegen und in Kureinrichtungen bzw. winters auf den zahlreichen Skipisten, in der Drahtseilbahn oder auf der 1500 m langen Bobbahn tummeln. Ausflugsmöglichkeiten gibt es zum Kloster Sinaia (Mănăstirea Sinaia), das in den Jahren 1690 bis 1695 als viereckige Festung mit mächtigen Mauern erbaut wurde, und zu **Schloß Peleş** (Castelul Peleş). Gotische und Renaissance-Bauelemente erinnern bei diesem von außen insgesamt pittoresken Bau, der unter König Carol I. Ende des 19. Jh. angelegt wurde, an spätmittelalterliche deutsche Burgen. Im Inneren vereint sich in 160 Zimmern ein erstaunliches Sammelsurium an verschiedenen Stilarten. Sie gefielen auch besonders dem Genossen Ceauşescu, der hier bis 1989 gerne königlich Hof hielt.

Auf Sinaia folgen an der Zug- und Autostrecke Richtung Braşov, ebenfalls noch auf walachischem Gebiet, bald weitere Wintersport- und Kurorte. **Buşteni** 3 (S. 269) unterhalb kolossaler

Richtig Reisen *Tip*

Eine Zugfahrt als Erlebnis

Monoton wirken die neuen Blocks, von denen jetzt schon der Putz bröckelt. Unsäglich qualmen die Essen der Industriekomplexe. An Farbtupfern sind nur knallrote Limonaden-Werbeflächen zu erkennen – eigentlich kein Grund, auf der Zugfahrt von Bukarest nach Braşov/Kronstadt hier bei Ploieşti aus dem Fenster zu schauen. Aber als wir es dann nach einer Weile wieder tun, hat sich der Anblick draußen schon hundertprozentig verändert. Denn nur ein paar Kilometer stadtauswärts wird die Landschaft hügeliger und schnell auch regelrecht bergig. Steil ziehen sich nach dem Städtchen Câmpina bald die Laub- und dann auch Nadelbäume die Hänge hoch. Aus mächtigen Felswänden leuchten, direkt am Zugfenster entlang, weiße Steinadern herüber. Gebirgsbäche stürzen sich ins tiefe Tal. Und bei Sinaia liegen die Berggipfel rundherum schon in dichtem Nebel. Bei guter Sicht würde man ihre Schneekappen erkennen können. Eine Fahrt von der walachischen Ebene mit ihren Industriestädten in die Bergwelt der Karpaten bietet so innerhalb kürzester Zeit eine Fülle an ganz atemberaubend unterschiedlichen Eindrücken – das ist immer wieder aufs Neue ein Erlebnis.

Karpatengipfel gilt als bester Ausgangspunkt für Ausflüge zu den sonderbarsten Naturerscheinungen im Bucegi-Gebirge: Wind, Regen und Schnee schufen hier die eindrucksvollen Steinformationen mit Namen ›Sphinx‹ (Sfinx) und ›Die Alten Frauen‹ (Babele). Vom Caraiman-Gipfel schaut aus 2284 m Höhe ein mächtiges Metallkreuz zum Gedenken an die Gefallenen des Ersten Weltkriegs über die Wolken ins Tal. Vom Höhenluftkurort Azuga aus kann man bestens zu den Bergchalets des Gîrbova-Gebirges gelangen. Bei Predeal hat man dann eigentlich erst die ehemalige walachisch-transsilvanische Grenze erreicht. **Predeal** 4 (S. 286) selbst gilt mit gut 1000 m über dem Meeresspiegel als höchstgelegene Stadt Rumäniens und lädt ganzjährig mit weniger schicken als gemütlichen Hotels und Pensionen zu beschaulichen Kur- bzw. Ferienaufenthalten ein.

Wer dann den auf 1032 m führenden Predeal-Paß (Pasul Predeal) mit dem Zug oder Auto überquert hat, der fährt durch malerische Berge endlich in Transsilvanien ein. **Timişu de Sus** 5 heißt 18 km vor Braşov der nächste kleine Kurort zwischen waldreichen Piatra-Mare- und Postăvarul-Massiven am hier entspringenden Flüßchen Timiş.

Dann ist in einer Senke vor hohen Bergen ein erster Höhepunkt Transsilvaniens erreicht: die rund 360 000 Einwohner zählende Stadt Braşov/Kronstadt.

Lăcrimioara Roman oder die Träumerin am Kirchentor

Zuerst bemerken die Touristen es gar nicht, das kleine Mädchen, das ihnen wie ein Schatten folgt, seit sie am Kirchgarten aus dem Auto gestiegen sind. Sie sind froh, auf ihrer Rumänien-Rundfahrt nun auch dieses Exemplar orthodoxer Baukunst erreicht zu haben. Da werden ja wohl zehn Minuten Kurzbesichtigung reichen, liegen doch auf der Mammuttour noch jede Menge kunsthistorische Höhepunkte vor ihnen. Plötzlich huscht die zarte Gestalt noch in Windeseile vor den Besuchern durchs Eingangstor hindurch, und schon ist die Kleine bei ein paar schiefen alten Steinkreuzen im Kirchgarten verschwunden. Hinter denen sehen die Touristen sie nun immer wieder neugierig hervorlugen – ein Spiel, an dem auch sie schließlich Gefallen finden. Warum diese kamera-bewaffneten Fremden da wohl so ausgiebig ihre alte Dorfkirche umkreisen und, mit klugen Büchern in der Hand, auf Fenster und Türbögen weisen? Dem Mädchen ist noch nicht bewußt, daß sie hier in ihrem Geburtsort jeden Sonntag in einem kunsthistorisch äußerst interessanten Gotteshaus ihre Kerzen anzündet. Und daß ihre Mutter täglich ein Kirchlein putzt, das als UNESCO-Weltkulturerbe rund um den Erdball bekannt ist.

Entgegen ihrer Planung haben die Besucher nämlich inzwischen im Kirchgarten auf einer Bank Platz genommen und von der zutraulichen Kleinen einiges erfahren. Sie heiße Lăcrimioara. Fünf Jahre sei sie alt, Tochter des hiesigen Totengräbers. »Mein Vater arbeitet gerade drüben auf dem Friedhof. Und meine Mutter ist für die Kirche zuständig.« Im Sommer verkaufe die Mutter Kerzen und ein paar Souvenirs an die Durchreisenden. Und einen großen Bruder habe sie auch, berichtet Lăcrimioara. Marian heiße der und sei, glaubt sie, 19 Jahre alt. »Ein ziemlich lustiger Bursche ist Marian. Er wird auf jeder Hochzeit, bei jeder Taufe im Dorf als Sänger und Spaßmacher geholt. Wir sind natürlich mächtig stolz auf ihn.« Marian habe in der nächstgrößeren Stadt Konditor gelernt. Aber jetzt sei er wieder die ganze Zeit zu Hause, wisse nicht, was er den Tag über tun solle, und es gebe Ärger, weil er keine Arbeit finde. Schnell verdüstern sich die Züge der kleinen Erzählerin.

Inzwischen ist auch Lăcrimioaras Mutter zu der Gruppe im Kirchgarten gestoßen, um zu schauen, daß die Tochter die Touristen nicht etwa belästigt. Nachdem ein paar Höflichkeiten ausgetauscht sind, schmilzt auch bei der verhärmt wirkenden 40-Jährigen langsam das Eis. Ja, sie sei froh, vom Dorfpfarrer diese Beschäftigung bekommen zu haben. Wenngleich auch nicht viel Geld dabei 'rauskomme, wenn sie hier über die Kirche wache und sie sauber halte. »Aber so können wir für die Kinder überhaupt mal etwas Neues zum Anziehen kaufen.« Das Gehalt ihres Mannes reiche gerade mal für Miete und Nahrungsmittel. Auf einen richtigen Kleiderschrank für die winzige Zwei-Zimmer-Wohnung könne sie nur hinsparen. Aber mit der Anschaffung werde es ja sicher erst einmal nichts, jetzt, da der große Sohn der Familie noch zusätzlich auf der Tasche liegen müsse. »Wir sagen schon immer, das war im Kommunismus irgendwie besser. Bei Ceauşescu, da hatte doch jeder seinen Arbeitsplatz, sein Auskommen, sein Brot.«

Den Ausweg aus der wirtschaftlichen Misere in Rumänien, wo sie den sehe, fragen die interessierten Besucher. Lăcrimioaras Mutter reagiert sofort: »Wenn man es schafft, in den Westen zu kommen. Da ist alles besser: die Verpflegung, das Wohnen, die Autos.« Man höre ja immer wieder, daß so viele Rumänen in Frankreich oder Deutschland wohlhabende Leute geworden seien. Aber aus ihrem Dorf, da hätten es bislang wiederum nur ›die Reichen‹ geschafft, z. B. bei Ernteeinsätzen in Westeuropa viel Geld zu machen. Ihr Junge, der doch nicht rauche, nicht trinke, nichts Dummes anstelle, der komme einfach nicht in so eine Gruppe hinein. »Und hier bei uns, da bekommt er einfach keine Stelle. Was macht ein junger Mann, wenn er arbeitslos ist? Kann er eine Familie gründen? Seinen Weg gehen? Und was wird mal aus Lăcrimioara?«, fragt die Frau noch, bevor sie dem Pfarrer bei den Messvorbereitungen zur Hand geht.

Ihre Tochter hat in der Zwischenzeit eher verlegen ein Geldgeschenk der Fremden angenommen. Was sie sich denn davon kaufen wolle, wird sie ge-

fragt. »Das hebe ich mir erst mal auf«, ist sich die Kleine sicher und steckt es tief in ihre Rocktasche. Wenn sie wieder mit in die Stadt dürfe, dann wolle sie sich davon mal ein Eis leisten oder vielleicht auch ein Spielzeug, wenn es die Mutter erlaube. Oder einen Kinobesuch, das wäre ein Traum. Sehnsuchtsvoll geht der Blick der Kleinen ins Weite. Lăcrimioara, das heißt ›Maiglöckchen‹. Und doch klingen in diesem Wort auch ›lacrime‹, die Tränen, nach. Als die Touristen schließlich aufbrechen, sitzt die Kleine längst wieder am wuchtigen Eingangstor zum Kirchgarten. Wer weiß, wann sich wieder einmal fremde Besucher bei dieser so sehenswerten rumänischen Kirche etwas mehr Zeit als üblich nehmen.

Braşov/Kronstadt

■ (S. 265) Heute ist Braşov eines der wichtigsten politischen, kulturellen, industriellen Zentren Rumäniens sowie Wissenschafts-, Verwaltungs- und Verkehrsmittelpunkt. Der Besucher wird sein Domizil bzw. den Ausgangspunkt seines Stadtbummels am besten im alten Viertel rund um den ehemaligen Markt- oder Rathausplatz (Piaţa Primăriei) suchen. Von hier aus hatten vor gut 700 Jahren der Deutsche Ritterorden und die aus den Rhein- und Moseltälern zugewanderten Siebenbürger Sachsen begonnen, die befestigte Siedlung Corona bez. Brassov auszuweiten. Bald entwickelte sich in den umliegenden Gassen das auf lange Zeit bedeutendste Handwerker- und Handelszentrum Südtranssilvaniens, das enge kommerzielle Beziehungen zu den Nachbarländern Walachei und Moldau unterhielt. Und von hier aus sind auch heute nach Übersiedlung der meisten ›Sachsen‹ nach Deutschland noch die Zeugnisse dieses früheren Reichtums von Generationen rumäniendeutscher Handwerker und Kaufleute bequem zu erlaufen.

Da wäre erst einmal auf dem dreieckigen Platz selbst das frühere **Rathaus** 1 (Casa Primăriei), das heute als städtisches Geschichts- und Kunstmuseum genutzt wird. Gelbweiß leuchtet das über funfhundertjährige, zwischenzeitlich barockisierte Gebäude mit dem 60 m hohen Turm. Der Turm-Vorgänger hatte noch vor 1420 ein wenig außerhalb der Stadtmauer über das Marktgeschehen und den Stadteingang gewacht, bevor man sich zur Erweiterung bzw. Nutzung des Baus als Verwaltungssitz entschloß. Heute bilden die atriumartige Pfeilervorhalle und die Loggia mit kreisförmigen Ornamenten an der Brüstung die Kulisse für Studenten, die sich rundherum auf Bänken in ihre Lektüre versenken. Denn der Platz sowie die sich anschließende Straße der Republik (Strada Republicii) sind glücklicherweise seit einigen Jahren Fußgängerzone. Hier lassen sich die vielen alten Buch- und Lebensmittelgeschäfte, Banken, Hotels und zahlreichen Fast-food-Restaurants bequem erbummeln – bis zum mit Blumen geschmückten '89er **Revolutionskreuz** 2 (Crucea Revoluţiei) am Ende der Straße.

Wieder zurück zum Marktplatz. Dem Rathaus gegenüber beherrscht das altsächsische **Hirscherhaus** 3 (Casa Hirscher) aus dem Jahr 1545 mit seinem prächtigen Laubengang das Spektrum vor dem steilen Braşover Hausberg Tîmpa. Die großen Eingangstore unter tiefgezogenem Dach führen hinein in einen gewaltigen Gebäudekomplex, der das Traditionsrestaurant ›Karpatenhirsch‹ (›Cerbul Carpatin‹) beherbergt. Es teilt seit langem das Schicksal übergroßer, noch staatlicher, aber heute heruntergekommener Gaststätten. Innen erwarten den Besucher nämlich noch Sozialismus-typischer Bahnhofshallen-Charme und nachlässigster Tischservice. Die monotone Non-stop-Megaphonansage des hier heute so beliebten Bingo-Glücksspiels wirkt ebenso appetithemmend. Da wählt man auf der Suche nach kulinarischer Qualität und gewohntem Service, wie allgemein in Rumänien, besser ein kleines, privat geführtes Restaurant. In den Gaststätten z. B. gleich neben dem ›Karpatenhirsch‹ wird dem Gast flink recht gute internationale Küche serviert.

Stadtplan Braşov/Kronstadt

Zur Rechten des ›Hirscherhauses‹ bzw. in einer Seitenstraße erinnern den Besucher die kreuzgekrönte Front einer **Orthodoxen Kirche** 4 (Biserica Ortodoxă) mit silbern schimmerndem Dach bzw. die fragil wirkende griechisch-orthodoxe Dreifaltigkeitskirche (Biserica Sfânta Treime) aus dem 18. Jh. – architektonisch gesehen – daran, daß er hier in Braşov/Kronstadt im Südosten Europas weilt. Nicht weit davon trifft er aber wieder auf westeuropäisch anmutende Gotteshäuser, etwa auf die barocke **Katholische Kirche** 5 (Biserica Catolică) aus dem 18. Jh. in der Strada Mureşenilor. Vis-à-vis blickt hinter gut restaurierten alten Bürgerhäusern als Prototyp einer gotischen Kathedrale die ab 1385 erbaute evangelische **Schwarze Kirche** 6 (Biserica Neagră) hervor. Deren namensgebende Brandschwärzung aus dem 17. Jh. ist besonders dank einer neueren Restaurierung längst einem hellen Grauton gewichen. Reich sind die Portale dieser eintürmigen und dreischiffigen Hallenkirche mit Kielbögen, Fialen und Zinnenfriesen geschmückt. Eindrucksvoll zeigen die (Kopien der) Heiligenfiguren an den mächtigen spätgotischen Strebepfeilern den Einfluß der Prager Parler-Schule. Die Originale findet man im Vorraum des Gotteshauses, durch den man auch zu weiteren Kirchenschätzen gelangt: zum bronzenen Taufbecken von 1472, zum wertvollen Chorgestühl aus dem 18. Jh. und zur reichen Sammlung anatolischer Teppiche aus dem 17. und 18. Jh. Wieder draußen trifft den Besucher der strenge Blick eines siebenbürgischen Humanisten. Das **Johannes-Honterus-Standbild** (Statuia lui J. Honterus), das um 1890 der Berliner Bildhauer Harro Magnussen ausführte, gedenkt des Mannes, der im 16. Jh. die Reformation im Sinne Luthers nach Transsilvanien gebracht hatte. Im Schulhof des von ihm gegründeten J. Honterus-Gymnasiums (Liceul J. Honterus) gleich nebenan lärmen noch heute im Schatten der Schwarzen Kirche die Jugendlichen der Stadt. Doch nach dem Abschied vieler ›Sachsen‹ geht es hier seit Jahren immer mehr um Basketball-*coşuri* als um - ›Körbe‹.

Durch ein paar alte Gäßchen gelangt man vom Honterus-Gymnasium bald zum mächtigen Triumphbogen-Tor Schei (Poarta Schei) in die **Obere Vorstadt Schei** 7 (Cartierul Schei), die seit jeher hauptsächlich von Rumänen bewohnt wird. Schon ab 1557 entfaltete hier der Diakonus Coresi (1510–81) eine umfangreiche verlegerische Tätigkeit in rumänischer Sprache. Übrigens nur fast einen Steinwurf entfernt hatte ja 14 Jahre vorher ›Kollege‹ Honterus (1498–1549) für die Drucklegung des ersten in Rumänien veröffentlichten Buchs in deutscher Sprache gesorgt. Hier in Schei blickt man vor steilen Berghängen in pittoreske Gassen. Katzen schleichen an Mauern entlang. Blütenranken rahmen idyllische Hinterhöfe. Am Platz der Einheit (Piaţa Unirii), wo sich neben Dacias und Westlimousinen auch ab und zu noch Pferdegefährte in den Kreisverkehr einordnen, überraschen dann große Verwaltungsbauten. Dazwischen entdeckt man in einer Grünanlage neben einem Miniaturkirchlein die orthodoxe **St. Nikolaus-Kirche** 8 (Biserica Sfântu Nicolae). Sie wurde mit Unterstützung walachischer Fürsten hier ab 1495 errichtet und im 18. Jh. mit Nord- und Südkapellen nebst Außenfresken ergänzt. Im Laufe der Jahrhunderte bildete gerade sie für die Rumänen, die in Transsilvanien lange Zeit vergleichsweise rechtlos waren, auch eine bedeutende kulturelle Institution. Der Kirche angeschlossen ist nämlich die Ende des 15. Jh. errichtete, älteste Rumänische Schule von Schei (Şcoala românească din Schei). In ihr werden noch heute einige der für das Selbstbewußtsein der Rumänen wichtigen Gegenstände aufbewahrt: ein Tetra-Evangeliar von 1560 mit Miniaturen des moldauischen Künstlers Mathias Logafatul oder z. B. auch eines mit schönem Silberschmuck aus dem Jahre 1753.

Wieder auf der Straße strömt einem aus Bäckereien der Duft frischen Weißbrots und noch warmer *Covrigi*-Wecken entgegen. Aus kleinen Fleischerläden riecht es appetitlich nach einheimischer *Salami de Sibiu,* also Hermannstädter Salami, oder nach ausländischen Wurstsorten. In privat geführten Cafés erhält man in Schei inzwischen alles, was das Herz an hausgemachten rumänischen Tortenspezialitäten begehrt. Solchermaßen gut gestärkt, wird einem auf dem Rückweg Richtung Alt-Kronstadt, am türmchengekrönten **Katharinentor** 9 (Poarta Ecaterinei) aus dem Jahre 1556 vorbei, auch die kleine Kletterpartie zur Burgstraße (Strada Castelului) nicht zu mühsam. Hier gibt es oberhalb der alten transsilvanischen Häuser und Kirchen im Schatten kräftiger Bäume eine ganze Reihe von Teilstükken der historischen Stadtmauer und diverse Wehranlagen aus dem 15. und 16. Jh. zu besichtigen: die **Weberbastei** 10 (Bastionul Ţesătorilor), heute Stadtmuseum; die einsamer gelegene Seilerbastei (Bastionul Frînghierilor) und die Tuchmacherbastei (Bastionul Postăvarilor), in deren Nähe sich inzwischen der Nachwuchs von Braşov im Clubul Copiilor (Kinderclub) unter Lila-Kuh-Werbeflächen versammelt.

Wer von hier aus ein paar weitere Höhenmeter erklettert, der kann sozusagen über den Dächern Braşovs seinem Stadtbummel das I-Tüpfelchen aufsetzen. Von einer Seilbahnstation schwebt

Weit öffnet sich der Blick auf Braşov vom Berg Tîmpa (Zinne) aus

die rosa *Telecabina* schnell an die 400 m zum Kronstädter Hausberg **Tîmpa** 11, der Zinne, hoch. Unten entdeckt man Wanderwege, die durch Laubwald ebenfalls zum Gipfel führen. Im Hintergrund sind die für Rumänien so typischen Vorstadtblocks und einzelne Industrieanlagen von Braşover Baufirmen und Traktorenherstellern zu erkennen. Davor erheben sich die beiden anderen städtischen Anhöhen, der **Schneckenberg** 12 (Dealul Melcilor) und der **Schloßberg** 13 (Dealul Cetăţii). Letzterer weist Überreste einer im 17. Jh. errichteten kleinen Burg auf, in denen das Schloßrestaurant ›Cetate‹ gehobene Ansprüche erfüllt. Hier an der Tîmpa-Bergstation erwartet den Seilbahnfahrer zwar nur eine triste Gaststätte. Der Panorama-Ausblick rundherum entschädigt jedoch allemal für jede noch so enttäuschende Speisekarte. Da tauchen im Süden hinter sanften Tälern und bewaldeten Bergrücken die ersten Schneekappen hoher Südkarpatengipfel auf. Da erstreckt sich auf der nordöstlichen Seite mit endlosen Getreidefeldern das weite Siebenbürgische Hochland. Und da leuchtet schließlich tief unten inmitten des Dächermeers Braşovs, wie freigestellt auf dreieckigem Platz, wieder jener gelbweiße Rathausbau herüber, flankiert von schönsten alten ›Sachsen‹-Häusern und dominiert von einer mächtigen gotischen Kathedrale – Alt-Kronstadt, wie es dem Besucher schon auf den ersten Blick so vertraut erschienen war.

Durch Südtranssilvanien zu den altsächsischen Kirchenburgen

In der Umgebung von Braşov

Das beinahe großstädtische Braşov/Kronstadt mit seinen zum Teil bildschön restaurierten alten Bürgerhäusern, mit seinen grell bunten Werbeflächen und Sexshops zeigt natürlich nur das eine Gesicht des historischen und des heutigen Transsilvanien. Das andere, das mehr ländliche und traditionelle, wird dem Besucher aber z. B. schon am städtischen Bahnhof offenbar. Denn hier mischen sich die Bauern der Umgebung, den kleinen Hut auf dem Kopf, unübersehbar unter die schick gekleideten Kronstädter. Die abgearbeitete Bäuerin mit schwarzer Kopfbedeckung, gestickter Bluse, derbem Schuhwerk und dem in ein Tuch geschnürten Reiseproviant sitzt hier neben der geschminkten Städterin, die in Jeans, Sakko und Pumps mit Pfennigabsätzen an einer Limonade nippt. Am Bahnsteig wird gerne eine Art Hotdog verkauft. Und es kann passieren, daß nicht weit entfernt an der Einfahrt in den Bahnhof in Seelenruhe ein Schäfer mit Herde und Hund die Gleise überquert.

Braşov/Kronstadt ist wichtige Umsteigestation bzw. Verkehrsknotenpunkt für die Bewohner der umliegenden Ortschaften, aber natürlich auch für die Rumänien-Besucher, die sich die weiteren südtranssilvanischen Attraktionen, besonders die Kirchen- und Bauernburgen, anschauen möchten.

Ein Ausflug nach Nordosten führt nach Harman und Prejmer, die der Zugfahrer nach knapp 30 km Richtung Sfântu Gheorghe, der Autofahrer auf der E 572 bzw. einem Rechtsabbieger erreicht. **Harman/Honigberg** **1** besitzt eine im 15. Jh. gebaute, typisch siebenbürgische Kirchenburg mit Zugbrücke, Ringmauern, Schießscharten sowie Vorrats- und Wohnkammern. In die konnte sich die Bevölkerung seit dem Spätmittelalter bei Tataren- oder Türkenangriffen zurückziehen. Freskenteile sind in einer Seitenkapelle des Gotteshauses noch heute zu besichtigen. Sie

Route durch Südtranssilvanien

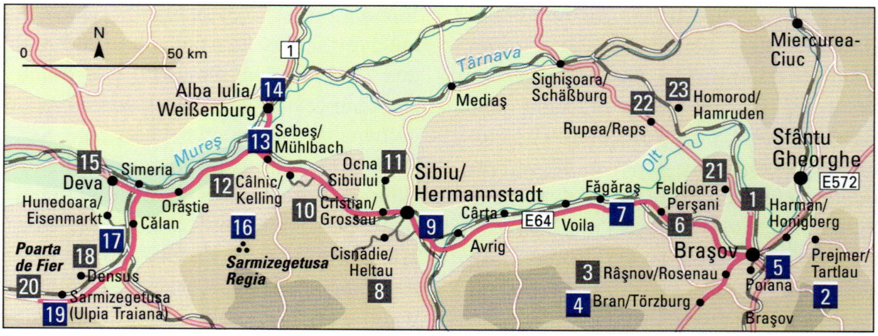

Richtig Reisen *Tip*

Wintersport in den Karpaten: Ski und Rodel gut

Die zwölf Skipisten der Schwierigkeitsgrade leicht bis schwer sind zwar nicht immer picobello freigeräumt, dafür aber in ihrer Länge bis zu 4500 m auch am Wochenende noch nicht überlaufen. Die Lifts und Gondeln sind zwar nicht vom allerneuesten Fabrikat, doch dafür ist in der Bergstation immer noch ein Plätzchen zum Aufwärmen frei – innerlich wie äußerlich.

Wintersportferien in den 1100 m hoch gelegenen rumänischen Karpaten bei Poiana Braşov können für den, der es beschaulich wie bei uns in den 1960er und frühen 70er Jahren mag, eine schöne Erfahrung sein. In Poiana Braşov, Sinaia, Predeal und wie die schneesicheren rumänischen Ferienorte alle heißen, erliegt man noch nicht der von westeuropäischen Wintersportzielen bekannten Urlaubshektik. Die Skilehrer machen im Vergleich zu ihren Kollegen in den Alpen einen eher biederen Eindruck. Auch beim Après-Ski geht es mehr gemütlich als peppig zu. Und den ultimativen Wintersport-Kick gibt es hier vorerst auch noch nicht – alle die Urlauber, die eher Ruhe als Action suchen, wird diese Aussicht nur freuen.

zeugen davon, daß Honigbergs Kirche, bevor die Reformation nach Siebenbürgen kam, katholisch war.

Eine Nummer größer als Harmans Attraktion ist schon auf den ersten Blick die gewaltige Kirchenburg von **Prejmer/Tartlau** 2. Um die heute evangelische Kirche mit ihren rechteckigen Kapellen und den vielen spätgotischen Details, die wohl schon 1270 errichtet wurde, gruppiert sich eine von zwölf Meter hohen Mauern und tiefen Gräben umfaßte Burg. Sie bietet alles das, was der Mittelalter-Fan zu sehen begehrt: halbkreisförmige Basteien, Wehrgänge, Schießscharten und Pechnasen, ein Eingangstor mit Fallgitter und eine sogenannte Todesorgel. Aus der konnten die bedrängten Tartlauer anstürmenden Feinden einst mehrere Geschosse gleichzeitig entgegenfeuern.

Zwei weitere altsächsische Burgen lassen sich bei einer anderen, ca. 25 km langen Ausflugsfahrt ab Braşov/Kronstadt nach Südwesten besichtigen. Und zwar folgt der Autofahrer der E 572 Richtung Piteşti erst einmal bis Râşnov. Auch der Zugreisende kann bis hierhin mit dem Nahschnellverkehrszug Richtung Zarneşti gelangen. Oberhalb des Ortes Râşnov leuchten am steinigen Berghang die roten Dächer der zum Teil wiederaufgebauten Bauernburg **Râşnov/Rosenau** 3. Aus kleinen Luken blickt man heute über weite Felder bis zu den Karpatenkuppen am Horizont

Die Törzburg (Castelul Bran), das legendäre ›Dracula-Schloß‹

und stellt sich vor, wie anno dazumal die bedrängten Siedler hier nach anstürmenden Feinden Ausschau hielten.

Folgt der Autofahrer der E 572 nun noch ein Stück weiter, dann hat er bald eine weitere Höhenburg vor Augen: **Bran** 4 (S. 265), die **Törzburg,** aus der zweiten Hälfte des 14. Jh. am gleichnamigen Paß. Die turm- und schießschartenreiche Anlage mit ihrem dekorativen Säulenschmuck diente den Kronstädter Bürgern an dieser einst strategisch wichtigen Stelle zwischen Transsilvanien und der Walachei als Teil ihres Schutzgürtels gegen die osmanische Bedrohung. Wenn auch die Burg, heute Museum, danach keineswegs ›Draculas‹ Zuhause war (s. S. 218ff.), wie zeitweise behauptet wurde, dürften echte Vampir-Liebhaber hier nicht enttäuscht werden: Die romantisch gelegene Burg Bran vermag auch heute noch die Phantasie zu beflügeln.

Ein schöner Fußweg bzw. eine kurze Serpentinen-Autofahrt bergan führt den Transsilvanien-Besucher von Braşov aus auf über 1000 m nach **Poiana Braşov** 5 (S. 285). In der Umgebung dieses im Ausland bekanntesten rumänischen Karpatenferienortes läßt es sich in der warmen Jahreszeit zünftig wandern. Einige große Hotels, viele Restaurants, inzwischen auch wieder Diskotheken und Nachtclubs, Skilifts, Abfahrtspisten und Langlaufloipen laden aber besonders den Winterurlauber ans Postăvarul-Massiv ein.

Zu weiteren Kirchenburgen

Die hier vorgeschlagene Südtranssilvanien-Route ab Braşov ist knapp 300 km lang. Sie führt über Făgăraş Richtung Westen durchs Olt-Tal nach Sibiu, durch das Transsilvanische Hochland über Sebeş nach Alba Iulia und von dort aus am Mureş-Lauf entlang nach Deva bzw. dann nach Hunedoara und Sarmizegetusa. Eine Banat-Route könnte man hier

Şandor Teodorescu und die ›Green Card‹

Da sitzt er nun mit seiner Frau Elvira in der kleinen Drei-Zimmer-Wohnung und denkt über die Zukunft nach: nennen wir ihn Şandor Teodorescu, geboren vor 32 Jahren in Sibiu/Hermannstadt, Vater zweier Kinder, Computer-Spezialist mit blendendem Hochschulabschluß und einigen Jahren Berufserfahrung. Gerade haben die Eheleute per Kassensturz ihre finanzielle Lage geklärt. Miete, Lebenshaltungskosten, das eher bescheidene Auto, Aufbau-Sprachkurse für die heranwachsenden Kinder, von Extra-Ausgaben für Urlaub oder Hobbys ganz zu schweigen – die Gehälter des Ingenieurs und der Lehrerin reichen für den Vier-Personen-Haushalt hinten und vorne nicht. Zumal auch die eigenen Eltern mit ihrer Minimalrente durch regelmäßige Zuwendungen unterstützt werden müssen. »Da habe ich mich eben für das sogenannte Green-Card-Programm in Deutschland beworben und inzwischen auch grünes Licht bekommen«, erzählt der Familienvater. Das heißt, Şandor Teodorescu wird zum nächstmöglichen Zeitpunkt zu einer süddeutschen Computerfirma wechseln, die den hochqualifizierten PC-Fachmann nach eingehender Prüfung für die mögliche Höchstdauer von fünf Jahren angefordert hat.

Damit ist Teodorescu einer von höchstens 20.000 Fachkräften der boomenden Informations- und Kommunikationsbranche, die die deutsche Bundesregierung per ›Green-Card‹-Verordnung bis zum Jahr 2008 »zur Deckung eines aktuellen, vorübergehenden Bedarfs« ins Land läßt und denen bei ihrem jeweiligen Arbeitgeber »ein Jahresgehalt von mindestens 100 000 DM« garantiert wird. Nach Fachkräften aus Indien und Staaten der ehemaligen Sowjetunion kamen dabei von Anfang an rumänische Computerexperten am häufigsten in den Genuß der Regelung, womit der Karpatenstaat aufzeigen kann, daß er auch im internationalen Vergleich in Sachen informationstechnologische Ausbildung keineswegs hinter dem Mond liegt. Womit er aber auch zu Beginn des neuen Jahrhunderts wieder einmal eine Reihe seiner fähigsten Köpfe ans Ausland verliert, wenn auch dieses Mal nur zeitweise.

Denn Rumänien war in den späten 70er und den 80er Jahren des 20. Jh. schon einmal ›ausgeblutet‹, als unzählige Jung-Akademiker den Absprung in den Westen wagten. Die Friedhofsruhe der Völker hinter dem Eisernen Vorhang war ihnen unerträglich, der Konflikt mit dem Regime des kommunistischen Despoten unvermeidlich. Besonders bedenkliche Konsequenzen hatte das, wenn sie damit auch gleich noch eine junge Familie gefährdeten. Wer dann nicht deutschstämmig oder jüdischer Herkunft war und somit ›freigekauft‹ werden konnte, dem blieb nur die

Flucht – auf die eine oder andere Weise, mit oder ohne Erfolg. Viele dieser bestens ausgebildeten, systemkritischen jungen Leute versuchten, die Donau zu durchschwimmen oder sich bei Fluchthelfern oder der eigenen Beamtenschaft freizukaufen. Meist nur mit einem akademischen Abschluß in der Tasche, suchten sie nach einem Gastland möglichst weit weg von Bukarest und Moskau. Australien, Kanada, USA, das waren die Wunschstaaten, die denn auch heute noch vom wissenschaftlichen Potential dieser Generation profitieren. Laut Bill Gates beschäftigte z. B. der Konzern Microsoft Ende 2000 ganze 20 Prozent rumänischstämmige Spezialisten. Dem bitterarmen Karpatenstaat fehlen sie bis heute.

Das wird Rumänien mit seinen nachgewachsenen Computer- und Internet-Koryphäen wie Şandor Teodorescu nun nicht auf Dauer passieren. Der Hermannstädter Ingenieur möchte bewußt höchstens fünf Jahre außer Landes bleiben. »Im Westen wird viel besser bezahlt. Wir brauchen das Geld, um uns in unserer Heimat eine Zukunft aufbauen zu können: die Wohnung kaufen, vielleicht auch ein Haus. Die Kinder sollen studieren«, blickt er voraus. Auf Deutschland als mögliches Gastland ist er gekommen, weil er zu Englisch- und Französischkenntnissen auch die deutsche Sprache fließend spricht. »Da haben mir die Jahre in der deutschen Schule in Hermannstadt eine gute Grundlage verschafft«, lacht Teodorescu, in dessen Adern als typischer Siebenbürger auch ungarisches Blut fließt.

Seine Frau Elvira und die Kinder werden die deutsche Familien-Nachzugsbestimmung übrigens gar nicht erst in Anspruch nehmen. »Wir wollen die Kinder nicht aus ihrer gewohnten Umgebung reißen. Und was sollte meine Frau wohl als Lehrerin beruflich im Ausland anfangen?«, meint der Familienvater. So wird Şandor Teodorescu also demnächst seine Koffer packen. »Deutschland ist nicht so weit von Sibiu entfernt wie Kalifornien«, sieht er seinen Pendlerjahren mit einer gewissen Zuversicht entgegen. »Und dann kann ich ja im Westen wichtige Erfahrungen über den internationalen Technologiemarkt sammeln«, wertet es Teodorescu als Pluspunkt. Auch für seine berufliche Zukunft in Rumänien sollten dem Computer-Spezialisten die fünf schweren Jahren fern der Familie also Tür und Tor öffnen.

anschließen (s. S. 245). Die Autostrecke von Braşov aus auf der E 64 (bis Deva), der DN 68B (bis Hunedoara) und der E 79 bzw. DN 68 (bis Sarmizegetusa) entspricht dabei in etwa auch den Zugstreckenabschnitten. Als Zugfahrer nach Hunedoara muß man nur darauf achten, vor Deva schon in Simera umzusteigen.

Ab Braşov folgt nach 26 Fahrtkilometern der kleine Kurort **Perşani** 6 zu Füßen des gleichnamigen Gebirges. Hier kurieren meist einheimische Gäste mit Hilfe mineralhaltiger Quellen rheumatische Leiden aus. Zirka 30 km weiter westlich lohnt sich am rechten Olt-Ufer ein Halt in der 45 000-Einwohner-Stadt **Făgăraş/Fogarasch** 7 (S. 276). Interessant ist in diesem für Transsilvanien einst strategisch wichtigen Ort, den sich von 1369 bis 1462 einmal die walachischen Fürsten sicherten, das im 16. und 17. Jh. erbaute Schloß nebst trapezförmiger Festungsanlage (Castel-Cetate). Die rotbedachten dreigeschossigen

Wohnbauten mit den mächtigen Basteien und den repräsentativen Sälen hatten in den vergangenen beiden Jahrhunderten als Kaserne dienen müssen. Auch die orthodoxe Nikolauskirche (Biserica Sfântul Nicolae) mit schöner Innenwandmalerei lohnt einen Besuch. Die Saalkirche ist eine Stiftung des walachischen Fürsten Constantin Brâncoveanu aus dem Jahr 1698. Und dann locken im Süden der heutigen Industriestadt ja auch noch die um die 2500 m hohen Gipfel des Făgăraş-Gebirges (Munţii Făgăraşului), zu denen man über eine steile Bergstraße gelangt.

Per Zug oder Auto geht es 77 km am Olt entlang über Voila und Avrig nach Talmaciu bzw. dann Richtung Nordwesten nach Sibiu. Unterwegs beeindrucken die beachtlichen Reste der 1202 gegründeten Zisterzienserabtei **Cârţa,** die in der Region stilbildend wirkte. Kurz vor der 183 000-Einwohner-Stadt Sibiu ist linker Hand noch ein Abstecher nach **Cisnădie/Heltau** 8 (S. 271) zu empfehlen. Inmitten mächtiger Mauerringe reckt sich hier eine imposante Wehrkirche aus dem 15. Jh. in den transsilvanischen Himmel. Zirka 5 km südöstlich davon überragt auf einem steilen Berg die Kirchenburg von **Cisnădioara/Michelsberg** die Wiesen und Gärten der Region. Anfang des 13. Jh. war diese dreischiffige romanische Basilika für das Zisterzienserkloster Cârta angelegt worden.

Sibiu/Hermannstadt 9 (S. 289) selbst geht im Grunde genommen auf eine der (angeblich nur sieben) Wehrburgbauten Siebenbürgens zurück. Innerhalb des kleinen, aber noch recht gut erhaltenen mittelalterlichen Zentrums mit seinen beeindruckenden Resten der Stadtbefestigung wird das auch heute offensichtlich. Es macht Spaß, zum Teil auf Treppengassen (Pasajul scărilor) an hohen, steinernen Wehrringen entlangzuspazieren, wo mächtige Strebepfeiler die alten Festungsstiegen stützen, wo die Verteidigungstürme der Töpfer- und Zimmermannszunft (Turnurile dulgherilor şi olariolor) von Zinnen und Schießscharten nur so strotzen. Am Kleinen und Großen Ring (Piaţa Mare, vormals Piaţa Republicii) herum bündeln sich dann auf anfangs dakisch-römischem Terrain die von altsächsischen Siedlern bzw. unter Habsburger Krone errichteten Sehenswürdigkeiten. Die dreischiffige Evangelische Stadtkirche (Biserica Evanghelică) aus dem 14. und 15. Jh. wurde auf römischem Fundament in gotischem Stil konzipiert. Speziell ihr Kreuzigungsfresko, das 1445 von Johannes

Die evangelische Pfarrkirche in Sebeş/Mühlbach

von Rosenau geschaffen wurde, verdient Beachtung. Unweit erhebt sich der über vierhundertjährige helle Rathausturm (Turnul vechea Primărie) über die steilen, lukenreichen Dächer alter Bürgerhäuser.

Wer durch ihre schönen Laubengänge an den Auslagen heutiger Geschäfte vorbeibummelt, der erreicht in Alt-Hermannstadt schnell auch das Petrus-Haller-Haus (Casa lui P. Haller) mit dem auffälligen Renaissanceportal. Dessen ehemaliger Eigentümer hatte im 16. Jh. zu den einflußreichsten städtischen und siebenbürgischen Politikern gehört. Unweit davon beeindruckt das spätbarocke Brukenthal-Palais (Palatul Brukenthal) den Spaziergänger. 1781 bis 1785 hatte es sich der damalige Habsburger Gouverneur Transsilvaniens, Samuel von Brukenthal, nach Entwürfen von Wiener Architekten als Wohnsitz und Residenz erbauen lassen. Seit 1817 dient das Palais mit seinem ebenfalls edlen Interieur als Museum. Es birgt eine beachtliche Sammlung holländischer, deutscher, italienischer, siebenbürgischer und rumänischer Malerei sowie wertvolle Hinterglasikonen.

Weitere Attraktionen sind die barocke Katholische Kirche (Biserica Catolică) aus der ersten Hälfte des 18. Jh., die Orthodoxe Kathedrale (Catedrala Ortodoxă) aus den Jahren 1902 und 1903, eine vereinfachte Replik der Sophienkirche in Istanbul, oder die kleine sogenannte Lügenbrücke (Podul de fier), die eigentlich nur wahrheitsliebende Sibiu-Gäste betreten sollten. Ganz besonders ans Herz gelegt sei dem Reisenden ein Besuch in Rumäniens größtem Freilicht-Dorfmuseum Muzeul Astra (s. S. 52).

Zuerst an vernachlässigten Vorstadtblocks, dann an wogenden Getreidefeldern vorbei, führt die Reise weiter Richtung Westen, wo man nach knapp 10 km bei **Cristian/Grossau** 10 (S. 274) schon auf die nächste altsächsische Kirchenburg trifft. In der schützten sich – ein pikantes Detail – einst die predigenden Pfarrer mit Hilfe eines architektonischen Kniffs, des separaten ›Pesthäuschen‹-Erkers, vor dem gemeinen Volk bzw. vor der Ansteckung mit der in dieser Region im 16. Jh. grassierenden lebensbedrohlichen Seuche.

Von Cristian aus ist, per Zug oder Auto, ein Abstecher zum Badekurort **Ocna Sibiului/Salzburg** 11 möglich. Die warmen Salzwasserseen befinden sich derzeit leider noch nicht in einem zumutbaren Zustand. Dafür erwarten den Gast die Reformierte Kirche in romanischem und spätgotischem Stil sowie die orthodoxe Erzengelkirche, eine Stiftung von Fürst Mihai Viteazul aus dem Jahr 1600. Wiederum von Cristian aus gelangt man über den Kurort Miercurea Sibiului kurz vor Sebeş zu einer Linksabbiegung, die zur Bauernburg von **Câlnic/Kelling** 12 führt. Zu Zeiten des altsächsischen Grafen Kelling (Chyl) in der zweiten Hälfte des 13. Jh. war sie eine Adelsburg. 200 Jahre später wurde sie von den neuen bäuerlichen Besitzern mit Wehrmauern, Kapelle, Vorratskammern und Torturm ergänzt. Heute machen die kleinen Häuser rundherum mit ihren Schweineställen und Obstgärten einen ganz und gar friedlichen, fast ein wenig weltfernen Eindruck.

Von hier aus nach **Sebeş/Mühlbach** 13 (S. 289) sind es nur noch rund zehn Fahrtkilometer vorbei an Bauern, die mit ihren Pferdewagen oder Rädern auf die Felder fahren. Die wohl schon im 9. Jh. gegründete, heute 31 000 Einwohner zählende Stadt Sebeş am gleichnamigen Fluß hat sich in Sachen Holzverarbeitungsindustrie einen Namen gemacht. Interessieren wird sie den Transsilvanien-Besucher aber eher wegen

Das deutschsprachige Brukenthal-Gymnasium in Sibiu/Hermannstadt

ihrer großen Evangelischen Stadtkirche (Biserica Evanghelică), die eine erstaunliche Stilmischung kennzeichnet. Sie wurde nämlich in der von Geldknappheit und Tartarenangriffen gebeutelten Stadt im 13. Jh. als romanische Basilika begonnen, um dann frühgotisch weitergebaut und schließlich im 14. Jh. mit einem gotischen Chor ausgestattet zu werden. Mit einer Höhe von 13 m und einer Breite von sechs Metern, besonders aber mit seiner Schönheit schlägt ihr Flügelaltar aus der ersten Hälfte des 16. Jh. alle diesbezüglichen siebenbürgischen Rekorde. Ebenfalls sehenswert sind in Sebeş/Mühlbach die Stadtbefestigung (Cetatea) aus dem 14. und 15. Jh. mit Studenten-, Schuster- und Schneiderturm (Turnurile Studentului, Cizmarilor şi Croitorilor) sowie das Naturdenkmal Rote Schlucht (Râpa Roşie) drei Kilometer nordöstlich der Stadt. Hier sind durch Witterungseinwirkung im Laufe der Jahrtausende im Kies-, Quarzsand- und Tonerdeboden die eigenwilligsten roten ›Skulpturen‹ entstanden.

Von Sebeş aus sei (per Auto auf der DN 1) Richtung Norden ein Abstecher nach **Alba Iulia/Weißen- oder Karlsburg** 14 (S. 260) am rechten Mureş-Ufer empfohlen. Unterwegs sieht man oft Frauen mit Kopftüchern in bunten Kittelschürzen, wie sie sich auf den Feldern mühen. Ihre Männer arbeiten bei Sommerhitze auch schon mal nur in Badehosen. Die Kinder tollen am Feldrain herum. 74 000 Einwohner zählt heute die ehemals dakische Siedlung Alba Iulia, die dann um die Zeitenwende die Römer für sich reklamierten. Vorwiegend weiß muß ihre Bausubstanz seit dem 10. Jh. wohl gewesen sein, so daß sich die Transsilvanier verschiedener Nationen auf die Bezeichnung ›Weißenburg‹ gleich ›Alba Iulia‹ verständigten. Zu diesen Bauten kam ab dem 13. Jh. die in romanischem Stil begonnene Rö-

Die Burg der Hunedoara ist heute umgeben von qualmenden Hüttenwerken

misch-Katholische Kathedrale (Catedrala Romano-Catolică), bei der in komplizierter Baugeschichte bis zum 16. Jh. noch gotische und Barock-Stilelemente bestimmend werden sollten. Aber nicht nur kunsthistorisch ist das Gotteshaus von besonderem Wert. Auch die transsilvanische Geschichte hat hier Spuren hinterlassen: in Form von spätgotischen und Renaissance-Sarkophagen für die Familie der Hunedoara/Hunyadi (s. S. 220, 234) und die ersten transsilvanischen Fürsten. An die kurze Regierungszeit des ›Vereinigungsfürsten‹ Mihail Viteazul erinnert seine frühere Residenz, das Fürstenpalais (Palatul Principilor). Die Zeit unter Habsburgs Kaiser Karl VI., als im 18. Jh. aus Weißenburg Karlsburg werden mußte, wird beim Anblick der sternförmigen barocken Burganlage (Cetatea) mit ihren prächtigen, von Pilastern und Statuen geschmückten Eingangstoren wieder lebendig.

Daß gerade in dieser Epoche transsilvanische Bauern gegen das System der Leibeigenschaft rebellierten, daran erinnert nahe dem dritten dieser Tore der 1937 errichtete Horea-, Cloşca- und Crişan-Obelisk (Obeliscul Horea, Cloşca şi Crişan) zu Ehren der gleichnamigen rumänischen Bauernführer. Zwei von ihnen wurden 1784 bei Alba Iulia verurteilt und dann gerädert. Repräsentativ für die Zeit um 1918, als hier die Vereinigung Transsilvaniens mit Rumänien ausgerufen wurde, steht im Zentrum der Stadt die mächtige Orthodoxe Kathedrale (Catedrala Ortodoxă) von 1922. Die Bauformen der Kreuzkuppelkirche sind insbesondere der walachischen Sakralarchitektur des 16. und 17. Jh. verpflichtet.

Von Alba Iulia zurück in südwestlicher Richtung sind es per Zug oder Auto durchs Mureş-Flußtal über Simeria bis Deva etwa 60 km. Im Sommer sieht man kleine Kinder hier an geschützten Stellen im Fluß baden. Bauern schieben ihren altmodischen Pflug oft noch eigenhändig übers Feld. An sich ist ja in der Flußsenke die 83 000-Einwohner-Stadt **Deva** 15 (S. 275) mit ihren monotonen Plattenbauten keinen Stopp wert, wäre da nicht das ehemalige Schloß (Castel) Magna Curia aus dem Jahr 1621

zu besichtigen. Es kann heute als Archäologiemuseum zahlreiche dakische und römische Funde aus der Umgebung aufweisen. Und natürlich seien auch die Ruinen der 700 Jahre alten Burg von Deva (Cetatea Devei) auf einem kegelförmigen Hügel im Westen der Stadt erwähnt. Zuerst aus unbehauenem Stein errichtet, erhielt die Burg im 17. Jh. eine raffiniertere architektonische Form mit Ringmauern, Strebepfeilern, Toren, Türmen und einer Brücke, die nahtlos der Besonderheit des Geländes angepaßt war. Im Park dieser bis ins 18. Jh. hinein mächtigen transsilvanischen Festung läßt sich noch ein großes Standbild des Dakerkönigs Decebal (Statuia lui Decebal) als athletischer Krieger betrachten. Das Zentrum seines Reiches hatte sich ja ganz in der Nähe befunden. Wer nämlich (als Autofahrer) 27 km vor Deva auf der E 64 bei Orăştie links Richtung Süden abbiegt, trifft in den waldigen Bergen bei Grădiştea de Munte auf Reste der Daker-Hauptstadt **Sarmizegetusa Regia** 16 aus dem 1. Jh.: auf die

Vlad Ţepeş und der ›Dracula‹-Dauerbrenner

Was hat man ihm im Laufe der Jahrhunderte nicht alles angedichtet. Er sei überhaupt der abscheulichste »wuterich und tirann« seiner Zeit gewesen, der am scheußlichen Foltern und Hinrichten seiner Opfer auch noch bösartige Freude gehabt habe, so die stark propagandistischen zeitgenössischen Quellen aus deutscher und ungarischer Feder. Er sei ein sadistischer Graf in Transsilvanien gewesen, der nebst Totenkiste voller Heimaterde auf Reisen gegangen sei, um unschuldigen Schönen zwecks eigener Verjüngung das Blut vom Hals abzuzapfen, wie es vor 100 Jahren der Schauerroman ›Dracula‹ des Iren Bram Stoker behauptete. Und er sei als Prototyp des Triebtäters anzusehen, dessen Beute im Augenblick des Todeskusses bzw. -bisses mit ihm ekstatische Wollustgefühle teile. Solcherart uralte erotische Phantasien haben einem nimmermüden Publikum im 20. Jh. Vampir-Filmklassiker von Friedrich Wilhelm Murnau (›Nosferatu‹, 1922) bis – unter anderem – Neil Jordan (›Interview mit einem Vampir‹, 1994) suggeriert.

Es ist erstaunlich, wie konstant seit Jahrhunderten unter dem Stichwort ›Dracula‹ Blut-, Rausch- und Todesvisionen durch die menschliche Traumwelt geistern, in denen geheime Naturkräfte des Nachts Gruselsymphonien von Grauen und Lust zusammenbrauen.

Dabei war der historische Dracula Vlad III. Ţepeş ja eigentlich weder transsilvanischer Graf noch finsterer Wiedergänger, sondern wohl eher (walachisches) Kind seiner Zeit, wenn auch zugegebenermaßen ein extrem grausames Exemplar. Als Enkel bzw. Sohn der walachischen Fürsten Mircea cel Batrân (1386–1418) bzw. Vlad II. Dracul (1435–47) wäre eigentlich auch sein politischer Lebensweg im Dienste des spätmittelalterlichen Kleinstaats Walachei relativ glatt vorgegeben gewesen – hätten da nicht schon seit Ende des 14. Jh. die Osmanen in Wartestellung an der Donaulinie, der südlichen Staatsgrenze, gelauert. Für einen direkten Nachkommen eines relativ schwachen Walachenfürsten wie Vlad Ţepeş (Lebensdaten: 1431–76/77) hieß es nun in der damaligen Zeit, seine Jugendjahre auf erniedrigende Weise als Geisel am Sultanshof verbringen zu müssen. Und als der junge Vlad dann – einmal dank Türkenhilfe, zwei weitere Male mit Ungarn-Förderung – zeitweise auf den heimatlichen Thron in Târgovişte gelangte (1448, 1456–62, 1476/77), da hatte er sich tagtäglich mit dem Hauptproblem südosteuropäischer Kleinstaatenfürsten seiner Zeit herumzuschlagen: Der Osmanensultan suchte diese Länder ausnahmslos mit jährlichen und verlustreichen Plünderungs- und Beutezügen heim bzw. initiierte Kriege, falls sie den Tribut nicht zahlen wollten. Und das hatte der Walachenfürst Vlad Ţepeş, schon um wirtschaftlich überleben zu können, eine Zeitlang gewagt.

Vlad III. Ţepeş Draculea, Fürst der Walachei (1431–76/77)

Den übrigen Mächtigen des Jahrhunderts, dem ungarischen König, dem deutschen Kaiser und dem Papst, war ja vom Intrigieren bis zum direkten Intervenieren damals jedes Mittel recht, die Schwäche der kleinen Fürstentümer und teilweise unabhängigen Handelsstädte zu konservieren. Als Pufferzonen zur Türkenabwehr waren sie ihnen nützlich. In puncto direkte Hilfe hielt man sich im Fall des Falles jedoch meist bedeckt. Aber auch die politisch ›Kleinen‹ untereinander fielen sich, obwohl in ähnlich heikler Lage, gegenseitig in den Rücken, wo immer es ihnen gerade nützte: die Moldau unter Stefan dem Großen, Sachsenstädte wie Kronstadt und Hermannstadt oder eben auch die Walachei unter Vlad Ţepeş. Solidarisches Handeln gegen die alle bedrohenden Osmanenheere schien unter den christlichen Bruderstaaten des 15. Jh. nicht möglich zu sein. Eine frustrierende Quintessenz, die auch Vlad Ţepeş ziehen mußte, der aus der Familie ›Dracul‹ stammte. Den Namen verdankte sie dem deutschen Kaiser, der sie zu Drachenrittern, d. h. zu Türkenbekämpfern, geschlagen hatte. Schon geostrategisch war gerade sein Land extrem gefährdet. Und obwohl der Walache für seinen Mut und seine militärische Begabung von den Zeitgenossen sehr geschätzt wurde, war er Zeit seines Fürstenlebens nur auf sich gestellt, mußte sein Heil wie der Vetter und Moldaufürst Stefan im schnellen Aufbau einer Zentralmacht und in kleineren Abwehrkämpfen gegen die Türken sehen. Das mag einer der Gründe dafür gewesen sein, daß Vlad innen- und außenpolitisch so unbarmherzig durchgriff und vor seinen grausamen Folter- und Hinrichtungsmethoden auch bei ausländischen Gesandten, Frauen, Kindern und sozial Schwachen nicht haltmachte.

Denn Vlad III. Draculea (also der Sohn Fürst Vlad II. Draculs), den man aus Furcht bald zu Vlad III. Ţepeş (Vlad der Pfähler) umbenannte, nahm sich das Recht heraus, durch Schrecken zu herrschen, wenn ihm das im Interesse seines Landes erforderlich erschien. Doch – so berichten es auch einige der zeitgenössischen Quellen – er blieb bei aller Härte stets gerecht und genoß als ›Werkzeug‹ der christlichen Türkenabwehr gar das uneingeschränkte Wohlwollen des damaligen Papstes Pius II. – und das bei, grob geschätzt, einer Opferquote von mindestens 40 000 Menschen. Aber im Spätmittelalter wurde auch anderswo per staatlichem oder kirchlichem Gesetz so häufig ertränkt, gehängt, enthauptet, massakriert oder bei lebendigem Leib begraben, daß die Brutalität des Vlad Ţepeş nur als letzte Konsequenz eines erbarmungslosen Zeitalters gelten dürfte.

Vampirische Eigenschaften zeigte der historische ›Dracula‹ dabei aber – der enttäuschte Leser möge verzeihen – partout nicht. Die verlieh ihm erst Ende des 19. Jh. die Phantasie eines Bram Stoker, der vorher ausgiebig in Schauersagen geschmökert hatte. Bezeichnend ist, daß er nie an den von ihm beschriebenen Schauplätzen war. Der heutige Rumänien-Besucher mag sich in Sighişoara, der Geburtsstadt unseres ›Helden‹, oder auf dem angeblichen Dracula-Schloß Bran (s. S. 210) noch so eifrig auf die Suche machen: Das typische Vampir-Inventar aus offenen Särgen und schwarzroten Umhängen, aus Blutspuren und falschen Leichen mit Reißerzähnchen wird er hier (leider?) nicht finden. Oder demnächst doch? Im ersten Vergnügungspark Rumäniens, dem zunächst in Sighişoara und nun im Kloster Snagov bei Bukarest geplanten ›Dracula-Park – ob sich Vlad Ţepeş hier an seiner Grabstätte über eine Ehrung à la Disneyworld freuen würde?

von Archäologen freigelegten runden Steine, die einmal die Heiligtümer dieses von den Römern unterworfenen Volkes umrahmten.

Von Deva aus geht es Richtung Süden auf der DN 68B durch ein für westeuropäische Verhältnisse herrlich weiträumiges, fast siedlungsloses Gebiet in das 13 km entfernte **Hunedoara/Eisenmarkt** **17** (S. 278). Beide Namen sind Programm. Die alte deutsche Bezeichnung bezieht sich auf die wirtschaftliche Entwicklung Eisenmarkts seit dem 17. Jh. als Eisenhüttenzentrum. Heute noch qualmen die Schlote der Hochöfen und der Chemiekokerei in der 90 000-Einwohner-Stadt am Fuße des Poiana-Ruscai-Massivs auf beängstigende Weise. Die rumänische Bezeichnung Hunedoara weist dagegen auf die Historie der Stadt hin. Denn auf dem Gelände eines alten befestigten Römerlagers hatte sich die im Transsilvanien des 14. und 15. Jh. mächtige ehemals walachische Familie Hunedoara eine Residenz ausgebaut. Spätestens seit der Thronbesteigung ihres Sprosses Matthias Corvinus 1458 in Budapest wurde sie als ›Hunyadi‹ von den Ungarn für sich reklamiert. Dieses düster wirkende Familienschloß Hunedoara (Castelul Hunedoreştilor) ist eine von gotischen und Renaissance-Stilmitteln bestimmte imposante Anlage mit Kapelle, Wohntrakt, Munitionsbastei und Eingangsbrücke. Und wenn man schon den von und zu Hunedoara seine Aufwartung gemacht hat, dann sollte man sich hier auch gleich noch die Nikolauskirche (Biserica Sfântu Nicolae) anschauen. Dieses Kreuzkuppelgotteshaus aus dem 15. Jh. ist auf einen der wenigen Ausnahmefälle zurückzuführen, in dem der katholische Ungarnkönig (und Hunedoara-Sohn) Matthias den Selbstbau einer orthodoxen Steinkirche erlaubte.

Wer nun am Schluß unserer Südtranssilvanien-Reise noch Zeit für einen Kurzausflug in die Römerzeit hat, der fahre von Hunedoara bzw. dem östlich gelegenen **Călan** aus in südwestlicher Richtung auf einer ca. 40 km langen Bergstrecke (DN 68B, E 79, DN 68) zum ehemals römischen Sarmizegetusa. Unterwegs hält die alte wuchtige Kirche von **Densus** 18 noch eine Überraschung bereit. Das widersprüchlichste mittelalterliche Baudenkmal Rumäniens wird sie genannt. Denn in ihrem quadratischen Naos und dem geräumigen Altarraum kommt eine kunterbunte Mischung verschiedener Stilrichtungen zusammen, und in ihrer Bausubstanz sind unschwer antike Steine mit Inschriften aus der nahen ehemals römischen Provinzhauptstadt auszumachen. Also auf nach **Sarmizegetusa Ulpia Traiana** 19 (S. 288, Abb. S. 198), der römischen Stadtgründung aus den Jahren 108–110 (nicht mit der Daker-Hauptstadt Sarmizegetusa Regia zu verwechseln, S. 217). Kurz vor der Grenze zwischen Walachei und Transsilvanien am Paß des **Eisernen Tor Transsilvaniens** 20 (Poarta de Fier a Transilvaniei) trifft man hier noch auf einige Ruinen des Stadtkerns: auf Reste des Forums, der Gebäude für den Kaiserkult, eines elliptischen Amphitheaters und eines Tempels. Womit man der Reise zu den altsächsischen Kirchenburgen Südtranssilvaniens noch ein römisches ›Sahnehäubchen‹ aufgesetzt hätte (das man noch mit einer ›Prise‹ Banat verfeinern könnte, s. S. 245ff.).

Von Braşov nach Sighişoara

Von Braşov/Kronstadt aus führt den Autofahrer die E 60 auf kürzestem Weg über 110 km nach Nordwesten, nach Sighişoara/Schäßburg. Empfehlenswert ist auch die Schnellzugverbindung zwischen beiden transsilvanischen Städten. Sie folgt jedoch in einer etwas östlicheren Streckenführung den Flußläufen.

Zirka 25 km nördlich von Braşov stößt man bei **Feldioara/Marienburg** 21 auf die ersten Burgruinen auf dieser Route. Sie stammen aus dem 13. Jh. Zur Wiederherstellung der Anlage hat sich aber noch niemand bereitgefunden.

An kleinen schilfigen Seen leuchten die roten Dächer der Häuser und die weißen Türme der sächsisch-evangelischen, szeklerisch-katholischen und rumänisch-orthodoxen Kirchlein. Kommt man den Ortschaften näher, erkennt man die hübschen geometrischen Verzierungen an den Hauswänden großzügiger Anwesen, entdeckt Kuh- und Schweineställe in den Höfen, sieht Hühner und Gänse über die Heu- und Misthaufen flattern. Dort wo sich die Häuserfronten direkt an der Straße entlang aufreihen und evangelische Gotteshäuser in ihrer Bauart an westeuropäische Schwesterkirchen erinnern, in den meist von Siebenbürger Sachsen angelegten Dörfern, sind viele Tore heute verschlossen. Andere Anwesen sind an rumänische Nachfolger verkauft worden. Rundherum liegen die Weiden grün und fett in der Sonne. Endlose Felder mit Vogelscheuchen signalisieren, wie fruchtbar und weit das Land hier am Fluß Olt doch seit eh und je ist. Und der Betrachter fragt sich, ob und wie wohl die zahlreichen ausgereisten ›Sachsen‹ ihr Glück als Aussiedler in der Enge des dichtbevölkerten Deutschland finden konnten. Wie werden sie überhaupt mit ihrem Heimweh fertig, wenn sie aus Bilderbuchdörfern wie diesen in bundesdeutsche Trabantenstädte gekommen sind?

In **Rupea/Reps** 22 (S. 288) 66 km nordöstlich von Braşov erwartet den Besucher, weithin sichtbar auf einem Basalthügel, die nächste transsilvanische Kirchenburgruine aus dem 13. bzw. nach Umbauten aus dem 15. Jh.

Nur ein paar Kilometer östlich hat die Kirchenburg von **Homorod/Hamruden** 23 (S. 278) eine ähnliche Entwicklung erlebt. Im 13. Jh. als romanische Basilika errichtet, wurde für sie 200 Jahre später wegen anhaltender Gefahr für die Ortsbewohner eine Erweiterung als Wehranlage unumgänglich. Darauf ist es auch zurückzuführen, daß in Homorods Kirche Chor und Altar nicht wie üblich im Osten, sondern im Süden sind.

Nach Verlassen des Olt-Gebiets ist die Landschaft welliger geworden. Auf Anhöhen sieht man Schafherden ziehen. Die Häuser der Ortschaften leuchten in hellblauen, weißen und grünen Farbtönen unter schwarzroten Dächern. Friedhöfe ziehen sich an Hängen hoch. Mit prallgefüllten Tüchern auf dem Rücken wandern Bäuerinnen bei Wind und Wetter vorbei, finden immer einmal zu Gesprächen am Straßenrand zusammen.

Sighişoara/Schäßburg

■ (S. 291) Bald fährt man in eine der reizvollsten Städte Transsilvaniens ein: Sighişoara/Schäßburg. Als vollständigsten mittelalterlichen Architekturkomplex in Rumänien stuft man das alte Zentrum der heute 39 000 Einwohner zählenden Stadt in der Târnava-Hochebene am gleichnamigen Fluß ein, als eine der schönsten bewohnten Burgen Europas. Und wirklich, wer sich nach Sighişoara aufmacht, durch seine winkligen Gassen mit ihren krummen rosa-, hellblau- oder gelbfarbigen Häusern spaziert, der wird sich der besonderen Stimmung in dieser einstigen ›Sachsen‹-Siedlung des 12. Jh. nicht entziehen können. Unter der lateinischen Bezeichnung ›Castrum Sex‹, also sechste in der Reihe der sieben deutschen Burgen Siebenbürgens bzw. unter dem altdeutschen Namen ›Schespurch‹ ging sie in die Annalen ein. 1367 erhielt das blühende Handwerker- und Handelszentrum den Rang einer Stadt: ›Civitas de Seguswar‹, woraus die rumänische Bezeichnung ›Sighişoara‹ bzw. das ungarische ›Segusvar‹ entstanden. Im 16. und 17. Jh. wurde Transsilvaniens politisches Geschehen zeitweise von hier aus gesteuert. Doch gerade das 17. und 18. Jh. gilt der vielen Kriege, Raubüberfälle, Seuchen und Brände wegen auch als der unruhigste Zeitraum für die Stadt. Die Folge war, daß die Schäßburger die seit dem Spätmittelalter entstandenen Wehranlagen wohlweislich immer auf dem neuesten Stand hielten – zum Vorteil auch des heutigen Besuchers, der hier im Computerzeitalter problemlos in die Atmosphäre vergangener Jahrhunderte eintauchen kann. Vor allem, seit Mitte 2002 auch erstmal die Gefahr abgewendet wurde, mit einem ›Dracula‹-Vergnügungspark bedacht zu werden (s. S. 220).

Stadtrundgang

Der Bummel durch Schäßburg beginnt mit dem langsamen Aufstieg aus der Unterstadt (Oraşul de jos) zum Burgberg (Cetatea). Unten im Tal hört man noch den Berufsverkehr über die Târnava-

Brücke brettern. Die sonderbare Mischung aus schöner alter Bausubstanz und häßlich modernen Geschäfts- und Verwaltungsblocks liegt unter einer Dunst- und Abgasglocke. Monumental ragt allein die neue schneeweiße Orthodoxe Kathedrale (Catedrala Ortodoxă) am rechten Flußufer aus dem Dächermeer hervor. Direkt unten läßt sich auch die hübsche Fassade des altehrwürdigen Hotels ›Steaua‹ (Stern) ausmachen. Von dort aus hatte man ja erstmals zur Oberstadt aufgeschaut: über eines dieser Denkmäler der Römischen Wölfin (Monumentele Lupoaicei Romane) hinweg, mit Hilfe derer rumänische Nationalisten ungarische Hitzköpfe in den 1990er Jahren an die auch römische Vergangenheit Transsilvaniens zu erinnern versuchten. Der Burgberg rückt dem Spaziergänger nun mit seinen vielfältigen Türmen, Türmchen und Kirchenzinnen immer näher. In dem grünen, zweistöckigen Gebäude zur Linken, dem Hermann-Oberth-Haus (Casa lui H. Oberth), hat einst dieser wichtige Vordenker der modernen Raumfahrt, ein Lehrer Wernher von Brauns, gelebt. Auch als deutschstämmiger Transsilvanier absolut kein Hinterwäldler, hatte der Physik-Visionär schon in den 1920er Jahren sein erstaunliches Mondflugkonzept entwickelt (s. S. 224f.). Zur Rechten lauschen feierabends die jungen Schäßburger in kleinen Restaurants bei Pizza in allen nur möglichen Variationen endlosen Reggae- oder Hiphop-Rhythmen. Die Faszination aktueller westlicher Trends ist wie überall auch im modernen Rumänien riesig.

Über schönstes Kopfsteinpflaster und durch pittoreske Tore und Mauerbögen hindurch ist man inzwischen auf den Burgberg zum zentralen Museumsplatz (Piaţa Muzeului) gelangt. Hier kann man auf Bänken unter schattenspendenden Laubbäumen erst einmal verschnaufen. Vis-à-vis scheint das Wahrzeichen Alt-Schäßburgs, der berühmte **Stundturm** 1 (Turnul Ceasului) aus dem 14. Jh. noch heute das Haupttor, durch das man eben gekommen ist, zu beschützen. Mächtiges Mauerwerk wird gekrönt von einem Dach mit einer steil 64 m aufragenden Spitze und vier Ecktürmchen, die für die mittelalterliche Stadt gerichtliche Autonomie symbolisierten. In den fünf Turmgeschossen waren die Munitions- bzw. Schatzkammern von Sighişoara, das Archiv, Verwaltungsräume,

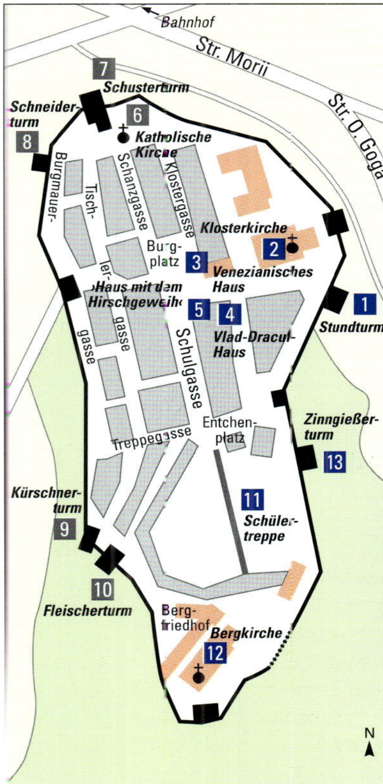

Stadtplan Alt-Schäßburg

Hermann Oberth und der Raketenflug zum Mond

Siebenbürgen und die Raumfahrt, Sighişoara und der Raketenflug zum Mond – auf den ersten Blick hat das ganz und gar nichts miteinander zu tun. Auf den zweiten Blick aber gewinnt gerade dieses altsächsische Schäßburg für Raketenfreaks Gewicht: als die Stadt nämlich, in der Hermann Oberth, einer der größten Raumfahrt-Pioniere überhaupt, wichtige Jahre seines Lebens verbrachte.

1894 im nahen Sibiu/Hermannstadt geboren, siedelte Klein-Oberth mit seiner deutschstämmigen Familie schon bald nach Schäßburg um. Von 1902 bis 1912 besuchte er hier das humanistische Gymnasium und las sich in den damals ungeheuer populären Jules-Verne-Büchern ›Von der Erde zum Mond‹ und ›Die Reise um den Mond‹ fest. Während aber seine Mitschüler die Visionen Vernes lediglich als Träume eines Romanciers auffaßten, setzte sich der junge Hermann mit dem beschriebenen Mondfahrt-Projekt ernsthaft auseinander. Schon als Dreizehnjähriger widerlegte er Jules Vernes Theorie vom fliegenden Geschützgiganten mathematisch, und ihm war klar, daß zwecks Mondflug eine andere Lösung gefunden werden mußte.

Der war er dann in seiner Heimat schon vierzehnjährig auf der Spur: Oberth junior tüftelte ganz alleine an einer Raketenkonstruktion. Es gelang ihm, eine Zentrifuge zu entwerfen, deren Armlänge 35 m betrug – ein Prinzip, nach dem die Andruck-Zentrifugen der Raumflieger-Trainingscamps noch heute gebaut werden. Auch Experimente am eigenen Körper wagte der junge Mann mit dem Mondflug-Traum. Das Abitur in der Tasche machte sich Oberth dann 1913 zum Medizinstudium nach München auf. Es verschlug ihn im Verlauf des Ersten Weltkriegs aber bald wieder nach Schäßburg, wo er ab 1916 wie besessen weitere Experimente,

Gefängnis- und Folterzellen untergebracht, die seit 1898 zum Historischen Museum (Muzeul de Istorie) nebst Hermann-Oberth-Ausstellung umfunktioniert wurden.

Der Turmaufstieg lohnt sich: Hoch oben auf der Galerie, dem früheren Wehrgang, läßt sich ein exzellenter Blick auf die Unter- und Oberstadt sowie auf bzw. in die weitgerühmte Turmuhr (Ceasul din Turn) des Meisters Johann Kirchel aus dem Jahre 1648 werfen. In den Nischen zweier Turmfassaden versinnbildlichen große barocke Figuren den Tag und die Nacht, den Frieden, die Gerechtigkeit und die Justiz. Ein Trommler schlägt alle Viertelstunde auf sein Bronzeinstrument. Darüber erscheint nunmehr in Sachen Schwerelosigkeit, durchführte: In der Schwimmhalle setzte er sein Gleichgewichtsgefühl mit Drogen außer Funktion, tauchte ins Wasser und verbrachte Stunden in simulierter Schwerelosigkeit, um bald zu konstatieren: Der Mensch kann diesen Zustand sowohl physisch als auch psychisch ertragen. Übrigens wird das von Oberth damals benutzte Skopolamin heute noch zum Astronautentraining herangezogen. Schließlich entwarf er 1917 für die Entwicklung der Raumfahrttechnik die welterste, 25 cm lange ballistische Rakete mit wasserhaltigem Alkohol und Flüssigsauerstoff als Treibstoff sowie einer Flugweite von 300 km.

Im März 1918 trug der junge Siebenbürger den Behörden in Braşov/Kronstadt seine Ideen vor – ohne Erfolg. Und auch seine dann während der Studienjahre verfaßte Dissertation zum Thema wurde von den Universitäten als zu utopisch abgewiesen. Bis 1923 ein Verlag dem Druck unter der Bedingung zustimmte, daß sich Oberth selbst an den Kosten beteiligte. Daß dieser schmale Band mit dem Titel ›Die Rakete zu den Planetenräumen‹ in den Folgejahren quasi zum Grundstock der internationalen wissenschaftlichen Raumfahrtliteratur gehören sollte, muß dem damaligen Schäßburger Gymnasiallehrer Hermann Oberth schließlich eine Genugtuung gewesen sein. Als »ein Fanal des Fortschritts« lobte Oberths späterer Schüler Wernher von Braun die Schäßburger Pioniertaten seines Lehrers, als »vermessene Kühnheit«.

Denn Oberth hatte völlig unabhängig und ohne Wissen von ähnlichen amerikanischen und russischen Arbeiten bis heute grundlegende Gedanken zur Theorie, Arbeitsweise, Leistungsfähigkeit und Konstruktion mehrstufiger Flüssigkeitsraketen erdacht. Als sich dann bald die Militärs für Raketenversuche interessierten, hätte der internationalen Karriere des Siebenbürgers eigentlich nichts mehr im Wege zu stehen brauchen. Doch Hermann Oberth wurde ein Anhänger des deutschen Faschismus und war 1941 an der Entwicklung von Hitlers ›Wunderwaffe‹ V2 beteiligt.

Nach dem Krieg war Huntsville in den USA Hermann Oberths wichtigste berufliche Station, bis zum Tod 1989. Und wenn er die Öffentlichkeit auch in seinen letzten Jahren noch mit politisch sehr bedenklichen nationalistischen Äußerungen schockte, eines bleibt ihm unbenommen: ein Visionär der Technik gewesen zu sein, der im kleinen transsilvanischen Sighişoara/Schäßburg mit Jules Vernes phantastischen Ideen ernst machte.

mittels einer Drehvorrichtung regelmäßig zu Mitternacht eine bemalte, hohe Holzfigur, die in der Kleidung griechischer, römischer bzw. deutscher Sagengestalten den jeweiligen Wochentag symbolisiert.

Wieder zurück auf dem Museumsplatz fällt dem Besucher gegenüber der gelbgestrichenen Schule, aus der lebhafte Kinderstimmen schallen, die 700 Jahre alte ehemalige **Klosterkirche** 2 (Biserica Mănăstirii) der Dominikaner ins Auge. Nach dem Übertritt der Siebenbürger Sachsen zum lutherischen Glauben im Jahr 1556 war diese gotische Hallenkirche mit dem schönen Barockaltar von 1680 und dem bronzenen Taufbecken aus dem Jahr 1440 einmal

Alt-Schäßburg: Blick hinauf zum Burgberg, in der Mitte der Stundturm

zum wichtigsten Gotteshaus Alt-Schäßburgs avanciert. Heute wirkt sie mit ihrem steilen Dach und der nüchternen Strenge ihrer Fassaden seltsam verlassen, ja fast verfallen. Ein evangelisches Gemeindeleben gibt es laut Anschlag nur noch Sonntag morgens. Sighişoaras Bewohner bzw. die Touristen treffen sich lieber direkt gegenüber vor dem hübschen **Venezianischen Haus** 3 (Casa Veneţiana) aus dem 16. Jh., das seine Besitzer vor gut 100 Jahren mit gotischen Zwillingsfenstern und Kleeblattbögen ausstatten ließen.

Oder sie treten in das sandfarbene zweistöckige Gebäude auf der anderen Gassenseite ein, um in dessen Restaurant auf das Wohl des berüchtigten Dracula anzustoßen. Dessen historisches Vorbild Vlad Ţepeş soll nämlich, so berichtet die Legende, in diesem seinem Vaterhaus, dem **Vlad-Dracul-Haus** 4 (Casa lui Vlad Dracul), 1431 geboren worden sein, bevor er als walachischer Fürst und Türkenschreck bzw. als literarische Horrorgestalt Karriere machte (s. S. 218ff.).

An meist dunkel gekleideten älteren Frauen vorbei, die zum Einkauf eilen, gelangt man schnell auch zum Dreh- und Angelpunkt Alt-Schäßburgs, dem Burgplatz (Piaţa Cetăţii). Um ihn herum wurden im 17. und 18. Jh. die Häuser der Adligen und Patrizier gruppiert, z. B. das breite, schwere **Haus mit dem Hirschgeweih** 5 (Casa cu Cerbi). Durch dessen kleines Erkerfenster hatten die Bewohner einst den besten Ausblick auf das Geschehen am städtischen Schandmal und Schafott vor dem Gebäude. Heute sitzen hier unter einem mächtigen Laubbaum meist ein paar scheue alte Schäßburger beisammen und tauschen sich in Siebenbürgischem Sächsisch leise über die mit Fotoapparaten behangenen Fremden aus.

Die können sich hier im Zentrum der Oberstadt jetzt eigentlich nach allen

Richtungen hin treiben lassen. Denn in jedem Sträßchen und Gäßchen bietet Sighişoaras Burgberg eigentlich immer wieder neue Aspekte. Die Schanzgasse (Strada Bastionului) etwa führt an buckligen alten Häusern vorbei zur **Katholischen Kirche** 6 (Biserica Catolică) aus dem Jahr 1894, in der ein junger Pfarrer seine kleine Gemeinde aus hochbetagten ungarischstämmigen Schäßburgern betreut. Gelangt man zur Burgmauergasse (Strada Zidul Cetăţii), kann man an der wuchtigen nordöstlichen Ringmauer entlang einige der neun (von ehemals 14) erhaltenen Wehrtürmen besichtigen, deren Bau die Schäßburger Zünfte seit dem 15. Jh. finanzierten: so den 1681 mit barocken Stilelementen wiederaufgebauten **Schusterturm** 7 (Turnul Cizmarilor) mit seinem roten Spitzdach oder den einfachen massiven **Schneiderturm** 8 (Turnul Croitorilor), dessen Einfahrt in gefährlicher Zeit dicke Eisengitter versperrten. Darauf folgt der quadratische kleine **Kürschnerturm** 9 (Turnul Blănarilor) und, auf achteckigem Grundriß, der sechseckige **Fleischerturm** 10 (Turnul Măcelarilor).

Folgt man vom Burgplatz aus in entgegengesetzter Richtung der Schulgasse (Strada Şcolii), gelangt man schnurstracks zu einem städtischen Kuriosum: der ganze 175 Stufen umfassenden **Schülertreppe** 11 (Scările Şcolarilor), die dem Schäßburger Nachwuchs seit 1642 besonders im Winter den schwierigen Aufstieg zum Schulberg erleichtert. Wer heute noch mit den Gymnasiasten den langen steilen Holztunnel hinaufklettert, erreicht oben am Berggipfel zunächst das recht verfallene ehemalige Schulgebäude (Şcoala Seminariu) von 1612 sowie links das erst hundertjährige Gymnasium Joseph Haltrich (Liceul J. Haltrich) mit seinem dekorativen Fensterschmuck. Laut und heftig wird hier in den Pausen über aktuelle Politik und neueste Hollywood-Filme diskutiert, mit spürbarer Freude am längst selbstverständlich gewordenen freien Wort. Im Hintergrund beherrscht die gedrungen wirkende **Bergkirche** 12 (Biserica din Deal) aus dem 14. und 15. Jh. das Spektrum. Lange Zeit war sie (wie auch das alte Schulgebäude) von Baugerüsten deutscher Konstruktionsfirmen umgeben, so daß man erst jetzt wieder im Inneren ihre romanische Krypta und die spätgotische Wandmalerei bewundern kann.

Der Blick von diesem höchsten Punkt Alt-Schäßburgs hinunter ist jedoch frei: am südwestlichen Teil der Burgmauer etwa auf den 25 m hohen, ungewöhnlich geformten **Zinngießerturm** 13 (Turnul Furnătorilor de Staniu). Der ruht auf einer quadratischen Basis, geht in einen fünfeckigen Bau über, erweitert sich zu einem achteckigen Geschoß, um dann im Dach schließlich ein Sechseck zu bilden. Zu seinen Füßen locken am Entchenplatz (Piaţa Răţuştelor) malerische Häuser sowie ein empfehlenswertes Café. Richtung Seilerturm (Turnul Frînghierilor) auf der anderen Bergseite, von wo aus die meisten der rumänisch sprechenden Gymnasiasten zur Stunde eilen, erstreckt sich der romantisch-einsame Bergfriedhof (Cimitirul Cetăţii). Und hier herrscht dann plötzlich in Sighişoara/ Schäßburg einmal noch die deutsche Sprache vor: in Namen und Inschriften der meist in den 1950er bis 70er Jahren verstorbenen Siebenbürger Sachsen, auf Gräbern, die heute schon mehr und mehr von Unkraut überwuchert werden. Die hiesigen ›Sachsen‹-Nachfahren haben sich inzwischen längst fast alle Richtung Westen aufgemacht. Und auf Alt-Schäßburgs Friedhof ist außer Vogelgezwitscher kein Laut mehr zu hören.

Von Sighişoara durch Nordtranssilvanien nach Cluj/Klausenburg

Von ›Draculas‹ Geburtsstadt Sighişoara/Schäßburg aus soll es nun in den Norden Transsilvaniens gehen, erst einmal über Târgu Mureş/Neumarkt nach Cluj/Klausenburg, von wo aus man sich dann noch in den Nordosten nach Bistriţa/Bistritz und in den äußersten Nordwesten nach Oradea/Großwardein aufmachen kann. Per Auto bietet die E 60 die beste Verbindung nach Cluj. Die ersten 53 km bis Târgu Mureş führen dabei an oft mit Mann und Maus besetzten Pferdewagen vorbei. Auf den Feldern hacken einsam Bauern, oft auch alte Mütterchen in schwarzer Kleidung. Im Sommer mit wippenden, großen Strohhüten gegen die sengende Sonne ausgerüstet, wirken sie fast ein wenig wie asiatische Reisbäuerinnen. Mit Hilfe langer Holzstäbe und Netze wird in dieser Gegend am Fluß Târnava Mica viel Hopfen angebaut. Nach der Vorverarbeitung in kleinen Fabriken wird er, wie Einheimische versichern, auch nach Deutschland exportiert. In den Dörfern ranken sich an braunroten Häuserfronten mit hellen Fensterumrahmungen Weinreben hinauf. Als Kontrast zum traditionellen kachelartigen Muster der Fassaden weisen einige dieser Gebäude in Ortschaften wie **Bălăuşeri** **1** und **Acăţari** schon überdimensionale Satellitenschüsseln auf. Kein Wunder, denn die in pink- und lilafarbene modische Trainingsanzüge gekleideten jungen Transsilvanier in den Dörfern wollen endlich auch nachrichtenmäßig auf dem neuesten Stand sein. Sollen doch die Senioren ruhig am alten Korbhandwerk bzw. Korbwarenverkauf am Straßenrand festhalten – die Jungen streben aus den kleinen und noch verträumt wirkenden Orten zumindest mit den Gedanken längst Richtung Großstadt bzw. Westen. Schließlich weiß doch die aggressive TV-Produktwerbung seit 1990 so viel Gutes darüber zu berichten. Doch ist in den letzten Jahren auch eine gegenläufige Umsiedlungstendenz zu registrieren. Enttäuschte und arbeitslose (Vor-)Städter kehren vermehrt wieder zurück zur ›heimischen Scholle‹, seit es ihnen wieder erlaubt ist, bis zu drei Hektar Ackerland zu besitzen und zu bewirtschaften. Wie inzwischen überall in Rumänien sprießen wieder kleine Einfamilien-Dorfhäuser Marke Eigenbau aus dem Boden.

Schafhirte in Siebenbürgen

Von Sighişoara durch Nordtranssilvanien nach Cluj

Von Bălăuşeri gelangt man über die DN13A nach 38 km zum Karpaten-Bade- und Luftkurort **Sovata** 2 (S. 292) mit seinen großen Salzvorkommen.

Die nächstgrößere Stadt ist das 172 000 Einwohner zählende Industriezentrum **Târgu Mureş/Neumarkt** 3 (S. 294), ungarisch Marosvásárhely. Als neuer ›Marktflecken‹, so die verschiedensprachigen Namen, hat die Stadt insbesondere für die Ungarn-nahen Szekler-Siedler schon 1332 bestanden, wie Quellen berichten. Von der im 14. bis zum 17. Jh. gegen plündernde Türken und Tataren errichteten Burganlage (Cetatea) stehen heute noch die Basteien der Zünfte (Bastioanele) sowie die Reformierte Kirche (Biserica Reformată). Stolz sind die zum großen Teil ungarischstämmigen Bewohner jedoch

heute eher auf ihren schmucken Kulturpalast (Palatul Cultural), der im Sezessionsstil der Jahre 1911 bis 1913 mit dem sich anschließenden Rathauskomplex ein architektonisches Ganzes bildet. Fenster, Erker und Dächer gliedern durch ihre Formgestaltung und Farbgebung schon von weitem sichtbar das Gebäude-Ensemble, das lange Zeit auch das Staatstheater (Teatrul de Stat) mit rumänisch-und ungarischsprachigen Sektionen beherbergte.

Weiter Richtung Nordwesten auf dem Weg nach Cluj passiert man auf von weiß markierten Bäumen gesäumter Straße oft Pferde- und Schafherden, die in der fruchtbaren Hochebene weiden. Hohe und vom nahen Fluß Mureş gespeiste Wassertürme garantieren auch in heißen Sommern die guten Obst- und Gemüseernten der Region. Störche schauen von ihren auf Strommasten plazierten Nestern herab. An kleinen Kiosken warten mancherorten Lastwa-

Blick auf Târgu Mureş mit Rathaus und Kulturpalast im Vordergrund

genfahrer auf den Getränkeausschank. Ab und zu trifft man auf blumengeschmückte Kreuze der '89er Revolution und traditionelle Wegkreuze, die Zeichen christlichen Glaubens. Auch die orthodoxen Dorfkirchlein mit ihren Zwiebeltürmen erfreuen sich in den letzten Jahren steigender Gläubigenzahlen und manch notwendiger Restaurierungsmaßnahme.

In der Kleinstadt **Iernut** 4 30 km südwestlich von Târgu Mureş fallen dem Besucher am Fahrtweg ein Renaissanceschloß von 1545 sowie einige Denkmäler ins Auge. Da erinnern in dieser von vielen Ungarnstämmigen bewohnten Gegend eine neue Trajan-Statue und das im Norden Transsilvaniens neuerdings obligate Römische-Wölfin-Denkmal an die auch von Römern geprägte Geschichte des Landstrichs. Der latente Konflikt zwischen den transsilvanischen Volksgruppen der Rumänen und Ungarn ist hier auch für den Touristen immer mehr spürbar.

In Iernut stoßen auch die Autofahrer auf die E 60, die einer Routenvariante über Mediaş zu weiteren Kirchenburgen gefolgt sind.

Über Mediaş zu weiteren südtranssilvanischen Kirchenburgen

Bei dieser Variante folgt man von Sighişoara aus den holprigen Landstraßen DN14 und 14A. Die Zugverbindung Sighişoara – Cluj führt zunächst parallel an der Târnava Mare entlang über Mediaş.

Nur wenige Kilometer südlich von Sighişoara ist die wuchtige Kirchenburg von **Apold/Trappold** 5 aus dem frühen 16. Jh. zu besichtigen. Wer auf der DN14 hinter Dumbraveni/Elisabethstadt links abbiegt, kann die nahe, nicht weniger mächtige Kirchenwehranlage von **Biertan/Birthälm** 6 aus dem 15. Jh. sehen. Innerhalb ihrer extra starken Mauerringe mit der spätgotischen Hallenkirche hatte die Evangelisch-Altsächsische Kirche drei Jahrhunderte lang ihren Bischofssitz (s. S. 238f.).

Eine Hochzeit auf dem Lande – mitten in Siebenbürgen

Die 73 000-Einwohner-Stadt **Mediaş/ Mediasch** 7 (S. 281) schließlich, die 36 km südwestlich von Sighişoara am linken Târnava-Ufer liegt, besitzt ein intaktes Kirchenkastell aus dem 14. und 15. Jh. mit trutzigen Wehrtürmen. Einer davon ist der sogenannte ›schiefe Turm von Mediaş‹. Im Innern beherbergt die im spätgotischen Stil errichtete Margaretenkirche (Biserica Sfânta Margareta) eine Reihe wertvoller gotischer Wandmalereien sowie ihren berühmten Altar.

Das letzte, 72 km lange Teilstück der Strecke Sighişoara – Cluj von Iernut aus führt über **Luduş** 8 eine Zeitlang am Fluß Aries entlang auch nach **Turda/ Thorenburg** 9 (S. 297), ungarisch Torda. Die heute 64 000 Einwohner zählende Industriestadt war im Altertum einmal als Potaissa ein Knotenpunkt des römischen Dakien. Im Zuge des erfolgreichen Salzabbaus in der Umgebung entwickelte der Ort sich zu einer Handelsstadt. Dem siebenbürgischen Adel bot das Fürstenpalais (Palatul Princiar) aus dem 15. und 16. Jh., das heutige Historische Museum, seinerzeit eine repräsentative Versammlungsstätte. Nahe der Stadt fällt dem Besucher ein Holztriptychon auf, das an eine für Rumäniens politische Entwicklung traurige Begebenheit erinnert: Dieses Denkmal für Michael den Tapferen (Monumentul pentru Mihai Viteazul) soll sich an der Stelle befinden, an der jener ›Vereinigungsfürst‹ im Jahr 1601 meuchlerisch ermordet wurde.

Und dann sieht man schon 30 km weiter nordwestlich, nachdem das Land bei Feleacu leicht angestiegen ist, unten im Tal eine von modernen Blocks, spitzen Kirchtürmen und hohen alten Häusern geprägte Großstadt liegen: das 327 000 Einwohner zählende Industrie-,

Kultur- und Wissenschaftszentrum Cluj/ Klausenburg, ungarisch Kolózsvar.

Cluj/Klausenburg

■ (S. 271) Der Autoreisende fährt erst einmal ein in Vorstädte, die eine seltsame Architekturmischung prägt. Fast dörfliche hübsche Häuser mit kleinen Vorgärten werden bald verdrängt von neueren Plattenbauten, welche sich beim zweiten Hinsehen als nur halb beendet oder als erschreckend verwahrlost entpuppen. Fensterscheiben sind herausgebrochen oder noch gar nicht eingesetzt. Wasserrohre und Leitungen liegen frei, laden die ärmlichen Kinder der Umgebung als ›Spielplatz‹ ein. Funktionstüchtig erscheinen allein die mit Westwerbung beklebten Kioske, an denen auch tagsüber fleißig Bier ausgeschenkt wird.

Der Zugreisende lernt die Peripherie von Cluj vom Bahnhof aus kennen. In der Nähe erinnert ein **Horea-Monument** (Monumentul lui Horea) an den Führer des rumänischen Bauernaufstands von 1784/85. Der **Hauptbahnhof** (Gara Centrală) selbst ist ein gut renoviertes Schmuckstück aus dem ausgehenden 19. Jh. in Weiß und Olivgrün, an dem unter großzügigen Fenstern weit sichtbar der Schriftzug ›Cluj-Napoca‹ prangt. Der Verkehrsknotenpunkt am Kleinen Someşu-Fluß (Someşu Mic) sollte nämlich ab Mitte der 1970er Jahre nach dem Willen der kommunistischen Regierung schon im Namen die dakisch-römische Herkunft augenscheinlicher machen. Die eingebürgerten Bezeichnungen Cluj, Klausenburg und Kolozsvár erinnerten zwar an die Aufbauleistung der Rumänen, Siebenbürger Sachsen und Ungarnstämmigen seit dem Mittelalter. Der offiziell gewünschte Zusatz ›Napoca‹ jedoch sollte die Vergangenheit als erst dakische, dann römische Provinzstadt deutlicher herausstreichen – wenngleich ihn die Bevölkerung auch im übrigen Rumänien nie recht annahm.

Doch man beginnt den Cluj-Spaziergang im Herzen der Stadt, dort, wo inmitten des Einheitsplatzes (Piaţa Unirii), des vormaligen Freiheitsplatzes (Piata Libertăţii), die 1350 bis 1480 erbaute katholische **Sankt-Michaelskirche** **1** (Biserica Sfântu Mihai) in den Himmel ragt. Mit ihrem zweiten Sterngewölbe anstelle des üblichen Kreuzgewölbes, mit ihrer Barockkanzel und ihrer 1528 gefertigten wertvollen Sakristeitür stellt sie mit der Schwarzen Kirche in Braşov das größte Gotteshaus in Transsilvanien dar – und befindet sich doch, und das ist wahrlich kein Anlaß für städtischen Stolz, genau am Schnittpunkt eines geradezu skurrilen Interessenkonflikts. Denn schon an der Südseite der Kirche, am großen **Reitermonument König Matthias Corvinus** **2** (Monumentul lui Matei Corvin) scheiden sich die Klausenburger Geister, zumindest diejenigen der nationalistischen Eiferer. Nach mehreren verschiedensprachigen Versuchen steht heute die diplomatische, da lateinische Formulierung ›Matthias Rex‹, König Matthias, zu Füßen des 1902 von János Fadrus geschaffenen Standbilds. Es zeigt einen gedrungenen Reiter auf stehendem Pferd: Matthias aus der rumänischen Kleinadelsfamilie der Hunedoara, 1443 hier in Cluj geboren, der es unter dem Beinamen Corvinus 1458–90 zum ungarischen König und damit damals auch zum Herrscher über Transsilvanien gebracht hatte. Um den basteiartigen Sockel gruppieren sich im Halbkreis des Königs Heerführer, allesamt kernige Ritter in dramatischer Geste.

Während dessen scheint Matthias selbst stolz auf die beachtlichen barokken und klassizistischen Bauten rund um den Platz auszublicken, z. B. auf das am Ende des 18. Jh. von J. E. Baumann errichtete **Bánffy-Palais** 3 (Palatul Bánffy) mit seiner prächtigen Vorderfront, einst Stadthaus ungarischstämmiger Adliger, heute Kunstmuseum (Muzeul de Artă). Oder auf die türmchengekrönte Fassade des schönen **Hotels Continental,** dessen Interieur mit kostbaren Tapeten und Möbeln noch zu beeindrucken weiß, wenn sich dann auch z. B. die Badezimmer-Installationen als nicht mehr ganz brauchbar entpuppen. Ob es dem politischen Fuchs, aber keinesfalls nationalistischen Paranoiker Matthias gefallen hätte, daß sich heutzutage in Cluj um ihn herum immer neue Streitigkeiten der Volksgruppen entzünden? Zumal doch gerade in den Adern des Ungarnkönigs, zumindest väterlicherseits, auch rumänisches Blut floß. Und wer könnte sich im heutigen Cluj nach jahrhundertelangem Zusammenleben der Nationen schon reinen Herzens als nur-ungarisch bzw. nur-rumänisch bezeichnen? Darf nun im Norden des Platzes weiter nach den Resten eines römischen Forums gegraben werden, was die Ungarnfraktion verhindern will? Und werden die rumänischen Extremisten sozusagen als Revanche dafür dem bronzenen Matthias ein Romulus-und-Remus-Denkmal vor die Nase setzen? Vom Bulevardul Eroilor zur Linken grüßt ja jetzt schon ein gigantisches neueres Marmor-›**Memorandum**‹ 4 zu Ehren der rumänisch-nationalen Bewegung des späten 19. Jh. herüber.

Das Alltagsleben von Cluj/Klausenburg geht aber trotz dieses Kriegs der Chauvinisten hier im Norden Transsilvaniens unbeirrt seinen Gang. Am Einheitsplatz und auf den breiten Boulevards der Umgebung liegt förmlich Blei in der Luft. Vor den zahlreichen Hotels im Zentrum parken unaufhörlich neue Taxis. Aus überquellenden alten Bussen strömen die Klausenburger in die Geschäftsmeile, wo auch Restaurants und Cafés mit appetitlichem Angebot locken. Man hört rumänische, auch ungarische, aber selten einmal deutsche Sprachfetzen. Rote, rostige Straßenbahnen quietschen um die Ecken. Schicke alte Großstadtladies promenieren mit frischtoupierter Frisur vor den Auslagen teurer Geschäfte. Junge Eltern in Jeans und Markenturnschuhen schieben hochrädrige moderne Kinderwagen zu den Bänken bei der Michaelskirche. Ein paar ältere Arme in zerschlissener Kleidung hoffen auf die Geberlaune der Umsitzenden. Und langhaarige Jungen singen im Schatten des Matthias-Denkmals gerne Selbstverfaßtes, auch politisch Kritisches, zu Gitarrenklängen.

Apropos Matthias Corvinus, also der, der sich einen Raben als Wappentier besorgte. Wer von der Michaelskirche aus an der spätbarocken Evangelischen Kirche (Biserica Evanghelică) von 1829 vorbeispaziert, der erreicht nach wenigen Minuten das **Matthias-Geburtshaus** 5 (Casa Natală lui Matei Corvin) aus dem frühen 15. Jh. Hinter dem Parterrefenster zur Linken des Spitzbogen-Eingangs soll der nachmalige Ungarnkönig 1443 das Licht der Welt erblickt haben.

Wahrscheinlich wird Klein-Matthias nur einen Steinwurf vom Elternhaus entfernt auch das damals noch katholische **Dominikanerkloster** 6 nebst Kirche (Mănăstirea şi Biserica Dominicanilor) besucht haben. Den Umbau dieses auf den Ruinen eines römischen Tem-

Orthodoxe Kirche in Cluj/Klausenburg mit Avram Iancu-Standbild

pels errichteten gotisch-barocken Klosterkomplexes hat er dann wenigstens während seiner Regierungszeit gefördert. Heute schallen aus den kleinen gotischen Fenstern des Refektoriums klassische Klänge. Das frühere Kloster wird als Musik-Lyzeum genutzt.

Nur eine Seitenstraße weiter beeindruckt den Besucher ein Gebäude ganz anderer Art: das im Auftrag des Literaturfreunds Daniel Petrovich Horvath Anfang des 19. Jh. im Empirestil errichtete **Geschichtsmuseum** 7 (Muzeul de Istorie). Eine reichhaltige Mosaik-, Terrakotta- und Sarkophagsammlung sowie alte Klausenburger Steinskulpturen warten auf Betrachter. Draußen vor dem Palmettenblatt-geschmückten Eingang des Museums harren oft schwarzgekleidete Mütterchen mit einem kleinen Schnittblumenangebot schüchtern auf Käufer. Ertragsorientierter agieren da schon an der nahen Someşu-Brücke Roma-Frauen in bunten Röcken, die wortgewandt die Blumen der Saison an den Mann bringen.

Hinter ihnen entdeckt man an einem Eckhaus auf der Gedenktafel zum Brükkenbau von 1872 das **Familienwappen der Báthory** 8 (Blazonul Familiei Báthory). Der dreizähnige Drachenrachen steht für dieses über Jahrhunderte bedeutende Klausenburger Adelsgeschlecht ungarischer Herkunft, das sogar auf den transsilvanischen Fürsten- und den polnischen Königsthron gelangte. An einen weiteren einflußreichen Fürsten Transsilvaniens wie auch der Walachei und der Moldau wird man nicht weit vom Brückenkopf erinnert. Denn seit 1976 hebt sich hier die von M. Butunoiu gearbeitete **Reiterstatue Mihai Viteazul** 9 (Statuia ecvestra lui Mihai Viteazul, Abb. S. 23) von den umliegenden Neubaublocks ab. Auf den Basreliefs des Fundaments ist das politische Lebenswerk Michaels thematisiert: die erfolgreichen Türkenkämpfe und die Vereinigung der drei Fürstentümer im Jahr 1600.

Zurück zum anderen selbstbewußten Reiter von Cluj, Matthias auf dem Einheitsplatz. Der würde von hier aus nämlich, wäre er aus Fleisch und Blut, durch die Universitätsstraße (Strada Universitaţii) an der großen barocken **Piaristenkirche** 10 (Biserica Piariştilor) nebst Konvikt aus dem Jahr 1724 vorbei direkt auf die **Babeş-Bolyai-Universität** 11 (Universitatea Babeş-Bolyai) zutraben. Und deren Name ist Programm. Die nach einem rumänischen Biologen und einem ungarischen Mathematiker benannte Hochschule leistet sich nämlich für ihre größten ethnischen Gruppen eine rumänisch- und eine ungarisch- bzw. neuerdings auch deutschsprachige Fakultät. Direkt daneben versucht auch eines der **Deutschen Kulturzentren** der Region 12 (Centrul Cultural German), trotz Abwanderung der meisten deutschstämmigen Siebenbürger sächsische Mundart und Tradition am Leben zu erhalten.

Ein paar Minuten weiter auf der Strada M. Kogălniceanu, wo Straßenbuchhändler aktuelle internationale Romane in rumänischer Übersetzung feilhalten, trifft der Spaziergänger sinnigerweise auf die Statuen dreier lesender und diskutierender Herren. Das neue **Denkmal der Siebenbürgischen Schule** 13 (Monumentul Şcoalei Ardelene) zeigt deren drei Hauptvertreter S. Micu, G. Şincai und P. Maior. Sie hatten im 18. und 19. Jh. Meilensteine in Sachen rumänische Sprachentwicklung und Stützung des erwachenden rumänischen Nationalbewußtseins in Transsilvanien gesetzt.

In der Umgebung blickt man ab und zu in kleine Handwerkerläden, z. B. in

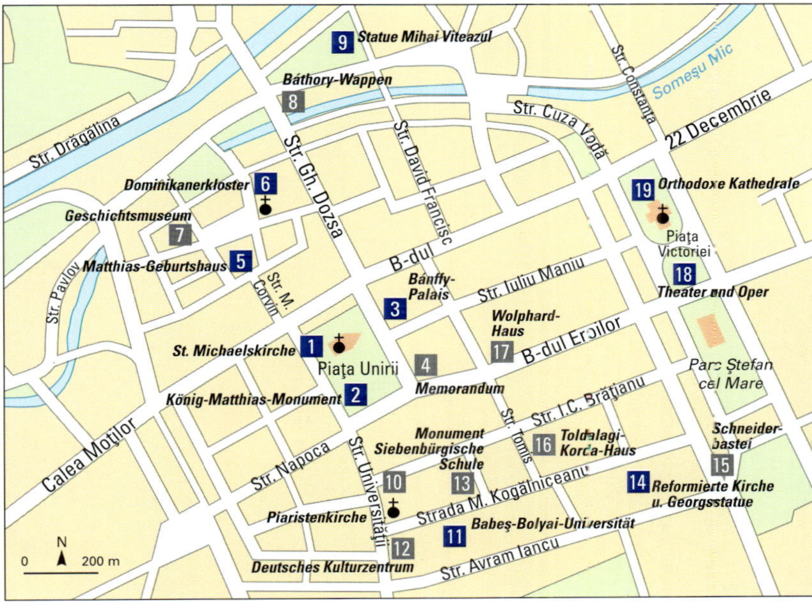

Stadtplan Cluj/Klausenburg

Schuster- oder Uhrmacherbetriebe mit altmodischem Inventar. In Mini-Schneidereien rattern auf engstem Raum an die Dutzend Frauen auf ihren betagten Nähmaschinen. Bald hat man die **Reformierte Kirche der Innenstadt** 14 (Biserica Reformată din Centru), eine der größten gotischen Hallenkirchen Siebenbürgens im Auge. Mächtige Strebepfeiler stützen die festungsähnlichen Fassaden des 1486 auf Erlaß von König Matthias begonnenen ehemaligen Minoriten-Gotteshauses. Davor sticht in fliegendem Galopp ein jugendlicher Reiter einen sich windenden Drachen nieder. Diese **Statue des heiligen Georg** (Statuia Sfântul Gheorghe) ist mit gut 600 Jahren die älteste Bronzeskulptur in Cluj, eine getreue Kopie der Prager Georgs-Statue aus der Werkstatt der Bildhauerbrüder Martin und Georg (Márton und György) von Klausenburg.

An der nahen Stadtmauer bzw. der **Schneiderbastei** 15 (Bastionul Croitorilor), einer massiven Wehranlage aus dem 15. Jh., kann man dann die realen Ängste der Klausenburger dieser Jahrhunderte vor Türkenangriffen nachfühlen. Vielleicht erliegt man hier auch gleich der Versuchung, sich in der Ausstellung mittelalterlicher Waffen im Inneren der Bastei geistig in die Rolle der bedrängten Transsilvanier zurückzuversetzen.

Vorbei am reizvollen **Toldalagi-Korda-Haus** 16 (Casa Toldalagi-Korda) mit seinen hübschen Empire-Fenstergittern und Erkern hat man dann schon bald einen zweiten zentralen Platz Clujs erlaufen: den Siegesplatz (Piaţa Victoriei). Die breite Heldenallee (Bulevardul Eroilor) entlang blickt man von hier aus

Kirchenburg von Biertan/Birthälm ▷

Der Hauptbahnhof von Cluj – Der Zusatz ›Napoca‹ erinnert an die römische Vergangenheit der Stadt

an gut restaurierten Renaissancegebäuden wie dem **Wolphard-Haus** 17 (Casa Wolphard) von 1541 und Barockkirchen wie der **Minoritenkirche** (Biserica Minoriţilor) von 1784 vorbei bis zur Piaţa Unirii hinunter.

An der großflächigen Piaţa Victoriei selbst sieht man sich mit weiteren Sehenswürdigkeiten konfrontiert. Von den massigen Statuen des Dichters Mihai Eminescu und des Klausenburger Philosophen Lucian Blaga eingerahmt und von Musen auf Triumphwagen bekrönt, erregt besonders ein großes Gebäude im Wiener Sezessionsstil die Aufmerksamkeit des Besuchers. Es beherbergt das **Nationaltheater und die Staatsoper** 18 (Teatrul Naţional şi Opera) von Cluj/Klausenburg. Vis-à-vis beherrscht die von Constantin Pomponiu und George Cristinel 1923 bis 1933 errichtete **Orthodoxe Kathedrale** 19 (Catedrala Ortodoxă) das Spektrum. Die behauenen Steine an den Fassaden erinnern an altrumänische und byzantinische Stilformen.

Auf dem Vorplatz ist seit der Wende ein Sowjetstern-Denkmal durch eine **Avram-Iancu-Statue** (Statuia lui A. Iancu) ersetzt worden. Ohne Frage ist dieser ein wenig grobschlächtig wirkende transsilvanische Volksheld von 1848/49 dort hoch oben – man soll die Bronze schon als ›Phantom vor der Oper‹ verspottet haben – als direkte Antwort rumänischer Nationalisten auf das martialische Matthias-Denkmal zu verstehen. Dabei müßten doch eigentlich in Cluj/Klausenburg/Kolozsvár, das seit langem eine konsequente Mehrsprachigkeit fördert, die Zeichen auf Versöhnung und Verständigung stehen. Denn wo sonst unterhält eine europäische Großstadt schon ganz selbstverständlich mehrsprachige, und das heißt hier rumänische, deutsche und ungarische Einrichtungen wie Schulen, Studienstätten sowie Theater- und Opernbühnen?

Bistriţa/Bistritz

■ (S. 263) Von Cluj aus kann man Abstecher in den Norden Transsilvaniens unternehmen: Die E 571 bzw. eine Zugverbindung führt in das 135 km nordöstlich liegende Bistriţa/Bistritz. Von hier ließe sich über den Ostkarpatenbogen hinweg eine Fahrt in die Süd-Bukowina (s. S. 150ff.) oder in die Maramuresch-Region anschließen (s. S. 185ff.).

Immer noch wird das Bild der 87 000-Einwohner-Stadt Bistriţa von der hohen **Evangelischen Kirche** aus dem 14. Jh. geprägt. Und dieses gotische Gotteshaus, das im 15. Jh. einen Umbau im Renaissancestil durch Petrus Italus de Lugano erfuhr, war jahrhundertelang Treffpunkt der Siebenbürger Sachsen der Stadt. Deren Zunftgebäude sind am **Kornmarkt** (heute Piaţa Centrală) zum Teil noch zu besichtigen: hübsche alte Bürgerhäuser mit auffälligen Laubengängen. Daß auch Alt-Bistritz ohne Verteidigungsring nicht auskam, zeigen die Reste der spätmittelalterlichen **Stadtfestung** (Cetatea).

Die Westkarpaten bis Oradea/Großwardein

■ (S. 283) Oradea/Großwardein, ungarisch Nagyvárad, im Westen an der rumänisch-ungarischen Grenze ist die 156 km lange Anreise von Bistriţa per Zug oder Auto (auf der E 60) wert. Dabei durchmißt man die hier bis 1100 m hohen Westkarpaten, ein Naturparadies, wo Wanderer und Kletterer auf ihre Kosten kommen. Von Oradea aus starten Höhlenfans etwa zur **Eishöhle** Peştera Scărişoara bei Nucet – innerhalb eines einzigartigen 3500 Jahre alten Gletschers und immer noch klirrend kalt – oder zur **Bärenhöhle** Peştera Urşilor bei Beiuş mit herrlichen Tropfsteinen und Skeletten eiszeitlicher Höhlenbären.

Oradea selbst ist mit seinen 230 000 Einwohnern die größte (Industrie-)Stadt der anschließenden Crişana/Kreischland-Ebene am Fluß Crişul Repede, dem Schnellen Kreisch. In der großzügigen Fußgängerzone Bulevardul Unirii spaziert man an gut restaurierten klassizistischen Geschäftshäusern vorbei oder besucht den hübschen Einkaufskomplex Vulturul Negru (Schwarzer Adler). Am besten wird dem Besucher aber das ehemalige Bischofspalais gefallen, ein imposanter Barockpalast (Palatul Baroc) des Wiener Architekten Franz Anton Hillebrand von 1770 direkt am Fluß.

Die nahen **Heilbädern Băile Felix** und **Băile 1. Mai** in 8 bzw. 10 km Entfernung südlich der Stadt bieten Gelegenheit, von den vielen Eindrücken einer Transsilvanien-Tour auszuspannen.

Die Einkaufspassage Vulturul Negru in Oradea

MERCUR

Banat mit Timişoara

Zu Banater Schwaben und in die Märtyrerstadt

Der eine typische Eindruck, den man aus der südwestlichsten Region Rumäniens, dem Banat, mitbringt – gibt es den überhaupt? Sind es die vielen Mais- und Weizenfelder der fruchtbaren Flußebenen im Norden, die im Frühling von strahlendem Klatschmohn gerahmt und in der Hochsommerhitze in flirrendes Licht getaucht sind, bevor sich im Herbst Tausende von Landarbeitern über die Ernte beugen? Sind es die frischen Blumen, die Kränze und Kerzen, die die Bewohner von Timişoara immer wieder neu zu den Revolutionskreuzen bringen, welche zu Ehren der zahlreichen Opfer des Volksaufstands vom Dezember 1989 aufgestellt sind? Oder hinterlassen die Farbtupfer der Blumenesche, des Flieders, des türkischen Hasel- und des Perückenstrauchs rund um die plateauförmigen Banater Berge im Süden der Region den bleibendsten Eindruck?

Das kann nur der für sich entscheiden, der sich selbst ins Dreiländereck Rumäniens, Serbiens und Ungarns aufmacht. Das historische Banat ist die Landschaft, die von den Flüssen Donau (Dunărea), Temesch (Timiş) und Mieresch (Mureş) und von den Karpaten begrenzt wird. Im Altertum war es von Dakern bewohnt und von 106 bis 274 der römischen Provinz Dacia angeschlossen. Es folgten für dieses zum Teil flache, zum Teil bergige Land die auch für die anderen Regionen Rumäniens entscheidenden geschichtlichen Wirren. Im 12. Jh. wurde das Banat von den Ungarn erobert, ab dem 16. Jh. von den Osmanen heimgesucht, und vom 18. Jh. an stand es unter mal habsburgischer, mal ungarischer Herrschaft.

◁ *Timişoara, Opernplatz*

Erst 1918 entschied sich das Schicksal der Region (wohl) endgültig: Das kleinere westliche Banat ging an Ungarn und Jugoslawien. Der größte Teil, das östliche Banat, von dem hier die Rede sein soll, wurde dem jungen Staat Rumänien zuerkannt. Es ist bis heute von Rumänen, Ungarn, Slawen und den sogenannten Banater Schwaben oder Donauschwaben bewohnt. Das sind Deutsche, deren Vorfahren aus der Moselgegend, der Pfalz und Elsaß-Lothringen auf Wunsch Habsburgs im 18. Jh. hierherkamen. Alle Ethnien blicken im Banat auf ein jahrhundertelang recht friedliches Zusammenleben zurück. Doch die jeweiligen Siedlungsgebiete blieben wie in Transsilvanien relativ geschlossen, die Kulturen durchdrangen sich kaum – eine Tatsache, die den modernen Westeuropäer seltsam berührt. Man blieb, und das gilt insbesondere für die Deutschstämmigen, im Banater Dorf bewußt unter sich, grenzte sich ab und hob das Nationale hervor. Das mag ein Grund dafür sein, daß in den letzten Jahrzehnten die meisten Schwaben bis auf rund 35 000 (Stand Ende 1995) Rumänien Richtung Deutschland verlassen haben (s. S. 246ff.). In ihren ureigenen Schwaben-Dörfern, im Grunde genommen auch in der donauschwäbischen Kultur Rumäniens, hat ihr Wegzug eine beängstigende Lücke gerissen.

Die rumänische Region Banat besitzt besonders in ihrem ebenen nördlichen Teil fruchtbare Schwarzerdeböden, die Ackerbau und Viehzucht begünstigen. Das südliche bergigere Drittel ist reich an Bodenschätzen, so daß man hier Eisenhütten- und Metallverarbeitungsbetriebe gründete. Die befinden sich aber heute, was Umweltfragen und Ertrags-

Timişoara, Dom- und Einheitsplatz

lage betreffen, meist in einem beklagenswerten Zustand. Auch viele touristische bzw. Kureinrichtungen in den Bergen bedürfen unbedingt einer Generalüberholung. Sicher hatte sich hier seit 1990 die geographische Nähe zum Krisengebiet Ex-Jugoslawien wirtschaftlich sehr negativ ausgewirkt. Jetzt hofft man auf bessere Zeiten.

Viele Rumänienreisende durchfahren das Banat auf der Route zwischen Deva in Transsilvanien und der rumänisch-ungarischen Grenze bei Arad. Im Anschluß an die Siebenbürgen-Tour (s. S. 208ff.) sei da der Umweg vom Eisernen Tor Transsilvaniens über Caransebeş und Timişoara nach Arad empfohlen, mit Abstecher in die Banater Berge.

Von den Karpaten nach Timişoara/Temeswar und Arad

Wenn man per Auto von Süd-Siebenbürgen auf dem Heimweg nach Westeuropa ist, bietet sich eine Banat-Route über die DN68, die E 70 und die E 671 über Caransebeş, Timişoara und Arad an. Ein Abstecher in die Banater Berge bis Băile Herculane ist ab Caransebeş möglich. Wer über den ungarisch-rumänischen Grenzpunkt Makó-Nadlac bei Arad einreist, befährt diese Strecke mit Ziel Transsilvanien und/oder Bukarest in umgekehrter Richtung. Dem Zugfahrer sei die Schnellzugverbindung zwischen Bukarest und Timişoara (mit Anschluß nach Arad) empfohlen, die erst durch die Walachei und dann vom Süden her durch das Banat über Băile Herculane und Caransebeş führt.

Herta Müller und der Exodus der Rumäniendeutschen

Sie hat, wie sie selbst sagt, eine »Biographie, mit der man hierzulande nicht so richtig umgehen« kann. In einem »abgeschotteten schwäbischen Dorf in Rumänien« wächst sie auf. An der Universität Timişoara/Temeswar studiert sie Germanistik, wird Lehrerin und Übersetzerin und lernt die Machtmechanismen der kommunistischen Diktatur kennen. Durch ihre Weigerung, für die *Securitate* zu spitzeln und Ceauşescu-Gedichte in der Schule zu unterrichten, gerät sie in den 70er und frühen 80er Jahren politisch schnell auf die schwarze Liste. Sie ist bald »aus allen Straßen der Machbarkeit des Lebens draußen« und wird vom Geheimdienst mit dem Tode bedroht. Schließlich fühlt sie sich von den krankmachenden Zuständen des Unrechtsstaats Rumänien so mürbe gemacht, daß sie die Koffer packt und endgültig in den Westen reist: Herta Müller, Schriftstellerin, 1953 im banatischen Nitzkydorf geboren, seit 1987 wohnhaft in Deutschland.

Soweit deckt sich in Grundzügen der Lebenslauf der Herta Müller mit dem der meisten kritischen Köpfe in den kommunistischen Staaten vor 1990 – mit der Ausnahme, daß sie als Deutsche in den Westen übersiedeln durfte. So konnten zwischen 1950 und heute weit über 400 000 Banater und Sathmarer Schwaben, Siebenbürger Sachsen und andere Minderheiten deutscher Herkunft Rumänien den Rücken kehren. Politisch verfolgt worden waren sie in den Jahrzehnten vor der Wende genau wie Otto Normalverbraucher im Karpatenstaat übrigens nur dann, wenn sie sich systemkritisch geäußert hatten. Wer sind nun diese sogenannten ›fremden Deutschen‹ aus Rumänien, die in der Bundesrepublik zur zweitgrößten Aussiedlergruppe nach der der deutschstämmigen Ex-UdSSR-Bürger gehören? Warum verlassen sie gerade auch in den Jahren nach 1989/90, in denen endlich auch in Rumänien frei gewählt wird, zu Tausenden ihr Geburtsland? Ist auch das viele Millionen Mark umfassende und als »Zeichen der Solidarität mit der deutschen Minderheit« in Rumänien definierte Hilfsprogramm der Bundesregierung für sie kein Anlaß zu bleiben? Was suchen und was finden diese Aussiedler im westlichen Teil Deutschlands, dessen Entwicklung besonders nach dem Zweiten Weltkrieg so ganz anders verlief? Und wie reflektiert eine von ihnen, die Schriftstellerin Herta Müller, das Gegenüber von Damals und Jetzt? Wie grenzt sie Banater oder siebenbürgische Identität in Deutschland ein?

Die beiden größten Gruppen Rumäniendeutscher, die Siebenbürger Sachsen und die Banater Schwaben, waren vor mehr als 800 bzw. vor beinahe 300 Jahren von den ungarischen bzw. Habsburger Herrschern aus den Rhein-

Moseltälern, aus der Pfalz und dem Elsaß in die Gebiete am Karpatenbogen geholt worden. In ihrer neuen Heimat wurden sie wegen ihres Fleißes und ihrer Geschäftstüchtigkeit schnell hoch geschätzt. Wenngleich sie natürlich über Generationen hinweg sichtbare – wie Kirchenburgen und Zäune – und unsichtbare Mauern auch gegen ihre rumänischen und ungarischen Nachbarn aufbauten, um ihre altdeutsche Sprache und Kultur zu konservieren. Doch man lebte mehr oder weniger friedlich zusammen, respektierte sich. 1918 stimmten die rund 800 000 Rumäniendeutschen dem Anschluß Transsilvaniens und des Banats an Groß-Rumänien uneingeschränkt zu und richteten sich im neuen Staat ein. Diese Ruhe verkehrte sich ins Gegenteil, als sich unter vielen Deutschstämmigen ab 1931 nationalsozialistische Strömungen durchsetzten. Zahlreiche Menschen ließen sich von Berlin aus als SS-Chargen rekrutieren und manipulieren. Zehntausende waren schon Anfang des Krieges von den Nazis aus Rumänien (besonders der Bukowina und Dobrudscha) ausgesiedelt worden. Andere waren im Dienst der Waffen-SS getötet worden. Verschleppung und Jahre der Zwangsarbeit in der Sowjetunion wurden nach Ankunft der sowjetischen Armee 1944 für weitere 70 000 Rumäniendeutsche – dazu gehörten auch viele unschuldige Menschen – zum Schicksal. Die Zurückgebliebenen (etwa die Hälfte der Vorkriegs-Deutschstämmigen) hatten zum Teil an Zwangsumsiedlungen und an den im Nachkriegs-Rumänien für alle schmerzhaften Enteignungsmaßnahmen zu leiden. Ab den 60er Jahren genossen sie jedoch die Vorzüge einer vergleichsweise toleranten Minderheitenpolitik des Landes. Doch nach dem gewaltsamen Ende des Prager Frühlings wuchs auch in Rumänien allgemein die Zukunftsangst. Die innen- und wirtschaftspolitischen Gegebenheiten verschlechterten sich dramatisch. Da versuchten Jahr um Jahr mehr Rumäniendeutsche den Rettungsanker zu ergreifen, der ihnen aus Deutschland zugeworfen wurde – Bonn zahlte ab 1982 ein Kopfgeld von 8000 DM an Bukarest. Wachsende Nationalitätenprobleme und die Angst, als mehrheitliche Landbevölkerung ab 1988 wie Rumänen und Ungarnstämmige auch noch von der wahnwitzigen Dörfer-Vernichtungskampagne ergriffen zu werden, taten ein Übriges: Aus der Ausreisewelle wurde bald der Exodus. Von Anfang 1950 bis Ende 1999 haben fast 430 000 Deutschstämmige Rumänien verlassen.

Nun scheinen nach zum Teil gut achthundertjähriger rumänisch-deutscher Koexistenz in den Dörfern Siebenbürgens und Banats endgültig die Lichter auszugehen – um schließlich in der ›fremden Heimat‹ möglichst in vertrauter Gemeinschaft wieder angezündet zu werden. Besonders im süddeutschen Raum siedeln ganze Gruppen Rumäniendeutsche beisammen. Mancher wird von Integrationsproblemen geplagt: »Deutschland, das hab' ich mir nicht so vorgestellt.« Doch es muß auch betont werden, daß den Rumäniendeutschen dank exzellenter Deutschkenntnisse der Start im ›Wilden Westen‹ leichter fällt als anderen Aussiedlergruppen Als Konfliktlösung suchen einige Ältere in den diversen Landsmannschaften gerne Zuflucht in geschichtsrevisionistischem Denken. Andere, besonders jüngere Rumäniendeutsche fühlen sich primär als Europäer, proben bewußt den Brückenschlag zwischen Deutschland und Rumänien. Wieder andere haben die Rückkehr in die alte Heimat riskiert, wo sie für den Aufbau auch dringend gebraucht werden.

Und die Schriftstellerin Herta Müller, eine dieser Rumäniendeutschen (wenngleich auch nicht gerade eine typische), mit deren Biographien wir uns hierzulande so schwer tun? Den Titel ihres ersten Romans nach der Übersiedlung 1987 mag sie als Motto für ihr weiteres Leben und Schreiben verstanden haben: Als ›Reisende auf einem Bein‹ (1989) fühlt sie sich weder hier noch dort dazugehörig, setzt sie sich auch im demokratischen Deutschland unerbittlich mit dem Erbe totalitärer Herrschaft im ehemals kommunistischen Rumänien auseinander (›Der Fuchs war damals schon der Jäger‹, 1992; ›Hunger und Seide‹, 1995). Schmerzlich deutlich berichtet sie von der Verstrickung des einzelnen im Chaos von Unterdrükkung, Angst und Verrat (›Herztier‹, 1994). Sie schreckt zum Verdruß einiger westlicher Intellektueller auch nicht davor zurück, den Finger auf die Folgen jeder Diktatur, also auch auf die des DDR-Regimes im vereinigten Deutschland, zu legen. Dabei schont die mehrfache Literaturpreisträgerin auch weder Freunde, die Familie noch sich selbst, wenn sie z. B. die Schuld vieler SS-Angehöriger unter den Rumäniendeutschen, auch die ihres eigenen Vaters, offenlegt. Einige ihrer ›Landsleute‹ schelten sie deshalb als Nestbeschmutzerin.

Dabei beschreibt, bespricht und lebt Herta Müller doch nur mit aller Konsequenz die Spannung, die Rumäniendeutsche bei uns zwischen Damals und Jetzt, zwischen Hier und Dort, zwischen Zuhause- und Fremdsein spüren. (»Heute wäre ich mir lieber nicht begegnet«, 1997). Sie konnte sich weder mit dem Leben im banat-schwäbischen Dorf noch mit der menschenverachtenden Politik des Despoten identifizieren und entfloh dem kommunistischen Staat. Aber hier, wo in ihr auch mehr als ein Jahrzehnt nach dem Abschied von der Heimat »ein Lämpchen aufleuchtet«, wenn sie auf der Straße die rumänische Sprache hört, fühlt sie nun immer noch den Schmerz des Weggehens, ohne je anzukommen (›Im Haarknoten wohnt eine Dame‹, 2000).

In die Banater Berge

Südtranssilvanien läßt man am Paß des **Transsilvanischen Eisernen Tores** (Poarta de Fier a Transilvaniei, s. S. 221) hinter sich und fährt auf der DN68 im Bistra-Flußtal zwischen Karpatentausendern hindurch Richtung Westen.

Oţelu Roşu bzw. seit 1992 **Bistra** 1 heißt die erste Kleinstadt des Banat, die man passiert. Der Ort ist ein altes Eisenhüttenzentrum, dessen Metallwerke auch heute noch den wirtschaftlichen Pulsschlag der gesamten Umgebung bestimmen.

Dort, wo zirka 20 km weiter das Karpaten-Flüßchen Sebeş in den Timiş mündet, ist man in **Caransebeş/Karansebesch** 2 (S. 270) angekommen, ebenfalls einer Industriestadt, an deren mittelalterliche Geschichte die Burgruinen (Ruinele Cetăţii) erinnern. Wanderfreunde können hier nur 28 km außerhalb der Stadt am mit 1806 m Höhe keineswegs ›Kleinen Berg‹ (so der Name) Muntele Mic ihre Stiefel schnüren. Oder, wenn sie Zeit haben, durch herrliche Berglandschaft gleich weiter auf der E 70 Richtung Süden am Timiş entlang fahren.

Bei Slatina Timiş führt ein Rechtsabbieger mitten hinein in die Banater oder Semenic-Berge (Muntele Semenic) zum Ausgangspunkt für Wanderungen und Wintersportort **Semenic** 3 (S. 289). Am Timiş entlang weiter Richtung Süden gelangt man nach **Băile Herculane** 4 (S. 262), Herkulesbad, das am Cerna-Flußlauf etwa am Schnittpunkt der West- und Südkarpaten (Carpaţii Occidentali, Carpaţii Meridionali) liegt. Schon die Römer sollen das hiesige schwefel-, kalk- und magnesiumhaltige Heilwasser geschätzt haben. Reste ihrer Thermen können besichtigt werden. Im 19. Jh. verhalfen dem Ort rheuma- und nervenleidengeplagte österreichische Kurgäste zu neuem Glanz. Mit Skulpturen geschmückte herrschaftliche Pavillons und Quellhäuschen verleihen dem Bad auch heute, den modernen Bauten ringsum zum Trotz, ein gewisses Habsburger Flair. Und mitten im Ort preist die Statue eines strammen, kraftstrotzenden Herkules (Statuia lui Hercule) den auch heute möglichen Kurerfolg an.

Weiter auf der E 70 Richtung Süden ist **Orşova** 5 (S. 284) nah, die Stadt mit dem Karpatendurchbruch der Donau, dem **Eisernen Tor** (Porţile de Fier),

Routen durch das Banat

Richtig Reisen *Tip*

Kuren wie die alten Römer

Daß hierher schon die Römer zum Heilbaden anreisten, ist nicht nur Legende. Und auch Habsburgs Kaiserin Maria Theresia soll von der Berglandschaft, vom milden Klima und von der Wirkung der Kureinrichtungen sehr angetan gewesen sein. Wer also heute in Băile Herculane, im banatischen ›Herkulesbad‹, inmitten der malerischen Westkarpaten kurt, der wandelt schon einmal auf historischen Spuren. Ein Herkulesbad-Spaziergang vorbei an klassizistischen und Belle-Epoque-Pavillons und -Badehäusern mag da genügend Anschauungsmaterial liefern. Dann ist natürlich auch die Heilkraft der 15 örtlichen Mineralquellen bzw. anderer Kurmittel bei rheumatischen Beschwerden, gynäkologischen und Verdauungsproblemen, Nervenleiden und Alterserscheinungen in Fachkreisen unbestritten. Die Tristesse moderner Einheitsblocks und architektonisch ebenfalls phantasieloser Hotelbauten rund um das Kurzentrum holen den Gast zwar auch ganz schnell wieder in die Realität der rumänischen Kleinstadt zurück. Auch das Après-Programm ist hier im Vergleich zu dem westeuropäischer Kurorte als provinziell zu bezeichnen. Doch dafür liegt für den Kurgast das hiesige Preisniveau denkbar niedrig. Und mancher soll, so sagt man, dieses rumänische Kurbad schon gestählt wie Herkules persönlich verlassen haben …

heute Ort eines riesigen Wasserkraftwerks. Schon auf walachischem Boden wartet ein paar Kilometer weiter **Drobeta-Turnu Severin** 6 (S. 276) auf Gäste. Dessen Attraktionen sind die Ruinen der berühmten römischen Donaubrücke des Apollodorus von Damaskus (Podul lui Apollodor din Damascus) aus dem Jahr 105 n. Chr.

Von Caransebeş nach Timişoara

Wieder zurück in Caransebeş geht die Banat-Tour auf der E 70 Richtung Norden weiter durch die Flußniederung des Timiş. Im Sommer liegen hier Schweine faul auf der Seite im Gras. Bauern bearbeiten übers Jahr hin ohne Maschinenhilfe ihre Felder. An Haltestellen kann man Kinder auf Schulbusse warten sehen. Der ganze Stolz der Kleinen scheint ihre an westlicher Mode orientierte Kleidung zu sein – nichts Unbekanntes für den Beobachter. Bei Gegenverkehr lassen junge Männer auf Pferdewagen auch schon mal ihre Peitschen demonstrativ kreisen.

Nach gut 40 km ist die 55 000-Einwohner-Stadt **Lugoj/Lugosch** 7 (S. 280) in Sicht, die im 14. Jh. auf den Resten eines Römerkastells entstand, heute ein Zentrum der Textilindustrie. Sehens-

Blick auf Timişoara/Temeswar mit den bunten Türmen der Orthodoxen Kirche

wert sind hier an den Timiş-Ufern die orthodoxe Kirche St. Nikolaus (Biserica Sfântu Nicolae) aus dem 15. Jh. mit ihrem 1728 hinzugefügten Barockturm sowie das fast 300jährige Minoritenkloster (Mănăstirea Minoriţilor).

Äußerst fruchtbar ist die Ebene, die man nun noch 62 km lang bis Timişoara durchfährt. Hier beginnen die Getreide- und Maisfelder, die sich scheinbar endlos aneinanderreihen und einst den Reichtum des Banats ausmachten. Erfolgreich wird auch der Weinanbau betrieben, den das milde, fast mediterrane Klima begünstigt.

In den kleinen Ortschaften sind die katholischen Kirchen der Ungarn- und Deutschstämmigen sowie die orthodoxen Gotteshäuser der Rumänen und zum Teil auch der Serben auszumachen. Kleine Kreuze mit flackernden Kerzen sind am Wegrand zu Ehren Gottes und der Revolutionsopfer von 1989 aufgestellt.

Timişoara/Temeswar

8 (S. 295) Timişoara/Temeswar (oder Temeschburg), ungarisch Temesvár, ist mit seinen rund 340 000 Einwohnern, den vielen Industrieanlagen, dem Flughafen, der Universität und zahlreichen kulturellen Einrichtungen die wichtigste westrumänische Großstadt. Auch hier finden wie in transsilvanischen Städten Sprache und Kultur der größten Bevölkerungsgruppen Beachtung, z. B. in rumänisch-, ungarisch- und deutschsprachigen Schauspielhäusern, Zeitungen, Fernseh- und Rundfunkprogrammen. Nicht nur für Banater Schwaben stehen von der Wiege bis zur Bahre spezifische, von Deutschland geförderte Einrichtungen wie deutschsprachige Kindergärten, Schulen, Hochschulabteilungen sowie Altenheime zur Verfügung. Man sollte sich auch in Timişoara nicht von der heutzutage üblichen Neubauöde in der Peripherie ablenken lassen. Im alten kreisförmigen Zentrum am Bega-Kanal (Canalul Bega), auf das die großen Zufahrtsstraßen alle zulaufen, gibt es für den Spaziergänger jede Menge Sehenswertes zu erlaufen bzw. typisch Temeswarer Atmosphäre zu erspüren.

Da wäre erst einmal der große **Dom- oder Einheitsplatz** (Piaţa Unirii), der inzwischen auch, der Ereignisse in neuerer Geschichte wegen, Revolutionsplatz (Piaţa Revoluţiei) genannt wird. Denn hier im weitläufigen Fußgängerbereich, in den Nebenstraßen und auf den anderen Plätzen entzündete sich Mitte Dezember 1989 der Funke, der nach 45 Jahren kommunistischer Ein-Parteien-Herrschaft den Aufstand gegen die Unterdrücker entfesselte. Während dieser Tage, in denen die Revolution auch auf Arad, Bukarest, Sibiu, Braşov und Târgu Mureş übergriff, veranstaltete die regierungstreue *Securitate* in diesen Straßen wahre Massaker unter den friedlichen Demonstranten. Den meist jungen Opfern Timişoaras wird im Stadtzentrum auch heute noch unvermindert deutlich gedacht: mit frischen Blumensträußen und gebundenen Kränzen, mit auch tagsüber brennenden Kerzen an den Ehrenkreuzen. Der besonderen Stimmung in der ›Märtyrerstadt‹ Rumäniens wird der Timişoara-Besucher so auch im größten Alltagstrubel gewahr.

Auf die schon länger zurückliegende Geschichte Alt-Temeswars weist am Domplatz ein mächtiger barocker Sakralbau mit zwei einheitlichen Türmen und einem säulengeschmückten Portalvorbau hin: der **Römisch-Katholische Dom** (Domul romano-catolic). In der ersten Hälfte des 18. Jh., als bei seinem Bau die Konstruktionspläne des Wiener Architekten Emmanuel Fischer von Erlach verwirklicht wurden, war Timişoara bzw. das Banat gerade vom österreichischen Heer unter Prinz Eugen von Savoyen erobert worden. Eine intensive, an Wien orientierte Bauphase folgte. Auch die umliegenden Barockhäuser bestätigen den ehemaligen Ruf der Stadt als ›Klein-Wien‹. Und die mächtige **Pestsäule** (Coloana Ciumei) vor dem Dom, eine vom Bildhauer Gustav Major 1740 anläßlich der Pestseuche von 1739 geschaffene Dreifaltigkeitssäule, steht ebenfalls für den damals modernen Wiener Barockstil. Im Habsburger-Bautenensemble am Opernplatz ist die orthodoxe **Serbische Kirche** (Biserica Sârbească) vis-à-vis, fast gleichzeitig für diese seit Jahrhunderten hier ebenfalls seßhafte Volksgruppe errichtet, eher von unscheinbarem Äußeren.

Vom Dom- zum Opern- oder Siegesplatz (Piaţa Victoriei), der bestimmt wird durch die vieltürmige **Orthodoxe Kathedrale** (Catedrala Ortodoxă) mit ihrer horizontalen Fassadenschichtung und der bunten Dachmusterung. Das Banat gehörte in ihrer Bauzeit Anfang des 20. Jh. schon zu Rumänien. Und das setzte mit diesem wuchtigen, an walachischen Vorbildern geschulten Gebäude in Timişoara auch architektonisch Zeichen. Am Bau der **Staatsoper** (Opera) von Diulu Marcus erscheinen ebenso bewußt Elemente alter rumänischer Baukunst in moderner Weise umgestaltet. Und dazwischen beschwört auch hier im Banat ein **Denkmal der Römischen Wölfin** (Monumentul Lupoaicei Române) die Herkunft des rumänischen Bevölkerungsteils.

Wer im Zentrum Timişoaras über Kopfsteinpflaster durch die Seitenstraßen spaziert und in der Geschäftsmeile die (für die Einwohner) teuren Waren betrachtet, der wird noch auf mindestens zwei weitere touristische Höhepunkte treffen. Einer davon ist das **Hunedoara-** oder **Hunyadi-Kastell** (Castelul Hunedorilor), das ab 1441 eine Burg des frühen 14. Jh. ersetzte und seit 1949 als Banat-Museum (Muzeul Banatului) dient. Und dann erblickt man das 1734 im Wiener Barockstil errichtete **Alte Rathaus** (Primăria Veche). Womit wir im ehemaligen ›Klein Wien‹ wieder zum Habsburger Kapitel der Stadt zurückgekehrt wären, das in der Architektur Timişoaras/Temeswars/Temesvárs so deutliche Spuren hinterlassen hat. Doch gerade in Sachen Instandhaltung dieser wertvollen Bauten müßte mehr getan werden.

Von Timişoara nach Norden

Den Abschluß der kleinen Banat-Tour bilden die letzten 51 km von Timişoara nach Arad, die man auf der E 671 oder per Zug zurücklegen kann. Weit geht hier der Blick zum Horizont über Schafherden und Felder, kleinere Flüsse und pittoreske Ortschaften.

Einige Dörfer, z. B. **Vinga** 9 (S. 298) nach gut der Hälfte der Strecke, sollen von katholischen Bulgaren angelegt worden sein, die im 19. Jh. aus religiösen Gründen ihre Heimat verlassen hatten. An den kleinen Zugstationen kurbeln die Bahnwärter noch eigenhändig die Schranken herunter. Oft winken wartende Kinder den Reisenden freundlich zu, die weiter durch Kulturland mit Obst- und Maulbeerbäumen fahren.

Schließlich ist die zweitgrößte Stadt des Banat, **Arad** 10 (S. 260), erreicht. Gewächshauskulturen für Gemüse und Obst, besonders für Pfirsiche, sowie Maschinenbaufabriken weisen auf die mögliche wirtschaftliche Potenz der Fast-300 000-Einwohner-Stadt hin. Doch damit scheint es in den letzten Jahren nicht mehr weit her zu sein. Schon Neubauviertel befinden sich in einem bedenklichen Zustand. Und auch zur Rettung der alten Bausubstanz fehlt das Geld.

Im alten Zentrum rund um die Flußschleife des Mureş liegen die barocke Serbisch-Orthodoxe Kirche St. Peter und Paul (Biserica Sfântii Petre şi Pavel) aus dem 17. Jh., die Evangelische und die Katholische Kirche (Biserica evanghelică şi catolică) im neogotischen Stil, beide Anfang des 20. Jh. gebaut. Der 1913 à la Renaissance errichtete Kulturpalast (Palatul Culturii) beherbergt Philharmonie und Stadtbibliothek. Arad besitzt übrigens auch ein Schauspielhaus mit rumänischer und mit ungarischer Abteilung. Und da wäre schließlich am linken Mureş-Ufer noch das, was an die unter Habsburger Krone 1762 bis 1783 gebaute Festung (Cetatea) erinnert.

Lang vorbei sind die glanzvolleren Zeiten, als die Stadt Anschluß an westeuropäische Kultur fand. Dabei müßte diese rumänische Großstadt doch gerade auch nach dem Fall des ›Eisernen Vorhangs‹ eine Art Tor zum Westen spielen können. Ihre Umgebung z. B. mit dem 110 km nordöstlich gelegenen Thermalkurort **Moneasa** 11 (S. 281) wäre zudem einen Kuraufenthalt wert. Die rumänisch-ungarische Grenze bei **Nădlac** 12 (S. 282) ist von Arad aus auf der E 64 nur ganze 50 km entfernt. Falls dieser Grenzpunkt geschlossen ist, fährt man ab Arad auf der E671 gut 100 km bis Oradea, von wo aus man auf der E60 schnell zum rumänisch-ungarischen Grenzort Borş kommt.

Nun, da in den ex-jugoslawischen Staaten wieder Frieden herrscht, sollte eine intensivere Zusammenarbeit Rumäniens mit den europäischen Staaten in Zukunft gerade der Grenzregion Banat zugute kommen.

Der Dom in Timişoara/Temeswar ▷

Information

Unterkunft

Restaurant

Sehenswert

Museum

Einkauf

Nachtleben

Unterhaltung

Feste

Aktivitäten

Verkehr

Tips & Adressen

Tips & Adressen

▼ Das erste Kapitel, **Adressen und Tips von Ort zu Ort**, listet die im Reiseteil beschriebenen Orte in alphabetischer Reihenfolge auf. Zu jedem Ort finden Sie hier Empfehlungen für Unterkünfte und Restaurants sowie Hinweise zu den Öffnungszeiten von Museen und anderen Sehenswürdigkeiten, zu Unterhaltungsangeboten Aktivitäten, Verkehrsverbindungen etc. Piktogramme helfen Ihnen bei der raschen Orientierung.

▼ Die **Reiseinformationen von A bis Z** bieten ein Nachschlagewerk – von A wie Anreise über N wie Notfälle bis Z wie Zeitungen – mit vielen nützlichen Hinweisen, Tips und Antworten auf Fragen, die sich vor und während der Reise stellen.

Bitte schreiben Sie uns, wenn sich etwas geändert hat!
Alle in diesem Buch enthaltenen Angaben wurden von der Autorin nach bestem Wissen erstellt und von ihr und dem Verlag mit größtmöglicher Sorgfalt überprüft. Gleichwohl sind – wie wir im Sinne des Produkthaftungsrechts betonen müssen – inhaltliche Fehler nicht vollständig auszuschließen. Daher erfolgen die Angaben ohne jegliche Verpflichtung oder Garantie des Verlages oder der Autorin. Beide übernehmen keinerlei Verantwortung und Haftung für etwaige inhaltliche Unstimmigkeiten. Wir bitten daher um Verständnis und werden Korrekturhinweise gerne aufgreifen:

DuMont Reiseverlag, Postfach 10 10 45, 50450 Köln
E-Mail: info@dumontreise.de

Richtig Reisen *Service*

Inhalt

Adressen und Tips von Ort zu Ort

Reiseinformationen von A bis Z

Adressen und Tips von Ort zu Ort

Rumänien befindet sich wohl noch über Jahre im Umbruch. Die Inflation steigt ständig. Straßen werden umbenannt, das Telefonnetz erweitert, Hotels nach und nach privatisiert und umgewandelt. Gaststätten, Diskotheken, Geschäfte, Unternehmen schießen wie Pilze aus dem Boden – um z. T. nach kurzer Zeit umzuziehen, ihren Namen zu ändern oder sogar wieder schließen zu müssen. Und die neuen Medien schaffen in Windeseile frische Mail-Adressen und Homepages. Die Folge: Bei den in diesem Kapitel genannten Namen, Adressen, Telefonnummern, Öffnungszeiten läßt sich kaum vermeiden, daß einige Angaben bereits bei Drucklegung wieder überholt sind. Der Nutzer dieser Seiten möge dies entschuldigen in einem Reiseführer über ein Land, in dem große Umwälzungen stattfinden.

Kategorien Unterkunft:

sehr teuer	Luxus, über 150 €
teuer	Luxus, 103–150 €
moderat	gute Mittelklasse, 51–102 €
günstig	einfach, 27–50 €
sehr preiswert	einfachste Ausstattung, unter 26 €

Die Preisangaben gelten pro Übernachtung im Doppelzimmer mit Frühstück. In Bukarest kann man generell mit höheren Preisen rechnen, auf dem Land mit weit niedrigeren.

Kategorien Restaurants:

günstig	bis 13 €
moderat	14–26 €
teuer	ab 26 €

Die Preisangaben gelten je Menü (ohne Getränke).

Adamclisi

Dobrudscha
Lage: vordere Umschlagkarte H2

Das kleine Restaurant neben dem **Tropaion Traiani,** dem Sieges monument des römischen Kaisers Trajan (Nachbildung), ist die einzige Verpflegungsmöglichkeit weit und breit (günstig).

Muzeul Tropaion Traiani, Museum mit Originalen des römischen Siegesmals im Ort Adamclisi, geöffnet 9–16 Uhr.

Agapia

Moldau, Vorwahl 0233
Lage: vordere Umschlagkarte F6

Motel Filioru (günstig), Str. Ştefan cel Mare 9, Tel. 72 20 26, Fax 73 38 45; 8 einfache Einbettzimmer. **Pension Agapia** (günstig), Tel. 24 46 63; mit Restaurant und Bar.

Nonnenkloster Agapia, Tel. 66 21 36.

Osterfeierlichkeiten im Kloster Agapia meist eine Woche nach dem katholischen bzw. protestantischen Oster termin.

Alba Iulia (Weißenburg oder Karlsburg)

Transsilvanien, Vorwahl 0258, PLZ 2500
Lage: vordere Umschlagkarte D5

Agenţia de turism Albamont, Str. V. Alecsandri, Tel. 827214, Fax 830631.
Agenţia de turism Cetatea Apuseni, Str. Unirii 3, Tel. 815833, Fax 811501.

Hotel Cetate (günstig), Str. Unirii 3, Tel. 815152, Fax 811501; einfaches 210-Betten-Haus mit Restaurant (günstig), Friseur, Touristeninformation.
Hotel Parc (günstig), Str. Primăverii 4, Tel. 811723, Fax 812130; kleines Haus mit Restaurant (günstig), Nachtbar.

Camping:
Camping Hanul dintre Sălcii, Str. Republicii, Tel. 812137; außerhalb des alten Zentrums, einfachste Ausstattung.

Eden LTD, B-dul Victoriei 47, Tel. 825823 (Luxusrestaurant, moderat).
Transilvania, P-ţa I. Maniu 22, Tel. 812052; einheimische Küche (günstig).

Muzeul Naţional al Unirii, Str. Mihai Viteazu 12–14, Tel. 811853; erinnert an die Vereinigung von Walachei, Moldau und Transsilvanien unter Fürst Mihai Viteazu.

Tips für Wanderer und Hobby-Jäger: Regia Naţională a Pădurilor. Direcţia Alba Iulia, Tel. 811080

Hariana SRL, Str. Cloşca 10, Tel. 828410; internationale Mode.
V. A. P. Alba Iulia, Str. 1. Decembrie 1918, Tel. 827258; Kunst.

Alba Iulia liegt an der **Zug**strecke Braşov–Sibiu–Cluj; Station Alba Iulia, Str. 1. Decembrie 1918 Nr. 1, Tel. 814689; Station Alba Iulia Barabant, Str. Gării 10, Tel. 825131.

Arad

Banat, Vorwahl 0257, PLZ 2900
Lage: vordere Umschlagkarte B5

Agenţia de turism Meridiane, Str. A. Vlaicu, Bl. Z 27, Tel. 243619, Fax 246496.
Agenţia de turism Sirius, Bd. Revoluţiei 55, Tel. 255445, Fax 281336.

Hotel Continental Astoria (moderat), B-dul Revoluţiei 79–81, Tel. 281700, Fax 281832; gutes Hotel mit Restaurant (günstig), Caféteria, Nachtbar, Casino.
Hotel Central (günstig), Str. Horea 8, Tel. 256543, Fax 256629; bei West-Gästen beliebtes modernes Haus mit Restaurant, Sauna, Sportmöglichkeiten.
Antrec, Gesellschaft für den ländlichen Tourismus, Tel. 01-2228322, 2226327; vermittelt Unterkunft in Bauernhöfen des Banat.

Camping:
Camping Popasul de Vest, Calea Aurel Vlaicu, Tel. 242533; im Norden der Stadt, Richtung Nădlac, einfachste Ausstattung.

Come da Mamma, Str. Meţianu 2, Tel. 281095, italienische Küche (moderat).
Perla SRL, S. Mureş 31B, Tel. 217679, Fischspezialitäten (günstig).

Teatrul de Marionete, Str. Episcopei 15, Tel. 251068 (Marionettenbühne).
Teatrul de Stat Arad, B-dul Revoluţiei 103, Tel. 217350 (Staatstheater); Karten unter Tel. 215801.

Disco Laser SRL, Str. Lacului 2–4, Tel. 254241, für junge Leute.
Night Club & Casino Astoria SA, B-dul Revoluţiei 79–81, Tel. 281902, schicker Club im Hotel.

Reitsport: Depozitul de Armăsari Arad, Str. Dumbrava Roşie 5, Tel. 289625.

Thermalbad: Băile Termale Prietenia, Str. Meşterul Manole, Tel. 242686.
Höhlenkletterer: Organizaţie de Tineret Speo-Vest, Str. Prislop 15, Tel. 281368.
Wanderer-Information, Bergrettungsdienst: Fundaţie Vasile Goldis, B-dul Revoluţiei 81, Tel. 280335.
Tips für Wanderer und Hobby-Jäger: Regia Naţională a Pădurilor, Direcţia Arad, Str. Episcopiei 48, Tel. 280261, Fax 250558.

Flughafen Aeroportul Arad, Calea Bodrogului, Tel./Fax 252564, Flughafenbus und Taxis zum Zentrum;
Binnenflüge: Agenţia Tarom, Str. Unirii 1, Tel. 280777; Banat Air Arad, B-dul Revoluţiei 91, Tel. 280148;
Airtaxi: Aeroclubul Traian Vuia Arad, Calea Bodrogului, Tel. 281306.

Zugstation (Tel. 37111) mit Direktverbindung nach Sibiu–Braşov–Bukarest.

Busreisen: Touring Europabus România, Bd. Revoluţiei 39–41, Tel./Fax 250397, arad@eurolines.ro.

Bacău

Moldau, Vorwahl 0234, PLZ 5500
Lage: vordere Umschlagkarte G5

Agenţia de turism Inter-Tour, B-dul Alexandru cel Bun 1, Tel. 170534, Fax 171104.
Agenţie de turism Voyage-Voyage, Str. 22 Decembrie 16, Tel./Fax 178861, voyage@bclogicnet.ro

Hotel Decebal (günstig), Str. Ioniţa Sandu Sturza 3, Tel. 146211, Fax 134463; moderner Block mit Kabel-TV, Restaurant (günstig), Bar und Disco sowie Kegelbahn.
Hotel Moldova (günstig), Str. N. Bălcescu 16, Tel. 146322, Fax 110181; Neubau, 176 Zimmer bzw. Apartments, Diskothek, Restaurant (günstig), Kegelbahn.

Camping:
Camping Gherăieşti, Str. Lunca Bistriţei 9, Tel. 124326; im gleichnamigen Park der Stadt 5 km vom Zentrum an der Straße Bacău–Piatra Neamţ, 115 Plätze in einfachen 2-Bett-Häuschen, Gelände für Zelte, Restaurant, Tagesbar, Schwimmbecken, Sportplätze.
Camping Parcul cu Pini, 5478 Moineşti, Tel. 034-362695; 49 km südwestlich von Bacău im Park der Stadt Moineşti, 32 Plätze in sehr einfachen 1- bis 2-Bett-Häuschen, Restaurant.

Select, Str. N. Bălcescu 1, Tel. 112521 (günstig).

Casino Atlantic Club, Str. Erou G. Rusu 2, Tel. 135767; Spielbank, mit Tanz.
Club 33, Str. Mărăşeşti 175, Tel. 172700, Nachtklub.

Teatru Dramatic G. Bacovia, Str. Ierni 7, Tel. 135625; Theaterkarten unter Tel. 122828.

Tips für Wassersportler und Angler: Compania Naţională Apele Române. Direcţia Siret, Str. Cuza Vodă 1, Tel. 141646, Fax 115797.
Tips für Wanderer und Hobby-Jäger: Regia Naţională a Pădurilor. Direcţia Bacău, Str. Nicolae Titulescu 14.

Flughafen Aeroportul Bacău, Str. Aeroportului 1, Tel. 175362, Flughafenbuslinie.
Binnenflüge: Agenţia Tarom, Str. N. Bălcescu 1, Tel. 111462, Fax 181749.

Zugstation (Tel. 37111) an der Strecke Bukarest–Ploieşti–Suceava.

Baia Mare

Maramuresch, Vorwahl 0262, PLZ 4800
Lage: vordere Umschlagkarte C7

Agenţia de turism Mara, Str. Culturii 1, Tel. 411043, Fax 215381.

Agenţia de turism Sind România, Str. Podul Viilor 8, Tel./Fax 217301.

Hotel Maramureş (moderat), Str. G. Şincai 37A, Tel. 216555, Fax 217490; kleines 32-Zimmer-Haus, Kabel-TV, Restaurant (günstig).
Hotel Carpaţi (günstig), Str. Minerva 16, Tel. 214819, Fax 215461, carpati@sintec.ro; modernes Haus mit Restaurant, Nachtklub, Tagesbar (günstig).
Hotel Minerul (sehr preiswert), P-ţa Libertăţii 7, Tel. 216056, Fax 216057; 48-Zimmer-Haus mit Kabel-TV, Restaurant (günstig), Abendprogramm.
Antrec, Gesellschaft für den ländlichen Tourismus, Tel. 01-2228322, 2226327; vermittelt Unterkunft in Bauernhöfen der Maramuresch.

Dealul Florilor, Str. Bernard Shaw, Tel. 213519; schöne Lage am ›Blumenhügel‹ (günstig).
Săsar, Str. Dimitrie Cantemir 1, Tel. 422330; rumänische Küche (günstig).

Muzeul de Artă, Str. 1. Mai 8, Tel. 413964; Kunstmuseum.
Muzeul Satului, Str. Câmpul Tineretului 1, Tel. 412895; Dorfmuseum.

Tips für Hobby-Jäger und Wanderer: Regia Naţională a Pădurilor. Direcţia Baia Mare, Str. 22 Decembrie 36, Tel. 211963, Fax 211794.

Flughafen Aeroportul Baia Mare, Tăuţii Măgherus, Tel. 412188, Busverbindung zum Zentrum.
Binnenflüge: Agenţia Tarom, B-dul Bucureşti 5, Tel. 411624.

Zugstation (Tel. 32620) an der Strecke Satu Mare–Braşov.

Baia Sprie

Maramuresch, Vorwahl 0262
Lage: vordere Umschlagkarte D7

Cabana (Berghütte) Mogoşa (günstig), Tel. 260800.

Sport: Baia Sprie ist ein hervorragendes Wander- und Skigebiet.

Băile Felix

s. Oradea

Băile Govora

Walachei, Vorwahl 0250, PLZ 1042
Lage: vordere Umschlagkarte E3

Vila Crizantema (teuer), Str. Şcolii 1, und **Vila Brănduşa** (moderat), Str. T. Vladimirescu 121, beide Tel. 770430, Fax 770770; kleine Häuser mit Komfort.
Hotel Parc (günstig), Str. T. Vladimirescu 168, Tel. 770430, Fax 770770; modernes 95-Zimmer-Haus mit Kabel-TV, Restaurant (günstig), Kureinrichtungen, Shops.
Hotel Palace (sehr preiswert), Str. Parcului 1, Tel. und Fax 770770; großes Haus mit Restaurant (günstig) und Kurangeboten.

Băile Herculane

Banat, Vorwahl 0255, PLZ 1600
Lage: vordere Umschlagkarte C3

Agenţia de turism Hercules, P-ţa Hercules 3, Tel./Fax 560454.

Vila Belvedere (teuer), Str. N. Stoica Haţeg 6, Tel. 560885, Fax 560885; klein, aber feines Ambiente.
Hotel Roman (günstig), Str. Româna 3, Tel. 560390, Fax 561411; 182-Zimmer-Haus mit Restaurant (günstig), Café, Sauna.

Camping:
Camping Ocolul Silvic, Str. Castanilor 18, Tel. 560518, Fax 560510, und

Camping Popas Flora, Str. Castanilor 29, Tel. 56 09 29; beide im Ort mit einfachster Ausstattung.

Grota Haiducilor, Str. Uzinei, Tel. 56 04 26; bei der ›Haiduckenhöhle‹, in der vorzeitliche Funde gemacht wurden, regionale Speisen (moderat).

Tips für Wanderer und Hobby-Jäger: Regia Naţională a Pădurilor, Direcţia Caraş-Severin, Str. Petru Maior 69, Reşiţa, Tel. 21 65 33.

Bârlad (Bîrlad)

Moldau, Vorwahl 02 35, PLZ 6400
Lage: vordere Umschlagkarte H5

Travel Agency Euro Turism, Str. Republicii 200, Tel./Fax 42 10 37. Außerdem Infos im **Hotel Moldava.**

Hotel Moldava (günstig), Str. 1. Decembrie 1, Tel. 41 49 90, Fax 41 97 84; mit Restaurant (günstig).

Muzeul Vasile Pârvan, Str. V. Pârvan, Tel. 41 24 03. Das Museum ist dem rumänischen Archäologen Vasile Pârvan und seiner Arbeit gewidmet.

Zugstation (Tel. 41 12 61) auf der Strecke Tecuci–Iaşi.

Basarabi

Dobrudscha
Lage: vordere Umschlagkarte J2

Mănăstirile Basarabi; Höhlenklosterkomplex, eventuelle Besichtigungen: bei Touristeninformation in Constanţa nachfragen.
Weingut: Via Murfatlar, am Ortsrand gelegen; Besichtigungen, Weinproben und Weinkauf: direkt vor Ort oder bei Touristeninformationsbüros bzw. in Hotels an der Küste mit Fahrt buchbar.

Zugstation an der Strecke Bukarest–Constanţa.

Bicaz

Moldau, Vorwahl 02 33
Lage: vordere Umschlagkarte F6

Agenţia de turism Bicaz, Str. Barajului 12, Tel. 67 11 22.

Pension Turism Montan (moderat), in Ceahlău am Bergmassiv, Tel. 67 84 74
Motel Cristina (günstig), Str. Barajului, Tel. 67 14 56.
Hotel Bicaz (sehr preiswert), Str. Barajului 12, Tel. 67 11 22; beide Hotels ca. 6 km vom Staudamm entfernt.

Camping:
Camping Cristina, Şoseaua Bicaz-Durău, Tel. 67 14 56; schöne Lage am Ceahlău-Massiv, einfachste Ausstattung.

Zugstation an der Strecke Bacău–Piatra Neamţ–Bicaz.

Bistriţa (Bistritza)

Transsilvanien, Vorwahl 02 63, PLZ 4400
Lage: vordere Umschlagkarte E6

Agenţia de turism Coroana S. A., P-ţa Petru Rareş 7 A, Tel. 21 20 56, Fax 21 62 60.
Agenţia de turism Sind Romania, Str. A. Odobescu 3, Tel. 22 35 69, Fax 22 35 69.

Hotel Dracula (moderat), 4445, Piatra Fântânele 4, Tel. 26 68 41, Fax 26 61 19; in schöner Lage, gelungene Verbindung alter und neuer Baumasse, Restaurant (moderat), abends Varietéprogramm.
Hotel Codrişor (günstig), Str. Codrişor 28, Tel. 22 73 52, Fax 21 62 60; 44-Betten-Haus in schöner Lage, Kabel-TV, Restaurant (günstig), Schwimmbad, Tanz, Touristeninformation

Păstruga, Str. Dornei, Tel. 25 09 04; zentrale Lage (moderat).
Coroniţa, P-ţa Petru Rareş 4, Tel. 21 18 70 (moderat).

Casa Argintarului, Str. Dornei 5, Tel. 21 10 65; Silberschmiedekunst.
Arta Religoasă – Carte Veche, P-ţa Unirii 9, Tel. 21 14 70; religiöse Kunst, alte Bücher.

Zugstation Bistriţa Nord (Tel. 5 02 47) an der Strecke Bistriţa–Târgu Mureş.

Borşa

Maramuresch, Vorwahl 02 62, PLZ 4990
Lage: vordere Umschlagkarte E7

Hotel Brădeţ (moderat), Str. Fântâna 23, Tel. 5 05 12; Restaurant (günstig), Kur-, Jagd-/(Winter-) Sportmöglichkeiten.
Hotels Cascada bzw. Stibina (günstig), Str. Brădet 1, Tel. 34 34 66; Hotel Cascada mit Restaurant (günstig), beide mit Kur- und (Winter-)Sportmöglichkeiten.

Doi Păuri, Str. Victoriei 19.
Floarea de Colţ, Str. Victoriei 97 (beide günstig).

Station Borşa: Wintersport (Abfahrts- und Langlauf) im Ort.

Zugstation an der Kleinstrecke Vişeu de Jos–Borşa.

Botoşani

Moldau, Vorwahl 02 31, PLZ 6800
Lage: vordere Umschlagkarte G7

Agenţia de turism BTT, Calea Naţională 152, Tel. 51 20 61, Fax 51 54 76.
Agenţia de turism Rapsodia, Str. Cuza Vodă 4, Tel. 51 27 84, Fax 51 80 54.

Hotel Unirea (günstig), Str. Unirii 16, Tel. 51 77 78, Fax 51 43 34; bestes Haus am Platz, Kabel-TV, Restaurant.
Hotel Tineret (günstig), B-dul M. Eminescu 70, Tel. 58 41 08, Fax 58 41 07; einfaches Haus für jüngere Gäste, mit Disco.

Galeriile de Artă Şt. Luchian, Str. N. Bălcescu 12, Tel. 51 41 97; Kunstgalerie.

Teatrul M. Eminescu, Str. Teatrului 5, Tel. 51 21 84.

Hobby-Jäger: A. J. V. P. S. Botoşani, Str. Transilvaniei 9, Tel. 51 21 89.

Zugstation (Tel. 9 52) an der Kleinstrecke Vereşti–Botoşani.

Brăila

Walachei, Vorwahl 02 39, PLZ 6100
Lage: vordere Umschlagkarte H4

Agenţia de turism Liliana, Calea Călăraşi Bl. 3, Tel./Fax 61 12 26.
Agenţia de turism Sind România Brăila, P-ţa Traian 4, Tel./Fax 61 39 82.

Hotel Belvedere (moderat), P-ţa Independenţei 1, Tel./Fax 61 99 28; moderner Block, Restaurant (günstig), Café.
Hotel Tineretului (günstig), Calea Călăraşi 56, Tel. 61 90 18, Fax 61 12 63; einfaches Haus, Kabel-TV, Restaurant (günstig), Café.

Cornul de Aur SRC, B-dul Dorobanţi 358, Tel. 63 22 09; Luxusgaststätte (moderat).

Casino SRL, Calea Galaţi 59, Tel./Fax 64 66 01, Spielbank.

Hobby-Angler und -Jäger: A. J. V. P. S. Brăila, B-dul Independenţei 10, Tel. 63 70 29.

Zugstation an der Strecke Bukarest – Galaţi.

Bran

Walachei, Vorwahl 0267 oder 0268
Lage: vordere Umschlagkarte F4

Bran Imex SRL, Str. Dr. Stoian 395, Tel. 067-236642.

Hotel Hanul Turistic Bran (günstig), Str. Principală 363, Tel. 236556; in Burgnähe an der Hauptstraße.

Burg Bran (Törzburg), Muzeul Bran, Tel. 068-236720.

Kunstgegenstände: Casa de Creaţie Bran, Str. Principală 129, Tel. 068-236738.
Centrul de Cultură-Creaţie Bran, Str. Principală 498, Tel. 068-236440;
Großer **Andenkenmarkt** direkt zu Füßen von Burg Bran.

Braşov (Kronstadt)

Transsilvanien, Vorwahl 0268, PLZ 2200
Lage: vordere Umschlagkarte F4, Stadtplan S. 205

Agenţia de turism Cristianul, Str. Toamnei 2, Tel. 310810, Fax 310810.
Agenţia de turism Kron Tour, Str. Bariţiu 12, Tel./Fax 410515.
Aktuelle Tips zu Braşov: ›Was-Wo-Wann‹, www.BucurestiWWW.ro.

Hotel Aro-Palace (teuer), B-dul Eroilor 27, Tel. 142840, Fax 150427; moderner Block, am besten ausgestattete Zimmer im Ort, Kabel-TV, Restaurant (moderat), Café, Casino, Varieté, Schwimmbad, Touristeninformation.
Hotel Capitol (moderat), B-dul Eroilor 19, Tel. 418920, Fax 115834; modernes 184-Zimmer-Haus mit Kabel-TV, empfehlenswertem Restaurant (moderat), Bar.
Hotel Coroana (günstig), Str. Republicii 62, Tel. 144330, Fax 141505; beliebtes Traditionshaus im Zentrum mit weniger Komfort, aber umso mehr Alt-Kronstädter Flair, West-Stammkundschaft.
Hotel Helis (günstig), Str. Memorandumului 9, Tel. 415019, Fax 410256, Helis@deltanet.ro.

Camping:
Camping Dârste, Calea Bucureşti 285, Tel. 315863, 256501.
Camping Cheia, 55 km südlich von Braşov am Eingang der Stadt Cheia, 20 sehr einfache 2-Bett-Häuschen mit gemeinsamen Waschräumen, Duschen und Toiletten, nahes Restaurant.
Camping Muntele Roşu: 50 km südlich von Braşov, 5 km von Cheia entfernt, 44 sehr einfache 2-Bett-Häuschen mit gemeinsamen Waschräumen, Duschen und Toiletten, nahes Restaurant Muntele Roşu.
Camping Univers, Băile Tuşnad, Tel. 066-116319, Fax 153447, 50 km nördlich von Braşov in Tannenwald am Olt-Fluss, 1 km vom Kurbad Tuşnad, 260 Plätze in modernisierten, komfortablen 2-Bett-Bungalows; Gelände für 500 Zelte; zentrale sanitäre Einrichtungen, Kabel-TV, Restaurant, Bar, Diskothek, Einkaufsmöglichkeit; Einrichtungen des Kurbadeorts nah.

Complex Turistic Cetate, Str. Dealul Cetăţuia, Tel. 417614; stilvoll speisen in Stadtfestungsgemäuer, Extra-Salons, Café, Diskothek, Abendauftritte von Solisten der Philharmonie Braşov (moderat).
Roata Norocului (Glücksrad), Str. Crişan 6, Tel. 412324, 412321; schickes Ambiente (moderat).
Stradivari bzw. Romitaly SRL, P-ţa Statului 1, Tel. 476975; italienische Speisen im Zentrum (moderat).

Cristoleti Night Club & Casino, P-ţa Teatrului 1. Tel. 118854, Spielbank und Nachtklub.
Disco Pimen SRL, St. Nicopole 54, Tel. 153082, heiße Rhythmen bis morgens.

Muzeul de Artă Braşov, B-dul Eroilor 21, Tel. 144384; Kunstmuseum.
Muzeul Cetatea Braşovului, Str. G. Cosbuc 3, Tel. 144590; Burgmuseum.
Muzeul de Etnografie, B-dul Eroilor 21A, Tel. 152252; Ethnographisches Museum.
Muzeul Primei Şcoli Româneşti, P-ţa Unirii 2, Tel. 143879; Museum der ersten rumänischsprachigen Schulen.

Internationales **Festival für modernes Theater** im April; internationales **Jazzfestival** im Mai, Festivals für **Kammermusik** im Juli und **Unterhaltungsmusik** (›Goldener Hirsch‹) im Sept.

Teatrul Liric Braşov, Str. Operetei 51, Tel. 115990; Musiktheater.
Teatrul Sică Alexandrescu, P-ţa Teatrului 1, Tel. 116154; städtische Bühnen, Karten unter: Tel. 112160.

Hobby-Jäger: Romsilva RA Braşov, Str. Cloşca 31, Tel. 115770; **Wanderer und Hobby-Jäger:** Regia Naţională a Pădurilor. Direcţia Braşov, Str. Cloşca 31, Tel. 577041, Fax 153253
Skifahrer: Tel./Fax 152558.

Galeriile Fondului Plastic, Str. Murşenilor 1, Tel. 143762.
Gavcom SRL, Str. Lungă 38, Tel. 150617 (beide hauptsächlich Kunstgegenstände, Antiquitäten).

Braşov ist Verkehrsknotenpunkt (inter-)nationaler **Schnellzüge.**

Busreisen: Touring Europabus România, Piaţa Sfatului 18, Tel./Fax 474008

Bukarest (Bucureşti)

Walachei, Vorwahl 021
Lage: vordere Umschlagkarte F2/3, Stadtplan S. 62

Aktuelle Tips: ›Was-Wo-Wann‹, www.BucurestiWWW.ro.
Info Tours Travel Agency, Str. Jules Michelet 1, Tel. 3147637, Fax 3110998, jinfotur@fx.ro, www.rotravel.com/agencies/jinfotur; alles rund um Tourismus, Geschäftsreise, Konferenzen.
Arcadia Tour Travel Agency, Str. Bălcescu 24, Tel. 3126789, Fax 3126794, www.rotravel.com.agencies/arcadia; für Einzel- und Gruppenreisende.
Elips Tour Travel Agency, www.rotravel.com/agencies/elips; von Unterkunft-Reservierung bis Mietwagen-Vermittlung.
Paralela 45 Turism, Travel Agency, www.rotravel.com/agencies/paralela; Hotelvermittlung, Rundreise-Hilfe.
Peter Express Travel Agency, Bd. Magheru 32–36, Tel. u. Fax 6595761, www.rotravel.com/agencies/peter; Rundum-Touristenservice.
Romantic Travel Agency, www.rotravel.com/agencies/romantic, Vermittlung von Hotelzimmern, Mietautos, Zugfahrkarten usw.
Agenţia de turism Magellan turism, B-dul Magheru 12–14, Tel. 2119650, Fax 2104903; Reisen ins ganze Land.
Aero Special Service, Aeroportul International Bucureşti-Otopeni, Tel. 2122681, Fax 2120041; Flugzeuge bzw. Helikopter für ganz Rumänien.
Clubul Naţional de Turism pentru Tineret, Str. Dem. Dobrescu 4–6, Tel. 6386045, Fax 3125374; Non-Profit-Club, Erlebnisreisen für Jugendliche im Land, erwirtschaftet Geld für soziale Jugendprojekte.
Ecoromtours S. R. L., Str. Gabroveni 13, Tel. 2108465, Fax 2108464; Jugendreisen fürs ganze Land, organisiert Pilgerfahrten zu rumänischen Klöstern.

Athenee Palace Hilton (sehr teuer), Str. Episcopiei 1–3, Tel. 3154400, Fax 3153813; 272 Zimmer, Konferenzräume , modernster internationaler Standard in historischem Gebäude, zentrale Lage in Athenäum-Nähe.
Marriott Hotel Bucureşti (teuer), Calea Victoriei 63–81, Tel. 4030000, Fax 4030001; Traditionshaus an Bukarests Prachtallee Calea Victoriei, Restaurant (teuer), Hallenbad.
Hotel Continental (teuer), Calea Victoriei 56, Tel. 6385022, Fax 3120132; beliebtes

Haus in zentraler Lage, mit Restaurant (teuer).
Hotel Intercontinental (teuer), B-dul N. Bălcescu 4, Tel. 3 10 02 20, Fax 3 12 10 17, www.interconti.com/romania/bucharest /hotel-bucic.html; nach der umfassenden Renovierung wieder ein 423-Zimmer-Haus der Sonderklasse, Unterhaltungsangebote Sport, Tanz, Cabaret, Glücksspiel.
Hotel Sofitel (teuer), B-dul Expoziţiei 2, Tel. 2 24 30 00, 2 12 29 98, Fax 2 24 56 88, www.hotelbook.com/static/welcome_ 21098.htm; eines der modernsten und besten Hotels Rumäniens, 203 sehr gut ausgestattete Zimmer und Apartments, Restaurants (teuer), Cafés, Casino, Sauna, am World Trade Center, ideal für Geschäftsreisen.
Hotel Dorobanţi (moderat), Calea Dorobanţilor 1–7, Tel. 2 11 54 50, Fax 2 10 01 50; wegen bestem Preis-Leistungsverhältnis beliebtes 298-Zimmer- bzw. Apartment-Haus, Kabel-TV, Restaurant (moderat).
Hotel Helveţia (moderat), P-ţa Charles de Gaulle 13, Tel. 2 23 05 66, 2 22 81 20, Fax 2 23 05 67; älteres Traditionshaus mit gutem Ruf, 29 Zimmer mit Kabel-TV, internationale Stammgäste, Restaurant (moderat).
Hotel Minerva (moderat), Str. Gheorghe Manu 2–4, Tel. 6 50 60 10, Fax 3 12 39 63; Privathotel mit Stammkundschaft.
Caro Club Hotel (moderat), Str. Barbu Văcărescu 164 A, Tel. 2 33 19 35, Fax 2 42 11 08, www.rotravel.com/hotels/caro; 4 km vom Zenrrum, für Geschäftsreisende, Restaurant mit rustikaler Atmosphäre.
Hotel Triumf (günstig), Şoseaua Kiseleff 12, Tel. 2 22 31 72, Fax 2 23 24 11, www.rotravel.com/hotels/triumf; älteres Haus im ruhigeren Norden mit Kabel-TV, Restaurant (moderat), Bar, Tennis.
Villa Helga (günstig), Str. Salcămilor 2, Tel./Fax 6 10 22 14, helga@rotravel.com; eine der wenigen privaten Jugendherbergen, preiswert, aber mit gutem Standard.
Hotel Griviţa (sehr preiswert), Calea Griviţei 130, Tel. 2 22 98 20, Fax 2 22 98 22; einfaches Haus mit 70 Gästezimmern.

Capşa, Calea Victoriei 36, Tel. 3 13 40 38; bekanntes Restaurant mit guter rumänischer Küche (teuer).
La Premiera, Str. Tudor Arghezi 16, Tel. 3 12 43 97; eines der ersten und immer noch eines der besten privaten Nach-Wende-Restaurants (teuer).
Le Petit Paris, Calea G. Georgescu 46–48, Tel./Fax 3 30 38 28; französische Küche (teuer).
Tian Tan, Str. C. A. Rosseti 13, Tel. 6 13 56 80; beliebter ›Chinese‹ im Lido-Hotel (teuer).
Volubilis, B-dul Expoziţiei 2, Tel. 2 12 29 98; Nobel-Treff für Geschäftsreisende im Sofitel Hotel (teuer).
Becker Bräu, Calea Rahovei 1555, Tel. 3 35 56 48; hübsches Lokal, frisches Bier, deutsche Küche (moderat).
Carul cu Bere, Str. Stavropoleos 3, Tel. 3 13 75 60; gehört seit 1879 zur Crème der Bukarester Treffpunkte (moderat).
Die Deutsche Kneipe, Str. Stockholm 9, Tel. 6 79 23 63; deutsche Küche (moderat).
Marbella, Calea Floreasca 45, Tel. 6 79 81 60; Szene-Treff, spanische Küche (moderat).
Niro, Str. Covaci 16, Tel. 6 15 96 77; rumänische Spezialitäten im alten Palast Curtea Veche, mit Folklore-Show (moderat).
Piccolo Mondo, Str. Clucerului 19, Tel. 2 22 90 46; rumänische, internationale, z. B. auch arabische Küche (moderat).
Simfonia, Calea Victoriei 174, Tel. 3 12 95 16; feine Adresse im historischen Gebäude des Casino-Theaters Victoria (moderat).

Muzeul Naţional de Artă, Calea Victoriei 49–53, Tel. 6 14 97 74; großes Kunstmuseum.
Muzeul Ceramicii şi Sticlei, Calea Victoriei 107, Tel. 6 15 43 94; Keramik- und Glaskunstmuseum.
Muzeul Curtea Veche, Str. I. Maniu 25–31, Tel. 6 14 03 75; Fürstenhof-Museum.
Muzeul George Enescu, Şos. Kiseleff 3, Tel. 69 75 96; Gedenkmuseum für den rumänischen Komponisten.
Muzeul de Istorie, Str. Stavropoleos 12, Tel. 6 15 70 56; Geschichtsmuseum.
Muzeul de Istorie a Com. Evreieşti, Str. Mămulari 3, Tel. 6 15 08 37; Geschichtsmuseum der jüdischen Gemeinde von Bukarest.

Muzeul Literaturii Române, B-dul Dacia 12, Tel. 6 50 39 22; Literaturmuseum.
Muzeul Satului Bucureşti, Şos. Kiseleff 28, Tel. 2 22 91 10; großes Freilicht-Dorfmuseum.
Muzeul Ţăranului Român, Şos. Kiseleff 3, Tel. 6 50 53 60; Bauernmuseum.

Opera Naţională Bucureşti, B-dul Kogălniceanu 70–72, Tel. 6 14 69 80; Nationaloper.
Opereta Ion Dacian, B-dul N. Bălcescu 2, Tel. 6 14 11 87; Operette.
Teatru Casino Victoria, Calea Victoriei 174, Tel. 3 12 95 16; Traditionsbühne.
Teatrul de Comedie, Str. Sf. Dumitru 2, Tel. 3 12 09 26; Komödie.
Teatrul Evreiesc de Stat, Str. I. Barasch 15, Tel. 3 23 45 30; jüdisches Theater.
Teatru Foarte Mic, B-dul Republicii 21, Tel. 6 14 09 05, schon dem Namen nach ›sehr kleines‹ Theater.
Teatrul Naţional I. L. Caragiale, B-dul N. Bălcescu 2, Tel. 6 15 47 46; Nationaltheater.
Teatru Româno-American, B-dul N. Bălcescu 2, Tel. 3 12 65 83; rumänisch-amerikanische Bühne.
Teatru Satiric C. Tănase, Calea Victoriei 33, Tel. 6 14 19 79; beliebte Satiriker-Bühne.
Teatru Şcoala Pygmalion, Str. G. Calinescu 52, Tel. 6 79 55 27.
Teatru Studioul Casandra, Str. I. Maniu 9, Tel. 6 15 72 59.

Bavaria, Str. Brezoianu 19, Tel. 64 84 41, geöffnet 22–4 Uhr, Nachtklub mit Showprogramm.
Black & White, Bd. Mircea Eliade 16, Tel. 2 30 12 13, ›amerikanische‹ Disco, 22–6 Uhr
Casablanca, Parcul Tineretului, Tel. 6 75 64 33, Trend-Disco mit Radio-DJ.
Clubul Victoria, Calea Victoriei 174, Tel. 6 59 49 13; bekannter Nachtklub mit anspruchsvollem Programm.
Jazz Club Green Hours 22, Calea Victoriei 120, Tel./Fax 2 11 95 92, ab 21 Uhr, Do und So Live Jazz.
Karma, Str. Academiei 35, Tel. 3 10 15 71, geöffnet 23–5 Uhr, neuer Trend-Club mit aktuellster Musik.
Martin Club, Bd. Iancu de Hunedoara 41, Tel. 2 30 32 43, Do–So ab 23 Uhr, Raverclub.
Mexico, Str. Ştefan cel Mare 15, Tel. 6 10 79 82, geöffnet ab 21 Uhr, neuer Nachtklub.
Night Club Salonul Spaniol, Calea Victoriei 116, Tel. 6 59 53 45, bekannter Nachtklub mit anspruchsvollem Programm.
Robill Club & Cazino, B-dul G. Coşbuc 21, Tel. 6 14 59 35, Club mit Spielbank.
Salsa U&M, Str. 11 Iunie 65, Tel. 3 11 23 32, geöffnet 22–5 Uhr, Latino- und Salsa-Musik-Disco.

Ganzjährig **Internationale Messen, Ausstellungen, Treffen:** ROMEXPO S. A., B-dul Marasti 65-67, Tel. 2 24 31 60, Fax 2 24 04 00, romexpo@ccir.ro, www.ccir.ro/romexpo.
Osterfeierlichkeiten in den großen orthodoxen Kirchen meist eine Woche nach dem katholischen bzw. protestantischen Ostertermin.
Internationales **George-Enescu-Musikfestival** im Sept. (nicht jedes Jahr), zum 120. Geburtstag: 8.–18.Sept. 2001

Höhlenkletterer: Institutul de Speologie Emil Racoviţa, Str. Frumoasa 11, Tel. 6 50 34 65.
Ski-, Biathlon-, Bob-Infos: Tel. 6 13 44 3 und 2 11 55 50, Fax 3 12 56 70 und 2 11 55 67.
Angler und Jäger: Agenţia de turism Horoscop, Str. Brezoianu 10, Tel. 6 13 93 53, Fax 6 14 69 22; betreut Donaudelta-Sportangler und Karpaten-Jäger; A. G. V. P. S. din România, Calea Moşilor 128, Tel. 6 14 36 07; Arrow Internaţional SRL, B-dul Constructorilor 20, Tel. 2 21 06 90.
Wanderer- und Bergsteiger-Tips: Clubul Alpin Român, Str. Gladiolelor 14B, Tel. 6 13 80 78.
Sport: Finesse SRL, Str. G. Mora 38, Tel. 6 33 09 05; Informationen für Sportler.

Antiquitäten: Andrew's Antiques, Calea Victoriei 118, Tel. 2 22 55 43; Aureola SRL, B-dul N. Bălcescu 34, Tel. 6 14 93 48; Valahia Art, B-dul G. Duca 21, Tel. 2 22 89 85.
Kunstgegenstände: Dominus-Z-Art SRL, B-dul N. Bălcescu 2, Tel. 6 14 22 86;

Onix J & M SRL, Str. Făinari 17, Tel. 7806219.
Luxusläden: Le Franc, B-dul Carol I. Nr. 65, Tel. 6154341; **S**uperb 90, Str. I. Câmpineanu 31, Tel. 6149106.
Weinkeller: Fernic SRL, Str. Dr. Râureanu 7, Tel. 6137487; Jariştea-Cramă, Str. G. Georgescu 52, Tel. 6143337.

Flughafen Aeroportul Otopeni, Şos. Bucureşti-Ploieşti km 16,5, Tel. 2120122; besonders internationale Verbindungen; **Flughafen Aeroportul Băneasa,** Şos. Bucureşti-Ploieşti 40, Tel. 6330030; Binnenflüge. Von beiden Flughäfen verkehren Busse und Taxis ins Zentrum.
Binnenflüge bei: Ag Tarom Bucureşti Interne, Str. Fraţii Buzeşti 59–61, Tel. 6594125; Jaro International SA, Şos. Bucureşti-Ploieşti 14–22, Tel. 2122273.

Von Bukarests **Bahnhöfen** verkehren Züge in die meisten Städte des Landes. Hierhin führen auch alle internationalen Zugverbindungen. **Bahnhof Bucureşti Nord:** Ziel der meisten internationalen und wichtiger nationaler Züge. **Bahnhöfe Bucureşti Băneasa, -Basarab, -Progresu, -Triaj, -Vest** bzw. **-Obor**: nationale Verbindungen.

Busreisen: Touring Europabus România, Bd. Alexandru Ioan Cuza,1, Tel. 2100890, Fax 3128543, office@touring.ro.

Weiterfahrt ab Bukarest s. Informationen A–Z, Öffentliche Verkehrsmittel, S. 307.

Buşteni

Walachei, Vorwahl 0244, PLZ 2185
Lage: vordere Umschlagkarte F4

Vila Micşunica (moderat), Str. N. Ureche 25, Tel. 320797, Fax 320120; unter dieser Nummer auch Vermittlung anderer moderater bis günstiger Villen (bessere Ferienhäuser).
Hotel Silva (günstig), Str. Telecabinei 24, Tel. 321412, Fax 320950; großes Haus mit Restaurant (günstig), Café, Diskothek, Touristeninformation, Wintersportangeboten.
Cabana Babele, Masivul Bucegi, Tel. 322458; unter dieser Nummer auch Vermittlung anderer Berghütten.

Zugstation (Tel. 952) auf der Strecke Bukarest – Braşov.

Buzău

Walachei, Vorwahl 0238
Lage: vordere Umschlagkarte G4

Agenţia de turism Excelent, Str. Răscoalei 107, Tel. 419983, Fax 413527.
Agenţia de turism Sind România Buzău, B-dul N. Bălcescu 38, Tel./Fax 717669.

Hotel Crâng (günstig), Str. Spiru Haret 6, Tel. 710540, Fax 426223; 50-Zimmer-Haus mit Restaurant (günstig) und Bar.
Hotel Bucegi (sehr preiswert), Bd. Gării 47, Tel./Fax 710113, einfaches Hotel in Bahnhofsnähe.

Tips für Wassersportler und Angler: Compania Naţională Apele Române. Direcţia Ialomiţa-Buzău, Str. Bucegi 20, Tel. 427986, Fax 427237.

Zugstation (Tel. 13605) auf der Strecke Ploieşti – Suceava.

Călan

s. Sarmizegetusa

Călăraşi

Dobrudscha, Vorwahl 0242, PLZ 8500
Lage: vordere Umschlagkarte H4

Hotel Călăraşi/Borcea (günstig), Str. 1. Decembrie 1918 Nr. 2, Tel. 315980, Fax 318997; bestes

Haus der Stadt, Restaurant (günstig), Jagd-Angebot.
Agenţia de Turism Borcea im Hotel, Tel./Fax 31 25 62.

Zugstation an der Kleinstrecke Slobozia – Călăraşi.

Călimăneşti Căciulata

Walachei, Vorwahl 02 50, PLZ 1079
Lage: vordere Umschlagkarte E4

Vila Flora (teuer), Calea lui Traian 559, Tel/Fax 75 01 64, kleines Haus mit Komfort.
Hotel Căciulata (günstig), Calea lui Traian 953, Tel. 75 05 20, Fax 75 11 38; modernes Haus mit Kabel-TV, Restaurant (günstig) und Café, Diskothek, Sauna und Schwimmbädern, Kegel-, Angel- u. a. Sportmöglichkeiten, Kuranwendungen, Jagdangeboten.
Hotel Cozia (günstig), Calea lui Traian 954, Tel. 75 01 61, Fax 75 11 38; ebenso großes Haus mit reichem Angebot (s. o.).

Zugstation an der Kleinstrecke Podu Olt – Râmnicu Vâlcea.

Câmpina

s. Ploieşti

Câmpulung (Cîmpulung) Moldovenesc

Bukowina, Vorwahl 02 30, PLZ 5950
Lage: vordere Umschlagkarte F7

Agenţia de turism George Turism, Calea Bucovinei 1–3, Tel./Fax 31 42 22.

Vila Minion (moderat), Str. Dimitrie Cantemir 26B, Tel. 314356, Fax 31 46 94; komfortableres Ferienhaus mit Jagd- und Angelangeboten.
Hotel Zimbrul (günstig), Str. Calea Bucovinei 1–3, Tel. 31 24 41, Fax 31 18 90; 160-Betten-Haus mit Kabel-TV und Gartenrestaurant (günstig).
Motel Semeniuc (sehr preiswert), Str. Nicu Dracea 6, Tel./Fax 314549, privates 16-Betten-Haus mit Vollpension.

Popas Unirea SRL, Str. N. Bălcescu 26 A, Tel. 31 16 40, in Moldova-Nähe (günstig).

Muzeul Arta Lemnului, Str. Transilvaniei 10, Tel. 31 13 78; Holz-Kunstmuseum.

Zugstation auf der Kleinstrecke Suceava–Floreni.

Cap Aurora

Dobrudscha, Vorwahl 02 41, PLZ 8724
Lage: vordere Umschlagkarte J2

Strandhotel Granat (günstig), Tel. 73 12 93; mit Restaurant, Café und Bar (günstig).
Strandhotel Topaz (günstig), Tel. 73 12 92; mit Restaurant (günstig).

Caransebeş (Karansebesch)

Banat, Vorwahl 02 55, PLZ 1650
Lage: vordere Umschlagkarte C4

Antrec, Gesellschaft für den ländlichen Tourismus, Tel. 01-2 22 83 22, 2 22 63 27; vermittelt Unterkunft in Bauernhöfen des Banat.
Hotel Tibiscum (günstig), Str. Dâlmei 1, Tel. 51 12 55; renoviertes 36-Zimmer-Haus mit Restaurant.

Teiuş Company Impex SRL, Str. Ardealului 95, Tel. 51 24 88; außerhalb der Stadt beim Teiuş-Bad.

Tips für Wanderer und Hobby-Jäger: Regia Naţională a Pădurilor, Direcţia Caraş-Severin, Str. Petru Maior 69, Reşiţa, Tel. 21 65 33

Flughafen Aeroportul Caransebeş, Str. Aeroportului 1, Tel. 51 31 80.
Binnenflüge: Agenţia Tarom, Str. Mihai Viteazu 3–5, Tel. 51 30 63.

Zugstation (Tel. 51 24 40) an der Strecke Timişoara–Bukarest.

Cisnădie (Heltau) und Cisnădioara (Michelsberg)

Transsilvanien, Vorwahl 02 69
Lage: vordere Umschlagkarte D4

Hotel Sub Cetate (günstig), Tel. 56 23 82; unterhalb des Kirchbergs.
Pension Casa Codru, Cisnădioara, Str. Sub Cetate 177, Tel. 56 43 22.

Zugstation an der Strecke Braşov–Sibiu.

Cluj (Napoca, Klausenburg)

Transsilvanien, Vorwahl 02 64, PLZ 3400
Lage: vordere Umschlagkarte D6, Stadtplan S. 237

Aktuelle Tips zu Cluj-Napoca: ›Was-Wo-Wann‹, www.BucurestiWWW.ro.
Agenţia de turism Continental, Str. Napoca 1, Tel. 19 14 41, Fax 19 39 77.
Agenţia de turism Astoria, Str. Horea 3, Tel./Fax 43 30 66.
Turism Transilvania S. A., Piaţa Unirii 10, Tel. 19 11 14, Fax 19 65 57, www.dntcj.ro/turismtr.
Ciel Voyages Travel Agency: www10.ewebcity.com/ciel/
Consus Travel Agency: www.dntcj.ro/consus/
EximTur Travel Agency: www.eximtur.ro/
Green Mountain Holidays Travel Agency: www.dntcj.ro/gmh/
Jettour Travel Agency: www.dntcj.ro/jettour/

Vila Continental (teuer), Str. G. Şincai 6, Tel. 19 55 82, Fax 19 97 89; 8 Zimmer und 4 Apartments in bester Ausstattung, eigenes Restaurant (teuer).
Hotel Transilvania (moderat), Str. Călăraşilor 1–3, Tel. 43 20 71, Fax 43 20 76; modernes Haus mit 150 Zimmern, 6 Apartments, mit Sauna, Schwimmbad, Diskothek, Café, Restaurant (moderat).
Hotel Continental (günstig), Str. Napoca 1, Tel. 19 14 41, Fax 19 39 77; im Herzen der Stadt, mit Stuckdecken-Flair und recht guter Küche (günstig), Kabel-TV, Café, Casino.

Camping:
Camping Făget, Kat. II, Zona Făget, Tel. 11 62 27; in Waldgebiet am nördlichen Abhang des Feleac-Berges 7 km von Cluj, 260 recht gute 2-, 3- und 4-Bett-Häuschen mit Zugang zu gemeinsamen sanitären Einrichtungen; Parkmöglichkeiten auch für Wohnwagen; Gelände für Zelte; Camping-Restaurant.

Napoca, Str. O. Goga 1, Tel. 18 07 15; beste siebenbürgische Küche (moderat).
Napoca 15, Str. Napoca 15, Tel. 19 06 55; internationale Küche, ebenfalls für anspruchsvolle Gäste (moderat).

Muzeul Etnografic al Transilvaniei, Str. Tăitura Turcului, Tel. 18 67 76; Ethnographisches Museum Transsilvaniens.
Muzeul Naţional de Istorie a Transilvaniei, Str. D. Dalcoviciu 2, Tel. 19 56 77; Nationalmuseum der Geschichte Transsilvaniens.

Teatrul Maghiar & Opera Maghiară Cluj, Str. E. Isac 26–28, Tel. 19 34 64; Stadttheater und Oper in ungarischer Sprache.
Teatrul Naţional Cluj & Opera Română Cluj, P-ţa A. Iancu 24, Tel. 19 71 75; Stadttheater und Oper in rumänischer Sprache.

Tips für Wassersportler und Angler: Compania Naţională Apele

Române. Direcţia Someş-Tisa, Str. Vânătorului 17, Tel. 433028, Fax 433026. **Rad- und Motorradfahrer:** Cicloturism Club ›Napoca‹, Str.Septimiu Albini 18, Tel./Fax 142954, cicloturism@mail.dntcj.ro, www.dntcj.ro/NGOs/napoca

Flughafen Aeroportul Cluj Napoca, Str. T. Vuia 149, Tel. 192238. Flughafenbus und Taxis.
Binnenflüge: Agenţia Tarom, P-ţa Mihai Viteazu 11, Tel./Fax 432524.
Weiterflug: Air Tracia Cluj, Str. G. Doja 11, Tel. 197806, Fax 193221, www.dntcj.ro/tracia.

Zug: Verkehrsknotenpunkt auf der Schnellzugstrecke Oradea–Bukarest. Bahnhöfe Cluj Napoca (Tel. 952) und Cluj Napoca Est (beide an der Schnellzugstrecke).

Busreisen: Touring Europabus România, Bd. 21 Decembrie 54–56, Tel./Fax 431961.

Constanţa

Dobrudscha, Vorwahl 0241, PLZ 8700
Lage: vordere Umschlagkarte J2, Stadtplan S. 87

Aktuelle Tips zu Constanţa: ›Was-Wo-Wann‹, www.BucurestiWWW.ro.
Agenţia de turism Intern, B-dul Tomis 46, Tel./Fax 611429; unter anderem Hotelbuchung an der Schwarzmeerküste.
Danubius Travel Agency, B-dul Ferdinand 36, Tel. 615836, Fax 618010; Buchung von Flugtickets, Organisation von Rundreisen durchs ganze Land, Spezialität: Delta-Touren.
Nouvelles Frontieres. Simpa Turism, Str. Răscoalei 9, Tel. 660468, Fax 664403; Rundum-Service für Touristen.
Scorpion Turism S. R. L. Str. I. G. Duca 1, Tel./Fax 614233; Kurztrips nach Bukarest, in die Karpaten, ins Delta.
CONtur Travel Agency, Piaţa Ovidiu 14, Tel. 619777, Fax 613192, www.rotravel.com.agencies/contur/
Latina Travel Agency, www.infolitoral.ro/agentii/latina/latina_en.html.
Liotsikas Travel Agency, Bd. Ferdinand 53, Tel, 614783, Fax 550337, www.infolitoral.ro/liotsikas.html.
Lexa Travel Company, www.infolitoral.ro/agentii/lexa/lexa.html.
Info Litoral, Tel. 555000, Fax 555111, info@infolitoral.ro, www.infolitoral.ro.

Hotel Guci (moderat), Str. Răsccoalei din 1907 nr. 23, Tel. 699500, Fax 638426; modernes Haus mit Apartments, Garconnièren und Restaurant (moderat), Sauna und Sportangebote.
Hotel Palace (moderat), Str. Remus Opreanu 5–7, Tel. 614696, Fax 617532; erstklassige Lage, traditionelle rumänische Küche im Restaurant (moderat).
Hotel Sport (günstig), Str. Cuza Vodă 2, Tel. 617558, Fax 611009; kleines modernes Hotel mit ambitioniertem jungen Team, Kabel-TV, Restaurant (günstig).
Hotel Dobrogea (günstig), B-dul A. Lăpuşneanu 194, Tel. 655556, Fax 655503; einfaches Haus.

Bella Napoli, Str. Mihai Viteazu 47, Tel. 616705; Pizza und rumänische Küche, mit Abendprogramm (moderat).
Pescarul SRL, Str. Traian 24, Tel. 617097; unerläßlich: einfaches Fischessen in der Hafenstadt direkt bei den Schiffen (günstig).
Rapsodia, Str. I. L. Caragiale 44, Tel. 634634; rumänische Spezialitäten (günstig).

Cazinoul, B-dul Carpaţi 2, Tel. 617416; Night Club und Diskothek.

Acvariu, B-dul Carpaţi, Tel. 611277; Aquarium mit Schwarzmeerfischen.
Delfinariu, B-dul Mamaia 265, Tel. 647055; Delfinarium.
Muzeul de Artă Constanţa, B-dul Tomis 84, Tel. 617012; Kunstmuseum.
Muzeul de Artă Populară Constanţa, B-dul Tomis 32, Tel. 616133; Ethnographisches Museum.

Muzeul de Istorie şi Arheologie, P-ţa Ovidiu 12, Tel. 613925; Archäologisches und Geschichtsmuseum.
Muzeul Marin ei Române, Str. Traian 53, Tel. 613942; Marinemuseum.

Fest anläßlich der **UNICEF-Gala** des Lyrischen Theaters Ende Januar; **Meereskarneval** im August.

Teatrul Dramatic & Teatrul Liric Constanţa, Str. Mircea cel Batrân 97, Tel. 611744; Stadt- und Musiktheater.
Teatrul de Balet, Str. Răscoalei din 1907, Tel. 664968; Ballett.
Teatrul de Papuşi, Str. A. Caratzali 16, Tel. 613508; Puppentheater.
Teatrul de Revistă Fantasio, B-dul Ferdinand 11, Tel. 616036; Musicals.

Portul Turistic Tomis, Str. Traian; Touristenhafen mit Bootsverleih und Wassersportmöglichkeiten.
Sala Sporturilor Constanţa, B-dul Tomis 104, Tel. 613749; große Sporthalle für internationale Wettkämpfe (Volleyball, Basketball, Ringen, Boxen).
Stadionul Gheorghe Hagi, Str. Primăverii; Fußball- und Rugbystadion der Mannschaft ›Farul‹.
Tips für Wassersportler und Hobby-Fischer: Compania Naţională Apele Române. Direcţia Dobrogea-Litoral, B-dul Mircea cel Bătrăn 122, Tel. 673036, Fax 673024.

Galeriile Fondului Plastic, Str. Mircea cel Batrân; Kunst- und Kunstgewerbe, Antiquitäten.

Internationaler Flughafen, Aeroportul M. Kogălniceanu, Tel. 615276. 20 Fahrtminuten von Constanţa.
Binnenflüge: Tarom-Agentur, Str. Ştefan cel Mare 15, Tel./Fax 662632. Bus- und Taxitransfer zum Zentrum und zu den Badeorten.

Zug: Verkehrsknotenpunkt an der Küste, Station (Tel. 616725) an der Strecke Bukarest–Mangalia.

Busreisen: Touring Europabus România, Str. Ştefan cel Mare 71, Tel./Fax 662704, constanta@eurolines.ro.

Costineşti

Dobrudscha, Vorwahl 0241, PLZ 8716
Lage: vordere Umschlagkarte J2

Strandhotel Forum (günstig), Tel. 734020, Fax 734077; 135 Zimmer und 4 Apartments mit Restaurant (günstig) und Bar sowie Wassersportangebot.
Vile Belvedere (sehr preiswert), Tel. 734016; 2-Personen-Häuschen mit Restaurant (günstig), Diskothek, Kino, (Wasser-) Sportmöglichkeiten.

Zugstation an der Strecke Constanţa–Mangalia.

Craiova

Walachei, Vorwahl 0251, PLZ 1100
Lage: vordere Umschlagkarte D2

Agenţia de turism Euroturist, B-dul N. Titulescu 18, Tel./Fax 193447.
Agenţia de turism Mapamond, Str. Lyon 2–4, Tel. 415071, Fax 415173.

Hotel Jiul (moderat), Calea Bucureşti 1–3, Tel. 415656, Fax 412462; modernes 204-Zimmer-Haus mit eigener Touristeninformation, Restaurant und Café (günstig), Schwimmbad sowie Jagdangeboten.
Hotel Parc (moderat), Str. Bibescu 16, Tel. 417257, Fax 418623; kleines 43-Zimmer- bzw. Apartment-Haus mit Kabel-TV, Restaurant (günstig) und Bar.

Bartoloni SNC, Str. Caracal 10, Tel. 123153 (moderat).
Simplon, Str. Brazda lui Novac, Tel. 154073 (günstig)

Disco Naprom SRL, Str. Mihai Viteazu 4, Tel. 41 87 57.

Grădina Zoologică, Parcul Poporului, Tel. 12 23 52; Zoologischer Garten.
Muzeul de Etnografie, Str. Matei Basarab 14, Tel. 12 34 71; Ethnographisches Museum im ehem. Statthalter-Haus im Brâncoveanu-Stil.
Muzeul Olteniei, Str. Popa Şapcă 4, Tel. 41 16 74; Museum der Region Olt.
Muzeul Teatrului Naţional, Str. A. I. Cuza 11, Tel. 41 69 42; Nationales Theatermuseum, mit Bühne (s. u.)

Teatrul Liric Craiova, Str. Mihai Viteazu 1, Tel. 41 84 26; Musiktheater.
Teatrul Naţional Craiova, Str. A. I. Cuza 11, Tel. 41 69 42; international bekannte Theaterbühne, s. auch Theatermuseum.

Fußballstadion Central Craiova, Str. Ştîrbei Vodă 26, Tel. 13 30 04.
Tips für Angler und Wassersportler: Compania Naţională Apele Române. Direcţia Jiu, Str. Dunării 48, Tel. 42 66 55, Fax 42 75 97.

Flughafen Aeroportul Craiova, Şos. Bucureşti–Craiova km 7, Tel. 41 68 60. Bus- und Taxitransfer in Zentrum.
Binnenflüge: Agenţia Tarom, Calea Bucureşti 2, Tel. 41 10 49.

Zugstationen Craiova (Tel. 11 16 20) und Craiova-Triaj an der Schnellzugstrecke Bukarest–Timişoara.

Crişan

Dobrudscha, Vorwahl 02 40, PLZ 8800
Lage: vordere Umschlagkarte J4

Hotel Lebăda, Tel. 54 37 78; modernes 148-Betten-Haus mit gutem Restaurant (günstig) an der Mole, das Angebot umfaßt Wassersport-, Angeln und Bootsfahrten mit ortskundigen Führern.
Motel Salcin; einfaches 52-Betten-Haus mit Restaurant (günstig).
Sat de vacanţa Roşu; Feriendorf im nahen Caraorman, Tel. 51 24 96.

Institutul Delta Dunării, direkt neben Hotel Lebăda, Tel. der Hauptstelle in Tulca: 0 40-52 42 42; kleines modernes Umwelt-Museum des Donaudelta-Instituts zum Schutz des Biosphärenreservats.

Angel-Angebote z. B. auch im Nachbardorf Maliuc.

Per **Schiff** auf dem Sulina-Donauarm ab Tulcea.

Cristian (Grossau)

Transsilvanien, Vorwahl 02 69
Lage: vordere Umschlagkarte D4

Hotel Spack, Tel. 55 92 62; kleine einfache Unterkunft.

Zugstation an der Strecke Arad–Sibiu–Braşov.

Curtea de Argeş

Walachei, Vorwahl 02 48, PLZ 0450
Lage: vordere Umschlagkarte E3

Agenţia de turism Posada, B-dul Basarabilor 27–29, Tel. 72 14 51, Fax 72 11 09, posada@starnets.ro, www.pitesti.ro/posada.

Hotel Posada (günstig), B-dul Basarabilor 27–29, Tel.72 1451, Fax 72 11 09; modernes 133-Zimmer-Hotel mit Kabel-TV und Kino, Restaurant und Nachtbar, Bowlingbahn.

Camping:
Camping Sân Nicoară, Str. Plopis 13, Tel. 71 37 26; 30 Plätze in 2-Bett-Häuschen mit recht guter Ausstattung; 2 Apartments mit Parkplatz, Toilette, Bad, Küche; Restau-

rant, Tagesbar, Club, TV, Tennis-, Volleyball- und Fußballplätze, Kegelbahn.

Fântâna lui Manole, Str. Eroilor 2, Tel. 71 17 44; in der Nähe des ehemaligen Fürstenhofs (günstig).

Muzeul de Istorie-Etnografie, Str. Basarabilor 1, Tel. 71 14 46; Historisch-Ethnographisches Museum.

Osterfeierlichkeiten in der orthodoxen Bischofskirche meist eine Woche nach dem katholischen bzw. protestantischen Ostertermin.

Zugstation an der Kleinstrecke Piteşti–Curtea de Argeş.

Curţişoara

Walachei, Vorwahl 0253
Lage: vordere Umschlagkarte D3

Muzeul Arhitecturii Populare, Tel. 21 40 71; Freilicht-Volkskundemuseum der Architektur, darin der historische Wohnturm Cula Cornei.

Deva

Transsilvanien, Vorwahl 0254, PLZ 2700
Lage: vordere Umschlagkarte C4

Agenţia de turism Borza, Str. Aurel Vlaicu 25, Tel. 21 61 83, Fax 21 93 80.
S. C. Mondo Turism SRL, Str. 1. Decembrie 11, Tel./Fax 21 21 62.

Vila Decebal (teuer), Str. L. Blaga 7, Tel. 21 24 13, Fax 21 92 45; in ruhigem Stadtteil, 6 komfortable Einbett-Zimmer, gute Küche (moderat).
Hotel Decebal (moderat), Str. 1. Decembrie 1918 Nr. 37A, Tel. 21 42 96, Fax 21 92 45; hübsches modernes 36-Zimmer- bzw. Apartment-Haus mit Kabel-TV, Restaurant (günstig), Bar und Diskothek, Jagdangebot.
Cabana Retezat (moderat), Tel. 054-21 42 96; 9 Zimmer, 1 Apartment in schön gelegenem Haus mit Restaurant (günstig) im Nationalpark Retezat.

Agrement Turism SRL, Str. 1. Decembrie Nr. 18, Tel. 61 93 20; im neuen Zentrum (günstig).

Muzeul Civilizaţiei Dacice şi Române Deva, B-dul 1. Decembrie Nr. 39, Tel. 21 54 09; Dakisch-Römisches Museum.

Angler und Jäger: A. J. V. P. S. Hunedoara, Str. G. Coşbuc 21, Tel. 21 95 81.
Nationalpark Retezat (Parcul naţional Retezat) mit Wintersport-, Jagd- und Angelangeboten.

Zugstation (Tel. 61 27 25) an der Schnellzugstrecke Arad–Braşov.

Dorohoi

Moldau, Vorwahl 0231
Lage: vordere Umschlagkarte F7

Cabana Brazi (moderat), Str. Brazi 1, Tel. 61 01 47, kleines, recht komfortables Haus.
Hotel Corso (sehr preiswert), Str. Dumitru Furtuna 6, Tel. 61 66 56; einfachste Ausstattung.
Restaurant Parc (preiswert), Str. Brazi 1, Tel. 61 01 47; einheimische Küche, auch Hotel.

Gedenkmuseum G. Enescu, Str. Muzeelor.

Angler und Jäger: A. J. V. P. S. Dorohoi, Str. G. Enescu 65, Tel. 61 17 77.

Zugverbindung besteht von Iaşi aus.

Drobeta-Turnu Severin

Walachei, Vorwahl 0252, PLZ 1500
Lage: vordere Umschlagkarte C3

Agenţia de turism Drobeta, B-d. Carol 1 nr. 2, Tel. 314103, Fax 316968.
Travel Agency Sind Romania, Str. M. Averescu 14, Tel./Fax 326725.

Hotel Parc (moderat), B-dul Carol I. 2, Tel. 312851, Fax 3169 68; 138 Zimmer bzw. Apartments in einem modernen Haus mit Kabel-TV, Restaurant (günstig), Café, Touristeninformation.
Hotel Traian (günstig), Str. T. Vladimirescu 74, Tel. 311760, einfache Unterkunft, Restaurant mit rumänischer Küche.

Zugstation an der Schnellzugstrecke Timişoara–Bukarest.

Durău

Moldau, Vorwahl 0233, PLZ 5668
Lage: vordere Umschlagkarte F6

Cabana Brânduşa, Tel. 678273; Haus im Chalet-Stil.
Hotel/Restaurant Bistriţa (günstig), Tel. 256578

Ausgangspunkt für Ausflüge in das **Wander- und Skigebiet** am Ceahlău-Bergmassiv.

Eforie Nord, Eforie Süd

Dobrudscha, Vorwahl 0241, PLZ 8712–15
Lage: vordere Umschlagkarte J2

Hotel Europa (teuer), Eforie Nord, Str. Republicii 13, Tel./Fax 741517, Meeresnähe, für den anspruchsvollen Gast.
Vila Nufarul (teuer), Eforie Nord, Tel. 74101, Fax. 741841, Villa mit Komfort.
Strandhotel Astoria (moderat), Eforia Nord, Str. T. Vladimirescu 6, Tel. 742475, Fax 742477; mit großem Terrassenrestaurant am Meer (moderat), Bar.
Hotel Gloria (günstig), Eforia Süd, Str. Faleza 2,Tel. 748876, Fax 748889; einfaches 124-Zimmer-Haus mit Restaurant (günstig), Bar und Schwimmbad.
Hotel Steaua de Mare (günstig), Britannia S. A. & Kurklinik Efosan, Tel. 704103, www.steauademare-britannia.ro
Kurhotel Delfin (günstig), Eforia Nord, B-dul T. Vladimirescu 39, Tel. 741023; direkt am Schwarzmeerufer und an den Kureinrichtungen, Restaurant (günstig), Tennis.

Camping:
Camping Cosmos, Str. Dr. Cantacuzino 94–98, Tel. 742654; Vermietung von Häuschen, einfache sanitäre Einrichtungen, Strom, Geschirrspüler, TV.
Camping Meduza, Eforie Nord, Tel. 742385, Fax 617390; 600 Plätze ca. 100 m vom Badestrand, einfache sanitäre Einrichtung mit Duschkabinen, Toiletten, Waschbecken; Geschirrspüler, Strom, Kanalisation für Wohnwagen, Wachdienst rund um die Uhr, Buffet, Bar, Pizzeria, Kiosk mit Lebensmitteln.

Discoteca Marea Neagra, Str. 23. August 11, Tel. 741244; Jugend-Treffpunkt.

Wassersport: Boote und Wasserski. **Kureinrichtungen** u.a. mit Heilschlamm.

Zugstation Eforie an der Strecke Constanţa–Mangalia.

Făgăraş (Fogarasch)

Transsilvanien, Vorwahl 0268
Lage: vordere Umschlagkarte E4

Hotel Fântâniţa Crăiesei (günstig), Str. Vlad Ţepeş, Tel. 212501; mit Restaurant.
Minihotel Flora (sehr preiswert), Str. V. Alecsandri 18, Tel. 215103; etwas außerhalb am Iazul Morii-Flüßchen.

Muzeul Ţarii Făgăraşului, Str. Mihai Viteazu 1, Tel. 21 18 52; Museum der Region Făgăraş.

Zugstation (Tel. 21 11 20) an der Schnellzugstrecke Arad–Braşov.

Fălticeni

Bukowina, Vorwahl 0230, PLZ 5750
Lage: vordere Umschlagkarte F6

Hotel Turist (günstig), Str. N. Beldiceanu 6, Tel. 54 24 92, Fax 62 51 46; einfaches Haus mit Café und Restaurant.

Restaurant Stânişoara, Str. Revoluţiei 1; einfaches Lokal (günstig).

Gedenkhäuser der Schriftsteller Ion Creangă und Mihail Sadoveanu; in der Str. Ion Casangă.

Zugstation an der Kleinstrecke Dolhasca–Fălticeni.

Focşani

Moldau, Vorwahl 0237, PLZ 3500
s. auch Buzău
Lage: vordere Umschlagkarte G4

Agenţia de turism H & H Tour, Str. Ştefan cel Mare 6, Tel./Fax 62 20 30.
Agenţia de turism Vranceatur, B-dul Brăilei 9, Tel. 62 28 50, Fax 61 64 93.

Hotel Unirea (günstig), P-ţa Unirii 3, Tel. 22 11 00, Fax 62 51 46; in zentraler Lage, Mittelklasse-Haus mit Restaurant (günstig).

Restaurant Italian, Str. Cuza Vodă 46, Tel. 62 56 25; italienische und rumänische Küche (günstig).

Zugstation (Tel. 61 28 90) an der Schnellzugstrecke Bukarest–Suceava.

Galaţi

Moldau, Vorwahl 0236, PLZ 6200
Lage: vordere Umschlagkarte H4

Agenţia de turism Galtour, Str. Domnească 15, Tel. 46 07 04, Fax 46 43 12.
Agenţia de turism Montana, Str. Domnească 13, Tel. 46 98 33, Fax 46 98 34.

Hotel Faleza (moderat), Str. Roşiori 1, Tel. 46 13 86, Fax 46 13 88; zentrales Hotel mit Restaurant.
Hotel Galaţi (moderat), Str. Domnească 1, Tel. 46 00 40; Fax 46 43 12; gutes Hotel mit Kabel-TV und Restaurant (günstig) ausgestattet.
Hotel Dunărea (günstig), Str. Brăilei 101, Tel. 41 80 41, hotelgalati@yahoo.com; einfaches Haus.

Fisch-GAL, Str. Falezii, Tel. 43 34 31; mit Donaublick.

Grădina Zoologica, Pădurea Gârboavele, Tel. 43 19 61; Zoologischer Garten.

Teătrul Dramatic Galaţi, Str. Domnească 59, Tel. 41 27 45; Stadttheater.
Teatrul Gulliver, Str. Eroilor 14, Tel. 46 03 26.
Teatrul Muzical N. Leonard, Str. M. Bravu 50, Tel. 41 27 82; Musiktheater.

Angler und Jäger: A. J. V. P. S. Galaţi, Str. Brăilei 5a, Tel. 41 21 10.

Zugstation (Tel. 1 13 43) der Schnellzugstrecke Bukarest–Galaţi.

Gura Humorului

Bukowina, Vorwahl 0230
Lage: vordere Umschlagkarte F7

Casa Gheorghiţa SRL, Mănăstirea (= Kloster) Humor 232, Tel. 991; ländlicher Tourismus, Zimmervermittlung.

Villa Ramona (moderat), Str. Oborului 6, Tel. 232996, Fax 232133, www.ramona.ro; komfortabel.
Pension Casa Ella (sehr preiswert), gemütliche Unterkunft
Hotel Carpaţi (sehr preiswert), Str. 9. Mai Nr. 9, Tel. 231103; zentral gelegen, mit Restaurant (günstig) und besonders nettem Service.

Central, Calea Bucovinei Bl. 3, Tel. 231435; einfache regionale Küche (günstig).

Osterfeierlichkeiten in der Kirche Humor meist eine Woche nach dem katholischen bzw. protestantischen Ostertermin.

Zugstation an der Kleinstrecke Suceava–Floreni.

Hârlău (Hîrlău)

Moldau, Vorwahl 0232
Lage: vordere Umschlagkarte G7

Hotel Rareşoia (günstig), Str. Bogdan-Vodă 1, Tel. 720422.

Zugstation an der Kleinstrecke Iaşi–Hârlău.

Histria

Dobrudscha
Lage: vordere Umschlagkarte J3

Campingmöglichkeit am Museumsgelände.

Der Pächter der kleinen Gaststätte kocht für den seltenen Gast gute einheimische Kost (günstig).

Freilichtgelände der antiken Ruinenstadt und schöne Funde im **Museum**, tägl. 9–16 Uhr.

Bushaltestelle der Linie Constanţa–Mihai Viteazu am Abbieger nach Cetatea Histria, 6 km von der antiken Ruinenstadt entfernt.

Homorod (Hamruden)

s. Rupea

Horezu

Walachei, Vorwahl 0250
Lage: vordere Umschlagkarte D3

Motel Hurezu (günstig), Str. C. Malder, Tel. 861040, Fax 860220; kleines einfaches Haus.

Camping:
Camping Stejari-Hurezu, Str. T. Vladimirescu 120, Tel. 860570; 1,5 km vom Zentrum, einfachste Ausstattung.

Restaurant /Hotel Popas Stejari (günstig), Str. T. Vladimirescu, Tel. 860220.

Nonnenkloster Horezu, zählt zum Weltkulturerbe der UNESCO.

Osterfeierlichkeiten im Kloster Horezu meist eine Woche nach dem katholischen bzw. protestantischen Ostertermin.

Humor

s. Gura Humorului

Hunedoara (Eisenmarkt)

Transsilvanien, Vorwahl 0254, PLZ 2750
Lage: vordere Umschlagkarte C4

Hotel Rusca (sehr preiswert), B-dul Dacia 10, Tel. 717575, Fax 712002; an einer Parkanlage, mit Restaurant (günstig) und Disco.

Hotel Termorep SA (günstig), ‚Str. Ştefan cel Mare 1, Tel. 712449; in Schloßnähe.

Castelul Hunedoreştilor, Str. Cutea Castelului 1–3, Tel. 711423; Familienschloß Hunedoara.
Grădina Zoologica, Pădurea Chizid, Tel. 713766; Zoologischer Garten.

Höhlenkletterer: Clubul Speologic Proteus, B-dul Dacia Bl. 38, Tel. 729030.
Wanderer-Information, Bergrettungsdienst: Serv. Public Salvamont, B-dul Libertăţii 17, Tel. 712543.

Zugstation an der Kleinstrecke Simeria–Hunedoara.

Iaşi

Moldau, Vorwahl 0232, PLZ 6600
Lage: vordere Umschlagkarte H6, Stadtplan S. 133

Totem Tourism Travel Agency, Şos. Păcurari 8, Tel./Fax 213545, totem@mail.dntis.ro, www.totem.ro/romania.
Agenţia de Turism Mondo Phoenix, www.vacanta-ta.dntis.ro/mphoenix.
Agenţia de turism Icar Tours, Str. C. Negri 43, Tel. 216319, Fax 217160, icar@icar.ro, www.icar.ro.

Motel Aroma Viilor (moderat), Str. M. Sadoveanu 48, Tel. 147715, Fax 116313; kleines Haus, 16 Zimmer, Restaurant (günstig), Sport- und Jagdangebote.
Hotel Moldova (moderat), Str. A. Panu 29–31, Tel. 260240, Fax 114970; 152 Zimmer bzw. Apartments am Kulturpalast, Restaurant (günstig), Café, Schwimmbad, Sauna.
Hotel Unirea (moderat), P-ţa Unirii 5, Tel. 142110, Fax 212864; moderner Block im Zentrum, Kabel-TV, Restaurant (günstig), Café, Varieté, Disco, Casino.
Hotel Traian (günstig), P-ţa Unirii 1, Tel. 143330, Fax 212862; mit Flair der Kulturhauptstadt, Restaurant, Café.

Select, P-ţa 14. Decembrie 1989 Nr. 2, Tel. 147393; für den anspruchsvollen Gaumen (moderat).
Bolta Rece SRL, Str. Rece 10, Tel. 112567; ein keineswegs ›kaltes Gewölbe‹ mit guten warmen Speisen (günstig).
Hanul Trei Sarmale, Şoseaua Bucium 75, Tel. 132832; ›Herberge zu den drei Kohlrouladen‹ mit schmackhafter moldauischer Küche (günstig).

Bond Casino Moldova, Hotel Unirea (s. o.), Tel. 210010.
Night Club & Disco Noemi, Str. A. Panu, Tel. 211628.

Bojdeuca Ion Creangă, Str. Barniţiu 4, Tel. 115515; Wohnhaus ›kleine Hütte‹ des Schriftstellers.
Casa Dosoftei, Str. A. Panu 54, Tel. 146321; Druck- und Buchausstellung.
Casa Mihail Sadoveanu, Alea M. Sadoveanu 12, Tel. 143640; Haus des Schriftstellers.
Grădina Botanică, Str. Dumbrava Roşie, Tel. 149620; Botanischer Garten.
Muzeul Literaturii Române, Str. V. Pogar 4, Tel. 145760; Literaturmuseum.
Muzeul Mihai Eminescu, Parcul Copou; Erinnerungsstücke an den Dichter.

Opera şi Teatrul Naţional V. Alecsandri, Str. A. Bârsescu 18, Tel. 117233; Oper und Nationaltheater.

Osterfeierlichkeiten in den orthodoxen Kirchen der Stadt meist eine Woche nach dem katholischen bzw. protestantischen Ostertermin.

Tips für Angler und Wassersportler: Agenţia Naţională Apele Române, Str. T. Vâscauţeanu 10, Tel. 144925, Fax 213384.

Flughafen Aeroportul Iaşi, Str. Aeroportului 1, Tel. 271590. Flughafenbus und Taxis zum Zentrum.
Binnenflüge: Tarom, Str. Arcu 3, Tel. 115239.

Zugstation (Tel. 146333) an der Schnellzugstrecke Bukarest–Iaşi.

Busreisen: Touring Europabus România, Piaţa Unirii 2, Tel./Fax 217822, iasi@eurolines.ro.

Ipoteşti

s. Mihai Eminescu

Independenţa

s. Murighiol

Jupiter

Dobrudscha, Vorwahl 0241, PLZ 8722
Lage: vordere Umschlagkarte J2

Hotel Tismana (günstig), Tel./Fax 731803; gepflegtes Haus, Restaurant (günstig), Angelmöglichkeiten und Tretbootfahren.

Wassersportangebote wie Rudern, Wasserski, Segeln.

Lugoj (Lugosch)

Banat, Vorwahl 0256, PLZ 1800
Lage: vordere Umschlagkarte B4

Agenţia de turism Dacia, Str. Cuza Vodă 1, Tel. 312749, Fax 190671.
SC Agroindustriala şi de Turism SA, Str. Salcâmului 15, Tel. 313832, Fax 314183; ländlicher Tourismus.

Hotel Timiş (günstig), Str. A. Mocioni 20, Tel. 315045, Fax 190671; 36-Zimmer-Haus mit Kabel-TV, Restaurant (günstig) und Bar.
Hotel Tirol (günstig), Str. Salcâmului 15, Tel. 313832, Fax 314183; gemütliches Haus mit Restaurant (günstig), Schwimmbad, Reitsport- und Jagdangeboten.

Station an der Schnell**zug**strecke Timişoara – Bukarest.

Mamaia

Dobrudscha, Vorwahl 0241, PLZ 8741
Lage: vordere Umschlagkarte J2

Agenţia de turism CONTur Mamaia, Tel. 831964.
Mamaia Travel Agency, www.mamaia-travel.ro.

Strandhotel Rex (teuer), Tel. 831595, Fax 831690; war schon früher unter dem Namen ›Internaţional‹ das beste Haus im Ort, renoviert, mit Komfort, sehr gutes Restaurant (teuer), beste internationale Küche des Ferienorts, Café sowie Shops, das ganze Jahr geöffnet.
Hotel Iaki-Bucureşti (teuer), Tel. 831360; von Rumäniens Fußball-Legende Gheorghe Hagi komplett umgebauter Sporthotelkomplex mit vielen Trainingsmöglichkeiten, Restaurants, Cafés, Nachtbar.
Strandhotel Riviera (moderat), Tel. 831230, Fax 831484; Hotelnachbar des Rex im ruhigen mittleren Bereich Mamaias, mit Restaurant (moderat).
Strandhotel Astoria (günstig), Tel. 831044, Fax 831456; straff geführtes kleines Privathaus mit gutem Restaurant (günstig), Kabel-TV.

Camping:
Camping Mamaia bzw. Camping Turist, Tel. 831534; im Norden des Ferienorts direkt am Strand, Stellplätze und Unterkunft in einfachen Häuschen.

Dicoteca Rex, Edel-Treffpunkt im gleichnamigen Hotel.
Night Club Melody, seit vielen Jahren mit eigener Varieté-Show.

Teatrul de Vară, Tel. 831345; Freiluft-(Musik-)theater beim Hotel Perla, rumänische Folklore, Schlager, Operetten.

Unterhaltungsmusik-Festival im Juli/Aug.

Alle **Wassersport**arten. **Reitpferde**-Verleih im Norden des Orts.

Nahe der Schnell**zug**station Constanţa.

Mangalia

Dobrudscha, Vorwahl 02 40, PLZ 8727
Lage: vordere Umschlagkarte J2

Agenţia de turism Flux – Rural Turism SRL Mangalia, Str. G. Murnu 13, Tel. 75 04 73.

Hotel President (teuer), Str. Teilor 6, Tel. 75 58 61, Fax 75 56 95; für Touristen und Geschäftsreisende, gute Ausstattung mit Restaurant (teuer) und Café sowie Abendprogramm, Sportmöglichkeiten, Kureinrichtungen in der Nähe.
Complex Mangalia S.A. (moderat), Str. Rozelor 35, Tel. 75 20 52, Fax 75 35 10, ctasud@modarex.ro, http://mangalia_turism.radiotel.ro; mit Kabel-TV, Pizzeria (moderat) und Diskothek, Sauna, Minigolf sowie viele Wassersport-Möglichkeiten, Kureinrichtungen in der Nähe.

Muzeul Arheologic; Archäologisches Museum.

Wassersport-Angebote wie Segeln, Wasserski, Rudern.

Endstation (Tel. 75 28 18) der **Schnellzug**strecke Bukarest–Mangalia.

Medgidia

Dobrudscha, Vorwahl 02 41
Lage: vordere Umschlagkarte H2

Hotel Sport, Str. Podgoriilor 1, Tel. 81 16 42, für Anspruchslose auf Zwischenstopp.

Zugstation an der Schnellzugstrecke Bukarest–Constanţa.

Mediaş (Mediasch)

Transsilvanien, Vorwahl 02 69, PLZ 3125
Lage: vordere Umschlagkarte E5

Agenţia de turism Central, Str. M. Eminescu 4–7, Tel. 81 18 85, Fax 82 17 22.

Hotel Central (günstig), Str. M. Eminescu 47, Tel. 84 17 87, Fax 82 17 22; moderner Block mit Restaurant (günstig), Touristeninformation, Diskothek, Kabarett.

Traube, P-ţa Regele Ferdinand I. Nr. 9, Tel. 84 48 98; gute Küche (günstig).

Zugstation an der Strecke Sighişoara–Cluj.

Mihai Eminescu (Ipoteşti)

Vorwahl 02 31
Lage: vordere Umschlagkarte G7

Cabana Lacul cu Nuferi (günstig), Tel. 51 15 76; ›Seerosen-Hütte‹.

Memorialul Mihai Eminescu, Tel. 51 76 02; Dichter-Geburtshaus.

Moneasa

Banat, Vorwahl 02 57, PLZ 2837
Lage: vordere Umschlagkarte C5

Kurhotel Moneasa (günstig), Str. Principală, Tel. 43 91 51; Haus mit einigem Komfort.
Kurhotel Codru Moma-UTB (sehr preiswert), Str. Şmelţ 118, Tel. 43 91 34, Fax 43 91 70; landschaftlich reizvoll gelegen.

Wander-, Tennis-, Reit-, Bowling, Schwimm-, Angel- und **Ski**-Angebote im Kurhotel Moneasa.

Murighiol (Independenţa)

Dobrudscha, Vorwahl 0240, PLZ 8816
Lage: vordere Umschlagkarte J3

Pension Cormoran (günstig), modernes 114-Betten-Haus mit Vollpension.

Camping:
Motel Plaur; einfaches 17-Zimmer-Haus mit Restaurant (günstig).
Camping Pelican; Tel. 516386; südlich von Stadt und See Murighiol, 170 Plätze in sehr einfachen Häusern mit 2 und 3 Plätzen, gemeinsame sanitäre Einrichtung; Restaurant (günstig), 3 Bars, Nachtbar, Badestrand, Schwimmbecken, Spielangebote.

Ruderbootverleih; es werden **Angel- und Deltafahrten** angeboten.

Busverbindung zur nächsten Zugstation Tulcea.

Nădlac

Banat, Vorwahl 0257, PLZ 2954
Lage: vordere Umschlagkarte A5

Complex Turistic Nădlac, Str. Independenţei 49, Tel. 474833; zentrale einfache Unterkunft und Restaurant (günstig).

Grenzort zu Ungarn; **Zug**station an der Kleinstrecke Arad–Nădlac.

Negreşti Oaş

Maramuresch, Vorwahl 0261, PLZ 6552
Lage: vordere Umschlagkarte D7

Hotel Oşanul (günstig), Str. Victoriei 79, Tel. 851162, Fax 851163; zentral, für geringe Ansprüche, mit Restaurant (günstig).

Fortuna SRL, Str. Victoriei 92, Tel. 850504; zentrale Lage (günstig).

Muzeul de Etnografie; Freilicht-Volkskundemuseum.

Zugstation an der Kleinstrecke Satu Mare – Bixad.

Neptun

Dobrudscha, Vorwahl 0241, PLZ 8720
Lage: vordere Umschlagkarte J2

Kurhotel Doina (moderat), Tel. 701012, Fax 701112; mit schöner Parkanlage, Kabel-TV, Kurzentrum Neptuns mit zum Hotel gehörigem Meerwasser-Schwimmbad, Tennis, Minigolf.
Vile Neptun (teuer–moderat), Tel. 731050, Fax 731214; recht komfortable Häuser.

Camping:
Camping-Feriendorf Neptun, Tel. 731220, am Neptunsee ca. 200 m vom Badestrand; 289 Plätze in sehr einfachen Bungalows, Steinhäuser mit 2 Betten und eigener sanitärer Einrichtung bzw. Holzhäuschen mit 2–3 Betten und gemeinsamer sanitärer Einrichtung; 298 Zeltplätze mit Strom, Parkplatz für PKW und Wohnwagen, gemeinsame sanitäre Einrichtung; Restaurant ›Rustic‹ (rumänische Spezialitäten).

Wassersport wie Wasserski, Rudern, Segeln, Surfen, Tretbootverleih.

Discoteca Why Not, Tel. 752635.

Zugstation an der Schnellzugstrecke Bukarest–Mangalia.

Ocnele Mari

Walachei
Lage: vordere Umschlagkarte E3

Camping Ocniţa, 13 km außerhalb im Luftkurort Ocniţa, einfachste Ausstattung.

Salzsee für **Kur**anwendungen.

Olimp

Dobrudscha, Vorwahl 02 41, PLZ 8721
Lage: vordere Umschlagkarte J2

Hotel Maramureş (günstig), Tel. 73 11 14; großes Hotel in Strandnähe, Restaurant (günstig), Tennis.

Camping:
Camping Olimp, Tel. 73 13 14; schöne meernahe Lage, 282 Plätze in 140 sehr einfachen Holzhäuschen mit fließendem Wasser und z. T. eigener sanitärer Einrichtung; Plätze für 158 Zelte; Parkplätze für PKW und Wohnwagen mit Stromanschluß; Campinggaststätte.

Alle **Wassersport**arten (wie in Neptun).

Zugstation Neptun an der Schnellzugstrecke Bukarest–Mangalia.

Oradea (Großwardein)

Transsilvanien, Vorwahl 02 59, PLZ 3700
Lage: vordere Umschlagkarte B6

BTT Bihor Travel Agency, Str. Cazaban 49, Tel. 45 41 56, Fax 44 44 29.
Agenţia de turism Oasis, B-dul Magheru 17, Tel./Fax 47 91 86.
Băile Felix: Information in den Kurhotels.

Hotel Elite (teuer), Str. I. C. Brătianu 26, Tel. 41 49 24, Fax 41 97 59, elitoradea@hotmail.com, http://fortunecity.com/oasis/tuscany/858/
Hotel Dacia (moderat), Str. Aleea Ştrandului 1, Tel. 41 86 56, Fax 41 12 80; bestes Haus, 1- bis 3-Bett-Zimmer und Apartments, Kabel-TV, Restaurant (moderat) und Café, Casino, Sauna und Schwimmbad.
Kurhotel Termal (moderat), 3733, Băile Felix, Tel. 31 82 14, Fax 47 00 37, 176 Zimmer und Apartments, mit Restaurant (moderat) und Café, Bar, Sauna, Sportangeboten, Touristeninformation
Kurhotel Muncel (günstig), 3733 Băile Felix, Tel. 31 92 78, Fax 13 43 73, 59 Zimmer, mit Restaurant (günstig), Bar, Kino, Sauna, Sportangeboten.
Antrec, Gesellschaft für den ländlichen Tourismus, Tel. 01-2 22 83 22, 2 22 63 27, vermittelt Unterkunft in Bauernhöfen der Crişana.

Camping:
Camping Tinca, Str. Avram Iancu 167, 3685 Băile Tinca: 39 km südlich von Oradea am rechten Ufer des Flusses Crişul Negru; 60 Plätze in einfachen Häuschen, Restaurant in der Nähe, Billard, Tennis, Volley-, Basket-, Fußballplätze, Kahnfahrten, Fischen, Nahausflüge zur Peştera Urşilor (Bärenhöhle).

Muzeul Ţanii Crişurilor,B-dul Dacia 1–3, Tel. 41 27 24; Museum der Region Crişana bzw. Kreischland.

Tips für Wanderer und Hobby-Jäger: Regia Naţională a Pădurilor. Direcţia Bihor, Str. M. Eminescu 15, Tel. 41 30 01, dsoradea@rdsor.ro.
Tips für Wassersportler und Sportfischer: Compania Naţională Apele Române. Direcţia Crişuri, Str. Ion Bogdan 35, Tel. 14 20 33, Fax 44 42 37.

Flughafen Aeroportul Oradea, Tel. 11 60 82, Flughafenbuslinie. **Binnenflüge:** Agenţia Tarom, P-ţa Regele Ferdinand 2, Tel. 13 19 18.

Für Zugfahrer: Stationen Oradea (Tel. 1 19 36) und Oradea Est an der Schnellzugstrecke Bukarest–Oradea; Station Oradea Vest an der Strecke Oradea – Timişoara.

Orşova

Banat, Vorwahl 02 52, PLZ 1543
Lage: vordere Umschlagkarte C3

Hotel Dierna (günstig), Str. 1. Decembrie 1918 Nr. 18, Tel. 36 18 75, Fax 36 11 10; Zimmer bzw. Apartments, Kabel-TV, Restaurant (günstig) und Bar, Diskothek; Angel- und Wassersportangebote.

Porţile de Fier (Eisernes Tor), Karpatendurchbruch der Donau mit Wasserkraftwerk.

Zugstation an der Schnellzugstrecke Timişoara–Bukarest.

Piatra Neamţ

Moldau, Vorwahl 02 33, PLZ 5600
Lage: vordere Umschlagkarte G6

Agenţia de turism AS, Str. Mihai Viteazul Bl. I, Tel./Fax 23 17 90.
Agenţia de turism Forum, Str. M. Eminescu 10, Tel./Fax 23 31 90.

Grand Hotel Ceahlăul (günstig), P-ţa Ştefan cel Mare 2, Tel. 21 99 90, Fax 21 55 40; Hochhaus mit Restaurant (günstig), Café und Bar.
Hotel Central (günstig), P-ţa Petrodava 1–3, Tel. 21 62 30, Fax 21 45 32; 132 Zimmer, Restaurant (günstig) und Café, Einkaufsmöglichkeiten.

Camping:
Camping Bâtca Doamnei, Zona de agrement, Tel. 21 35 92; außerhalb im Naherholungsgebiet gelegen, einfachste Ausstattung.

Colibele Haiducilor, Parcul Cozla, Tel. 21 39 09; stadtauswärts im Cozla-Park (günstig).

Grădina Zoologică, Str. Ştefan cel Mare 30, Tel. 21 21 72; Zoo.

Teatrul Tineretului, P-ţa Ştefan cel Mare 1, Tel. 21 14 72; Jugendtheater.
Kartenbestellung: Tel. 21 10 36.

Wandertips und Bergrettungsdienst: Ascociaţa Salvamont, Str. Baladei 5, Tel. 21 92 63.
Tips für Wanderer und Hobby-Jäger: Regia Naţională a Pădurilor. Direcţia Piatra Neamţ, Str. Nordului 4, Tel. 21 37 68, Fax 21 27 36
Fischfang- und Jagdtips: A. J. V. P. S. Piatra Neamţ, B-dul Decebal 35, Tel. 21 18 76.
Hipodrom Girostar, Aleea Tineretului, Tel. 21 59 07; Reitveranstaltungen.

Centrul Creaţiei Populare, Str. Ştefan cel Mare 18, Tel. 21 40 26; Kunstgewerbe und Kunst.

Zugstation (Tel. 61 10 00) an der Strecke Bacău–Bicaz.

Piteşti

Walachei, Vorwahl 02 48, PLZ 5000
Lage: vordere Umschlagkarte E3

Agenţia de turism Muntenia, P-ţa Muntenia 1, Tel. 62 54 63, Fax 21 45 56;
Agenţia de turism Recreaţia, Calea Bucureşti 2, Tel. 21 45 75, Fax 62 46 74.

Hotel Carmen (moderat), B-dul Republicii 84, Tel. 22 26 99, Fax 28 18 90; kleines gemütliches älteres Haus mit traditioneller einheimischer Küche und internationalen Gerichten (moderat).

Camping:
Camping Trivale, Padurea Trivale, Tel. 63 41 90; 5 km außerhalb im Naturpark Trivale, 56 Plätze, fließendes Wasser, Duschkabinen und Toiletten, Strom.

Galeria de Artă, B-dul Republicii 88, Tel. 63 61 35; Kunstgalerie.

Teatrul Alexandru Davilla, Str. Victoriei 9, Tel. 62 40 44.

Tips für Wassersportler und Hobby-Angler: Compania Naţională Apele Române. Direcţia Argeş-Vedea, Str. Câmpulung 6–8, Tel. 63 49 00, Fax 21 15 49.

Zugstation (Tel. 3 03 41) an der Strecke Bukarest–Craiova.

Ploieşti

Walachei, Vorwahl 02 44, PLZ 2000
Lage: vordere Umschlagkarte F3

Agenţia de turism Kron Tour, Str. Poştei 11–13, Tel. 11 24 64, Fax 11 39 82.
Agenţia de turism Prahova, Str. Republicii 12, Tel. 14 14 60, Fax 11 32 65.
Passion Tourism & Travel Agency, Pasajul Libertăţii, Tel. 11 45 07, Fax 11 51 18, www.passion.ro.
In Câmpina: Agenţia de turism Breaza, Bd. Carol 1 Nr. 244, Tel./Fax 33 67 21.

Hotel Central (moderat), Bd. Republicii 1, Tel. 12 66 41, Fax 12 22 43, scthr@extelnet.ro, www.extelnet.ro/scthr; zentral gelegenes großes Haus mit Restaurant und Café (günstig), eigene Touristeninformation.
Hotel Muntenia (günstig), Câmpina, Bd. Carol 1 Nr. 61, Tel. 33 30 91, Fax 33 30 92; in der Nähe des Nicolae- Grigorescu-Museums.

Camping:
Camping Baia Roşie, 2101 Slănic Prahova, Tel./Fax 24 02 33; 40 km nördlich von Ploieşti 1 km außerhalb des Städtchens Slănic Prahova, 40 Plätze in sehr einfachen 2-Bett-Häusern, sanitäre Einrichtungen mit Dusche, Bar, Gaststätte; Kurstrandbad, Kuren im Salzbergwerk Unirea in 220 m Tiefe.

Hipodrom, Calea Bucureşti, Tel. 14 19 74; an der Reitbahn gelegen (günstig).

Im **Ort Câmpina** ein paar Kilometer nördlich an der E 60:
Muzeul Nicolae Grigorescu, B-dul Carol I. Nr. 166, Tel. 33 55 98; Museum im Wohnort des Malers.

Teatrul Toma Caragiu, Str. Teatrului 2, Tel. 14 52 11.
Kartenbestellung: Tel. 12 27 74.

Höhlenkletterer: Euro Bingo, Şos. Nordului 1, Tel. 13 46 27.
Tips für Mountainbiker, Camper, Wanderer etc. in Câmpina und Umgebung: Asociaţia de Turism Montan Prahova, D. N. 1km 100 Vila Bagdazar, Tel./Fax 37 03 37.

V. A. P. Ploieşti, Str. C. D. Gherea, Tel. 12 38 00; Kunstgegenstände.

Verkehrskrotenpunkt an den **Zug**strecken Bukarest–Suceava und Bukarest–Oradea.

Busreisen: Touring Europabus România, Bd. Republicii, Tel./Fax 11 47 68.

Poiana Braşov

Transsilvanien, Vorwahl 02 68, PLZ 2209
Lage: vordere Umschlagkarte F4

Agenţia de turism Poiana Braşov, Vila Narcisa, Tel. 26 23 89, Fax 15 05 04.
Information zum Ort: www.poiana-brasov.com/info.htm.

Villa Casa Viorel (teuer), Tel. 15 02 16, Fax 26 21 48; modernes komfortables Privathaus mit Appartements und Doppelzimmern, Bar, Sauna, Fitnessraum.
Ana Hotels: www.anahotels.ro, Hotelangebote in allen Preiskategorien, z. B. **Hotel Sport** (teuer), Tel. 26 22 52, Fax 26 22 52;

Bradul (moderat), Tel./Fax 407330; **Hotel Poiana** (moderat),Tel. 262252, Fax 262410; mit Skiverleih, Skischul-Vermittlung.
Hotel Alpin (moderat),Tel. 262343, Fax 262211; schön gelegenes 135-Zimmer- bzw. Apartment-Haus mit Kabel-TV, Restaurant (moderat), Bar, Sauna, Tennisangebot, Skipisten in der Nähe.
Vila Mesteacănul (moderat), Tel. 262160, 262241; 8-Betten-Haus mit persönlicher Atmosphäre.
Hotel Tirol (moderat), Tel. 262460, Fax 262439, tirol@deuroconsult.ro, www.poiana.co;, Zimmer und Apartments mit Kabelanschluß, Restaurant (günstig) mit internationaler und rumänischer Küche.

Restaurantul Şura Dacilor, Tel. 26 2327; antikisiertes Interieur, Weine und Speisen nach traditionellen Rezepten (moderat).
Restaurantul Vănătorul, Tel. 262354; Wildbret-Gerichte (moderat).
Coliba Haiducilor, Tel. 262137, Super-Privatrestaurant mit rustikalem Ambiente und siebenbürgischen Spezialitäten aus ökologisch erzeugten Produkten des eigenen Bauerhofs, sehr guter Service (moderat).

Restaurantul Capra Neagră, Tel. 544123; ›Schwarze Ziege‹ mit eigener Varieté-Show.
Night Club & Cabaret Favorit, Tel. 262375.

Reitpferde-Verleih: Centrul de Echitaţie, Tel. 262161;
Wandertips und Bergrettungsdienst: Salvamont, Cabana Cristianul Mare, Tel. 186176;
Skisportangebote allerorten.
Tennis im Hotel Alpin.

Es existiert eine **Stadtbus**-Verbindung von Braşov aus.

Predeal

Walachei, Vorwahl 0268, PLZ 2211
Lage: vordere Umschlagkarte F4

Agenţia de turism Ingrid Turism, Str. Liviu Rebreanu 12, Tel. 256972, Fax 456376.
Agenţia de turism Elion Tours, Str. M. Sulescu 46, Tel. 256427, Fax 256833.

Villen Furnica und Moldoveanu (teuer), Str. N. Bălcescu 40 und 42, Tel. 456153, Fax 152135; für den gehobenen Anspruch, Wohnen in persönlicher Atmosphäre.
Hotel Orizont (moderat), Str. Trei Brazi 6, Tel. 455150, Fax 455472, office@orizont.ro, www.orizont.ro; modernes Haus mit Kabel-TV, Restaurant (moderat) und Bar, und für sportliche Gäste: Kegelbahn, Schwimmbad, Sauna, Massage, Diskothek, Turn-, Tennis-, Jagd- und Skisportmöglichkeiten.
Cabana Trei Brazi (sehr preiswert), Str. Trei Brazi, Tel./Fax 455472, office@orizont.ro, www.orizont.ro; außerhalb Predeals mitten in der Natur gelegenes einfaches Haus; für den Gast, der auch Ruhe sucht.
Cabana Clăbucet-Sosire (sehr preiswert), Tel./Fax 152901; Unterkunft in der Berghütte bei Predeal.

Casa Ţărănească, B-dul Libertăţii 61, Tel. 256661; regionale Küche (günstig).

Wandertips und Bergrettungsdienst: Salvamont Predeal, Str. M. Saulescu 2, Tel. 256269;
Skifahrer-Information: Tel. 256089.
Tips für Mountainbiker, Camper, Wanderer in der Umgebung: Asociaţia de Turism Montan Prahova, D. N. 1 km 100 Vila Bagdazar, Tel./Fax 044/370337.

Zugstation (Tel. 256330) an der Strecke Bukarest–Braşov.

Putna

Bukowina, Vorwahl 02 30
Lage: vordere Umschlagkarte F7

Hotel Putna (günstig), Str. Mănăstirii 16; 50-Betten-Haus mit Restaurant (günstig) ganz in Klosternähe.
Cabana Putna (günstig), Str. Mănăstirii 7, 38-Betten-›Hütte‹ mit Restaurant (günstig), in Klosternähe

Camping:
Camping Putna, Str. Mănăstirii 16, Zelt- und Wohnwagenplätze, Häuschen, einfachste Ausstattung.

Mănăstirea Putna, Tel. 46 36 85; Mönchskloster mit Museum.

Zugstation an der Kleinstrecke Dorneşti–Nisipitu.

Rădăuţi

Bukowina, Vorwahl 02 30
Lage: vordere Umschlagkarte F7

Hotel Nordic (günstig), P-ţa Unirii 67, Tel. 46 16 43; einfaches Haus in zentraler Lage.

Ivomar, P-ţa Unirii 20, Tel. 46 36 63; rumänische Hausmannskost (günstig).

Zugstation an der Kleinstrecke Dorneşti–Nisipitu.

Râmnicu Vâlcea

Walachei, Vorwahl 02 50, PLZ 1000
Lage: vordere Umschlagkarte E3

Travel Agency Sind Romania, Str. Calea lui Traian 134, Tel. 73 54 02, Fax 73 85 43.
Agenţia de turism Turistcoop, Mşal Antonescu 1, Tel. 73 12 23, Fax 73 50 73.

Hotel Alutus (günstig), Str. G. Pragorgescu 10, Tel. 73 66 01, Fax 73 77 60; 107-Zimmer-Hotel mit Kabel-TV, Restaurant (günstig), Casino, Touristeninformation.
Hotel Capela (günstig), Str. Dealul Capela, Tel. 73 66 01, Fax 73 77 60; neueres 60-Zimmer-Haus mit Kabel-TV, Restaurant (günstig), Bar und Kegelbahn.

Belvedere, Str. Carol 11, Tel. 71 23 22; gehobenes Niveau, rumänische Küche (moderat).

Filarmonica de Stat, Calea lui Traian, Tel. 71 29 56; Staatsphilharmonie.
Teatrul Anton Pann, B-dul T. Vladimirescu 39, Tel. 71 73 20; Stadttheater.

Höhlenkletterer: Cercul de Speologie, Str. T. Vladimirescu 39, Tel. 71 86 20.
Tips für Wanderer und Hobby-Jäger: Tel. 73 92 66.
Tips für Angler und Wassersportler: Compania Naţională Apele Române. Direcţia Olt, Str. Remus Belu 6, Tel. 73 98 81, Fax 73 98 80.

Zugstation an der Strecke Piatra Olt–Podu Olt.

Roman

Moldau, Vorwahl 0233, PLZ 5550
Lage: vordere Umschlagkarte G6

Travel Agency Pleiada, Str. V. Micle 15, Tel./Fax 73 10 08.

Hotel Roman (günstig), Str. N. Titulescu 2–4, Tel. 74 26 00, Fax 74 08 31; einfache Unterkunft.

Zugstation an der Strecke Bukarest–Suceava.

Rupea (Reps)

Transsilvanien, Vorwahl 02 68
Lage: vordere Umschlagkarte E5

Agenţia de turism Nimfa Sercom, Str. Republici 108, Tel. 26 06 22, Fax 26 06 22.

Hotel Băile Homorod, Homorod-Rupea, Tel. 25 05 04; einfachste Unterkunft in Homorod.
Hotel Rupea, Str. Republicii 120, Tel. 26 03 83; kleines Hotel im Ort.

Zugstation an der Schnellzugstrecke Bukarest–Oradea.

Sarmizegetusa (Ulpia Traiana)

Transsilvanien, Vorwahl 02 54
Lage: vordere Umschlagkarte C5

Hanul Sarmizegetusa ((sehr preiswert), Tel. 77 73 60; einfache Herberge.
In Călăn: Căsuţele Băile Aque (sehr preiswert), Călăn Bai DN 66, Tel. 73 15 18, Fax 73 06 94; 2-Personen-Häuschen, mit Restaurant (günstig), Bar, Wassersportangeboten.

Muzeul de Arheologie, Str. Principala 1, Tel. 76 21 18; Archäologiemuseum, Ruinen der alten Römerstadt.

Zugstation an der Kleinstrecke Haţeg–Sarmizegetusa.

Satu Mare (Sathmar)

Maramuresch, Vorwahl 02 61, PLZ 3900
Lage: vordere Umschlagkarte C7

Agenţia de turism Aurora, Str. Libertăţii 11, Tel./Fax 71 41 99, www.rotravel.com/agencies/aurora.
Agenţia de turism Accord, Bd. I. Brăţianu 11, Tel. 73 79 15, Fax 71 70 69, a-btt@p5net.ro.

Hotel Dacia (günstig), P-ţa Libertăţii 8, Tel. 71 42 76, Fax 71 57 74; schönes altes Hotel, das auch schon international Preise erringen konnte, mit Kabel-TV, Restaurant (günstig), Casino.
Motel Vânătorul (günstig), Str. G. Bariţiu 102 A, Tel. 71 42 32; wie der Name (›Jäger‹) schon sagt, Hobbyjäger-Treffpunkt, Restaurant (günstig).

Zahana SRL, B-dul Traian 9, Tel. 73 41 98; rumänische Küche (günstig).
Pescăruşul SRL, Str. Botizului 1, Tel. 73 05 98; Fischspezialitäten (günstig).

Muzeul de Istorie, Str. V. Lucacian 21, Tel. 73 72 51; Geschichtsmuseum.
Muzeul Judeţean Satu Mare, Str. V. Lucacian 21, Tel. 73 67 61; Kreismuseum.

Teatrul de Nord, Str. Horea 3, Tel. 71 56 83.

Jäger und Angler: A. J. V. P. S. Satu Mare, Str. 1. Decembrie 1918 Nr. 8, Tel. 73 48 76.

Flughafen Aeoroportul Satu Mare, Şos. Satu Mare–Zalău km 9, Tel. 73 48 84, Busverbindung zum Zentrum.
Binnenflüge: Tarom-Agentur, P-ţa 25. Octombrie, Tel. 72 17 85.

Zugstation (Tel. 71 12 02) an der Schnellzugstrecke Braşov–Satu Mare.

Saturn

Dobrudscha, Vorwahl 02 41, PLZ 8726
Lage: vordere Umschlagkarte J2

Hotel Cupidon (günstig), Tel./Fax 75 20 05; mit Restaurant (günstig) und Bar, Touristeninformation.
Căsuţele Dunărea, Tel. 75 13 19, Fax 75 55 59; kleine Ferienhäuser.

Camping:
Camping Saturn, Tel. 75 13 80, Fax 75 55 59; meernah, für Anspruchslose; Hausvermietung unter Tel. 73 13 73.

Discoteca Dunărea; private Freiluftdisco am Meer.

Alle **Wassersport**arten (wie Rudern, Segeln, Wasserski).

Sebeş (Mühlbach)

Transsilvanien, Vorwahl 02 58, PLZ 2575
Lage: vordere Umschlagkarte D5

Hotel Dacia, Dr. Sibiului 1, Tel. 73 27 43; einfachste 78-Betten-Unterkunft mit Restaurant (günstig).

Restaurant Surianu, Str. Mihai Viteazu 45, Tel. 73 28 63; einfache Küche (günstig).

Zugstation (Tel. 73 34 30) an der Schnellzugstrecke Braşov–Arad.

Busreisen: Touring Europabus România, Str. Lucian Blaga 83–85, Tel./Fax 73 45 01, sebes@eurolines.ro.

Semenic

Banat, Vorwahl 02 55, PLZ 1700
Lage: vordere Umschlagkarte B4

Hotel Gozna (günstig), Staţiunea Semenic, Tel. 43 30 39; 40-Zimmer-Haus mit Restaurant (günstig), Bar und Diskothek ausgestattet.
Hotel Nedea (günstig), Staţiunea Semenic, Tel. 43 30 39; 51-Zimmer bzw. Apartments, mit Restaurant (günstig) und Bar sowie Sauna.

Wintersportmöglichkeiten bieten die oben genannten Hotels an.

Sfântu Gheorghe

Dobrudscha, Vorwahl 02 40
Lage: vordere Umschlagkarte F4

Pensione Visconti (günstig), Str. Mircea Vodă 6, Tel. 52 47 26; für geringste Ansprüche.

Internationales **Festival für Amateurtheater** ›Concordia days‹ im Januar, **Winterbräuche** im Februar.

Per **Schiff** ab Tulcea auf dem Donauarm Sfântu Gheorghe; per Schiff vom Schwarzen Meer aus.

Sibiu (Hermannstadt)

Transsilvanien, Vorwahl 02 69, PLZ 2400
Lage: vordere Umschlagkarte E4

Agenţia de turism Continental, Calea Dumbrăvii 2–4, Tel. 21 81 00, Fax 21 01 25.
Agenţia de turism Prima Ardeleană, P-ţa Unirii 1, Tel. 21 17 88, Fax 21 79 33.
Informationsbüro für Agrotourismus in Siebenbürgen, 2469 Tilisca, Tel. 55 30 52, micsi@usa.net
Informationsbüro S. C. Paltinis S. A., Str. Tribunei 3, Tel. 22 38 60, Fax 21 83 19, paltinis@bmfms.ro, www.bmfms.ro/reclama/paltinis.html, Ferienangebote für den Luftkurort Paltinis (1450 m) 30 km südwestlich von Sibiu.

Hotel Casa Moraru (teuer), Str. Alexandru Vlahuţă 11a, Tel. 21 84 10, Fax 21 54 90, casamoraru@verena.ro, www.verena.net/cmoraru; neu und elegant, 6 Zimmer, 4 Suiten, Bar, Restaurant (teuer), Internet-Anschluß und Schwimmbad.
Hotel Împăratul Romanilor (moderat), Str. N. Bălcescu 4, Tel. 21 65 00, Fax 21 32 78; vielgepriesenes schönes altes Hotel mit Restaurant (moderat), Bar und Sauna, West-Stammgäste.
Hotel Palace Dumbrava (moderat), Calea Dumbrăvii 1, Tel. 21 80 86, Fax

242222; kleines 22-Zimmer-Haus mit Restaurant (moderat), Bar, Bowlingbahn.

Camping:
Camping Dumbrava, Tel./Fax 214022, 2 km außerhalb von Sibiu, 600 Plätze in recht gut ausgestatteten Häuschen, 100 Plätze in Motel, Platz für 80 Wohnwagen; es besteht die Möglichkeit, die Mahlzeiten serviert zu bekommen, Bar rund um die Uhr.

Crama Sibiul Vechi, Str. Papiu Ilarian 22, Tel. 431971; Gaststätte ›Altes Sibiu‹ mit entsprechendem Ambiente (moderat).
Hanul Rustic, Calea Răsinari, Tel. 242177, sehr gute rumänische Küche am Haupteingang des Astra-Museum (moderat).
A&S, Str. N. Bălcescu 22, Tel. 214112 (günstig).

Muzeul Astra Sibiu, Calea Răşinari, Tel. 242599; größtes rumänisches Freilicht-Dorf- und Volkskunstmuseum, von Mai bis Oktober geöffnet.
Muzeul Brukenthal, P-ţa Mare 20, Tel. 217691, www.verena.ro/brukenthal; bekanntes Kunstmuseum.
Muzeul de Istorie Sibiu, Str. Mitropoliei, Tel. 218143; Geschichtsmuseum.

Sibiu Philharmonic, Str. Filharmonicii, Tel./Fax -235115, Hermannstädter Philharmonie.
Teatrul Radu Stanca, B-dul Spitalelor 2, Tel. 210092, Fax 210532.

Historisches Theater-Festival des Teatru Municipal Sibiu im Mai.

Outdoor Trekking Tours, Inter Pares, Str. Cristian 19A, Tel./Fax 216434, ipares@logon.ro, Vertretung in Deutschland: Tel./Fax 0721-784836, ottro@t-online.de, www.ottro.de.
Tips für Hobby-Jäger und Wanderer: Regia Naţională a Pădurilor. Direcţia Sibiu, Calea Dumbrăvii 140, Tel. 421170, Fax 214970.
Wandertips und Bergrettungsdienst: Salvamont Sibiu, Str. N. Bălcescu 9, Tel. 216477;
Jagd: A. J. V. P. S. Sibiu, Str. Constituţiei 20, Tel./Fax 431835.

Disco Bellissima, Str. Gladiolelor 7, Tel. 231806
Disco Extaz, Selimbar, Tel. 218432, moderne Anlage mit technischem Raffinement.

Kunstgalerie Art-Vo, private ständige Verkaufsausstellung junger Künstler, Str. General Magheru 33, Tel. 265992, Fax 230083, Mo–Fr 9–17, Sa, So 9–13 Uhr.
Läden für Kunst- und Antiquitäten sind: **Alice Servcom SRL,** Str. Azilului 2, Tel. 218582; **Lorelei SRL,** Str. N. Bălcescu 4, Tel. 433606.

Flughafen Aeroportul Sibiu, Şos. Alba Iulia 73, Tel. 229235, Flughafenbuslinie und Taxis zum Zentrum.
Binnenflüge bei: Agenţia Tarom, Str. N. Bălcescu 10, Tel. 211157.
Jaro International SA, Str. Tribunei 15, Tel. 214583.

Zugstation (Tel. 952) an der Schnellzugstrecke Braşov–Arad.

Busreisen: Touring Europabus România, Str. Fraţii Grachi, Tel./Fax 212248.

Sighetu Marmaţiei

Maramuresch, Vorwahl 0262, PLZ 4925
Lage: vordere Umschlagkarte D7

Agenţia de turism Miron-Tours, Str. Bogdan Vodă 12, Tel./Fax 514319.

Motel Tepliţa (moderat), Str. Tepliţei 56, Tel. 313174, Fax 315484; mit Restaurant (günstig) und Bar, Wintersportangebote.
Hotel Marmaţia (günstig), Str. Eminescu 1, Tel. 311540; mit Restaurant (günstig), Bar und Touristeninformation.

Ulici – Curtea Veche, Str. Mihaly de Apsa 2, Tel. 51 14 36; gute Küche in gefälligem Ambiente (günstig).

Casa Memoriala Elie Wiesel, Elie Wiesel-Gedenkhaus.
Muzeul Maramureşan, Str. Bogdan Vodă 7, Tel. 51 42 29; schöne Volkskunde-Sammlung der Maramuresch.

Jagdinformationen: Filiala de Vânătoare, Str. 1. Decembrie 1918 Nr. 5, Tel. 51 19 48; Jagdangebote in den genannten Hotels.

Zugstation an der Kleinstrecke Sighetu Marmaţiei–Salva.

Sighişoara (Schäßburg)

Transsilvanien, Vorwahl 02 65, PLZ 3050
Lage: vordere Umschlagkarte E5, Stadtplan S. 223

Biroul de turism Castrum Sex, Str. 1. Decembrie Nr. 10, Tel. 77 10 72, Fax 77 19 32. **Romburg,** Str. 1. Decembrie 1918, Tel. 77 13 50.

Hotel Steaua (moderat), Str. 1. Decembrie 1918 Nr. 12, Tel. 77 19 30, Fax 77 19 32; zentrale Lage, einfache Ausstattung, Restaurant (günstig).
Hotel Casa cu Cerb/›Haus mit dem Hirschgeweih‹ (moderat), Tel. 77 46 25, in der Altstadt neu eröffnet.
Motel Dealu Gării (›Villa Franka‹) (günstig), Camping; mit Restaurant, Tel. 77 10 46.
Hotel Rex (moderat), Str. Dumbravei 18, Tel. 77 74 31

Cetate, P-ţa Muzeului 5, Tel. 77 15 96; am alten Museumsplatz (günstig).
Prinţul Dracula, P-ţa Muzeului; gute siebenbürgische Küche im Dracula-Geburtshaus mit historischen Wandgemälden (günstig).

Historisches Museum und **Oberth-Museum**, beide im Stundturm.

Zugstation an der Strecke Braşov–Cluj.

Sinaia

Walachei, Vorwahl 02 44, PLZ 2180
Lage: vordere Umschlagkarte F4

Hotel Holiday Inn Resort (teuer), Str. Toporaşilor 1A, Platoul Izvor, Tel./Fax 31 04 40; modernes Hotel mit Restaurant (teuer), Nachtklub, Schwimmbad, Sauna, (Winter-)Sportangeboten, Einkaufsmöglichkeiten.
Hotel Palace (moderat), Str. O. Goga 4, Tel. 31 20 51; Fax 31 06 25; Kabel-TV, neben Restaurant (moderat), Café, Diskothek, Kegeln und Wintersport wird hier auch Kinderbetreuung angeboten.
Vila Argeş (günstig), Str. Furnica 54, Tel. 31 18 50, Fax 31 18 53; unter diesen Nummern auch Vermittlung anderer moderater und günstiger Häuser.

Castelul Peleş, Str. Peleşului 2, Tel. 31 11 51; Schloß Peleş.

Discoteca Blue Angel, B-dul Carol I. Nr. 19, Tel. 31 17 51.

Regat SRL, Str. Peleşului 2, Tel. 31 11 51; in Schloß Peleş.
Rosifan A. F., Str. O. Goga 2, Tel. 31 19 85; Kunst und Antiquitäten.

Zugstation an der Schnellzugstrecke Bukarest–Braşov u. a.

Siret

Bukowina, Vorwahl 02 30, PLZ 5850
Lage: vordere Umschlagkarte F7

Hotel Siret (sehr preiswert), Str. Arcaşilor 3, Tel. 28 04 22; Restaurant (günstig) und Bar.

Zugstation (Tel. 28 04 51) an der Kleinstrecke Dorneşti–Siret.

Slatina

Walachei, Vorwahl 02 49, PLZ 0500
Lage: vordere Umschlagkarte E3

Agenţia de turism BTT, Str. Primaverii 22, Tel./Fax 43 20 59.
Agenţia de turism Sind România Olt, Str. E. Teodoroiu 1, Tel. 42 24 46, Fax 41 34 14.

Hotel Bulevard (günstig), B-dul A. I. Cuza 52, Tel. 43 40 80, Fax 43 40 80; 49 Zimmer bzw. Apartments mit Kabel-TV, Restaurant (günstig) und Bar.
Hotel Parc (günstig), Str. Crişana 1, Tel. 43 09 91, Fax 43 03 90; 88 Zimmer bzw. Apartments mit Kabel-TV, Restaurant (günstig) und Café, Bowlingbahn.

Osterfeierlichkeiten im Kloster Slatina meist eine Woche nach dem katholischen bzw. protestantischen Ostertermin.

Jagd- und Fischfang-Tips: A. J. V. P. S. Slatina, B-dul N. Titulescu 39, Tel. 42 11 14.

Zugstation an der Strecke Bukarest–Craiova.

Slobozia

Walachei, Vorwahl 02 43, PLZ 8400
Lage: vordere Umschlagkarte H3

Travel Agency Ialom Tour, Str. Matei Basarab Bl. 7I, Tel./Fax 21 25 79.

Hotel Paradis Iulică (moderat), Str. Matei Basarab 66, Tel. 21 55 64, Fax 21 47 42; neu ausgebautes Hotel mit großem Restaurant (günstig) auch für Gruppen.
Hotel Parc (günstig), Str. Ana Ipătescu, Tel. 26 61 81, Fax 266224; mit Restaurant (günstig), Miethäuschen und Camping-Möglichkeit.

Restaurant Litera Aida, Str. Matei Basarab 29, Tel. 22 04 04; für den Imbiß auf dem Zwischenstopp (günstig).

Jagd- und Fischfang-Informationen: A. J. V. P. S. Slobozia – Ialomiţa, Str. Matei Basarab Bl. D6, Tel. 21 58 13.

Zugstation Slobozia Veche an der Strecke Feteşti–Ploieşti, Stationen Slobozia Veche und Slobozia Sud an der Kleinstrecke Slobozia–Călăraşi.

Sovata

Transsilvanien, Vorwahl 02 65, PLZ 4300
Lage: vordere Umschlagkarte E5

Kurhotel Brădet (günstig), Str. Vulturului 68, Tel. 57 03 11, Fax 57 84 05; mit Restaurant (günstig) und Bar.

Camping:
Camping Cireşelul, Str. Cireşelui 5, Tel. 57 89 86; schöne Lage inmitten der Berglandschaft.

Zugstation an der Strecke Sovata–Blaj.

Strehaia

Walachei, Vorwahl 02 52
Lage: vordere Umschlagkarte D3

Motel Panduri (sehr preiswert), Str. Republicii 130, Tel. 37 07 55; für den Zwischenstopp.

Jagd: Filiala de Vănătoare, Str. Republicii 122, Tel. 37 02 06.

Zugstation an der Schnellzugstrecke Timişoara–Bukarest.

Suceava

Bukowina, Vorwahl 0230, PLZ 5800
Lage: vordere Umschlagkarte F7

Agenţia de turism Juventus, Ştefan cel Mare 53, Tel./Fax 229789.
Bucovina Estur Travel Agency, Str. Ştefan cel Mare 24, Tel/Fax 223259, www.bucovinaestur.ro.
Asociata pentru Turism Bucovina, Str. Universităţii, Tel./Fax 531977, www.apt.bucovina.suceava.ro

Motel Pensiunea Bicom (moderat), Str. Narciselor 20, Tel. 216881, Fax 520007; 9 Zimmer mit guter Ausstattung, Sauna, Restaurant (günstig).
Hotel Arcaşul (günstig), Str. Mihai Viteazul 4-6, Tel. 210944, Fax 227588; empfehlenswertes 100-Zimmer-Haus.
Hotel Balada (günstig), Str. Mitropoliei 3, Tel. 223198, Fax 520087, balada@balada.ro; modernes kleines Haus mit Kabel-TV, Restaurant (günstig), Touristeninformation.
Motel Suceviţa (günstig), Tel.226948, Fax 222539; beim gleichnamigen Kloster.
Casa Lucreţia (günstig), 5969 Vama (zwischen Klöstern Voroneţ und Moldoviţa), Str. I. L. Caragiale, Tel. 520160, Fax 340441; gepflegtes neues Haus.

Casa Bucovineana SRL, Str. Cernăuti 37, Tel. 225448; bukowinische Speisen (günstig).

Cetatea de Scaun; Freilichtmuseum Ex-Fürstenresidenz im Osten.
Muzeul Naţional a Bucovinei, Str. Ştefan cel Mare 3, Tel. 716439; Bukowina-Nationalmuseum.

Osterfeierlichkeiten in allen orthodoxen Klöstern der Region meist eine Woche nach dem katholischen bzw. protestantischen Ostertermin.

Reitpferde-Verleih bei: Herghelia Brodina, im Ort Brodina bei Suceava, Tel. 462750.

Flughafen Aeroportul Salcea bei Suceava, Tel. 213146. Linienbusverbindung zum Zentrum.
Binnenflüge: Agenţia Tarom, Str. N. Bălcescu 2, Tel. 214686.

Zugstation Suceava Nord (Tel. 952) an der Schnellzugstrecke Suceava–Bukarest.

Suceviţa

Moldau, Vorwahl 0231, PLZ 5800
Lage: vordere Umschlagkarte F7

Hotel Leto (günstig), Tel. 610166, Restaurant, Nachtklub.
Hotel Popas Turistic Buvovina (moderat), Tel. 565389, Fax 560031; 22 Zimmer und Apartments, Restaurant, es werden Touren zu den Klöstern angeboten.

Kloster; Moldaukloster Suceviţa mit Malereien.

Sulina

Dobrudscha, Vorwahl 0240, PLZ 8829
Lage: vordere Umschlagkarte K4

Sulina (günstig), Tel. 543017; 150-Betten-Haus mit Restaurant (günstig) und Bar.
Motel Farul (sehr preiswert), 40-Betten-Haus mit Restaurant.
Marea Neagră SA, Str. Deltei 178, Tel. 543139; Fischrestaurant.

Per **Schiff** von Tulcea aus auf dem Donauarm Sulina; per Schiff vom Schwarzen Meer aus.

Târgovişte (Tîrgovişte)

Walachei, Vorwahl 0245, PLZ 0200
Lage: vordere Umschlagkarte F3

Agenţia de turism S. C. Nest-Com S. R. L., B-dul Libertătii 7, Tel./Fax 614643.

Complex Dâmboviţa (moderat), Str. Libertăţii 1, Tel. 213370; 90 Zimmer, 2 Apartments, mit Kabel TV, Restaurant (günstig), Bowling.
Hotel Valahia (günstig), B-dul Libertăţii 7, Tel. 620915, Fax 3125992; 108 Zimmer bzw. Apartments mit Kabel-TV, Restaurant (günstig), Bar.

Ialomiţa, Str. T. Vladimirescu Bloc C, Tel. 616644 (günstig).
Imar Club, Str. C. Brâncoveanu 2–4, Tel. 615942 (günstig).

Muzeul de Artă, Calea Domnească 21, Tel. 617221; Kunstmuseum.

EcoTourIndFilm (internationales Filmfestival im Oktober) mit Filmen über Ökologie, Industrie und Tourismus.

Zugverbindung nach Ploieşti.

Târgu Frumos (Tîrgu Frumos)

Moldau, Vorwahl 0232, PLZ 6750
Lage: vordere Umschlagkarte G6

Hotel West (sehr preiswert), Str. Petru Rareş 31; für den Zwischenstopp.

Zugstation an der Strecke Iaşi–Paşcani.

Târgu Jiu (Tîrgu Jiu)

Walachei, Vorwahl 0253, PLZ 1400
Lage: vordere Umschlagkarte D3

BTT Travel Agency, Str. G-ral Tell 27, Tel. 212456, Fax 211167.
Guardo Tours Travel Agency, Str. Crişan 3, Tel./Fax 223081

Hotel Gorj (günstig), Str. Eroilor 6, Tel. 214814, Fax 214822; Zimmer bzw. Apartments, Kabel-TV, Restaurant (günstig), Varieté.

Hotel Parc (günstig), B-dul Constantin Brâncuşi 2, Tel. 215981, Fax 211167; mit Kabel-TV und Café ausgestattet.

Skulpturen-Ensemble des Constantin Brâncuşi, Str. Eroilor.
Muzeul de Artă, B-dul C. Brâncuşi 124, Tel. 218550; Städtisches Kunstmuseum.

Zugstation an der Strecke Filiaşi–Simeria.

Târgu Mureş (Tîrgu Mureş, Neumarkt)

Transsilvanien, Vorwahl 0265, PLZ 4300
Lage: vordere Umschlagkarte E5

Agenţia de turism Inter Tours, Str. Bartók Béla 1, Tel. 164011, Fax 166489, www.intertours.ro.
Agenţia de turism Sind România, Str. Cuza Vodă 22, Tel. 163905.

Hotel Ambasador (moderat), Platoul Corneşti, Tel. 130909, Fax 125742; am Corneşti-Wald gelegen, Restaurant (günstig) und Tennis.
Hotel Continental (moderat), P-ţa Teatrului 6, Tel./Fax 160999; zentrale Lage, 111 moderne Zimmer.

Camping:
Camping, Aleea Carpaţi 59, Tel. 124080 am Mureş-Fluß am Stadtrand, einfachste Ausstattung.

Muzeul Etnografic şi Arta Populară, P-ţa Trandafirilor 11, Tel. 115807, Volkskundemuseum

Teatrul Naţional, P-ţa Teatrului 1, Tel. 164848; Karten: Tel. 161430.

Artis, Str. M. Eminescu 1, Tel. 117524; Kunstgegenstände.

Tips für Hobby-Jäger und Wanderer: Regia Naţională a Pădurilor. Direcţia Mureş, Str. Enescu 6, Tel. 132592, Fax 164447.

Tips für Angler und Wassersportler: Compania Naţională Apele Române. Direcţia Mureş, Str. Koteles Samuel 33, Tel. 16 02 89, Fax 16 54 20.

Flughafen Aeroportul Târgu Mureş, Ungheni Vidrasau, Tel. 16 30 50. Busverbindung zum Zentrum.
Binnenflüge: Agenţia Tarom, P-ţa Trandafirilor 6–8, Tel. 13 62 00.

Zugstationen Târgu Mureş und Târgu Mureş Nord an der Strecke Deda–Cluj.

Târgu Neamţ

Moldau, Vorwahl 02 33
Lage: vordere Umschlagkarte G6

Agenţia de turism Tour Arcadia, B-dul M. Eminescu Bloc M9, Tel./Fax 66 20 43.

Hotel Staţiunea Oglinzi (günstig), Str. Oglinzi, Tel. 66 35 87, Fax 66 55 83; 3 km außerhalb in schöner Waldlandschaft gelegen, mit Restaurant (günstig).
Motel Casa Arcaşului (günstig), Str. Cetăţii 40, Tel. 66 26 15, Fax 66 21 39.

Muzeul de Istorie-Etnografie, Str. Ştefan cel Mare 27, Tel. 66 25 94; Historisch-Ethnographisches Stadtmuseum.
Muzeul Memorial Veronica Micle, Str. Ştefan cel Mare, Tel. 66 25 49; Gedenkhaus für die Geliebte von Mihai Eminescu.

Kunst, Kunstgewerbe und Antiquitäten kauft man bei:
Expoartizan Tiron şi Robu S N C, Str. Maraseşti Bloc 11, Tel. 66 19 95.
Spatariu Unitex SNC, Str. I. Creangă 36, Tel. 66 24 40

Osterfeierlichkeiten im Kloster Neamţ meist eine Woche nach dem katholischen bzw. protestantischen Ostertermin.

Zugstation an der Kleinstrecke Paşcani–Târgu Neamţ.

Techirghiol

Dobrudscha, Vorwahl 02 41
Lage: vordere Umschlagkarte J2

Maneco Tur SRL, Str. Ovidiu 4, Tel. 73 51 92.

Vila Câmpina (sehr preiswert), Str. Ovidiu 4, Tel. 73 56 37; 13-Zimmer-Haus mit Bar, Bowling-Gelegenheit.
Vila Marea Neagră (sehr preiswert), Str. A. Puşkin 2, Tel. 73 56 37; 21-Zimmer-Haus.

Zori de Zi, Str. Dr. Climescu 62, Tel. 73 58 41; gute Küche (günstig).

Mănăstirea Techirghiol, Str. Ovidiu 5, Tel. 73 56 14; Kloster.

Tecuci

Moldau, Vorwahl 02 36, PLZ 6300
Lage: vordere Umschlagkarte H4

Agenţia de turism Ognivia, Str. G. Petraşcu 48, Bl. G2A, Tel./Fax 81 49 44.

Hotels Turist, Str. 1. Decembrie 1918 Nr. 41, Tel. 45 06 90 bzw. 81 11 83, und **Hotel Tecuci** (beide günstig), beides sehr einfache Häuser.

Zugstation an der Strecke Galaţi–Tecuci.

Timişoara (Temeswar, Temeschburg)

Banat, Vorwahl 02 56, PLZ 1900
Lage: vordere Umschlagkarte B4

Aktuelle Tips zu Timişoara: ›Was-Wo-Wann‹, www.BucurestiWWW.ro.

Agenţia de turism Andante, Str. Paris 4, Tel./Fax 19 95 26.
Agenţia de turism pentru Tineret, B-dul Revoluţiei 26, Tel. 19 88 88, Fax 19 49 40; für junge Gäste.

Vila Americană (teuer), Str. Aleea CFR 74, Tel 13 38 19, Fax 13 38 18; anspruchsvolles Ambiente.
Hotel Larissa (teuer), Str.Demetriade 6, Tel. 20 02 69, Fax. 19 98 25; Nobelhotel.
Hotel Doria (moderat), Str. Moldovei 10, Tel. 20 78 37, Fax 28 81 70, contact@doria-hotel.ro, www.doria-hotel.ro; moderne Ausstattung.
Hotel Continental (moderat), B-dul Revoluţiei 3, Tel. 19 41 44, Fax 13 04 81; modernes Haus mit Kabel-TV, Restaurant (moderat) und Café, Abendprogramm sowie Diskothek.
Hotel Monte-Carlo (günstig), Calea Dorobanţilor 92–94, Tel. 20 99 09, Fax 19 00 76; 37 Zimmer und 4 Apartments im Haus mit Restaurant (günstig), Abendprogramm.

Camping:
Camping Internaţional, Str. Pădurea Verde 6, Tel. 20 89 25, an der E 70 bei der Ausfahrt Timişoara Richtung Lugoj, 80 Plätze in 2–3-Bett-Häusern und Bungalows (gemeinsame Sanitäreinrichtungen); 40 Plätze in 2-, 3- und 6-Bett-Bungalows (eigene Dusche/WC, Zentralheizung); 5000 m^2 Gelände für Zelte und Wohnwagen (Stromanschluß), gemeinsame Sanitäreinrichtungen; recht gutes Restaurant, Geschäfte.

Baricada '89, Str. Lidia 102, Tel. 16 68 02; im Gedenken an die '89er Revolution (moderat).
Pizzeria Taverna Da Ettore, Str. N. Titulescu 6, Tel. 19 70 17; italienische Küche (moderat).

Club Hot Night, Str. Almajului 2A, Tel. 18 52 89.
Kabarett Eiffel SRL, Str. Podgoriei 10, Tel. 15 71 66.

Muzeul Banatului, P-ţa Huniade 1, Tel. 13 41 72; typisch Regionales im Hunedoara-Schloß.

Opera Român, Str. Mărăşeşti 2, Tel. 19 06 15; Rumänische Oper.
Teatrul German de Stat, Str. Mărăşeşti 2, Tel. 20 12 91; Staatliches Deutsches Theater.
Teatrul Naţional Timişoara, Str. Mărăşeşti 2, Tel. 13 46 43; Rumänisches Nationaltheater.

Internationales **Tanzsportfestival** im April.

Tips für Hobby-Jäger und Sportangler: Vepetim SRL, B-dul 16. Decembrie 1989 Nr. 9, Tel. 19 17 37.
Tips für Angler und Wassersportler: Compania Naţională Apele Române. Direcţia Banat, B-dul Mihai Viteazul 32, Tel. 19 18 48, Fax 22 00 78.
Tips für Mountainbiker und Motorradfahrer: Tel. 19 41 31, Fax 19 45 06, Sergio@mb.sorostm.ro.

Antiquitäten und Kunstgegenstände bei: **ARS Mundi SRL,** Str. V. Alecsandri 10, Tel. 13 60 03.
Pepino SRL, Str. Odobescu 83, Tel. 16 75 66.
Weinkeller: Complex Bastion, Str. Hector 1, Tel. 13 31 72.

Flughafen Aeroportul. **Binnenflüge:** Tarom, Blvd. Revoluţei 3, Tel. 19 01 50. Flughafenbus und Taxis zum Zentrum.
Weiterflug: Banat Air, Timişoara, Hotel Timişoara, Corp B Room 213–215, Tel. 19 44 86, www.timisoara.com/timisoara/plane.html

Zugstationen Timişoara Nord und Timişoara Est an der Schnellzugstrecke Bukarest–Timişoara.

Busreisen: Touring Europabus România, Bd. Republicii 6, Tel./Fax 19 09 31, timisoara@eurolines.ro.

Tulcea

Dobrudscha, Vorwahl 02 40, PLZ 8800
Lage: vordere Umschlagkarte J4

Agenţia de turism Atbad, Str. Babadag 11, Tel. 51 41 14, Fax 51 76 25, atbad@ttx.ssitt.ro, www.atbad.hypermart.net/; spezialisiert auf Schiffstouren, Kreuzfahrten.
Agenţia de turism Eurodelta, Str. Isaccei 1, Tel. 51 66 04; Fax 51 50 32.

Hotel Delta (moderat), Str. Isaccei 2, Tel. 51 47 20; direkt am Hafen.
Hotel Europolis (günstig), Str. Păcii 20, Tel. 51 24 43, Fax 51 66 49; mit Kabel-TV, Restaurant (günstig), Bar und Diskothek.
Hotel Egreta (sehr preiswert), Str.Păcii 3, Tel. 51 71 50, Fax 517105; einfachste Unterkunft.
Sat de vacanţa Roşu, Feriendorf im Dorf Caraorman, Tel. 512496; kleine Häuser mit einfachster Ausstattung.

Calipso SRL (moderat), Str. Babadag 7, Tel. 51 67 39; für höhere Ansprüche.

Muzeul Delta Dunării, Str. G. Antipa 2, Tel. 51 43 30; Deltamuseum.

Angel- und Bootsfahrt-Angebote: Ecodelta SA, P-ţa Republicii 2, Tel. 51 46 60; Silvodelta SA, Str. Spitalului 32, Tel. 51 32 79. Buchung auch im Hafen möglich.
Infos zu Flora und Fauna: Verwaltung des Biosphären-Reservats Donau-Delta, Str. Taberei 32, Tel. 55 04 50, Fax 55 04 98; Deutsches WWF-Auen-Institut, Rastatt, Tel. 072 22-3 20 65, Fax 3 01 89.

Flughafen Aeroportul Tulcea, Şos. Tulcea–Constanţa, km 15, Tel. 51 31 52. Bus zum Zentrum. **Binnenflüge:** Tarom, Str. Isaccei, Bloc M1, Tel. 51 12 27.

Zugstation Tulcea Oraş an der Kleinstrecke Medgidia–Tulcea. **Bus** nach Galaţi.

Turda

Transsilvanien, Vorwahl 02 64, PLZ 3350
Lage: vordere Umschlagkarte D5

Agenţia de turism Tudor Turism, Str. Republicii 34, Tel. 43 21 20.

Complex balnear Băi Sărate (günstig), Tel. 31 68 44; 36-Zimmer-Haus mit Restaurant (günstig), Bar, Schwimmbad, Sauna, Tennisplatz.
Hotel Potaissa (sehr preiswert), Str. Republicii 6, Tel. 31 16 91; 46 Zimmer, mit Sauna.

Zugstation an der Kleinstrecke Turda–Abrud.

Vama

Bukowina, Vorwahl 02 30, PLZ 5969
Lage: vordere Umschlagkarte F7 (östlich von Câmpulung Moldovenesc)

Hotel Casa Lucreţia (moderat), Str. I. L. Caragiale, www.casa-lucretia.ro; modernes 18-Betten-Haus mit Restaurant, Wander- und Tourangeboten zu den Moldauklöstern.

Moldauklöster: in der Nähe liegen die Klöster Humor und Voroneţ.

Vaslui

Moldau, Vorwahl 02 35, PLZ 6500
Lage: vordere Umschlagkarte H6

Travel Agency Sind Romania, Str. Vidin Bl. 69, Tel./Fax 31 30 70.

Hotel Racova (moderat), Str. Ştefan cel Mare 69, Tel. 36 10 55, Fax 36 10 61; mit Restaurant (günstig).
Hotel Metro-H (sehr preiswert), Str. N. Bălcescu 2, Tel. 36 17 04, Fax 36 17 03; einfache Unterkunft, mit Restaurant.

Zugstation an der Schnellzugstrecke Iaşi–Bukarest.

Vatra Dornei

Bukowina, Vorwahl 0230, PLZ 5975
Lage: vordere Umschlagkarte F6

Agrotur, Str. N. Bălcescu 9, Tel. 522780; Wandertourismus.

Hotel Brădul (günstig), Str. Republicii 5 A, Tel. 373921, Fax 371778; 145-Zimmer-Haus mit Kabel-TV, Restaurant (günstig), Sauna, (Winter-) Sportangeboten.
Hotel Dorna (sehr preiswert), Str. Republicii 5b, Tel. 371021, Fax 371025; einfachste Ausstattung.

Die Karpatenlandschaft ist ideal zum **Wandern** und Skifahren.

Zugstation an der Strecke Suceava – Ilva Mica.

Venus

Dobrudscha, Vorwahl 0241, PLZ 8724
Lage: vordere Umschlagkarte J2

Hotel Dana (moderat), Tel. 731503, Fax 731465; mit Restaurant (moderat), Café, Sauna und Reitgelegenheit, Touristeninformation.

Căsuţele Brateş-Greaca (sehr preiswert), Tel. 731702, Fax 731028; kleine Ferienhäuser.

Wassersport (Rudern, Wasserski) und **Reit**möglichkeiten.

Vinga

Banat, Vorwahl 0257
Lage: vordere Umschlagkarte B5

Han Turistic Vinga (günstig), Tel. 460026; einfache Herberge.

Zugstation an der Strecke Timişoara–Oradea.

Voroneţ

Bukowina, Vorwahl 0230
Lage: vordere Umschlagkarte F7

Cabana Voroneţ (günstig), Tel. 231024; ›Berghütte‹.

Osterfeierlichkeiten im Kloster Voroneţ meist eine Woche nach dem katholischen bzw. protestantischen Ostertermin.

Reiseinformationen von A bis Z

Ein Nachschlagewerk – von A wie Anreise über N wie Notfälle bis Z wie Zeitungen – mit vielen nützlichen Hinweisen, Tips und Antworten auf Fragen, die sich vor oder während der Reise stellen. Ein Ratgeber für die verschiedensten Reisesituationen.

Anreise

Mit dem Flugzeug

Linien- und Charterflüge internationaler Carrier verbinden die großen Flughäfen der Welt mit Bukarest-Otopeni, Constanţa-Mihail Kogălniceanu bzw. Timişoara, Iaşi, Satu Mare, Arad, Cluj und Sibiu. Im ganzen Jahr gibt es täglich Flüge mit Lufthansa, Delta-Air, Tarom und anderen Gesellschaften von Berlin, Frankfurt/Main, München, Düsseldorf, Köln-Bonn bzw. weiteren deutschen Airports nach Bukarest (Flugzeit rund 2 Std.), außerdem Direktverbindungen von Zürich, Genf und Wien. Vom Drehkreuz Bukarest Băneasa und Otopeni aus bestehen täglich Weiterflugmöglichkeiten zu den großen inländischen Städten (s. Öffentliche Verkehrsmittel S. 307). Von Mai bis September sind von zahlreichen westeuropäischen Flughäfen aus Charterflieger mit Bade- und Kururlaubern zum meernahen Constanţa unterwegs.

Information:
www.radur.demon.co.uk/travel/travel.html (internationale Anreisetips)
Tarom,
– 60313 Frankfurt/Main, Zeil 13, Tel. 069-29 5270, Fax 292974, info@tarom-online.de, www.tarom.de.
– 1010 Wien, Opernring 21, Tel. 01-4818800, Fax 5818816.
– 8032 Zürich, Klosbachstr. 45, Tel. 01-2529040, Fax 2529080.

Mit der Bahn

Internationale Schnellzüge verkehren täglich zwischen den wichtigsten mitteleuropäischen bzw. deutschen Großstädten und Bukarest. Die Fahrtzeit z. B. von Frankfurt/Main aus über Wien und Budapest nach Bukarest beträgt ca. 30 Std. Rumänien ist Mitglied des Internationalen Bahntarifsystems RIT und von InterRail.

Information: CFR (Generalvertretung der Nationalen Gesellschaft Rumänischer Eisenbahnen), 60313 Frankfurt/Main, Zeil 77, Tel. 069-9139 78 97, Fax 39 77 44, www.cfr.ro, informiert über internationale Verbindungen nach und die Weiterreise innerhalb von Rumänien.

Mit dem Schiff

Mit dem Donau-Schwarzmeerkanal ist ein direkter Transfer auf dem Wasserweg zwischen Nordsee und Schwarzem Meer, also zwischen Rotterdam und Constanţa, möglich. Binnenhäfen an der Donau sind Drobeta-Turnu Severin, Giurgiu, Cernavoda, Brăila, Galaţi, Tulcea und Sulina. Einige Kreuzfahrtschiffe nehmen inzwischen auch Kurs von westeuropäischen Donauhäfen bis ans Schwarze Meer. Die Reedereien und Veranstalter werden diesen Wasserweg in Zukunft aber noch konsequenter nutzen, da sich die politischen Verhältnisse in Ex-Jugoslawien weiter stabilisiert haben. Constanţa, der größte und wichtigste rumänische Seehafen, wird schon immer von Kreuzfahrtschiffen aus dem Mittelmeerraum angefahren.

Information: www.danube-river.org /pressedienst.html (aktuelle Entwicklungen und Angebote der Donau-Flußkreuzfahrt bis ins Donaudelta)
www.delphin-cruises.com (aktuelle Veranstalter-Angebote, z. B. Donau-Kreuzfahrt von Passau ins Donaudelta)

Mit dem PKW

Die lange Autoanfahrt von Deutschland nach Rumänien (z. B. liegen zwischen Frankfurt/Main und Bukarest um die 2100 Fahrtkilometer) führt z. B. über die Europastraße E 75 und E 60. Dabei fährt man über Österreich und Ungarn an den ungarisch-rumänischen Grenzübergängen Nădlac (bei Arad) oder Borş (bei Oradea) in Rumänien ein. Mit Wartezeiten an den Grenzen ist zu rechnen. Autobahngebühren existieren in Rumänien bisher nur zwischen Feteşti und Constanţa. In Rumänien ist der Zustand der Straßen nicht mit dem in Deutschland zu vergleichen. Es gibt bislang eine Autobahnstrecke (A 1 Bukarest–Piteşti) und viele gute National- (DN) bzw. Europastraßen (E). Bei Landstraßen mache man sich auf ein sehr geringes Fahrtempo gefaßt.

Aktuelles zur Befahrbarkeit der Transitstrecken: www.auswaertiges-amt.de /wwwd.../laender_ausgabe_html?land_id= 139&type_id=

Befahrbarkeit rumänischer Straßen: Rumänischer Automobilclub ACR, Tel. 0040-1-6 155510, Fax 3128462, acr@acr.ro, www.acr.ro.

Mit dem Bus

Auch mit dem Bus kann man die Fahrt von deutschen zu rumänischen Großstädten und zurück bewältigen. Information und Buchung z. B. bei:

Intertouring GmbH, s. weiter unten Auskunft, Spezialveranstalter
Atlas Sib, Tel. 069-2333621 (Frankfurt) bzw. 0040-68-472498 (Braşov)
Kessler, Tel. 0271-381573 bzw. –71581
Double T, Tel. 089-54508871 (München) bzw. 0040-68-410466 (Braşov)
Betaco, Tel. 069-234697

Ärztliche Versorgung und Apotheken

In puncto ärztliche Versorgung hat Rumänien momentan nicht die üblichen Vereinbarungen mit anderen Staaten getroffen, d. h. man muß sich privat versichern. Das sollte vor Reiseantritt aber vorsichtshalber noch einmal bei der eigenen Krankenkasse abgefragt werden. Bei Bedarf und in dringenden Fällen kann vor Ort immer ein Arzt ins Hotel gerufen werden. Krankenhäuser *(spitale)* gibt es in jeder Stadt, Apotheken *(farmacie)* auch in Ortschaften. Die Notaufnahmen in Krankenhäusern gewähren sofortige ärztliche Betreuung, doch nur Erste Hilfe ist unentgeltlich.

Gängige Medikamente sind immer zu haben. Nur mit speziellen Produkten sollte man sich schon vor der Reise eingedeckt haben (s. a. Gesundheit S. 305).

Auskunft

Vor der Reise kann man sich, um aktuelle Informationen zu erhalten, an folgende **Rumänische Touristenämter** in Deutschland, der Schweiz und Österreich wenden:

... in Deutschland

Alexanderplatz 5
10787 Berlin
Tel. 030-2419041, Fax 24725020
romania-tour@t-online.de

Dachauerstr. 32
80335 München
Tel. 089-51567687, Fax 51567689
ro-touramt@t-online.de

... in der Schweiz

Schweizergasse 10
8001 Zürich
Tel. 01-2111730, Fax 2111745

... in Österreich

Währingerstr. 6–8
1090 Wien
Tel. 01-3173157, Fax 01-31731574

Information im Internet
rotravel.com
www.deutsch-rumaenisches-forum.de
www.houseofguides.ro
www.siebenbuerger.de
www.turism.ro

Fragen beantworten auch Rumänien-**Spezialveranstalter** wie z. B.:

Intertouring, Baseler Platz 3, 60329 Frankfurt, Tel. 069-252884, Fax 252983, info@intertouring.de, www.intertouring.de (Strand-, Städte-, Bus-, Rundreisen, Kuren, Extraangebote)

Karpaten Tours GmbH, Herzogstr. 68–70, 40215 Düsseldorf, Tel. 0211-384483-0, Fax 384071, info@karpaten-tours.de, www.karpaten-tours.de (erfüllt auch individuelle Reisewünsche)

Kur Club Franz Rais GmbH, Quellenstr. 96, 53913 Swisttal, Tel. 02254-94290 (Schwarzmeer-Kuren)

Kuren + Reisen, Rolandstr. 29, 51147 Köln, Tel. 02203-962631, Fax 962632, KReisen98@aol.com (besonders Senioren-Kurangebote am Meer und in den Bergen)

Miramundi Reisen GmbH, Renothenweg 2, 83471 Berchtesgaden, Tel. 08652-964895, Fax 64720, MiramundiReisen@t-online.de, http://home.t-online.de/home/Miramundi_Reisen/main.htm (Schwarzmeer-, Kur-, Rundreiseangebote)

One World – Reisen mit Sinnen, Neuer Graben 74, 44139 Dortmund, Tel. 0231-164480, Fax 164470, www.ReisenMitSinnen.de (Öko-Urlaub in den Karpaten)

Orka-Reisen, www.orka-reisen.de/urlaubswelt/popup/rundreisen (Rumänien-Rundreisen)

ROM Travel GmbH, Offenbacher Landstr. 259, 60599 Frankfurt, Tel. 069-614071, Fax 96200768, Romtravel@t-online.de, www.romtravel.de (Schwarzmeer-, Kur-, Karpaten-, Städte-, Rundreisen)

Sieben-Schwaben-Reisen, www.7-schwaben.de/reisen/500e053.html (Bus- und Schiffsreisen mit Bukarest, Siebenbürgen, Donaudelta)

Sofrone Messerschmidt-Reisen, Brauhofstr. 1, 10587 Berlin, Tel. 030-28384477, Fax 28384479, Messerschmidt.Reisen@t-online.de, www.messerschmidt-reisen.de (Bade-, Kur-, Wintersporturlaub, Rundreisen, Extraangebote)

Auskunft in Rumänien

Mara Tours Programmes, Travel Agency, www.mara.ro

Match Tours Marocco, Travel Agency, www.matchtours.com

Kaven Travel Agency, www.kaventravel.com.

Viele z. T. private **Touristenbüros** bieten in einigen Großstädten Serviceleistungen an, von Information über Hotelbuchung, Organisation von geschäftlichen Konferenzen bis zu Tischreservierung im Restaurant bzw. Rundfahrtenvermittlung (s. Adressen und Tips von Ort zu Ort).

Autofahren

In Rumänien gelten die international allgemein gültigen Verkehrsregeln. Es herrscht Rechtsverkehr (Verkehrsschilder s. S. 316).

Als **Geschwindigkeitslimit** gilt Tempo 90 außerhalb von Ortschaften und 60 im Ort, für Motorräder übrigens 50 bzw. 40 km/h. Praktisch wird man auf rumänischen Straßen auch kaum schneller vorankommen, da man immer wieder einmal auf Fußgänger, Hunde, Gänse und Pferdewagen auf den Fahrbahnen treffen wird bzw. da sich der Straßenzustand noch nicht mit dem westeuropäischer Fahrwege vergleichen läßt. Man sollte also im Karpatenland immer reichlich mehr Zeit für die Fahrt einkalkulieren als z. B. in Deutschland. Dazu herrscht in Rumänien das 0-Promille-Gebot: also kein Alkohol am Steuer!

An **Papieren** benötigt man als Autofahrer in Rumänien den Führerschein, die Internationale Grüne Versicherungskarte und bei Einreise mit dem eigenen Wagen den Fahrzeugschein und die Bestätigung einer Kurzkasko- und Insassenunfallversicherung. Die **Tankstellen** in Rumänien haben meist von 8 bis 20 Uhr geöffnet. Kreditkarten werden als Bezahlung noch kaum akzeptiert. Normalbenzin hat nur 87 Oktan. Kraftstoff in Kanistern darf aber weder ein- noch ausgeführt werden. Es empfiehlt sich innerhalb Rumäniens jedoch, immer einen vollen Kanister Benzin oder Diesel für alle Fälle mit sich zu führen. Ab der zweiten Ausreise im Kalender-

jahr wird ein Treibstoffzoll in Höhe von 200 Prozent auf die Tankgröße erhoben. Die Versorgung mit bleifreiem Benzin *(Benzina fără plumb)* ist lückenhaft. Es kann vor allem in der Hauptreisezeit zu Versorgungsschwierigkeiten kommen. Beim ADAC Deutschland kann man ein Faltblatt mit genauen Angaben zu den rumänischen Autobahntankstellen bzw. den Bezugsstellen für bleifreien Kraftstoff mit 95 Oktan beziehen. Auch eine spezielle ›Reiseinformation Rumänien‹ mit aktuellen Tips ist hier erhältlich. Der ADAC-Partnerclub in Rumänien ist folgendermaßen zu erreichen:
Automobil Clubul Român (ACR),
70154 Bukarest 1, Strada Take Ionescu 27, Tel. (in Rumänien): 01-6 15 55 10, Fax 3 12 84 62, acr@acr.ro, www.acr.ro.
Straßenzustandsberichte s. Anreise mit dem PKW, S. 300

Fährt man mit einem auffallenden neuen Westmodell durch Rumänien, läßt man es am besten nicht allzu lange aus den Augen bzw. stellt es auf einem relativ gesicherten Hotel- oder Restaurantparkplatz ab (s. Sicherheit, S. 310).

Autovermietungsfirmen in Rumänien bieten für den, der ohne eigenen Wagen kommt, attraktive Preise und Konditionen inklusive Versicherung, übrigens auch für Wagen mit Chauffeur. Man kann Mietautos mit unbegrenzter Kilometerleistung oder mit individueller Kilometerabrechnung buchen. Autovermietungsfirmen z. B.:
Aviroms SRL,
Bukarest, Str. Maxim Gorky 26, Tel. 01-3 12 90 36, Fax 6 41 50 13
Touring ACR Bukarest (Hertz),
Bukarest Str. Take Ionescu 27, Tel. 01-6 50 25 95, Fax 3 12 04 34
Autovermietung **online** z. B. bei
Hertz România:
www.rotravel.com/agencies/hertz.
Avis România:
rotravel.com/agencies/avis.
Consus Travel, Cluj,
www.dntcj.ro/consus.
Jettour Travel Agency, Cluj,
www.dntcj.ro/jettour.

Auch in Informationsbüros oder an den Rezeptionen aller großen Hotels des Landes (s. Adressen und Tips von Ort zu Ort) lassen sich PKW buchen.

Behinderte

Rumänien ist ein Land, das sich seines politischen Schicksals wegen erst seit einigen Jahren mit den Problemen und Bedürfnissen seiner eigenen behinderten Bevölkerungsgruppe auseinandersetzt. Es wäre also vermessen zu erwarten, daß man im Karpatenstaat außer in den guten Großstadthotels bzw. -restaurants und an internationalen Flughäfen u. ä. auf den behinderten Touristen vorbereitet wäre. Das heißt im Klartext: Behindertengerechte Rampen gehören allenfalls in Großstädten und den besseren Ferienorten zum Inventar. Man achte bei der Wahl seines Hotels auf jeden Fall auch darauf, daß es mit Lift ausgestattet ist. Speziell behindertengerechte Telefone, Toiletten etc. werden dagegen in Rumänien erst nach und nach eingerichtet.

Diplomatische Vertretungen

■ … in Deutschland

- Rumänische Botschaft, Matterhornstr. 79, 14129 Berlin, Tel. 030-8 03 30 18/19, Fax 8 03 16 84 ro-amb.berlin@t-onlie.de
- Generalkonsulat der Rumänischen Botschaft, Legionsweg 14, 53117 Bonn, Tel. 0228-68 03 80, Fax 68 02 47 (Konsularabteilung)
- Rumänisches Generalkonsulat, Dachauer Str. 17, 80335 München, Tel. 089-55 33 07/08, Fax 55 33 48

■ … in der Schweiz

- Rumänische Botschaft, Kirchenfeldstr. 78, 3005 Bern 16, Tel. 031-3 52 35 22, Fax 3 52 64 55

■ … in Österreich

- Rumänische Botschaft, Prinz-Eugen-Str. 60, 1040 Wien, Tel. 01-5 05 32 27, Fax 5 04 14 62

Konsularabteilung:
Theresianumgasse 25, 1040 Wien,
Tel. 01-5052343, Fax 5036460

... in Rumänien

- Deutsche Botschaft, Strada Rabat 21, 71272 Bukarest, Tel. 021-2302830, Fax 2305846, botschaft@deutschebotschaft-bukarest.ro
- Außenstelle der Deutschen Botschaft, Str. Mureş 116a, 1900 Timişoara, Tel. 0256-309800, Fax 190487
- Deutsches Generalkonsulat, Strada L. Blaga 15-17, 2400 Sibiu, Tel. 0269-212241, Fax 214180, info@GermanConsulSibiu.ro
- Schweizer Botschaft, Str. Pitar Moş 12, 70154 Bukarest, Tel. 021-2100299, Fax 2100324, swiembuc@canad.ro
- Österreichische Botschaft, Dumbrava Roşie 7, 70254 Bukarest, Tel. 021-2100939, Fax 2100885, autambuk@canad.ro
  Konsularabteilung: Strada Vasile Lascar 51, 70211 Bukarest, Tel. 021-2101477, Fax 2101682, aukonbuk@dial.kappa.ro

Drogen

Übermäßiger Drogenkonsum ist in einem Land, dessen Bevölkerung bis vor kurzem im Vergleich zum westlichen Standard mehr oder weniger an der Armutsgrenze lebte, kein großes Problem. Es gibt, zumal bei wachsender Arbeitslosigkeit, auch hier Alkoholkranke und inzwischen wohl auch Tablettenabhängige. Zudem schnüffeln sich alleingelassene Jugendliche in den Großstadtstraßen mit billigen Gasen high – die Bilder Bukarester Straßenkinder gingen vielfach durch die Medien. Auch manch anderer Jugendlicher probiert nach der Wende wie sein westlicher Altersgenosse Modedrogen an sich aus – wobei sich die Suchtproblematik im Karpatenland noch in Grenzen hält. Drogenkuriere aus Südostasien und dem Nahen Osten mögen die osteuropäischen Länder derzeit zwar regelmäßig passieren. Für ihre teure Ware haben sie aber bis auf weiteres die finanzstärkeren Käufer in Westeuropa im Blick.

Einreise- und Zollbestimmungen

Für die **Einreise** nach Rumänien benötigt man einen noch drei Monate gültigen Reisepaß. Seit Anfang 2001 sind Staatsbürger der EU vom Visumszwang entbunden.

Rumänien wendet die internationalen Vorschriften des Abkommens für Zollvergünstigungen im Touristenverkehr an. Es ist erforderlich, wertvolle Waren (Schmuck und ausländische Währung über US$ 1000 pro Person) bei der Einreise anzumelden. Die unterschriebenen Zollerklärungen sollten aufgehoben werden, um sie bei der Ausreise nochmals vorlegen zu können. Sportler, etwa Taucher, Angler, Fahrradfahrer etc. können ihre eigene Sportausrüstung ohne Bedenken einführen. Das betrifft auch Hobby-Jäger, die aber ihre Waffen und Munition den Zollbehörden vorzeigen sollten.

Es ist verboten, die rumänische Währung Lei in großen Mengen, Munition, Betäubungsmittel, explosive und pornographische Materialien ins Land zu bringen.

Haustiere wie Hunde und Katzen benötigen bei Grenzübertritt eine Bescheinigung über die Impfung gegen Tollwut.

Bei der **Ausfuhr** von Gegenständen von kulturellem, historischem oder künstlerischem Wert wie auch von Mineralien ist pro Person ein Limit gesetzt.

Aktuelle Information: Auswärtiges Amt, Referat 040, 11013 Berlin; Tel. 01888-170, Fax 173402, www.auswaertiges-amt.de/www.d.../laender_ausgabe_html?land_id=139&type_id=

Essen und Trinken

Wenn das noch immer schlechte Image Rumäniens im Ausland, das sich auf die Hungerjahre in den 1980er Jahren zurückführen läßt, auch noch das Gegenteil suggeriert: Als Gast in Rumänien kann man sich im Restaurant selbstverständlich satt essen. Auch der Selbstversorger kann sich in Lebensmittelgeschäften mit allen nötigen Waren bestens eindecken. In Dörfern und Ortschaften des Karpatenlandes mag das Angebot dabei natürlich manchmal etwas ›vorsintflutlich‹ ausfallen. Aber gerade bei Früchten, Gemüse, Milch- und Fleischprodukten kann man hier beim Bauern direkt um die Ecke die schmackhaftesten, da noch unbehandelten, Lebensmittel bekommen. Die Preise sind für Westeuropäer im Karpatenland wegen des Wechselkurses auch noch niedrig.

Empfehlenswert ist bei der **Restaurantwahl** (s. Adressen von Ort zu Ort) die Suche nach einer kleineren, möglichst privat geführten Gaststätte, die kulinarische Qualität und Service bietet. Um die übergroßen, noch staatlichen Etablissements mache man besser einen großen Bogen.

Die **Essenszeiten** in Rumäniens Restaurants sind die gleichen wie im westlichen Ausland, wiewohl man in Rumänien privat gerne, wie in Südeuropa üblich, auch am späten Abend noch eine warme (und schwere) Mahlzeit zu sich nimmt. Die **Küche Rumäniens** ist herzhaft (s. S. 53ff.). Schweinefleisch wird besonders gerne zubereitet. Aber es gibt auch jede Menge gute Rind- und Kalbfleisch-, Geflügel-, Wild-, Lamm-, Ziegen- und Fischspezialitäten. Gut gewürzte, oft auch vegetarisch zubereitete Eintöpfe und Suppen *(Ciorbe)*, leckere Kohlrouladen *(Sarmale)* und aromatische, gegrillte Würstchen *(Mititei)* komplettieren ein rumänisches Mahl (Übersetzungshilfe für die Speisekarte s. S. 317f.).

Vorsicht beim Genuß des landestypischen Pflaumenschnapses *Ţuica*, der viele rumänische Mahlzeiten begleitet. Er hat's in sich! An einheimischen **Weinen** sind sehr gute Tropfen der Weingüter von Murfatlar, Cotnari, Odobeşti und Dealul Mare auf dem Markt. Bier, Mineralwasser und Limonaden einheimischer und international bekannter Marken gibt es inzwischen an jeder Straßenecke im Kiosk zu erstehen.

Auch ein Zwischenstopp in einer der zahlreich wie Pilze aus dem Boden sprießenden **Imbißbuden** mit Pizza-, Gyros und Hamburgergerichten muß, der ebenfalls deftigen Zubereitungsart der Waren wegen, kein Fehler sein. Regelrecht empfehlenswert ist es jedoch, in den traditionellen **Bäckereien/Konditoreien** einzukehren, um die breite Palette rumänischer Backwaren kennenzulernen.

Hüten sollte man sich allerdings vor dem Verzehr nicht abgepackten Wassereises bzw. kanarienbunter sprudelnder Säfte vom Stand am Straßenrand – der Magen wird es dem Gast danken (s. Gesundheit, S. 305). Auch der Genuß nicht abgekochten Leitungswassers ist generell nicht zu empfehlen, wenngleich die Wasserqualität in Rumänien mancherorten sicher besser ist als bei uns.

Feste, Feiertage und Schulferien

Die sozialistischen Feiertage nebst ihren verordneten Paraden in den Städten des Landes sind seit 1989/90 abgeschafft. Die kirchlichen Feste werden auch offiziell gefeiert bzw. mit **freien Tagen** bedacht. Heute spannen rumänische Arbeitnehmer von ihrer 40stündigen Fünf-Tage-Arbeitswoche am Neujahrstag, am ersten und zweiten Osterfeiertag, am 1. Mai, am 1. Dezember (Nationalfeiertag) und an den beiden Weihnachtsfeiertagen aus.

Rumäniens Kinder freuen sich auf kurze Oster- und Weihnachtsferien und auf eine dementsprechend lange Periode freier Sommertage zwischen Mitte Juni und Mitte September. Aus diesem Grund sind Juli und August auch die bevorzugten Urlaubsmonate der Rumänen selbst.

Besonders das **Osterfest,** das im orthodoxen Kirchenkalender meist eine Woche nach dem katholisch-evangelischen Festtermin liegt, wird in Kirchen und Klöstern feierlich begangen.

Vielleicht ist man ja auch gerade zu der Zeit im Lande, in der in Rumänien traditionell **regionale Feste** gefeiert werden, z. B. die Frühlingsfeste ›Tânjaua‹ und ›Sâmbra Oilor‹ in der Maramuresch, das Meeresfest ›Sărbătorile Marii‹ im August in Constanţa (s. S. 94) oder das Erntefest ›Drăgaice‹ im Herbst in der Walachei (weitere Termine s. Adressen und Tips von Ort zu Ort).

Fotografieren

Filme und Fotoausrüstung sollte man von zu Hause mitbringen, um immer gut gerüstet zu sein. Denn an lohnenden Fotomotiven sind Rumäniens Berge, Städte, Dörfer, Küsten oder das Donaudelta wahrlich nicht arm. Man muß ja nicht gerade an militärischen Einrichtungen oder auf Flughäfen knipsen bzw. filmen, wo ein Kameraverbot gilt. Bevor man Menschen aufnimmt, sollte man schon, wie in allen Ländern der Welt, per Sprache oder Blickkontakt Einverständnis signalisiert bekommen. Von Roma wird man dabei meistens um ein Trinkgeld gebeten. Museen Kirchen und Klöster erheben von Besuchern häufig eine Fotogebühr.

Fremdenführer

Die aus den wirtschaftlich schwierigen 1980er und frühen 90er Jahren bekannten ›Absahner‹ unter den Fremdenführern, die hauptsächlich darauf achteten, die jeweiligen Hotelküchen immer mit prall gefüllten Lebensmittelbeuteln verlassen zu können, gehören der Vergangenheit an. Intensive Reiseleiter-Schulungen haben inzwischen einiges verändert.

Die heute von den Hotels oder Touristeninformationsstellen (s. Adressen und Tips von Ort zu Ort) vermittelten Reiseleiter sind meist Akademiker mit guten Fremdsprachenkenntnissen, ambitioniert und weltoffen.

Geld und Banken

Die rumänische Währungseinheit ist der Leu (Plural: Lei), unterteilt in 100 Bani (›bani‹ = Geld). Wegen der enormen Inflation im Land verliert der Leu rapide an Wert (Stand Ende 2002: 1 € = 33 952,83 Lei 1 Sfr = 23 036,40 Lei). Die Ein- und Ausfuhr von Landeswährung ist nur bis zu einem bestimmten Limit gestattet (bei der Bank fragen). In den Städten, an Flughäfen, Grenzstationen bzw. in den meisten großen Hotels findet man offizielle Wechselstuben, wo man gegen Vorlage des Passes Bargeld, Reiseschecks und Euroschecks gegen Lei eintauschen kann. Wechselquittungen sollten aufbewahrt werden, um bei der Ausreise gegebenenfalls vorgezeigt werden zu können. Geldwechsel auf dem Schwarzmarkt steht unter Strafe, lohnt aber auch schon lange nicht mehr.

Die international gängigen Kreditkarten werden auf jeden Fall in großen Hotels, in privaten Restaurants und bei internationalen Autovermietern akzeptiert. Filialen international renommierter Banken sind in allen rumänischen Großstädten zu finden.

Gesundheit und Hygiene

In die Reiseapotheke gehören Medikamente gegen Sonnenbrand, Insektenstiche, Durchfall, Magenbeschwerden, Fieber und allgemeine Schmerzen. Häufige Ursachen für kurzzeitige Darmerkrankungen sind vor allem der Genuß unverpackten Wassereises und ebensolcher Limonaden- oder Saftprodukte sowie nicht abgekochten Leitungswassers. Vor ungeschütztem Sonnenbaden ist wie überall auf der Welt zu warnen. Die Sonneneinstrahlung am Schwarzen Meer ist jedoch milder als am Mittelmeer. Zusätzliche Schutzimpfungen sind vor dem Aufenthalt in Rumänien nicht erforderlich. Vor der Einreise sollte man sich bei Bedarf mit speziellen Hygieneartikeln (Tampons, Kondome) eindecken.

Toiletten sind in Rumänien ein Kapitel für sich. Während man in allen guten Hotels und Restaurants mit recht sauberen sanitären Anlagen rechnen kann, läßt die Ausstattung der öffentlichen, z. B. der Camping- und Bahnhofstoiletten, sehr zu wünschen übrig, ebenso auch der Bars und Gaststätten. Toilettenpapier hat man im Fall des Falles besser immer dabei.

Karten

Aktuelles Kartenmaterial (auch in deutscher Sprache) verschicken auf Anfrage die Rumänischen Touristenämter in den deutschsprachigen Ländern (s. Auskunft,

S. 300), darunter die Karte 1:750 000 mit touristischen Hinweisen. Sie hat den Vorteil, daß hier schon der Wechsel von î zu â, den die letzte Rechtschreibereform bewirkte, in den Städte-, Fluß und Regionsnamen vollzogen ist (z. B. Tîrgoviste zu Târgoviste, s. dazu auch S. 315). Auf Wunsch werden auch spezielle Karten zum Donaudelta, zu Bukarest und anderen großen Städten Rumäniens verschickt.

Darüber hinaus gibt es empfehlenswertes Kartenmaterial deutscher, österreichischer und Schweizer Verlage: Südwest-Rumänien Tourismuskarte, Huber 2000; Rumänien, 1:800 000, Euro-Länderkarte, RV-Verlag 2002; Rumänien, 1:750 000, Shell EuroKarte, Mairs Geografischer Verlag 2002; Rumänien, 1:700 000, Freytag & Berndt 1997; Rumänien/Bulgarien, 1:1 Mio., Kümmerly & Frey 1998; Rumänien/ Bulgarien, 1:1 Mio., Hallwag 2002

Vom ADAC ist außerdem eine Übersichtskarte mit Tankstellen-Standorten zu beziehen.

Kinder

Jede der im Reiseteil dieses Buches beschriebenen Touren ist mit Kindern ab etwa vier Jahren gut zu bewältigen, wenn man sich Zeit läßt und die für die Familie bequemste Art des Reisens wählt. Und das ist im Land für große Distanzen die Zugfahrt 1. Klasse und für die kleineren Touren die Fahrt im Miettaxi. Hier kann der ortskundige Chauffeur dem Touristen die zeit- und nervenaufwendige Suche nach den oft noch schlecht ausgeschilderten Sehenswürdigkeiten bzw. nach geeigneten Zwischenstoppmöglichkeiten abnehmen, so daß spezielle Kinderwünsche nicht zu kurz kommen müssen. Alles, was das Kind unterwegs brauchen könnte, sollte man besonders bei Touren in abgelegenen Gegenden mit sich führen.

Die Rumänen sind, den traurigen Meldungen über das Elend Bukarester Straßenkinder zum Trotz, sehr kinderlieb. Dreikäsehochs sind generell Könige: im vollbesetzten Bus oder Zug, wo Mutter und Kind sofort Platz geschaffen wird. Auch im Restaurant zeigt man für Malheurchen jeglicher Art generell viel Verständnis und wirft den auch mal quengelnden Kleinen kaum einmal böse Blicke zu – was nicht in jedem Land selbstverständlich ist.

Kur- und Heilbäder

Man sagt, daß ein Drittel aller europäischer Mineral- und Thermalquellen – insgesamt 3000 – in Rumänien zu finden sind. Im ganzen Land versprechen heute auf jeden Fall 70 Kurorte Linderung bei rheumatischen Beschwerden, Herz- bzw. Gefäßerkrankungen, Problemen des Verdauungs- und Nervensystems, Haut- und gynäkologischen Erkrankungen und Alterserscheinungen. Natürliche Heilverfahren werden ergänzt durch Physiotherapie, Akupunktur, Behandlung mit Pflanzenauszügen und besonderen, in Rumänien entwickelten Medikamenten. Alle Kurbehandlungen werden vom Gesundheitsministerium durch das Institut für physikalische Medizin, Balneologie und ärztlich überwachte Rehabilitationen kontrolliert, das auch eigene Kliniken z. B. in Eforie Nord oder Băile Felix unterhält. Normalerweise dauert eine Behandlung zwei bis drei Wochen.

Ein Aufenthalt in einem rumänischen Kurort kann auch ein richtiger Urlaub sein. Viele Bäder liegen nämlich inmitten herrlicher Berglandschaft, wie Băile Herculane, Băile Felix, Vatra Dornei, Sovata, Sinaia. Andere befinden sich an den feinsandigen Stränden der Schwarzmeerküste, wie Neptun, Eforie Nord und Süd, Mangalia. Und sie sind, mit westlichen Bädern verglichen, nicht teuer. Vollpension in einem gut ausgestatteten rumänischen Drei-Sterne-Kurhotel mit Behandlung duch qualifiziertes Personal kann pro Tag weniger kosten, als man für eine Übernachtung in einer rumänischen Provinzstadt zahlen muß, wo Einrichtungen wie Thermal-Schwimmbad, Massageräume und medizinische Diagnose ja nicht im Preis inbegriffen sind, vom Preisvergleich mit deutschen Kurhotels ganz zu schweigen. Auskunft z. B. bei:

ONT Carpaţi SA, Bulevardul Magheru 7, Bukarest, Tel. 021-6145160
Litoral SA, Mamaia, Hotel Bucureşti, Tel. 0241-831152,
Felix SA, Felix Spa, Tel. 0259-261338

Kuren lassen sich auch von Deutschland aus buchen. Die meisten Pauschalveranstalter helfen dabei. Deutsche Spezialveranstalter für Kurende s. Auskunft, S. 300.

Maße und Gewichte

Das metrische System der Gewichts- und Maßeinheiten in Rumänien entspricht ganz dem in Mitteleuropa üblichen (ISO-Normen).

Nachtleben

Nach den in jeder Beziehung dunklen Jahren der kommunistischen Diktatur ist das Nachtleben in rumänischen Städten und Ferienorten aufgeblüht. Heute können sich Nachtschwärmer besonders im Zentrum Bukarests und in den Touristenhochburgen bis in den frühen Morgen amüsieren. Neben Restaurants und Theater, Oper, Operette und Musical warten Nachtklubs, Casinos und Diskotheken auf Gäste (s. Adressen und Tips von Ort zu Ort).

National- und Naturparks

Die rumänischen Karpaten sind wohl das noch unberührteste Gebirge Europas. Naturreservate, wie bei Târgu Neamţ, nehmen inzwischen eine beachtliche Landesfläche ein. Einige Gebiete, wie das Apuşeni-Gebirge der Westkarpaten oder das Domogled-Massiv bei Băile Herculane, wurden zu Nationalparks erklärt, wo seltene Tierarten wie Bartgeier, Rotwild, Gemsen, Murmeltiere, Wildschweine, Luchse und Bären vorkommen. An den niedriger gelegenen Hängen gibt es Eichen- und Buchenwälder und wachsen Weiden. Die alpine Zone beginnt bei 1700 m Höhe. Auf Rumäniens ungespritzten und ungedüngten Almen blühen im Frühjahr und Sommer unzählige Wildblumen. Schäfer, die noch heute vor Ort Käse herstellen, sind mit ihren Herden unterwegs.

Ein Teil des rumänischen Donaudeltas mit seinen unzähligen Vogel- und Fischarten und seinem ebenfalls immensen Pflanzenreichtum, das Retezat-Gebirge und die Rodna-Berge wurden zu UNESCO-Biosphärenreservaten erklärt.

Notfälle

Bei Unfällen ist immer die Polizei zu verständigen, am Unfallort sollte nichts verändert werden. Beschädigte Fahrzeuge dürfen das Land nur mit entsprechender Bestätigung verlassen. Diese wird bei der Einreise oder am Unfallort in Rumänien ausgestellt. Als allgemeine **Notrufnummern** gelten:
Tel. 955 für Polizeinotruf,
Tel. 961 für die Unfallrettung (Rettungswagen)
Tel. 969 für den Notdienst für Schwangere und Mütter mit Kleinkindern.
Die **Straßenwacht** des rumänischen ACR hilft täglich von 8 bis 20 Uhr auf allen wichtigen Straßen. Gelbe Straßenschilder zeigen die Rufnummer des nächsten Hilfspostens an. Die Pannenhilfe erreicht man in Bukarest unter Tel. 927, in den meisten Städten unter Tel. 12345. Mit dem ADAC-Euro-Schutzbrief ist die Pannenhilfe auch in Rumänien kostenlos.

Öffentliche Verkehrsmittel

Flugzeug
Am schnellsten kommt man auch in Rumänien mit den einheimischen Fluggesellschaften vorwärts, deren Maschinen täglich die großen Städte des Landes anfliegen. Zu buchen sind die vergleichsweise preiswerten Inland-Flüge außer im Land selbst z. B. bei Tarom, Büro Deutschland, Frankfurt/Main und bei den genannten Rumänien-Spezialveranstaltern (s. Auskunft S. 300).
In Rumänien verkauft die Touristeninformation der jeweiligen Stadt bzw. die ent-

sprechende Agentur an den Flughäfen die nötigen Tickets.
Information:
www.radur.demon.co.uk/travel/travel.html (viele Inlandverbindungen)
Calipso Travel Agency, Bukarest:
www.angelfire.com/sc/calipso/ (preiswerte Flugangebote fürs In- und Ausland)
Tarom Frankfurt: Zeil 13, 60313 Frankfurt/Main, Tel. 069-295270, Fax 292974, info@tarom-online.de, www.tarom.de
Tarom Bukarest: Şos. Bucureşti-Ploieşti km 16.5, Tel.021-2120122, secrgen@tarom.logionet.ro, www.tarom.digiro.net
Acvila-Air, Bukarest:
Calea Victoriei 95, Tel. 021-6508639 (rumänische Fluggesellschaft)
Jaro Airlines, Bukarest: Cadrea Bastiliei 5, Tel. 021-6595151, Fax 3129758 (rumänische Fluggesellschaft)
Aviatia Utilitara SA: Bukarest-Ploieşti km 8.5, Tel. 021-6792340, Fax 3127712 (kleinere Passagier- und Frachtflüge, Luftfotografie, Rettungsflüge, Autotransport)
Dacair, Bukarest: Bd. Republicii 16, Tel. 021-2224459 (Privatfluggesellschaft)
Liniile Aeriene Române, Bukarest:
Str. Ştirbei Vodă 2–4, Tel. 021-6153206 (Privatfluggesellschaft)
Miravia, Bukarest: Bd. Magheru 41, Tel. 021-6594516, Fax 3129515 (Privatfluggesellschaft)
Romavia, Bukarest: D. Cantemir 1, Tel. 021-3111055, Fax 3301049, romavia@fx.ro (Privatfluggesellschaft)
Air Tracia, Cluj: Str. Gh. Doja 11, Tel. 0264-197806, Fax 193221, www.dntcj.ro/tracia/ (Privatfluggesellschaft, hauptsächlich Angebote Bukarest–Cluj–Bukarest)
Banat Air, Timişoara: Hotel Timişoara, Corp B Room 213–215, Tel. 0256-194486; www.timisoara.com/timisoara/plane.html (rumänische Fluggesellschaft mit hauptsächlich Timişoara-Flugangeboten)

Bahn

Von der rumänischen Hauptstadt aus gelangt man mit den – verglichen mit mitteleuropäischen – z. T. weniger komfortablen Schnellzügen *(tren rapid)* der Rumänischen Nationalen Eisenbahngesellschaft SNCFR über ein umfangreiches Bahnnetz in alle Gegenden des Landes. Empfehlenswert ist die Buchung eines Erste-Klasse-Tickets, das mehr Sauberkeit und Komfort verspricht. Die Durchschnittsgeschwindigkeit der Schnell- und Expresszüge beträgt 70 bis 90 km/h.

Die Fahrkarte löst man unbedingt vor der Fahrt und möglichst rechtzeitig am Schalter für den entsprechenden Zug. Mit Warteschlangen ist zu rechnen. Bei Fahrten mit Schnellzügen empfiehlt sich der Kauf schon am Tag zuvor. Auch Reisebüros der Rumänischen Eisenbahnen in den Städten *(Agenţiile de vojaj CFR)* stehen dafür zur Verfügung. Eine Platzreservierung *(rezervarea locurilor)* ist anzuraten. Gepäckaufbewahrung *(depozitarea bagajelor)* gibt es in jedem größeren Bahnhof. Beim Tragen hilft ein Gepäckträger *(hamal)*.
Information: www.cfr.ro (Inlandverbindungen durch die Rumänische Eisenbahn CFR und Weiterreise-Tips)

Andere Verkehrsmittel

Die Nutzung öffentlicher Verkehrsmittel wie **Busse und Bahnen** ist verglichen mit westeuropäischem Preisniveau, spottbillig. Auf dem Land ist der Bustransport noch oft beschwerlich. In Großstädten setzen die Unternehmen modernere Busse ein.
Busreisen, Busvermietung, Autovermietung online: Eurolines – Touring Europabus România, Bd. Alexandru Ioan Cuza,1, Bukarest, Tel. 021-2100890, Fax 3128543, office@touring.ro, www.eurolines.ro (weitere Niederlassungen s. Adressen und Tips von Ort zu Ort)

Der **Taxi-**Kilometer ist außerhalb der rumänischen Hauptstadt, verglichen mit den Preisen bei uns, ebenfalls denkbar billig. Und die Wagen befinden sich jetzt meist in einem guten Zustand. Der Chauffeur versteht in der Regel auch immer eine westliche Fremdsprache. Wagen mit Chauffeur vermitteln auch die Hotelrezeptionen.

Öffnungszeiten

In den **Büros** wird Mo–Fr zwischen 7 bzw. 8 Uhr bis 15 bzw. 16 Uhr gearbeitet, in den Ministerien von 8 bis 17 Uhr. **Postämter** sind Mo–Fr 7.30–19 Uhr, Sa bis 14 Uhr geöffnet. In den **Geschäften** des Karpatenstaats kann man allgemein 9 bzw. 10–18 Uhr einkaufen, samstags bis 13 Uhr. Lebensmittelläden und verschiedene private Geschäfte öffnen früher und länger, einige sogar 24 Stunden am Tag. In Rumänien existiert bisher kein Ladenschlußgesetz. Bei **Apotheken** in Großstädten kann man z. T. mit einer 24-Stunden-Öffnungszeit rechnen. In vielen **Restaurants** ist auch der Gast willkommen, der nach der üblichen Mittags- bzw. vor der Abendessenszeit seine warme Mahlzeit wünscht. **Museen** haben grundsätzlich montags geschlossen und öffnen ihre Pforten ansonsten meist zwischen 9 und 16 Uhr. Bei zeitlich knapper Planung rufe man zur Sicherheit vor dem Besuch dort an. In **Freilichtmuseen** dauert die Saison von April bis Oktober. Wenn besondere Sehenswürdigkeiten wie **Kirchen** nicht geöffnet sein sollten, hilft meist eine freundliche Anfrage beim jeweiligen Nachbarn, z. B. beim Pfarrer oder Küster, weiter.

Organisierte Reisen

Die teilweise in privater Regie geführten Touristenbüros in den größeren Städten bieten häufig auch organisierte Reisen zu Sehenswürdigkeiten der Region oder Touren mit bestimmten Schwerpunkten an (s. Adressen und Tips von Ort zu Ort).

Schiffsreisen ins Donaudelta bieten u.a.:

ATBAT S. A.: Str. Babadag 11, Tulcea, Tel. 02 40-51 41 14, Fax 51 76 25, atbad@ttx.ssitt.ro, www.atbad.hypermart.net/ (Veranstalter von Schiffstouren mit Übernachtung in Tulcea/Donaudelta)

Reisebüro Finesse, Bukarest: www.finesse.ro (organisiert Ökotouren ins Donaudelta)

Explorer Tours Travel AG: Birkenstr. 12, 4123 Allschwil/Schweiz, Tel. 01-481 56 97, Fax 482 00 19, www.explorer.li/donaudelta.htm (Schweizer Veranstalter mit ornithologischen Studienreisen)

Joachim-Fritz Gruppenreisen: Mühlenweg 107a, 22844 Norderstedt, Tel. 0 40-52 68 21 37, Fax 52 68 21 38, www.jfg.corp.de/Delta.htm (Anglerreisen ab Norddeutschland)

Polizei

Die Polizei heißt in Rumänien ›Poliţie‹ und steht auch dem Gast bei jedem Problem zur Seite. Telefonisch erreicht man sie sofort unter Tel. 955.

Es gibt Berichte, nach denen falsche Polizisten Touristen berauben, indem sie Fahrzeuge anhalten und vorgeben, Devisenkontrollen vorzunehmen. Lassen Sie sich sicherheitshalber den Dienstausweis zeigen.

Post

Die Briefkästen der rumänischen Post sind rot und tragen den Schriftzug ›Poşta‹. Die Postgebühren Rumäniens liegen derzeit ein wenig unter deutschem Preisniveau. Die Beförderungsgeschwindigkeit in Rumänien aufgegebener Post hat sich in der letzten Zeit immens verbessert.

Die Postämter in kleineren Orten vermitteln auch Telefongespräche.

Reisezeit und Kleidung

Das Klima im Karpatenland ist gemäßigt kontinental, das heißt typisch für Mitteleuropa: mit heißen Sommern, kalten Wintern, also insgesamt ausgeprägten Jahreszeiten. Im Winter fällt reichlich Schnee, besonders in den Bergen. Die wärmeren Gebiete liegen im Süden, die regenärmsten im Südosten des Landes.

Rumänien ist ein Reiseland für jede Jahreszeit. Für den Badeurlaub am Schwarzen Meer, das etwas mildere Temperaturen als das Mittelmeergebiet aufweist, eignet sich am besten die Zeit von Mai bis September, zum Wintersport in den Karpaten die Zeit ab Weihnachten bis März. Frühling und Herbst sind hervorragend für Rundfahrten durchs Land, für Wanderferien in den Bergen bzw. für den Bukarest-Aufenthalt.

An der Schwarzmeerküste benötigt man außer leichter Sommerkleidung und gutem Sonnenschutz nur Jacke oder Pullover für die frische Brise am Abend. Dagegen sollte, wer auch in den Sommermonaten in den bergigen und kälteren Norden des Landes reist, wärmere Kleidung und festes Schuhwerk eingepackt haben. Für Skiurlauber empfiehlt sich ausreichend schützende Winterbekleidung. Mit Zentralheizungswärme kann man in der kalten Jahreszeit inzwischen in jedem besseren Hotel rechnen. In den meisten Hotels und Restaurants Rumäniens bestehen keine besonderen Kleidervorschriften.

Sicherheit

In Großstädten besteht auf Grund steigender Kriminalität erhöhtes Risiko. Dort sollte man auch achtgeben auf streunende Hunde, die Krankheiten übertragen können. Achtung vor falschen Polizisten: Sie halten Touristenfahrzeuge auf, um sie zu berauben. Man lasse sich bei Devisen-Kontrollen stets die Papiere der Polizisten zeigen. An Bahnhöfen und Flughäfen nehme man sich natürlich wie überall auf der Welt vor Taschendieben in acht. Beim Stadtbummel in Großstädten stecke man möglichst wenig Bargeld ein und führe Dokumente nur in Fotokopien mit sich. Auch von ganzen ›Bettler‹gruppen lasse man sich nicht plötzlich einkreisen und meide nachts schlecht beleuchtete Vorstadtstraßen und Hafenviertel. Ein Auto westlichen Fabrikats, das im rumänischen Straßenbild sofort auffällt, stelle man möglichst nicht allzu lange an uneinsehbaren Stellen ab und lasse keine Wertgegenstände im PKW. Innerhalb der Hotels sind Wertsachen am besten in Safes aufgehoben. Jedoch werden gute Geschäfte, Restaurants und besonders Hotels von privaten Sicherheitskräften bewacht.

Souvenirs

Wer Geld hat (und das hat beim guten Wechselkurs der Westtourist allemal), der kann sich in den Läden großer rumänischer Städte inzwischen so gut wie alles kaufen: von der Markenkosmetik über Luxuskleidung bis zu Kunst und Antiquitäten. Die typischsten Mitbringsel aus Rumänien sind seit eh und je Holzschnitzarbeiten, Weberei-, Stickerei- und Töpferwaren aus der Volkskunst. Auch Ikonen sowie moderne Malerei und Skulpturen oder Antiquitäten sind zu beliebten Produkten für den Verkauf an Touristen geworden (s. Einreise- und Zollbestimmungen, S. 303). Am besten kauft man die Volkskunstprodukte ›vor Ort‹ in den Dörfern und Klöstern der Maramuresch, der Bukowina, der Moldau und Transsilvaniens. Auch Ethnographische Museen im Land bieten in Sonderabteilungen immer Volkskunst zum Verkauf an. In den Touristenzentren und Großstädten Rumäniens suche man dafür die seriösen Läden der ›Fondul-Plastic‹-Kette auf. Hier sind auch Arbeiten moderner rumänischer Künstler zu angemessenen Preisen zu erstehen. Ansonsten sind besonders die Galerien der großen Städte einen (Einkaufs-)Besuch wert (s. Adressen und Tips von Ort zu Ort).

Stromspannung

Die Stromspannung beträgt in Rumänien 220 Volt. Auch die Form der Stecker und Steckdosen entspricht der unsrigen.

Telefonieren

Teilweise besteht in Informationsschriften, Reiseführern etc. noch Verwirrung wegen wechselnder Ortsvorwahlen in Rumänien. 2002 wurdensie um eine 2 nach der 0 erweitert.

Wer aus dem Ausland nach Rumänien telefoniert, wählt die Landesvorwahl 00 40 und die Städtevorwahl ohne 0 sowie die Teilnehmernummer. Anrufer aus Rumänien nach Deutschland kommen wie gewohnt mit der Landesvorwahl 0049 plus Städtevorwahl ohne 0 plus Anschlußnummer ans Ziel, nach Österreich mit 0043 und in die Schweiz mit 0041.

Inzwischen stehen in allen Städten und Touristenzentren Rumäniens die orangefarbenen Direktwahlapparate zur Verfügung, für die jedes Postamt praktischerweise Chipkarten verkauft. Ansonsten ist in kleinen Städten und Orten die Telefonvermittlung der Postämter zu bemühen. Auch jedes Hotel verbindet, gegen Aufpreis natürlich, mit dem jeweiligen Teilnehmer. Die Telefonpreise in Rumänien liegen leicht unter westlichem Niveau.

Trinkgeld

Gerne nehmen z.B. in Restaurants und Hotels rumänische Ober und Zimmermädchen Trinkgeld an. Die Höhe liegt im Ermessen des Gastes. In Gaststätten sind 10 Prozent der Rechnung eine gute Summe.

Unterkunft

Wer seinen Rumänien-Urlaub nicht pauschal gebucht hat, kann von zu Hause aus oder schon im Land (s. Adressen und Tips von Ort zu Ort) aus einem reichen Angebot an Hotelbetten wählen. Empfehlenswert sind in bezug auf Zimmerausstattung, Service, Sicherheit u.ä. wie in puncto Restaurants die meist kleineren **Privatgästehäuser** bzw. natürlich die großen Vertragshäuser der angesehenen internationalen Hotelketten. In Kleinstädten sollte man nicht unbedingt Ein-Stern-Hotels wählen, da man als ausländischer Tourist viel mehr als Einheimische zahlen muß. Adressen von Privatunterkünften in Siebenbürgenkann man z. B. abrufen über www.siebenbuerger.de.

Wer zwar keinen Wert auf Luxus legt, aber preiswert in netter Atmosphäre unterkommen möchte, dem vermitteln die ansässigen Touristenbüros auch **Privatzimmer.** In Dörfern kann man auch von Privatpersonen auf der Straße in puncto Übernachtungsmöglichkeit angesprochen werden. **Jugendherbergen** im westlichen Sinne sind in Rumänien noch Mangelware. Information: Deutsche Jugendherbergs-(DJH) Service GmbH, Postfach 1462, 32754 Detmold, Tel. 05231-7 40 10, Fax 740149, service@djh.de.

Camping bietet sich im Land Rumänien, in dem die Übernachtungspreise in Hotels und Pensionen verglichen mit Westeuropa relativ niedrig sind, eigentlich nur für Anspruchslose oder eben ganz Naturverbundene an, zumal die meisten Plätze bei der Sanitärausstattung sehr zu wünschen übrig lassen. Das Rumänische Touristenamt Frankfurt (s. Auskunft S. 300) schickt auf Wunsch ein spezielles Camping-Faltblatt zu. Es sollten nur die ausgewiesenen Plätze benutzt werden, von wildem Campen ist abzuraten.

Urlaubsaktivitäten

Die Auswahl an sportlicher Betätigung ist für Rumänien-Besucher groß. Viele Hotels besitzen überdachte Schwimmbäder, Tennisplätze und Saunen. Minigolfanlagen findet man allerorten, Golf-Terrains jedoch weniger. In den Orten an der Küste bestehen Einrichtungen für Sportarten wie Tennis, Badminton, Volleyball, Basketball und Handball, für Bowling und Billard.

■ Angeln

Angeln kann man im Donaudelta oder an den vielen Seen im Lande. Dabei sollte beachtet werden, daß jährlich ab dem 1. April eine 60tägige Schonzeit für Fische gilt. Angler-Bootsfahrten können mit Ausflügen für professionelle und Amateur-Ornithologen verbunden werden. Vor Ort im Delta sucht man am besten den Kreisverband der Sportangler in Tulcea (Strada Isaccea 10, Komplex, Tel. 0240-11404) zwecks Beratung auf. Auskunft geben auch regionale Informationsbüros (s. Adressen und Tips von Ort zu Ort).

■ Bergsteigen, Wandern und Höhlenklettern

Für **Bergsteiger** ist z.B. Buşteni bei Braşov das geeignete Zentrum, wo gute

Klettermöglichkeiten im Bucegi-Gebirge bestehen. Informationen auch zum Thema **Wandern** erhält man beim Clubul Alpin Român in Bukarest, Strada Gladiolelor 14 B, Tel. 021-6138078. Die Karpaten sind ein herrliches Wandergebiet. Die Wege sind teilweise in verschiedenen Farben an Bäumen, Steinen oder Pfählen markiert, z.B. rot für die Hauptstrecken auf den Bergkämmen. Hobby-**Höhlenkletterer** finden einige Speläologie-Zentren. Vor freiem Herumturnen ohne Führer in anderen rumänischen Höhlenparadiesen sei er auch aus Rücksicht auf die noch unberührte Natur gewarnt. Auf eine Invasion fremder Kraxler sind Rumäniens zahlreiche Höhlen keineswegs vorbereitet. Allgemeine erste Informationen bietet das Höhlenkletterer-Zentrum Institutul Speologie Emil Racoviţa, Bukarest, Str. Frusoasa 11, Tel. 021-6503465.
Wandern, Höhlenklettern, Extremsport in den Karpaten: www.alpinet.ro (umfassende Information, Trassenführung, Kartenmaterial, Bergrettungsdienste, Erlebnisberichte, Fotos, Adressen, Telefonnummern für Berghütten, Kontaktbörse, Chat usw.: admin@alpinet.ro)

■ Jagd

Die Karpaten sind seit Jahren beliebte Jagdgründe für Trophäensammler. Im Donaudelta darf nicht gejagt werden. Hobby-Jäger notieren sich am besten die verschiedenen Jagdzeiten: März bis Mai für Bären, April bis Mai für Auerhähne, Mai bis Oktober für Rotwild, August bis Mai für Wasservögel, September bis November für Rothirsche und Riedböcke, September bis Dezember für Gemsen, Oktober bis Februar für Wildschweine und Fasane, November bis Januar für Hasen. Jagd-Pauschalreisen können von Deutschland aus gebucht werden (s. Auskunft S. 300). Vor Ort sucht man die jeweiligen Touristeninformationsbüros bzw. spezielle Jäger-Kontaktstellen auf. Kontakt in Rumänien: 0040-268-475168, NimfaTour@yahoo.com

■ Motorradfahren/Biker

Ein rumänisches Motorrad- und Mountainbiker-Begegnungsprojekt bietet viermal jährlich Eine-Woche-Touren in Westrumänien an.
Kontakt: Sergio Morariu, Timişoara, Tel. 0256-194131, Fax 194506, Sergio@mb.sorostm.ro, www.dnttm.ro/enduro.

■ Radfahren

Für gut trainierte Radfahrer ist ganz Rumänien und insbesondere das Netz der Waldwege und Schaftriebrouten in den Karpaten eine Herausforderung. Jedoch sollte man sich schon vor der Reise für sein Mountainbike mit genügend Ersatzteilen eingedeckt haben und sich bewußt sein, daß die Autofahrer auf Rumäniens holprigen Landstraßen kaum mit touristischen Fahrradflitzern rechnen. Die Touristenämter (s. S. 300) verschicken eine Radfahrer-Information mit 8 Karpaten-Touren-Angeboten. Fahrradwege sucht man auch in den Großstädten oft vergeblich.
Information:
Allgemeiner Deutscher Fahrrad-Club ADFC: Bundesverband, Postfach 107747, 28077 Bremen, Tel. 0421-346290, Fax 3462950, kontakt@adfc.de, www.adfc.de/service/euro/servorum.htm (alles rund um Zweirad-Touren in Rumänien)
Radfahrer-Hotline der Deutschen Bahn: Tel. 01803-194194 (Infos zur Fahrradmitnahme, Bahn- und Radurlaub in Rumänien einschließlich Buchung und Reservierung, s. a. die Homepage der Rumänischen Eisenbahngesellschaft: www.cfr.ro/rom/merstren.htm.)
BikeRomania-Gruppe, Bielefeld: www.BikeRomania.de (ambitionierte Gruppe, die Kontaktreisen für Individual-Mountain- und Rennradbiker nach Rumänien organisiert, Kartographie-Projekte ausführt usw., info@BikeRomania.de)
Mountainbike-Club Reşiţa: P-ţa 1. Decembrie 2, Hotel Semenic, Zi. 102, 1700 Reşiţa, Tel./Fax 0255-224980 und 224979
Cicloturism Club ›Napoca‹: Str. Septimiu Albini 18, 3400 Cluj, Tel./Fax 0264-142953, cicloturism@mail.dntcj.ro, www.dntcj.ro/NGOs/napoca/
Outdoor Trekking Tours: Dr.-Gustav-Knodel-Str. 1, 76344 Eggenstein, Tel./Fax 0721-784836, ott.ro@t-online.de,

www.ottro.de (Veranstalter für Radtouren durch Rumänien, vermittelt auch Anreise, Unterkunft, Mieträder, Fahrradtransport mit Bussen)

Reiten

In den meisten Schwarzmeerbadeorten, aber auch auf dem Land und in den Bergen bestehen Reitmöglichkeiten.

Wassersport

An der Schwarzmeerküste ist vor allem das Schwimmen im Meer oder in den Pools mit Frisch- oder Meerwasser ein Vergnügen. Außerdem kann Wassersport jeglicher Art am Meer und an den Seen in Meernähe betrieben werden. An Flüssen bestehen z. T. Möglichkeiten zum Kanu- und Kajakfahren.

Segler mit Paß und Segelschein melden sich, um ein passendes Boot zu mieten, in den Touristenbüros oder den Hotels der Ferienorte bzw. bei den Hafenverwaltungen der Städte am Schwarzen Meer. Wer sein eigenes Boot mitbringt, wendet sich mit Paß und Segelschein an die jeweilige Hafenverwaltung, wo eine Bearbeitungsgebühr entrichtet werden muß.

Wintersport

Von Weihnachten bis März steht man in den gepflegtesten rumänischen Wintersportorten der Ostkarpaten, z. B. in Sinaia, Poiana Braşov, Buşteni oder Predeal bei Braşov/Kronstadt, am Skilift keineswegs Schlange. Es warten Skipisten unterschiedlicher Schwierigkeitsgrade und Langlaufloipen auf den Gast. Außerdem können Biathlon- und Bobfans auf ihre Kosten kommen. Aber auch kleinere Skigebiete wie die bei Sibiu in Ocna Sibiului, am Banater Semenic-Massiv im Ort Semenic, am Bergmassiv Ceahlău im Ort Durău oder in der Maramuresch in Borşa können attraktiv für alle die sein, die den Massenbetrieb in den Alpen leid sind. Rumäniens Tourismusministerium plant den Ausbau der Skiregion Predeal-Azuga. Hier soll ein 500 000 m² großes Skigebiet mit 15 km Pisten entstehen.

Informationen erhält man bei Rumänien-Spezialveranstaltern (s. Auskunft S. 300) oder bei folgenden Institutionen:

Romanian Professional Ski Instructors Association, Bukarest: Tel. 0040-21-6134443, Fax 3125670;
Predeal: Tel. 0040-268-256089;
Braşov: Tel. 0040-268-152558, Fax 152558
Romanian Ski-Biathlon-Bob Federation, Bukarest, Tel. 0040-21-2115550/222, Fax 2115567 und 318

Veranstaltungen

Wer abends ins Theater, in die Oper, die Operette, ins Musical gehen möchte, der findet in jeder größeren rumänischen Stadt, in der Saison auch in den Urlaubszentren, das entsprechende Kulturangebot. Deutschsprachige Aufführungen zeigen die ›deutschen Theater‹ (Teatrul German de Stat) in Timişoara, Sibiu (Teatrul German) und in der Saison die Operettenbühne am Schwarzmeer-Urlaubsort (z. B. Mamaia).

Karten gibt es an den Theaterkassen, per telefonische Vorbestellung oder mit Hilfe der Vermittlung der jeweiligen Touristen-Informationsbüros (s. Adressen und Tips von Ort zu Ort). Alljährlich wiederkehrende Veranstaltungen sind die UNICEF-Gala des Musiktheaters in Constanţa (Januar), das internationale Jazzfestival (Mai) und das Festival der Unterhaltungsmusik ›Der goldene Hirsch‹ (September) in Braşov sowie das Tanzsportfest in Timişoara (April)

Verhalten als Tourist

Seit der politischen Wende kann man sich als Besucher aus Mitteleuropa erwartet und willkommen fühlen in einem Land, dessen Bewohner über so viel Nachholbedarf im freien Umgang mit anderen Nationen verfügen. Nichtsdestotrotz sei natürlich an ein paar Fettnäpfchen erinnert, in die man bei einem Rumänien-Aufenthalt nicht unbedingt treten muß. Dazu gehören einige Irrtümer über das Karpatenland. Geographisch gehört Rumänien eben nicht zu den Balkanländern. Auch einen anderen sprachlichen Fauxpas sollte man vermeiden: die rumänischen Gesprächspartner bzw. ihre Sprache und Kultur als Slawen bzw. slawisch zu bezeichnen. Rumänen fühlen sich als Romanen, die rumänische Sprache und Kultur ist hauptsächlich der der französischen, italienischen oder spanischen ›Vettern‹ verwandt. In die slawische Völkerfamilie wollen die Rumänen wegen der bisher schlechten Erfahrungen mit dem mächtigen russischen Nachbarn nicht einbezogen werden.

Und jedem deutschkundigen Rumänen mißfällt es sehr, wenn er das abwertende Urteil hört, man sei da und dort ›irgendwo in der Walachei‹ gelandet. Denn diese Region Walachei mit der Hauptstadt Bukarest wird im Karpatenstaat, schon von der Geschichte her berechtigt, als das ›rumänischste Land‹ überhaupt (Tara Româneasca) benannt.

Und dann gibt es ein paar Dinge, die vielen mitteleuropäischen Besuchern in einem südosteuropäischen Land wie Rumänien auf Anhieb nicht gefallen: Da wäre die offensichtliche Lethargie vieler Rumänen in Sachen Pflege und Reinhaltung gemeinschaftseigenen Besitzes bzw. in Sachen Umweltschutz. Diese Beobachtung kann man jedoch, systembedingt, auch noch in anderen ex-kommunistischen Ländern des europäischen Ostens machen. Wem so viele Jahrzehnte lang Privatbesitz so gut wie nicht erlaubt war, der lernt nur langsam, nach einem Verantwortungsgefühl für Privates auch ein ebensolches für die Instandhaltung öffentlichen Eigentums zu entwikkeln. Mehr Geduld unsererseits tut also not.

Ein anderes Phänomen: Es gibt Situationen, da gilt eine Zusage, die in Deutschland klar und deutlich klingen und ebenso aufgefaßt würde, im Karpatenstaat nur als höfliche Antwort ohne Folgen, als halbes ›Ja‹. Denn in Rumänien wäre ein bestimmtes ›Nein‹ in solchen Fällen eine distanzlose, fast unverschämte Antwort. In Zweifelsfällen sollte man bei seinem rumänischen Gesprächspartner lieber noch einmal freundlich nachfragen. Denn dem spannungsfreien Verhältnis der Deutschen zu den Rumänen und umgekehrt sollte nichts im Wege stehen.

Zeit

Der Zeitunterschied zu den westlichen Ländern beträgt in Rumänien ganzjährig plus eine Stunde. Auch im Karpatenstaat gilt die Sommerzeit wie bei uns.

Zeitungen und Zeitschriften – Medien

Ausländische Zeitungen und Zeitschriften sind an den Kiosken großer Städte und an den Rezeptionen der besten Hotels Rumäniens erhältlich. In **Rumäniens Presse** ist die Abschaffung der politischen Zensur nach 1989 konsequent vollzogen worden. Zahlreiche neu gegründete Blätter vertreten heute selbstverständlich absolut liberale Auffassungen. Wichtige Tageszeitungen mit 100 000er-Auflage: Adevarul, România Liberă, Evinementul Zilei u. a.

Ein Teil der rumänischen Presselandschaft hat sich wie vergleichbare Medien im Westen ganz dem lukrativen Boulevardjournalismus verschrieben. Als **deutschsprachige Printmedien** erscheinen die ›Allgemeine Deutsche Zeitung für Rumänien‹ (Bukarest), die ›Banater Post‹ (Timişoara) und die ›Hermannstädter Zeitung‹ (Sibiu).

Die **staatlichen Fernseh- und Radiostationen** galten noch bis Mitte der 1990er Jahre, also noch während der Präsidentschaft des Postkommunisten Ion Iliescu, als auffällig regierungsfreundlich. Inzwischen sind jedoch auch in die TV- und Hörfunk-Leitungsgremien politisch unbelastete Journalisten aufgestiegen. Zahlreiche private Kanäle profilieren sich gleichfalls mit Meinungsvielfalt und natürlich auch mit vielen Werbeeinheiten. So schätzen sich die Rumänen heute glücklich unter vielen einheimischen TV- und Radio-Programmen wählen zu können (staatliches Fernsehen mit drei Programmen, Pro-TV, Prima-TV, Acasă; Radio-Programme u. a.: Staatlicher Rundfunk, Radio Contact, Radio Total, Radio Delta, Radio XXI). Nun sprießen auch im Karpatenland allerorten Satellitenschüsseln von den Dächern.

Sprachführer

Das Verstehen bzw. Lesen der romanischen Sprache Rumänisch stellt eigentlich für den des Französischen, Italienischen, Spanischen, Portugiesischen oder Lateinischen kundigen Besucher ein nicht allzu großes Problem dar, wenn es sich um Vokabular und idiomatische Wendungen des Alltags handelt. Bei der **Aussprache** gelten folgende Faustregeln:

- **â** bzw. **î** werden wie ein dumpfes **ü** gesprochen (z. B. Br**â**ncoveanu – *Br**ü**ncoveanu*)
- **ă** spricht man wie ein kurzes **e** (z. B. Tănase – *T**e**nase*)
- **ş** spricht man **sch** (stimmlos) (z. B. Media**ş** – *Media**sch***)
- **ţ** spricht man **z** bzw. ts (z. B. Moldovi**ţ**a – *Moldoviza*)
- ***z*** wird **s** ausgesprochen (z. B. **z**ahăr – ***s**aher*)
- ***c*** wird wie **k** ausgesprochen (z. B. **c**urtea – ***k**urtea*) in Verbindung mit den Vokalen e und i aber: ***ce*** – **tsche** bzw. **ci** – **tschi** (z. B. **Ci**oran – ***Tschi**oran*)
- dagegen spricht man ***che – ke*** bzw. **chi – ki** (z. B. Asa**chi** – Asa***ki***)
- **g** wird wie **g** gesprochen, in Verbindung mit den Vokalen e und i aber: **ge – dsche** bzw. **gi – dschi** (z. B. Cara**gi**ale – *Car**dschi**ale*)
- ***j*** spricht man wie im Französischen (z. B. **j**urnalist – ***J**ournalist*)
- ein auslautendes ***i*** nach Konsonanten wird nur angedeutet (z. B. Ia**şi** – *Ia**sch***)

Eine **Rechtschreibungsreform** hat 1993 die 1954 in Anlehnung an die russische Orthographie durchgeführte Vereinfachung des rumänischen Alphabets wieder rückgängig gemacht: **Der Buchstabe î wurde jetzt vielfach wieder zu â.** Viele rumänische Wörter und Namen, die in älteren Reiseführern oder Karten noch mit **î** geschrieben wurden, erscheinen deshalb heute mit **â**, z. B. T**â**rgovişte inzwischen statt Tîrgovişte. Dieses Buch berücksichtigt im Register beide Schreibweisen.

Allgemeine Ausdrücke/ Grundwortschatz:

ja	da
nein	nu
bitte	vă rog
danke	mulţumesc, merci
Entschuldigung	scuzaţi, pardon
sicher	sigur
ok, alles klar	bine
und	şi
oder	sau
wann	cînd
wo, wohin	unde
warum	de ce
gut	bun
schlecht	rău
schön	frumos
häßlich	urît
groß	mare
klein	mic
teuer	scump
billig	ieftin
viel(e)	mult (mulţi/multe)
mehr	mai mult
weniger	mai puţin
schnell	repede
langsam	încet
leicht	uşor
schwierig	greu
allein	singur(a)
ich/du/er/sie	eu/tu/el/ea
wir/ihr/sie	noi/voi/ei/ele
Sie	Dumeavoastră
guten Tag	bună ziua
guten Morgen	bună dimineaţa
gute Nacht	noapte bună
auf Wiedersehen	la revedere

gute Reise	drum bun
tschüß	pa

Verständigungsbausteine:

Wie geht es dir?	Ce faci?
Wie geht es Ihnen?	Ce faceţi?
Danke, sehr gut.	Mulţumesc, foarte bine.
Wie bitte?	Poftim?
Ich weiß nicht.	Nu ştiu.
Wieviel Uhr ist es?	Cît e ceasul?
Wie ist das Wetter?	Cum e vremea?
Wo wohnt Herr ...	Unde locuieşte Domnul ...
Wo wohnt Frau ...	Unde locuieşte Doamna ...
Verstehen Sie mich?	Mă înțelegeţi?
Ich habe nicht gut verstanden.	N-am înţeles bine.
Sprechen Sie deutsch?	Vorbiţi nemţeşte?
Sprechen Sie rumänisch?	Vorbiţi româneşte?
Etwas, nicht viel.	Puţin, nu prea mult.
Nein, nur französisch.	Nu, vorbesc numai franţuzeşte
Wo ist hier	Unde este aici
– eine Toilette	– o toaleta
– ein Hotel	– un hotel
– ein Restaurant	– un restaurant
– eine Post	– o poştă
– ein Telefon	– un telefon
– eine Bank	– o bancă
– eine Apotheke	– o farmacie
– das Krankenhaus	– spitalul
– ein Arzt	– un doctor
– eine Kirche	– o biserică
– das Kloster	– mănăstirea
– der Markt	– târgul
– die Polizei	– poliţia
– ein Bahnhof	– o gară
– der Flughafen	– aeroportul
– der Hafen	– portul
– der Busbahnhof	– autogara
– der Bus	– autobuzul
– der Zug	– trenul
– das Flugzeug	– avionul
– eine Tankstelle	– o staţie de benzină
– eine Autowerkstatt	– un atelier de reparaţie
Was kostet das?	Cît costă aceasta?
Bitte wechseln Sie mir ...	Vă rog să-mi schimbaţi ...
Haben Sie Zimmer frei?	Aveţi camere libere?
Geben Sie mir bitte die Speisekarte!	Daţi-mi, vă rog, lista de bucate
Die Rechnung bitte!	Plata!

Unterwegs mit dem Zug

Bahnhof	gara
Zugfahrplan	mers al trenurilor
Ankunft	sosire
Abfahrt	plecare
Informationsschalter	informaţii
Zugfahrkarte	bilet de tren
Zug	tren
einfache Fahrt	bilet simplu
Hin- und Rückfahrt	bilet dus-intors
Kinder-Fahrkarte	bilet pentru copil
Platzreservierung	rezervarea locurilor
Gepäckaufbewahrung	depozitarea bagajelor
Schlafwagen	vagon de dormit
Anschlußmöglichkeiten	legături
Schaffner	şef de tren
Gepäckträger	hamal
Verspätungen	întârziere
Einstieg	urcare
Ausstieg	coborire
Reisebüro	agenţia de vojaj

Straßenverkehr

Autobahn	autostrada
Fernstraße	drum internaţional
Haupt-/Landstraße	strada principală
Geschwindigkeit	viteza
Parkplatz	parcare
Straßenkarte	harta rutieră
Staatsgrenze	frontiera de stat
Tankstelle	benzinărie

Verkehrsschilder

Toate direcţiile	Alle Richtungen
Ocolire	Umleitung

Ceaţa	Nebel
Drum periculos	Gefährliche Fahrbahn
Claxonarea interzisă	Hupverbot.

Essen und Trinken

Guten Appetit!	Poftă bună!
Prost!	Noroc!
Speisekarte	meniu
Frühstück	**micul dejun**
Kaffee	cafea
schwarzer Tee	ceai
Obstsäfte	nectaruri
Butter	unt
Marmelade	dulceaţa
Honig	miere
pikante Wurst	cârnat
Schinken	şunca
Schnittkäse	caşcaval, telemea
Eier	ouă
weißes Brot	pîine
weiche Brötchen	chifle
Hörnchen	covrigi
Milch	lapte
Kakao	cacao
Filter- oder Nescafé	cafea nes
(›türkischer‹) Mokka	cafea naturală
Mittagessen	**prînz**
Abendessen	**cină**
Pastete	plăcinta
... mit Zwiebeln	... cu ceapă
... mit Kohl	... varză
... mit Kürbis	... dovleac
... mit Schafskäse	... brânza, telemea
gefüllte Eier	ouă umplute
Fleisch-Mayonnaise-Salat	salata beuf
Brotaufstrich aus Auberginen	salata cu vinete
Karpfenkaviar	icre
Salat aus	salata cu
... Gurken	... castravete
... Tomaten	... roşii
... Paprika	... ardei
... Zwiebel	... ceapă
... Kohl	... varză
Suppe (säuerlich)	ciorba, borş
Kuttelsuppe	ciorba de burtă
Fleisch- oder Gemüsesuppe	supa
mit Fleisch gefüllte Paprika	ardei umpluţi cu carne
mit Fleisch gefüllte Tomaten	roşii umplute cu carne
mit Fleisch gefüllte eingelegte Kohlblätter	sarmale în foi de varză acră cu carne
Auberginen- und Fleischauflauf	musaca de vinete
Wiener Schnitzel	şniţel vienez
Schweine-, Kalbs- o. Rinderbraten	friptura de porc, viţel sau vita
Fleisch mit Mischgemüse	ghiveci cu carne
Fisch vom Rost	peşte la grătar
gefüllte Pute	curcan umplut
Zunge mit Oliven	limba cu măsline
Gehirn mit Ei	creier cu ouă
Kartoffeln	cartofi
Reis	orez
Nudeln	macaroane
Polenta (salziger Maismehlbrei)	mămăliga, mămăliguţa
Schafskäse	brânza, telemea
weißes Brot	pîine albă
Geflügelsülze	piftie de pasăre
Gänseleberpastete	pateu de ficat de gîscă
Rinderhackfleisch-Bällchen	mititei / mici
deftiges Fleischgericht	tochitura
Nachtisch	**desert**
Äpfel	mere
Birnen	pere
Pfirsiche	piersici
Trauben	struguri
Melonen	pepene
Speiseeis	îngheţata
Eierkuchen	clătite
... mit Schafskäse	... cu brânza, telemea
... Molkenkäse o. Marmelade	... urdă sau dulceaţă
Marzipanrouladen	rulada marţipan
Biskuitrollen	salami din biscuiţi
Schokoladensorbet	şerbet de ciocolată
Milchreis	orez cu lapte
Nußkuchen	cozonac cu nucă

Berliner	gogoşi
Blätterteigkuchen mit Sirup	baclava
Likör mit Kaffee- o. Nußgeschmack	lichior de cafea, de nuci verzi
Espresso-intensiver Kaffee	cafea

Getränke — băuturi

Pflaumenschnaps	ţuica
Bier	bere
Wein	vin
Mineralwasser aus den Karpaten	apa minerală ›Borsec‹, ›Harghita‹, ›Tusnad‹

Wochentage

Montag	luni
Dienstag	marţi
Mittwoch	miercuri
Donnerstag	joi
Freitag	vineri
Samstag	sîmbătă
Sonntag	duminică

Zahlen

1	unu
2	doi
3	trei
4	patru
5	cinci
6	şase
7	şapte
8	opt
9	nouă
10	zece
11	unsprezece
12	doisprezece
20	douăzeci
21	douăzeci şi unu
22	douăzeci şi doi
30	treizeci
40	patruzeci
50	cincizeci
60	şaizeci
70	şaptezeci
80	optzeci
90	nouăzeci
100	o suta
200	două sute
1000	o mie
1 000 000	un milion

Lesetips

Belletristik, Lyrik, Philosophie

Ana Blandiana, Sternenherbst, übersetzt von Christian Schenk, Berlin 1999. Das Neuste in deutscher Sprache von Ana Blandiana.

Mircea Cărtărescu, Nostalgia, Berlin 1997. Phantastische Geschichten über Liebe und Tod, Traum und Wirklichkeit von einem der derzeit bemerkenswertesten Literaten Rumäniens.

Emile Cioran, Gedankendämmerung, Frankfurt am Main 1993. Rumäniens ›Schopenhauer‹ in Hochform.

Mircea Dinescu (s. S. 43ff.), Dichter und Bürgerrechtler. Neue Gedichte. Dokumente, Analysen, Augsburg, Dichterrebell komplett für Dinescu-Liebhaber.

ders., Exil im Pfefferkorn. Gedichte, Frankfurt 1989. Poetisch-Politisches aus den Jahren des Bukarester Hausarrestes.

ders., Ein Maulkorb fürs Gras. Gedichte deutsch und rumänisch, Frankfurt 1994. Dinescus spitze Feder für Genießer.

Mihai Eminescu, Der Abendstern. Gedichte, übersetzt von Ernst-Jürgen Dreyer, Mainz 2000. Poetisches des Nationaldichters in deutscher Sprache (s. S. 136ff.).

Franz Hodjak, Ankunft Konjunktiv. Gedichte, Frankfurt/Main 1997. Ein zeitgenössischer Top-Lyriker.

Herta Müller (s. S. 246ff.), Der Fuchs war damals schon der Jäger, Reinbek 1992. Müllers Abrechnung mit dem ›Großen Führer‹ und seinem Vasallenstaat.

dies., Hunger und Seide. Essays, Reinbek 1995. Brillantes über das schwere Erbe der kommunistischen Diktatur

dies., Heute wär ich mir lieber nicht begegnet, Reinbek 1997. Der bislang letzte Roman von Herta Müller.

dies., Im Haarknoten wohnt eine Dame, Reinbek 2000. Müller variiert ihre Themen, wie das Nicht-Ankommen der Ausgereisten, in Gedichtform.

Gellu Naum, Die Rede auf dem Bahndamm an die Steine. Gedichte, Zürich 1998. Aktuelles vom Lyrik-Großmeister.

Ovid (Publius Ovidius Naso, s. S. 88f.), Briefe aus der Verbannung (Tristia, Epistulae ex Ponte), Frankfurt 1993. Kommentierte Ausgabe.

Oskar Pastior, Das Hören des Genitivs. Gedichte, München 1997. Zum Kennenlernen des großen Lyrikers und Übersetzers.

Andrei Pleşu, Wer in der Sonne steht, wirft Schatten. Ein rumänisches Brevier politisch-praktischen Denkens, Ostfildern 2000. Tagebuch des Philosophen aus der Verbannung in die Provinz vor 1989.

Dieter Schlesak (Hg.), Gefährliche Serpentinen. Rumänische Gegenwartslyrik, Berlin 1998. Intelligente Präsentation neuer rumänischer Lyrik.

ders., Westwärts im Orientexpreß. Rumäniens Literatur unterwegs (Sonderheft Leipziger Buchmesse), Berlin 1998

Richard Wagner, Der Mann, der Erdrutsche sammelte. Stuttgart 1994. Als Banater Schwabe in Deutschland Zeitzeuge und Schriftsteller.

ders., Miss Bukarest, Berlin 2001. Einblick in die Praktiken der Securitate vor und nach der politischen Wende.

Sachbücher

Eva Behring, Rumänische Literaturgeschichte, Konstanz 1994

Hans Bergel, Bukowiner Spuren von Dichtern und Bildenden Künstlern, Aachen 2002. Eine Reise in die kulturträchtige Region im ukrainischen Grenzgebiet.

Anneli Ute Gabanyi, Systemwechsel in Rumänien. Von der Revolution zur Transformation, München 1998. Das Standardbuch über die Nach-Wende-Politik.

dies., Unvollendete Revolution. München 1990. Schlüssige Interpretation der Wende durch die Rumänien-Spezialistin.

Hildrun Glass, Minderheit zwischen zwei Diktaturen. Geschichte der Juden in Rumänien 1944–1949, München 2002. Aufarbeitung eines finsteren Kapitels der Geschichte.

Goldhelm, Schwert und Silberschätze. Reichtümer aus 6000 Jahren rumänischer Vergangenheit (Ausstellungskatalog Schirn Kunsthalle), Frankfurt/Main 1994. In Wort und Bild ein guter Überblick über Rumäniens Museumsschätze.

Ebba Hagenberg-Miliu/Olaf Meinhardt, Rumänien. Reisen in Europa, München 2003. Großer Fotobildband mit Essays.

Harald Heppner (Hg.), Die Rumänen und Europa vom Mittelalter bis zur Gegenwart, Wien 1997. Sammelband mit Beiträgen führender rumänischer Historiker über die vielfältigen politischen, wirtschaftlichen und kulturellen Verbindungen Rumäniens mit Westeuropa.

Wolfgang Höpgen/Michael Markel (Hg.), Das Bild des anderen in Siebenbürgen, Köln 1998. Ein Buch über Stereotypen in einer multiethnischen Region.

Reinhard Hootz (Hg.), Kunstdenkmäler in Rumänien. Ein Bildhandbuch, Darmstadt 1986. Landesweite Übersicht mit kunsthistorischen Details.

Thede Kahl, Ethnizität und räumliche Verteilung der Aromunen in Südosteuropa, Universität Münster 1999. Grundsätzliches über die Aromunen (s. S. 119ff.).

Dieter Kessler, Geschichte der deutschen Literaturen Siebenbürgens, des Banats und des Buchenlandes. Von der Revolution bis zum Ende des Ersten Weltkriegs, Köln 1997. Ein Buch über Blütejahre rumäniendeutscher Literatur 1848–1918.

Othmar Kolar, Die nationalen Minderheiten in Rumänien 1918–1993, Köln 1996. Zeichnet die Entwicklungen gut nach.

Thomas Kunze, Nicolae Ceauşescu. Eine Biografie, Berlin 2000. Komprimiertes über den ›Karpaten-Titan‹.

Ralf Peter Märtin, Dracula. Das Leben des Fürsten Vlad Tepeş, Berlin 2001. Informatives Buch über den Beginn des Blutsauger-Mythos.

Maria Miclescu, Das rumänische Bildungswesen im Wandel, Köln 1998. Profundes aus der Nach-Wende-Perspektive.

Thomas Nägler/Martin Rill, Hermannstadt und das Alte Land. Eine europäische Kulturlandschaft in Siebenbürgen, Hammersbach 2002. Deutsche Siedlungsgebiete im Mittelpunkt.

Wolf Oschlies, Ceauşescus Schatten schwindet. Politische Geschichte Rumäniens 1988–1998, Köln 1999. Gut lesbarer Überblick von einem ausgewiesenen Rumänien-Experten.

Michael Schneeberger/Frank-Michael Lange, Die rumänischen Waldkarpaten. Maramures, Berlin 1998. Liebevolle Reisebeschreibung der nördlichen Karpaten.

Helmut Schröcke, Siebenbürgen. Menschen – Kirchenburgen – Städte, München 2002. Bildband über eine reiche Kulturlandschaft.

Johann Steiner, Handball-Geschichte(n), Siebenbürger Sachsen und Banater Schwaben ebnen Rumänien den Weg zum Gewinn von sieben Weltmeisterschaften, Bukarest 2003. Porträts von Spitzenhandballern wie Hansi Schmidt (s. S. 106f.). Zu beziehen über den Autor: Tel. 02246/2166.

Cristina Tudorica, Rumäniendeutsche Literatur 1970–1990, Tübingen 1997. Die letzte Epoche einer Minderheitenliteratur im Überblick.

Ekkehard Völkl, Rumänien (Ost- und Südosteuropa. Geschichte der Länder und Völker), Regensburg 1995. Neuere Geschichte der Region im Überblick.

Christa Zach (Hg.), Rumänien im Brennpunkt. Sprache und Politik, Identität und Ideologie im Wandel, München 1998. Gute Zusammenstellung.

Zeitschriften

Ost-West-Contact. Das Wirtschaftsmagazin für Ost-West-Kooperation, Hamburg, Berlin. Monatsmagazin mit Rumänien-Sonderheften.

Osteuropa. Zeitschrift für Gegenwartsfragen des Ostens. Hg. von der deutschen Gesellschaft für Osteuropakunde, Deutsche Verlags-Anstalt Stuttgart. Monatszeitschrift über die Region.

Südost-Europa. Zeitschrift für Gegenwartsforschung, hg. v. Südost-Institut, München (mit Themenheften Rumänien).

Glossar

Akathistos Hymnos Bestandteil byzantinischer Dekorationskunst, Thema ist der 24strophige Lobgesang der Ostkirche
Aromunen Mazedo-Rumänen, ethnische Minderheit von Romanen, die u. a. im heutigen Griechenland ansässig waren bzw. sind und Anfang des 20. Jh. zum Teil in die Dobrudscha einwanderten
Balta Niederungsgebiet der Unteren Donau
Banater Schwaben Deutschstämmige im Banat, im 18. Jh. zugewandert, im 20. Jh. zum Teil nach Deutschland gekommen
Baragan Donauebene östlich von Bukarest mit extremem Klima
Bessarabien östlicher Teil der historischen Moldau zwischen Prut, Dnjestr und Schwarzmeerküste, heute Republik Moldova
Bojaren freie Gefolgsleute eines Fürsten
Crişana westlich der Westkarpaten gelegene Tiefebene Transsilvaniens
Cule ehemalige Adligen-Wohntürme mit Wehrcharakter
Daker bzw. Geto-Daker, nördlicher Zweig der indoeuropäischen Thraker, die auf rumänisches Terrain einwanderten
Deesis die ›klassische‹ Deesis zeigt Christus flankiert von Maria und Johannes und wird speziell in der rumänischen Kirchenwandmalerei erweitert um die figurenreiche Darstellung der himmlischen und irdischen Hierarchie
Dobrudscha östliche Landschaft Rumäniens zwischen dem Donaudelta und der bulgarischen Grenze
Dreikonchenkirche kreuzförmige Basilika, deren Querarme in Apsiden enden, Grundriß ist ein regelmäßiges Kleeblatt
Geto-Daker s. Daker
Ikone Kultbild der byzantinischen/orthodoxen Kirche
Ikonostase in orthodoxen Kirchen die das Allerheiligste vom Gemeinderaum abschließende, mit Ikonen bedeckte und von Türen durchbrochene Wand
Kreuzkuppelkirche Kirche, deren Kernbau über dem griechischen Kreuz (Kreuz mit vier gleichlangen Enden) als Grundriß errichtet und von einer Kuppel gekrönt ist
Lipovener Russischstämmige, deren Vorfahren vor zwei Jahrhunderten ins Donaudelta kamen
Metropolie in der orthodoxen Kirche die Bezeichnung für Erzbistum
Moldova heute Republik Moldova, ehemals östlichster Teil der historischen Moldau zwischen Prut, Dnjestr und Schwarzem Meer
Muntenien östlicher Teil der Landschaft Walachei, ›Große Walachei‹
Naos innerer Kernbau, Schiff einer Kirche
Narthex Vorhalle einer Basilika
Oltenien westlicher Teil der Landschaft Walachei, ›Kleine Walachei‹
Patriarchat in der orthodoxen Kirche Überbegriff zu Metropolie, der Patriarch (Oberbischof) weiht Metropoliten (Bischöfe)
Pronaos Kirchenvorhalle
Siebenbürger Sachsen Deutschstämmige Siedler in Siebenbürgen, die ab dem 12. Jh. zuwanderten und im 20. Jh. zum Teil nach Deutschland gekommen sind
Szekler ungarischsprachige Neusiedler in Transsilvanien seit dem 12. Jahrhundert
Thraker indoeuropäisches Volk, das ab ca. 2000 v. Chr. auf der Balkanhalbinsel, nördlich der Unteren Donau sowie in Kleinasien siedelte
Transnistrien östlichster Landstreifen Bessarabiens, heute als selbständige ›Dnjestr-Republik‹ unter Moskau-freundlichen Militärs der Republik Moldova
Troiţe meist holzgeschnitzte Wegkreuze
Votivbild ein auf Grund eines Gelübdes gestiftetes Bild, oft eines Kirchenstifters
Wurzel Jesse Stammbaum Christi und der Maria, Thema auf Fresken

Abbildungs- und Zitatnachweis

Archiv für Kunst und Geschichte/Erich Lessing, Berlin S. 81, 219
Ebba Hagenberg-Miliu/Cezar Miliu, Bonn Umschlaginnenklappe, S. 8/9, 22, 23, 47, 56, 64, 67, 82/83, 89, 92/93, 99, 105, 129, 132, 135, 137, 153, 203, 240
Henning Kaiser/transparent, Köln S. 242/243, 251, 254
Lehretter/transparent, Köln S. 192
Dinu Mendrea, Jerusalem Umschlagrückseite, Abb. S. 15, 130, 141, 155, 166/167, 194/195
Radu Mendrea, München S. 7, 39, 42, 148, 173, 175, 184, 188/189, 210, 213, 226, 228, 235, 238/239, 245
Sandu/Dinu Mendrea, Jerusalem S. 124/125, 143, 157, 159, 169, 177
Sandu Mendrea, Jerusalem Titelbild, S. 19, 20, 26/27, 37, 45, 48, 49, 51, 58/59, 69, 75, 76, 78, 163, 181, 182/183, 193, 197, 198, 200, 207, 216/217, 230/231, 241
Eva Reischl, München S. 232
Andreas Riedmiller/Das Fotoarchiv., Essen S. 11, 35, 55, 85, 115, 118, 120 links, 121 rechts, 122/123
Bernd Schuller/transparent, Köln S. 215
Wilhelm Spieß, Wiesbaden Abb. S. 16, 120 rechts, 121 links

Mulţumesc
Wir danken den sogenannten einfachen Menschen in Rumänien für ihre Aufgeschlossenheit, ihre Hilfsbereitschaft und Gastfreundlichkeit.

Ebba Hagenberg Miliu und Cezar Miliu

Register

Orte mit (ehemals) hoher deutschstämmiger Bevölkerung erscheinen zweisprachig, große Städte auch mit Eintrag unter deutschem Namen. Bei zahlreichen Namen hat bei der Orthographiereform von 1993 ein Wechsel von î zu â stattgefunden; diese sind in beiden Schreibweisen registriert.

Personen

Orte

Weißenburg s. Alba Iulia

Entfernungen per Zug von Bukarest zu anderen rumänische…

Arad	433 km	Iaşi	[illegible]
Bacău	302 km	Oradea	[illegible]
Baia Mare	459 km	Piteşti	[illegible]
Braşov	166 km	Ploieşti	59 km
Brăila	199 km	Satu Mare	517 km
Cluj	497 km	Sibiu	315 km
Constanţa	225 km	Suceava	447 km
Craiova	209 km	Timişoara	583 km
Galaţi	230 km	Târgu Mureş	448 km

Titelbild: Heumahd in der Bukowina
Umschlaginnenklappe: Denkmal Stefans des Großen vor dem Kulturpalast in Iaşi
Umschlagrückseite: Bei Slatina in der Walachei

Über die Autorin: Dr. Ebba Hagenberg-Miliu, geboren 1957, studierte Germanistik, Kunstgeschichte und Vergleichende Literaturwissenschaft. Nach mehrjähriger Tätigkeit als Chefredakteurin einer Reisezeitschrift und Lektorin berichtet sie heute als Reise- und Kulturjournalistin für verschiedene Zeitungen, Zeitschriften und andere Medien unter anderem aus Rumänien, das sie bei längeren Aufenthalten sowohl vor als auch nach dem Umbruch 1990 intensiv kennenlernte. Zusammen mit ihrem Mann Cezar Miliu, Dipl. Ing., geboren 1953 in Rumänien, recherchierte sie in den letzten Jahren intensiv vor Ort, um diesen Reiseführer zusammenzustellen.

Für Alexandra und Constantin

4., aktualisierte Auflage 2003

Satz und Druck: Rasch, Bramsche
Buchbinderische Verarbeitung: Bramscher Buchbinder Betriebe

Printed in Germany ISBN 3-7701-4448-1